Christa Hoffmann · Stunden Null?

Schriftenreihe
Extremismus & Demokratie

Band 2

Herausgegeben von
Uwe Backes und Eckhard Jesse

Christa Hoffmann

Stunden Null?

Vergangenheitsbewältigung in Deutschland 1945 und 1989

Mit einem Vorwort von Alfred Streim

1992

BOUVIER VERLAG · BONN BERLIN

Die Deutsche Bibliothek – CIP-Einheitsaufnahme
Hoffmann, Christa:
Stunden Null? : Vergangenheitsbewältigung in Deutschland 1945 und 1989 / Christa Hoffmann. Mit einem Vorw. von Alfred Streim. – Bonn ; Berlin : Bouvier, 1992
(Schriftenreihe Extremismus & Demokratie ; Bd. 2)
ISBN 3-416-02369-2
NE: GT

 Satz: Computersatz Bonn GmbH, Bonn. Druck und Einband: Köllen Druck + Verlag GmbH, Bonn. Printed in Germany. Umschlaggestaltung: Michael Fischer, Köln

Inhaltsverzeichnis

Vorwort

Die juristische Aufarbeitung der NS-Vergangenheit – Parallelen zur Aufarbeitung der DDR-Vergangenheit

1945 wurde das nationalsozialistische System zerschlagen; aber noch immer werden von der bundesdeutschen Justiz Verbrechen verfolgt, die unter der NS-Herrschaft und auf deren Veranlassung begangen worden sind. Es ist daher verständlich, wenn heute verschiedentlich behauptet wird, die juristische Aufarbeitung der NS-Vergangenheit sei ein Fehlschlag gewesen. Dieser Fehlschlag beruhe auf einer Folge von mannigfachen Versäumnissen. Im einzelnen reichen die Behauptungen von „zu spät angefangen" bis „nicht mit Nachdruck verfolgt". Betrachtet man diese Vorwürfe jedoch näher, ist immer wieder festzustellen, daß sie nicht zutreffen, jedenfalls nicht in der Allgemeinheit, mit der sie vorgebracht werden. Fehlende oder mangelhafte Recherchen und nicht selten Emotionen führen häufig zu einem der Objektivität widersprechenden Ergebnis.

Nehmen wir zum Beispiel den Vorwurf „zu spät angefangen": Die Sichtung der seit dem 8. Mai 1945 in den westlichen Besatzungszonen und später in der Bundesrepublik anhängigen NS-Verfahren ergibt, daß sich die Staatsanwaltschaften und Gerichte bereits unmittelbar nach der Wiederzulassung ihrer Tätigkeit durch den alliierten Kontrollrat etwa ab Spätsommer 1945 mit der Verfolgung von nationalsozialistischen Gewalttaten befaßt haben. Der Einwand, von dieser Strafverfolgung seien im wesentlichen nur „minderschwere" strafbare Handlungen betroffen gewesen, trifft zwar zu. Das ist aber nicht der deutschen Justiz anzulasten. Laut den Kontrollratsgesetzen Nr. 4 vom 30. Oktober 1945 („Umgestaltung des deutschen Gerichtswesens") und Nr. 10 vom 20. Dezember 1945 („Bestrafung von Personen, die sich Kriegsverbrechen, Verbrechen gegen den Frieden oder gegen die Menschlichkeit schuldig gemacht haben") war die Zuständigkeit der Gerichte allein auf solche Taten beschränkt, die deutsche Staatsangehörige zum Nachteil von deutschen Staatsangehörigen – später auch zum Nachteil von Staatenlosen – verübt hatten. Für die Aufnahme von Ermittlungen war außerdem eine Ermächtigung der jeweiligen Besatzungsmacht Voraussetzung. Da sich die „schwersten Verbrechen" – Mordaktionen der Einsatzgruppen, Polizeiverbände und der SS – durchweg gegen „Fremdländische" richteten, konnten insoweit keine Ermittlungen eingeleitet werden. Gegenstand der damals durchgeführten Verfahren waren daher überwiegend Straftaten in den Konzentrationslagern auf früherem Reichsgebiet, im Zusammenhang mit dem sogenannten Röhm-Putsch, im Verlauf der „Reichskristallnacht", im Rahmen der „Euthanasie-Aktionen" oder in der „Endphase des Dritten Reiches"[1].

Erst durch das Kontrollratsgesetz Nr. 13 vom 1. Januar 1950 betreffend die „Gerichtsbarkeit auf den vorbehaltenen Gebieten" und infolge des Verzichts der Besatzungsmächte auf die Ermächtigungen zur Durchführung von Verfahren Ende August 1951 gab es gewisse Lockerungen in der Strafverfolgung. Bis zu diesem Zeitpunkt hatten (west-)deutsche Gerichte rund 5.230 Personen wegen NS-Verbrechen verurteilt. Mit dem zwischen den Vereinigten Staaten von Amerika, Großbritannien sowie Frankreich und der Bundesrepublik am 26. Mai 1952 geschlossenen „Vertrag zur Regelung aus Krieg und Besatzung entstandener Fragen" wurde die volle Justizhoheit wiederhergestellt. Der dann erst am 5. Mai 1955 (!) in Kraft getretene sogenannte Überleitungsvertrag enthielt allerdings eine Ausnahme: Sofern „die Untersuchung wegen der angeblichen Straftat von den Strafverfolgungsbehörden der betreffenden Besatzungsmacht oder Besatzungsmächte endgültig abgeschlossen oder diese Straftaten in

[1] Erschießung von ausländischen Zivilarbeitern und Gefängnisinsassen bei Heranrücken der Feindes; Hinrichtung von deutschen Bürgern aufgrund standgerichtlicher Verurteilungen oder nur auf Anordnung von SS- oder Polizeifunktionären gegen Kriegsende, weil sie sich gegen die Durchhalteparolen gewandt hatten.

Erfüllung von Pflichten oder Leistungen von Diensten für die Besatzungsbehörden begangen worden war“, blieb die deutsche Gerichtsbarkeit ausgenommen.

Diese Bestimmung wirkte sich in der Folgezeit auf die bei den deutschen Strafverfolgungsbehörden anhängigen Verfahren restriktiv aus. Hohe NS-Funktionäre, gegen die von den westlichen Besatzungsorganen Ermittlungen geführt worden waren, die jedoch mangels ausreichenden Beweises eingestellt werden mußten, konnten wegen ihrer Straftaten auch dann nicht mehr vor Gericht gestellt werden, wenn nunmehr der Schuldbeweis zu erbringen war. Außerdem blieben über 1.000 mutmaßliche NS-Verbrecher außer Verfolgung, die in Frankreich in Abwesenheit – nicht wenige zum Tode – verurteilt worden waren. Man hätte erwarten dürfen, daß nach der weitgehenden Lockerung und schließlich nahezu unbeschränkten Möglichkeit der Strafverfolgung durch die westdeutsche Justiz eine umfassende Verfolgung der NS-Verbrechen begonnen hätte. Das Gegenteil war jedoch der Fall: Die Ermittlungsverfahren der Staatsanwaltschaften und damit auch die rechtskräftigen Verurteilungen nahmen rapide ab. Während beispielsweise die Staatsanwaltschaften 1950 2.495 Verfahren eingeleitet hatten, waren es 1957 nur noch 238; die rechtskräftigen Verurteilungen gingen in dem selben Zeitraum von 809 auf 43 zurück.

Der Vorwurf „nicht mit Nachdruck verfolgt“ drängt sich auf, ist aber nicht begründet. Die Einleitung von Verfahren wegen NS-Verbrechen erfolgte durchweg aufgrund von Anzeigen aus der Bevölkerung – insbesondere aus dem Kreis der Verfolgten des NS-Regimes. Viele Verfolgte waren emigriert oder infolge ihrer in den Lagern und Gefängnissen erlittenen Gesundheitsschädigungen verstorben. Eine systematische Strafverfolgung konnte mangels Zuständigkeit der Staatsanwaltschaften nicht betrieben werden: Für die noch aufzuklärenden Verbrechen, weitgehend in den früher von der Wehrmacht besetzten Gebieten verübt, war eine örtliche Zuständigkeit in der Regel nicht gegeben. Eine Zuständigkeit des Wohnortes oder des Ergreifungsortes der Täter lag in den meisten Fällen ebenfalls nicht vor, da deren Namen häufig unbekannt waren, oder man trotz der Kenntnis des Namens nicht wußte, ob und wo sie noch lebten. Schließlich trat im Jahre 1950 die Verfolgungsverjährung für alle mit einer Höchststrafe von fünf und im Jahre 1955 für alle mit einer Höchstrafe von zehn Jahren Freiheitsentzug bedrohten Straftaten ein. Die deutschen Politiker, die diese Schwierigkeiten hätten beseitigen und Anstoß zu einer systematischen Verfolgung hätten geben können, blieben untätig. Der Strafrechtler Karl Bader, nach dem Kriege Generalstaatsanwalt in Freiburg, führte das Desinteresse darauf zurück, daß die Mithilfe bei der Ahndung vergangener politischer Schuld seinerzeit in Wählerkreisen deren Popularität geschmälert hätte.

Bader hatte mit seiner Feststellung nicht unrecht, wie zum Beispiel aus der Sitzung des Bundestages vom 17. September 1952 hervorgeht. In der Debatte über eine große Anfrage der zur damaligen Koalition gehörenden „Deutschen Partei" zur „Lösung der Kriegsverbrecherfrage" – wie es hieß – war mehr von „Amnestie", „Schlußstrich ziehen" und von den „Opfern der alliierten Militärgerichte" die Rede als von einer Sühne der von den Verurteilten begangenen Verbrechen. Und die „Deutsche Partei" stand nicht allein mit dieser Aussage: CDU und FDP vertraten aus ähnlichen Gründen die gleiche Ansicht. Selbst Bundeskanzler Adenauer war bemüht, die „Kriegsverbrecherfrage" vom Tisch zu bekommen. Er verhandelte mit den westlichen Siegermächten über die Freilassung der Verurteilten, mit der Begründung, von diesen sei nur ein kleiner Prozentsatz wirklich schuldig. Bei Prozessen gegen Kriegs- und NS-Verbrecher im Ausland besprach er vereinzelt mit den betreffenden Regierungen vorab den Verlauf der Verhandlungen, und Angeklagten gab er Ratschläge für ihr Verhalten im und nach dem Prozeß. Zum Beispiel empfahl er auf Anfrage der Verteidiger des Generals Falkenhausen, der in Belgien vor Gericht stand, dieser möge das Urteil annehmen; nach Mitteilung der belgischen Regierung würde ihr Mandant nach Rechtskraft der richterlichen Entscheidung entlassen. Von den ehemaligen westlichen Kriegsgegnern des Dritten Reiches kam keinerlei Widerstand, zumal Adenauer ihnen gegenüber noch einen anderen Grund für seine Bemühungen präsentierte: Die Bundesrepublik könne der geplanten Aufstellung einer europäischen Armee nicht zustimmen, solange sich noch ein deutscher Soldat in alliierter Haft befände oder als Angeklagter vor einem ausländischen Gericht stünde. In diesem Zusammenhang ist auffallend, daß der Bundeskanzler keinen Unterschied zwischen NS- und Kriegsverbrechern machte, auch nicht zwischen Angehörigen der Wehrmacht und den verbrecherischen Kommandos der SS und des SD differenzierte.

Ende der fünfziger Jahre kam man schließlich zu der Einsicht, daß die bisherige Haltung in der sogenannten Kriegsverbrecherfrage den Tatsachen nicht gerecht geworden war: Zur juristischen Aufarbeitung der NS-Vergangenheit mußte eine überregionale Stelle mit der Aufgabe errichtet werden, das weit verstreute Material zu sammeln, nach noch verfolgbaren strafrelevanten Handlungen auszuwerten, Vorermittlungen einzuleiten und so lange zu ermitteln, bis die Zuständigkeit einer Staatsanwaltschaft im Bundesgebiet festgestellt wurde. Diese Erkenntnis war jedoch nicht auf die Politiker zurückzuführen. Der Anstoß für den Meinungsumschwung kam vielmehr von der Justiz, nämlich von dem Anklagevertreter (Staatsanwalt Erwin Schüle) in einem NS-Prozeß wegen Massenmordes im deutsch-litauischen Grenzgebiet im Jahre 1958 vor dem Ulmer Schwurgericht. Im Rahmen der Ermittlungen für dieses Verfahren war offenkundig geworden, daß schwerste NS-Verbrechen noch nicht zum Gegenstand strafrechtlicher Untersuchungen geworden sind.

Schüles Vorschlag wurde von dem zuständigen Stuttgarter Generalstaatsanwalt und schließlich vom damaligen Justizminister in Baden-Württemberg unterstützt. Auf Initiative von Baden-Württemberg wurde auf der Justizministerkonferenz im Oktober 1958 die „Zentrale Stelle der Landesjustizverwaltungen zur Aufklärung von NS-Verbrechen" gegründet, die am 1. Dezember 1958 ihre Tätigkeit aufnahm. Wenn es auch zu einer überraschend schnellen Einrichtung dieser Dienststelle kam, so gab es auf der Konferenz der Länderjustizminister doch erheblichen Widerstand einiger Politiker, der mit viel Überzeugungskraft der

Befürworter der Institution überwunden werden mußte. Verschiedentlich kann man heute lesen, der Eichmann-Prozeß in Jerusalem habe die deutschen Politiker zur Gründung der Zentralen Stelle gezwungen. Sie besitze daher nur eine „Feigenblatt-Funktion". Davon abgesehen, daß diese Behauptung nicht zutrifft, fand der Prozeß gegen Eichmann, dem Leiter des „Judenreferats" im Reichssicherheitshauptamt, im Jahre 1961 statt. Zur Zeit der Gründung der Dienststelle befand sich Eichmann noch in Argentinien, ohne daß man genau wußte, wo er sich aufhielt.

Durch die Errichtung der Zentralen Stelle war das Problem der Strafverfolgung der unaufgeklärten NS-Verbrechen aber noch nicht gelöst. Es fehlten die einschlägigen Beweisunterlagen, die weitgehend als Kriegsbeute in den Archiven der Ostblockstaaten verwahrt wurden. In Bonn fand man wenig Unterstützung, um an das Material heranzukommen. Im Vordergrund stand das Argument, daß wegen fehlender diplomatischer Beziehungen oder mangels Rechtshilfeabkommen insoweit keine Verhandlungen möglich seien. Wieder war es die Justiz, und zwar die Zentrale Stelle, die sich bemühte, die einschlägigen Unterlagen bzw. Einblick in die Archive zu erhalten. Die Eigeninitiative der Dienststelle wurde jedoch von politischer Seite mißbilligt und sogar verhindert. Erst im Zusammenhang mit der Debatte über die Verjährung von Mord 1964/65 erhielt die Zentrale Stelle von der Bundesregierung „grünes Licht" zur Auswertung der Archive in den Ostblockstaaten. Aber noch 1969, als Angehörige der Dienststelle nach Moskau reisten, um dort lagernde Materialien auszuwerten, erklärte der damalige Generalbundesanwalt in etwa folgendes: „Die Russen halten über zwanzig Jahre die Unterlagen zurück, und die Idioten fahren hin und holen sie ab."

Infolge der Auswertungsreisen der Mitarbeiter der Zentralen Stelle fiel bis etwa Ende 1969 eine Masse von Material an, aufgrund dessen Hunderte von Vorermittlungsverfahren eingeleitet wurden. Sie konnten nach und nach an die Strafverfolgungsbehörden abgegeben werden. Durch die sprunghafte Zunahme der staatsanwaltschaftlichen Ermittlungsverfahren entstanden bei den meisten Behörden Personalprobleme, die nicht immer im Interesse der Strafverfolgung zu lösen waren. Zu berücksichtigen ist hierbei, daß etwa zur gleichen Zeit Ermittlungen in Wirtschafts- und später in Umweltstraftaten stark anstiegen. Nicht selten mußte sich ein Behördenleiter die Frage stellen, wo er den Schwerpunkt setzen sollte. Er konnte sicher sein, seine Entscheidung – wie sie auch ausfiel – würde immer kritisiert werden. Aus diesen Ausführungen dürfte sich ergeben, daß der Vorwurf „zu spät angefangen" nicht von der Justiz zu verantworten ist.

Wenden wir uns noch der Behauptung zu, es sei „nicht mit Nachdruck verfolgt" worden. Zur Begründung werden im allgemeinen folgende Punkte angeführt: Verschleppung der Verfahren durch jahrelange Ermittlungen, teilweise zu niedrige Strafen, vorzeitige Entlassungen aus der Strafhaft, die Vielzahl der Einstellungen von Ermittlungsverfahren und die Nichtverfolgung von sogenannten Schreibtischtätern. Unstrittig ist, daß der Zeitraum von Beginn der Ermittlungen bis zur Anklageerhebung oder Entscheidung des Gerichts immer größer wurde. Ursache hierfür waren erhebliche Schwierigkeiten bei den Ermittlungen, insbesondere bei der Beschaffung von Beweismaterial und der Auffindung von Zeugen. Geständnisse der Beschuldigten gab es nahezu nie. Die Aussagen der Zeugen aus dem Kreis der Täter waren zum Schuldbeweis häufig nicht geeignet. Man war auf Zeugen aus dem Kreis der Opfer angewiesen, von denen nur noch wenige lebten und sich zwischenzeitlich in der ganzen Welt verstreut befanden. Beweismaterial hatten die Ludwigsburger Juristen zwar in großem Umfang beschaffen können; mit schöner Regelmäßigkeit ergaben sich aber immer wieder Beweislücken. Rechtshilfeersuchen mußten insoweit an ausländische Justizbehörden gerichtet werden. Bis zu deren Erledigung vergingen Monate, ja sogar Jahre. Schließlich erweiterte sich durch die Dokumente und die Zeugenaussagen der Kreis der Täter. Man mußte wieder neu ermitteln. Ein weiteres Hemmnis war die noch bis Ende 1974 obligatorische gerichtliche Voruntersuchung, die seinerzeit der Anklageerhebung vorausging. Der Untersuchungsrichter hatte die von der Staatsanwaltschaft durchgeführten Erhebungen praktisch noch einmal anzustellen. Je nach Intensität der

Voruntersuchung konnte sich diese Prozedur auf Jahre erstrecken, ohne daß sich dadurch der Erkenntnisstand erweiterte. Eine Einsichtnahme in die Akten hätte die Kritiker der langen Dauer von Verfahren insoweit aufgeklärt.

Ähnlich verhält es sich mit dem Vorwurf „(teilweise) zu niedrige Strafen". Ich muß eingestehen, daß ich manches Mal auch unangenehm berührt war, wenn für Beihilfe zum Mord in zahlreichen Fällen nur einige Jahre Freiheitsstrafe verhängt worden sind. Aus den Begründungen der Urteile ist jedoch zu entnehmen, daß sich die Gerichte bei der Straffindung in NS-Sachen mit Problemen konfrontiert sahen, die für sie neu und darüber hinaus nicht leicht zu lösen waren, zumal es in der Regel keine für die Aburteilung von NS-Verbrechen sachlich qualifizierten Schwurgerichte gab. Schwierigkeiten entwickelten sich insbesondere bei der Abwägung bestimmter Strafzumessungsgründe. So wurde beispielsweise die Zugehörigkeit zur SS, zum SD oder anderen nationalsozialistischen Organisationen von den einen Gerichten als strafmildernd angesehen, „weil die Angehörigen dieser Verbände einer ständigen Propaganda mit besonderer Schulung ausgesetzt waren" und ihnen „durch die niederträchtige Erziehung der SS" eine „bedingungslose Befehlsergebenheit" eingeimpft worden sei. Demgegenüber haben andere Gerichte die Zugehörigkeit zu solchen Organisationen als „Lebensführungsschuld" straferschwerend gewertet, „da die Betroffenen dort am ehesten den Unrechtscharakter hätten erkennen können".

Zum Vorwurf der vorzeitigen Haftentlassung ist zu bemerken, daß an die Überprüfung der Maßnahmen – soweit mir die Gründe bekannt sind – die gleichen strengen Maßstäbe wie bei anderen Inhaftierten gestellt wurden. Zu berücksichtigen ist allerdings, daß wegen NS-Verbrechen Verurteilte erheblich älter sind als andere Strafgefangene, eine Haftunfähigkeit wegen Altersschwachheit oder Krankheit deshalb eben nicht selten vorkommt.

Zur Unterstreichung der Behauptung „nicht mit Nachdruck verfolgt" werden ferner die Statistiken über die Strafverfolgung von NS-Verbrechen in der Bundesrepublik angeführt. So wird zum Beispiel in jüngster Zeit häufig darauf hingewiesen, daß nach deren Stand vom 1. Januar 1991 von den Staatsanwaltschaften seit dem 8. Mai 1945 gegen 102.134 Personen Ermittlungsverfahren eingeleitet worden sind, von denen aber nur 6.487 verurteilt wurden. Gewiß, die Diskrepanz ist groß und bei oberflächlicher Betrachtung frustrierend. Überprüft man jedoch die Einstellungsverfügungen, dann dürfte die Kritik im wesentlichen gegenstandslos werden: Zu berücksichtigen ist zum einen, daß insgesamt viermal die Verjährung von Tötungsdelikten drohte: 1960 (Totschlag), 1965, 1969 und 1979 (Mord). Damit viele mutmaßliche Täter nicht vom Eintritt der Verjährung profitierten, haben die Zentrale Stelle und die Staatsanwaltschaften seinerzeit durch richterliche Handlungen die Verjährung gegen alle Personen unterbrechen lassen, die im Verdacht standen, an Tötungshandlungen beteiligt gewesen zu sein. Dadurch kamen die Angehörigen ganzer Einheiten und Dienststellen in die Verfahrensregister. Sie tauchten dort formell als Beschuldigte auf. Bei einer Vielzahl von ihnen bestätigte sich der Verdacht später jedoch nicht; die Verfahren gegen diese Personen mußten eingestellt werden. Zahlreiche Verfahren erledigten sich infolge des Todes von Beschuldigten. Andere mutmaßliche Täter konnten nicht ermittelt werden. Sie dürften sich in der damaligen DDR und in Österreich aufhalten bzw. aufgehalten haben, sofern sie nicht aus Furcht vor einer Bestrafung nach dem Zweiten Weltkrieg ins Ausland geflüchtet sind. Zur Verdeutlichung ein Beispiel: Von einem wegen NS-Verbrechen beschuldigten Polizeibataillon konnte man 889 ehemalige Angehörige ermitteln. 400 davon waren im Krieg gefallen, vermißt und für tot erklärt oder nach dem 8. Mai 1945 verstorben. 30 mutmaßliche NS-Täter besaßen die österreichische Staatsangehörigkeit, bei 271 konnte der Aufenthalt nicht festgestellt werden. Da rund 130 nachweislich nicht an dem Verbrechen beteiligt waren, blieben nur 58 Beschuldigte übrig. Ein großer Teil von ihnen war wegen Krankheit und hohen Alters nicht mehr verhandlungsfähig oder während der Ermittlungszeit gestorben.

Schließlich konnte gegen zahlreiche Beschuldigte durch die deutschen Strafverfolgungsbehörden keine Strafverfahren mehr eingeleitet oder durchgeführt werden. Dem standen Vereinbarungen aus dem „Überleitungsvertrag" von 1952 bzw. 1955 entgegen. Nachdem am 1. Oktober 1968 mit der Änderung des § 50 Abs. 2 StGB eine gesetzliche Bestimmung in Kraft getreten war, nach der unter bestimmten Voraussetzungen Handlungen der Beihilfe zum Mord als verjährt galten, mußten letztlich nahezu alle NS-Verfahren gegen die sogenannten Schreibtischtäter eingestellt werden. Eine Auswirkung, die – wie der Bundesminister der Justiz später im Bundestag betonte – vom Gesetzgeber nicht gewollt und bei den Beratungen offensichtlich übersehen worden war. Hinzuzufügen sei, daß diese Beratungen keineswegs die NS-Verbrechen, sondern Straftaten im Rahmen der Studentenproteste von 1968 zum Gegenstand hatten.

Mit der Zurückweisung der Vorwürfe gegen die Justiz will ich keine generalisierende Aussage machen, denn es gibt auch begründete Beanstandungen, zum Beispiel einige Entscheidungen des Bundesgerichtshofes mit nachteiligen Folgen für bestimmte Verfahrenskomplexe (Volksgerichtshof und Sondergerichte!), das (anfängliche) Hinnehmen von zweifelhaften Gutachten über die Verhandlungsfähigkeit von Angeklagten, das Abziehen von sachkundigen Staatsanwälten aus NS-Verfahren für andere, nach Ansicht von Justizbehördenleitern wichtigere (Umwelt- und Wirtschafts-)Strafsachen sowie das gestörte Verhältnis von einzelnen Richtern oder Staatsanwälten zur Sache, das sich in den Urteilen oder Einstellungsverfügungen niedergeschlagen hat. Abgesehen von den Entscheidungen des Bundesgerichtshofes handelt es sich jedoch um Fälle, die – rückblickend – die Verfolgung von NS-Verbrechen im wesentlichen nicht gravierend beeinflußt haben. Die Vorwürfe dagegen, die tatsächlich als schwerwiegende Hindernisse oder Eingriffe anzusehen sind, hat die Justiz überwiegend nicht zu vertreten; sie fallen in andere Bereiche. Ich darf insoweit noch einmal zusammenfassend auf folgende, bereits angeführte Punkte hinweisen:

- die Zuständigkeitsbeschränkungen nach den Kontrollratsgesetzen der Alliierten,

- die Ausnahmeregelung für die Nichtverfolgung bestimmter Personen („Überleitungsvertrag"),
- der Eintritt der Strafverfolgungsverjährung insbesondere für Totschlag,
- die verspätete Möglichkeit, Material aus den Ostblockstaaten heranzuziehen und
- die Änderung des § 50 StPO a. F.

Trotz alledem hat die Justiz den Versuch unternommen, die Vergangenheit aufzuarbeiten. Wenn es (vielleicht) auch nur bei dem Versuch geblieben ist, so hat er jedoch letztlich Impulse gegeben. Er hat die ständige Auseinandersetzung in unserem Volk mit dem Geschehen im Dritten Reich angestoßen. Das war und ist notwendig, um die Zukunft besser bewältigen zu können. Gleichwohl hatte es lange Zeit den Anschein, als sei die Aufarbeitung der Vergangenheit allein Sache der Justiz. In allen anderen gesellschaftlichen Bereichen wurde fast zwei Jahrzehnte geschwiegen. Nahezu jeder war bemüht, die NS-Zeit und die Rolle, die er damals spielte, zu verdrängen. Es mußte erst eine neue Generation heranwachsen, die sich mit der Thematik befaßte. Im Zusammenhang mit deren Bemühungen zur Aufarbeitung der Vergangenheit kam Kritik an der bisherigen juristischen Tätigkeit auf. Diese Kritik hätte sachdienlich sein können für die weitere Arbeit; sie war jedoch meistens nicht von Objektivität geprägt.

Häufig wurden ohne nähere Prüfung Beanstandungen von gewisser Seite übernommen, die einseitig waren und ein falsches Klischee pflegten. Namentlich sind hier die Agitationen einiger Ostblockstaaten zu nennen, die nur ein Ziel hatten: Die Bundesrepublik sollte in der Weltöffentlichkeit diskreditiert werden. Zum Beispiel hat die damalige DDR ständig lautstark verkündet, in der Bundesrepublik werde wenig getan, um die „faschistische" Vergangenheit aufzuarbeiten. Das versuchte man vielfach mit statistischen Angaben über die von DDR-Justizorganen durchgeführten NS-Verfahren zu untermauern, um der Behauptung einen wahrheitsmäßigen Anstrich zu verleihen. Immerhin konnte die DDR etwa doppelt so viele Verurteilungen nachweisen wie die Bundesrepublik. Nicht nur die Zentrale Stelle hat dieser Behauptung stets widersprochen und darauf hingewiesen, daß bloße Zahlenangaben nichts besagen. Trotzdem waren die Kritiker nur in wenigen Fällen von ihrer Meinung abzubringen. Das dürfte sich nun ändern, denn infolge der politischen Wende und der Vereinigung der beiden deutschen Staaten konnten die Ludwigsburger Juristen in die bisher unter Verschluß gehaltenen einschlägigen Unterlagen der Justiz des ehemaligen „1. (deutschen) Arbeiter- und Bauernstaates" Einsicht nehmen.

Die von der Zentralen Stelle ehedem geäußerte Auffassung über die „Statistiken" der DDR-Justiz hat sich bestätigt: In der sogenannten Verurteiltenkartei des früheren Generalstaatsanwaltes der DDR sind 15.767 Personen erfaßt. Davon wurden 11.044 zu Freiheitsstrafen oder zum Tode verurteilt. Hierunter fallen 3.254 Menschen, die von den Sowjets im Zuchthaus Waldheim gefangen gehalten, im Jahre 1950 den ostdeutschen Behörden übergeben und durch Sonderstrafkammern des Landgerichts Chemnitz in Massen- und Schnellverfahren unter Mißachtung rechtsstaatlicher Grundsätze verurteilt wurden. Ferner zählen hierzu 1.586 Verurteilungen zu Sühnemaßnahmen, wie sie aus der Entnazifizierungspraxis in den westlichen Besatzungszonen bekannt sind. Gegenstand der rund 11.000 Verfahren waren aber nicht nur NS-Verbrechen. Eine Vielzahl der Angeklagten wurde wegen bloßer Mitgliedschaft zur NSDAP oder einer ihrer Organisationen zu teilweise hohen Strafen verurteilt. Zwanzig Jahre Zuchthaus erhielt etwa der SA-Standartenführer W., „weil er in der Zeit von 1932/33 und 1936/44 der NS-Gewaltherrschaft außerordentliche politische und propagandistische Unterstützung gewährte". Das Beispiel belegt, daß zahlreiche Prozesse nicht als eigentliche Strafverfahren qualifiziert werden können, vielmehr unter den Komplex „Entnazifizierung" zu subsumieren sind. Nähme die Zentrale Stelle in Ludwigsburg solche Vorgänge in ihrer Statistik auf, dann käme die Bundesrepublik auf über 1.000.000 mit Urteil (oder Bescheid) abgeschlossene Verfahren! 785 Angeklagte aus der DDR-Verurteiltenkartei sind freigesprochen worden, und gegen 2.352 Beschuldigte wurde das Verfahren durchweg wegen Todes eingestellt.

Im übrigen fielen bei der gegenwärtigen Sichtung des ostdeutschen Materials weitere Erkenntnisse an, die der Behauptung widersprechen, die Strafverfolgungsorgane der ehemaligen DDR hätten die Vergangenheit sorgfältig und umfassend aufgearbeitet: Schon im Jahre 1950 – nach Abschluß der zweifelhaften „Waldheim-Verfahren“ – kam es im wesentlichen zum Stillstand der Verfolgung von NS-Gewalttaten. Erst nach der Errichtung einer Zentralen Stelle in der Bundesrepublik im Jahre 1958 und dem darauffolgenden Anstieg der NS-Prozesse nahm die DDR die NS-Ermittlungstätigkeit wieder auf, um mit der Bundesrepublik gleichzuziehen – so die interne Begründung. Eine systematische Aufklärung fand jedoch nicht statt. Insgesamt waren es nur etwa 80 Verfahren, die der DDR-Generalstaatsanwalt seither eingeleitet und zu weiteren Ermittlungen an die Bezirksstaatsanwaltschaft abgegeben hatte. Nicht selten handelte es sich dabei um Vorgänge, bei denen Mittäter in der Bundesrepublik vor Gericht standen oder gegen die hier ermittelt wurde. Der propagandistische Zweck ist offensichtlich, zumal die DDR-Gerichte in der Regel weit höhere Strafen verhängten als Gerichte in der Bundesrepublik. Nach einer mir kürzlich zugegangenen Mitteilung soll es sogar „eine Liste von Kandidaten“ gegeben haben, die „nach Bedarf abgearbeitet“ wurde. Zumindest in einigen Fällen kam es jedoch trotz erheblicher Belastung zu keinem Urteil: Während der staatsanwaltschaftlichen Ermittlungen zog der Staatssicherheitsdienst die Verfahren an sich und zwang die Beschuldigten unter dem Druck der Vorwürfe zur Mitarbeit. Welches Ausmaß diese Vorgehensweise angenommen hat, wird sich noch herausstellen. Eingriffe in Verfahren wegen NS-Verbrechen durch die Stasi zum Nachteil der Rechtspflege waren nicht nur auf die in der DDR anhängigen beschränkt; sie erstreckten sich auch auf Verfahren, die bei den westdeutschen Strafverfolgungsbehörden geführt wurden. So ist zum Beispiel von einer Staatsanwaltschaft in der Bundesrepublik ein ehemaliger SS-Angehöriger gesucht worden, gegen den schwerste Belastungen vorliegen. Trotz umfangreicher Ermittlungen konnte sein Aufenthalt jedoch nicht festgestellt werden. Aus Unterlagen des Staatssicherheitsdienstes hat sich zwischenzeitlich ergeben, daß er unter falschem Namen in der Bundesrepublik lebt. Die Stasi, die von den Schwierigkeiten der Staatsanwaltschaft wußte, hatte von sich aus Recherchen angestellt. Durch Überwachung seiner Verwandten in der DDR, insbesondere deren Kontakte mit seinen Angehörigen in der Bundesrepublik, hatte sie den Decknamen erfahren und den Aufenthaltsort ermittelt, ohne diese Erkenntnisse jedoch der westdeutschen Staatsanwaltschaft mitzuteilen. Ob er unter dem Druck der Belastungen bereits von der Stasi angeworben und tätig war oder nur als potentieller Spitzel geführt wurde, bedarf noch der Klärung.

Die Strafverfolgung der NS-Verbrechen neigt sich dem Ende zu. Eines Tages werden der Forschung alle Unterlagen zur Auswertung offenstehen. Ich gebe mich der Hoffnung hin, daß dann ein objektives Bild von den Bemühungen der Strafverfolgungsorgane der Bundesrepublik und der früheren DDR zur Aufarbeitung der nationalsozialistischen Vergangenheit gezeichnet werden wird. Den Anfang mit einer solchen Darstellung hat die Verfasserin des vorliegenden Werkes bereits gemacht. Dank gilt ihr aber auch, daß sie im Zusammenhang mit der juristischen Aufarbeitung der NS-Geschichte ein Thema angeschnitten hat, das hierin eine verblüffende Parallele findet: die Aufarbeitung der Unrechtstaten des SED-Regimes oder – wie sie es nennt – „die zweite Vergangenheitsbewältigung in Deutschland". Sie deutet die Schwierigkeiten an, welche sich bei dem Versuch ergeben, mit rechtsstaatlichen Mitteln die Verbrechen einer Diktatur zu ahnden. Schließlich fordert die Verfasserin vehement zur Überwindung dieser strafrechtlichen Schwierigkeiten auf: Die Justiz eines Rechtsstaates müsse in der Lage sein, jedem einzelnen seine etwaige Mitverantwortung an Unrechtstaten nachzuweisen und ihn zur Rechenschaft zu ziehen.

Diese Forderung ist nicht neu. Die Autorin unterstreicht nur das, was die meisten Bürger in Ost- und Westdeutschland von unserer Justiz erwarten. Dabei ist man überwiegend der Meinung, daß die Schwierigkeiten nicht allzu groß sein können, „weil das Unrecht doch offen zutage liegt". Letztes trifft im wesentlichen zu. Man übersieht jedoch die begrenzten Möglichkeiten, die dem Strafrecht eines Rechtsstaates zur Ahndung des Unrechts einer Diktatur zur Verfügung stehen. Insbesondere das deutsche Strafrecht ist mit seinem individuellen Schuldprinzip wenig geeignet, „Regierungskriminalität" in ihren verschiedenen Erscheinungsformen wirksam zu verfolgen. Mittlerweile sind die Ermittlungsverfahren wegen SED-Unrechtstaten angelaufen und erste Strafverfahren (etwa gegen einen führenden Funktionär des SED-Staates, den FDGB-Chef Harry Tisch) abgeschlossen. Erst jetzt scheint man sich der Problematik, die einer umfassenden juristischen Verfolgung der Verbrechen des ehemaligen ostdeutschen Regimes durch unsere Justiz entgegenstehen, so langsam bewußt zu werden. Es mangelt aber immer noch an Verständnis hierfür. Dabei sind die grundsätzlichen Schwierigkeiten von den Verfahren wegen NS-Gewaltverbrechen her seit langem bekannt.

Das beginnt mit der Überlegung, wer als Beschuldigter anzusehen ist. Hat sich etwa ein Angehöriger der DDR-Grenztruppe schon strafbar gemacht, wenn er durch seinen Dienst an der Grenze einen DDR-Bürger daran hinderte, in die Bunderepublik überzuwechseln? Ist ein Angehöriger des Staatssicherheitsdienstes strafrechtlich zu verfolgen, wenn er einen Mitbürger wegen einer in der DDR strafbaren Handlung festgenommen hat, ihn als ein „Element der Gesellschaftsgefährlichkeit" disqualifizierte und dadurch zu dessen Verurteilung beitrug? Soll ein Spitzel des Staatssicherheitsdienstes – in der öffentlichen Diskussion neigt man mehr und mehr dazu, ihn als Täter und Opfer zugleich zu bezeichnen – bestraft werden? Die Probleme setzen sich fort mit der Beantwortung von Fragen nach der Täterschaft und der Teilnahme an Verbrechen, mit der Prüfung diffiziler Rechtfertigungs- und Entschuldigungsgründe, wie sie bereits in den „Mauerschützen-Prozessen" vorgebracht wurden: Sind Honecker und Genossen zum Beispiel beim „Schießbefehl" (mittelbare) Täter oder Anstifter, und die Schützen Mittäter, Täter oder Gehilfen?

Können DDR-Gesetze als Rechtfertigung für das nach unseren Gesetzen rechtswidrige Verhalten dienen? Gab es einen sogenannten Befehlsnotstand, der in NS-Verfahren in der Regel nicht akzeptiert wurde? Zog etwa das Nichtbefolgen des „Schießbefehls" eine Gefahr für Leib und Leben des Befehlsempfängers nach sich? Wenn nein, liegt vielleicht ein Putativnotstand vor, der ja auch als Entschuldigungsgrund gewertet wird und zur Strafmilderung bzw. Straffreiheit führt?

Schließlich stellt sich die Frage, ob man sich an die Rechtsprechung des Bundesgerichtshofes in NS-Strafsachen halten muß. Der Bundesgerichtshof hat vergleichbare Probleme bereits beantwortet, wenn auch teilweise begleitet von einem noch nicht verhallten Protest im In- und Ausland. Schon aus Gründen der Gerechtigkeit wird (vermutlich) kein Richter ein Abweichen wagen. Zahlreiche Beschuldige werden aber dann einer Bestrafung nicht zugeführt werden können. Ich darf insoweit zum Beispiel an die Entscheidung des Bundesgerichtshofes vom 30. April 1968 erinnern, nach der (NS-)Richter wegen Verhängung eines politisch motivierten Urteils nur bestraft werden können, wenn ihnen nachzuweisen ist, daß sie vorsätzlich das Recht gebeugt haben, und zwar unter Berücksichtigung der zur „Tatzeit" geltenden Maßstäbe. Unter dieser Prämisse wird es nahezu unmöglich sein, einen der ostdeutschen Richter auf die Anklagebank zu setzen.

Nun genügt die Kenntnis bestimmter Schwierigkeiten noch nicht, um die Aufgabe zu lösen. Die Probleme müssen vielmehr sachgerecht überwunden werden. Meiner Ansicht nach gibt es nur eine Lösung, um zu einer befriedigenden zweiten deutschen juristischen Vergangenheitsbewältigung zu gelangen: Das DDR-Unrecht muß an überpositivem Recht gemessen werden, wie das nach dem Zweiten Weltkrieg in Nürnberg durch die damaligen Alliierten praktiziert wurde. Dem steht jedoch der im deutschen Recht geltende Grundsatz entgegen, „Nulla poena sine lege" (Keine Strafe ohne Gesetz), der durch Art. 103 Abs. 2 GG (sowie § 1 StGB) garantiert ist. Die Warnung deutscher Rechtsgelehrter erscheint daher verständlich, das mit dieser Bestimmung garantierte Gesetzlichkeits- und gleichzeitig rechtsstaatliche Prinzip, die Berechenbarkeitsfunktion als Voraussetzung unseres Schuldstrafrechts nicht zu durchbrechen. Immerhin haben das Bundesverfassungsgericht und der Bundesgerichtshof jedoch bei der Prüfung der Gültigkeit von nationalsozialistischen Gesetzen in mehreren Entscheidungen festgestellt, daß nicht unbeschränkt gilt, was Recht und was Unrecht ist. Sie haben darauf hingewiesen, daß im Bewußtsein aller zivilisierten Völker ein gewisser Kern des Rechts besteht, der nach allgemeiner Rechtsüberzeugung von keinem Gesetz verletzt werden darf.

In Weiterentwicklung dieses Grundsatzes wäre zu folgern, daß jede Handlung strafbar ist, die ihn verletzt. Das Berechenbarkeitsprinzip wird hierbei nicht angetastet werden. Aufgrund der Nürnberger Prozesse und der westdeutschen NS-Gerichtsverfahren mußte jeder in der damaligen DDR wissen, daß Verletzungen der Menschenrechte verfolgt werden und auch bei rechtswidrigem, staatlicherseits befohlenem oder nur geduldetem Handeln eine Bestrafung nicht ausgeschlossen ist, auch wenn die Strafverfolgung erst nach Beseitigung des Unrechtsregimes einsetzen kann. Mir ist bewußt, daß das nach unserem Rechtsverständnis eine sehr kühne „Konstruktion" zur Verfolgung von DDR-Unrechtstaten ist, zumal ihr noch eine Reihe weiterer juristischer Aspekte entgegenstehen. Aber sie ist überprüfenswert. Das Ergebnis der Überprüfung – wie immer es auch ausfällt – ist der Öffentlichkeit allgemeinverständlich darzulegen. So mag vielleicht zu verhindern sein, daß die Justiz abermals als „Prügelknabe" der Nation herhalten muß, wie es im Zusammenhang mit der Verfolgung der NS-Verbrechen der Fall gewesen ist. Bei einem negativen Ergebnis wird insbesondere von denen Kritik geübt werden, die im Herbst 1989 den politischen Umbruch in der DDR herbeigeführt haben. Viele von ihnen dürften die bitteren Worte der ostdeutschen Bürgerrechtlerin Bärbel Bohley unterstreichen, die sie im Juli 1991 auf dem Bonner Forum „SED-Unrecht – eine Herausforderung des Rechtsstaates" kundtat: „Wir haben Gerechtigkeit verlangt und nicht den westdeutschen Rechtsstaat."

Angesichts dessen darf aber nicht vergessen werden, daß auch zur zweiten deutschen Vergangenheitsbewältigung alle gesellschaftlichen Bereiche zum Engagement aufgefordert sind. Eine friedliche Revolution darf nicht allein mit juristischen Mitteln fortgesetzt werden. Die Justiz kann nur einen kleinen Beitrag zur Aufarbeitung der Vergangenheit leisten. Notwendig im Rahmen einer umfassenden Aufklärung ist darüber hinaus die „Delegitimierung des ideologischen Wahnsystems, das für die untergegangenen totalitären Systeme wie für die unter ihnen mögliche ‚Regierungskriminalität' die Legitimitätsbasis bot" (Hermann Lübbe), eine „Verdeutlichung der Distanz und Zäsur gegenüber dem bisherigen Regime" (Karl Dietrich Bracher). Schieben wir nicht die für die Erhaltung unseres Rechtsstaates so wichtige Aufgabe vor uns her, wie es bei der ersten deutschen Vergangenheitsbewältigung geschehen ist. Fangen wir damit an!

Im Frühjahr 1992
Alfred Streim
Leitender Oberstaatsanwalt der Zentralen Stelle der Landesjustizverwaltungen zur Aufklärung nationalsozialistischer Gewaltverbrechen in Ludwigsburg

I. Bedeutung der Vergangenheitsbewältigung

Dimensionen der Vergangenheitsbewältigung

Hat es nach dem Zusammenbruch der nationalsozialistischen Diktatur im Jahre 1945 eine „Stunde Null" gegeben, die den Deutschen einen Neubeginn erlaubte – unbeschadet der vorangegangenen Schrecken und Verbrechen? Keineswegs. Vielmehr wurde die „Vergangenheitsbewältigung durch Strafverfahren"[1] zu einer wesentlichen Form des Umgangs mit den NS-Verbrechen und bildete damit eine herausragende Dimension im Gesamtkomplex der Bewältigung der nationalsozialistischen Vergangenheit nach 1945. Die strafrechtliche Aufarbeitung der NS-Vergangenheit durch eine rechtsstaatliche Justiz hat in den westdeutschen NS-Prozessen ihren sichtbarsten Ausdruck gefunden und Fakten geschaffen, die alle anderen, zum Teil nachfolgenden Formen der Vergangenheitsbewältigung wesentlich beeinflußten. Die Strafverfahren seit 1945 gegen die NS-Verbrecher sind „geradezu der typisch deutsche Weg geworden, sich der unabweisbaren Auseinandersetzung mit der nationalsozialistischen Vergangenheit in ihrer verbrecherischsten Form zu stellen – vielleicht aber auch auszuweichen. Es war ja naheliegend und vielleicht nicht unbequem, den Gerichten die Aufgabe zuzuschieben, die sich eigentlich einem gesamten Volk stellte: vielfaches, von Staats wegen begangenes Unrecht zu sühnen und Recht und Gerechtigkeit wiederherzustellen zu versuchen"[2].

[1] Vgl. Jürgen Weber/Peter Steinbach, Vergangenheitsbewältigung durch Strafverfahren? NS-Prozesse in der Bundesrepublik Deutschland, München 1984.

[2] So Bernd Hey, Zeitgeschichte und Vergangenheitsbewältigung, in: Ders./Peter Steinbach (Hrsg.), Zeitgeschichte und politisches Bewußtsein, Köln 1986, S. 72-87, hier S. 72.

War dieser Versuch zur Vergangenheitsbewältigung wirklich ein „Ausweich"-Manöver? Es ließe sich zu Recht über diese Vermutung streiten, denn aus heutiger Sicht präsentiert sich eine fast verwirrende Vielfalt von Formen der Auseinandersetzung mit der nationalsozialistischen Vergangenheit im Bereich der Wissenschaften, der Literatur, der bildenden Kunst und in den audiovisuellen Medien. Gleichwohl mußte die strafrechtliche Aufarbeitung infolge der Verbrechensbilanz des Dritten Reiches die ursprüngliche und vordringlichste Form der Vergangenheitsbewältigung darstellen. Nicht zuletzt rührt daher auch die Begriffsbildung. Der bisher ausschließlich im Hinblick auf Deutschland benutzte Terminus der Vergangenheitsbewältigung setzt erstens Verbrechen voraus, zweitens ihre Beendigung und drittens eine Demokratisierung.[3] Der Begriff ließe sich auch anders definieren, nämlich als Versuch, „einen vollständigen Wandel der vorher geltenden und nun abgelehnten Wertvorstellungen"[4] herbeizuführen. Danach bezieht sich die Bewältigung der Vergangenheit „vor allem auf die Bereiche Politik und Ideologie, Gesellschaft, Wirtschaft, Kultur, Recht, Militär und Polizei. Sie betrifft den Personenkreis, der zuvor in diesen Bereichen entscheidende Verantwortung trug und strafrechtlich oder politisch schuldig wurde"[5]. In einem gröberen Raster lassen sich drei wesentliche Dimensionen der Vergangenheitsbewältigung benennen, die aber – das liegt in der Natur der Sache – nicht klar voneinander abzugrenzen sind: die strafrechtliche oder justitielle, die personalpolitische und die historische.

[3] Vgl. die Definition von Andreas Maislinger, „Vergangenheitsbewältigung" in der Bundesrepublik Deutschland, der DDR und Österreich. Psychologisch-pädagogische Maßnahmen im Vergleich, in: Uwe Backes/Eckhard Jesse/Rainer Zitelmann (Hrsg.), Die Schatten der Vergangenheit. Impulse zur Historisierung des Nationalsozialismus, Frankfurt a.M./Berlin 1992², S. 479-497; siehe auch Peter Dudek, „Vergangenheitsbewältigung. Zur Problematik eines umstrittenen Begriffs, in: Aus Politik und Zeitgeschichte. Beilage zur Wochenzeitung „Das Parlament", B 1-2/92, S. 44-53.

[4] Dies die recht griffige Definition von Michael Wolffsohn, Keine Angst vor Deutschland!, Erlangen u.a. 1991³, S. 96.

[5] Ebda.

Auf der strafrechtlichen Ebene, nämlich in den NS-Prozessen, wurden die NS-Verbrechen am frühesten und unmittelbar thematisiert. Trotz mancher Auflagen und Beschränkungen, die das Besatzungsstatut der alliierten Siegermächte den deutschen Gerichten ab Sommer 1945 diktierte, ist es bereits in den frühen Nachkriegsjahren zu ersten Strafverfahren in Sachen NS-Verbrechen gekommen. Es handelte sich um die in den Kontrollratsgesetzen Nr. 4 und Nr. 10 aufgeführten Fälle, in denen die Verbrechen von Deutschen an Deutschen bzw. an Staatenlosen durch deutsche Gerichte geahndet werden durften. Dazu zählten die insbesondere in den „frühen" Konzentrationslagern, in den Euthanasieanstalten, im Verlauf des sogenannten Röhm-Putsches, der Judenpogrome vom 9. und 10. November 1938 sowie in den letzten Kriegstagen begangenen Straftaten.[6] Anfang der fünfziger Jahre entfielen derartige Beschränkungen, aber neue Hemmnisse standen einer zügigen Strafverfolgung entgegen (etwa das im Überleitungsvertrag bestimmte Verbot einer erneuten Anklage der bereits von alliierten Gerichten verurteilten NS-Verbrecher). Erst die im Jahre 1958 gegründete „Zentrale Stelle zur Aufklärung der NS-Verbrechen" in Ludwigsburg garantierte die weitere Erforschung und Ahndung des nationalsozialistischen Unrechts, nicht zuletzt seine permanente und kontroverse Thematisierung in der deutschen Öffentlichkeit. Mit anderen Worten: Vor allem die durch die Arbeit der Zentralen Stelle gewonnenen Erkenntnisse zur strafrechtlichen Ahndung der NS-Verbrechen bewahrten die Deutschen bis in die Gegenwart – der Prozeß gegen den mutmaßlichen NS-Verbrecher Schwammberger ist ein klarer Beleg[7] – vor dem Vergessen und Verdrängen der nationalsozialistischen Vergangenheit.

[6] Vgl. dazu Adalbert Rückerl, NS-Verbrechen vor Gericht. Versuch einer Vergangenheitsbewältigung, Heidelberg 1984^2, S. 105-123.

[7] Vgl. u.a.: Gisela Dachs, Steiniger Weg zur Wahrheit. Der Prozeß gegen Josef Schwammberger zeigt, wie schwierig die Verfolgung von Nazi-Verbrechen ist, in: Die Zeit v. 19. Juli 1991; Peter Henkel, Für die Zeugin ist „Gott in Auschwitz geblieben". Der Schwammberger-Prozeß – ein schweigender Angeklagter und ein Stück Geschichte, das nicht vergessen werden darf, in: Frankfurter Rundschau v. 9. September 1991.

Die im juristisch-verwaltungstechnischen Bereich angesiedelte Entnazifizierungspolitik der Alliierten, die von Deutschen ausgeführt und beendet worden war, läßt sich unter die justitielle Vergangenheitsbewältigung subsumieren, soweit sie strafrechtlich relevante Fakten zutage förderte bzw. Sühne- und Strafmaßnahmen erforderlich machte. Die „Wiedergutmachung"[8] etwa als klassische Sühnemaßnahme führte lange Zeit ein Schattendasein auf der Habenseite einer wohlverstandenen Vergangenheitsbewältigung. Die Entnazifizierungsmaßnahmen besaßen in ihrer Intention unzweifelhaft auch den Charakter der personalpolitischen Vergangenheitsbewältigung[9]: Sie sollten die politische Säuberung des deutschen Volkes gewährleisten, darin eingeschlossen das Heer der Führungskräfte und Beamten in der Politik, der Verwaltung, der Justiz, im Bildungswesen und Polizeiapparat, nicht zuletzt auch in der Wirtschaft. In der Sowjetischen Besatzungszone (SBZ) wurde die Entnazifizierung mit besonderer Härte und Rigorosität zum Zwecke der sozialistischen Umstrukturierung des politisch-gesellschaftlichen Systems betrieben.[10] Die Entnazifizierungsmaßnahmen der westlichen Alliierten dagegen bewirk-

[8] Vgl. dazu u.a.: Michael Wolffsohn, Ewige Schuld? 40 Jahre deutsch-jüdisch-israelische Beziehungen, München 1989³; ders., Die Wiedergutmachung und der Westen. Tatsachen und Legenden, in: Aus Politik und Zeitgeschichte. Beilage zur Wochenzeitung „Das Parlament", B 16/87, S. 19-29; ders., Das Wiedergutmachungsabkommen mit Israel: Eine Untersuchung bundesdeutscher und ausländischer Umfragen, in: Ludolf Herbst (Hrsg.), Westdeutschland 1945-1955. Unterwerfung, Kontrolle, Integration, München 1986, S. 203-218; ders., Globalentschädigung für Israel und die Juden? Adenauer und die Opposition in der Bundesregierung, in: Ludolf Herbst/Constantin Goschler (Hrsg.), Wiedergutmachung in der Bundesrepublik Deutschland, München 1989, S. 161-190.

[9] Vgl. den aktuellen Überblick von Clemens Vollnhals (Hrsg.), Entnazifizierung. Politische Säuberung und Rehabilitierung in den vier Besatzungszonen 1945-1949, München 1991.

[10] Siehe etwa die Untersuchung von Helga A. Welsh, Revolutionärer Wandel auf Befehl? Entnazifizierungs- und Personalpolitik in Thüringen und Sachsen (1945-1948), München 1989; vgl. ferner zu den einzelnen Politikbereichen: Martin Broszat/Hermann Weber (Hrsg.), SBZ-Handbuch. Staatliche Verwaltungen, Parteien, gesellschaftliche Organisationen und ihre Führungskräfte in der Sowjetischen Besatzungszone Deutschlands 1945-1949, München 1990.

ten in vielen Fällen lediglich eine zeitlich befristete Entfernung der politisch Belasteten aus ihren Funktionen.

Ehemalige Nationalsozialisten strömten oft schon nach zwei- bis dreijährigem „Berufsverbot" infolge der frühen Amnestien oder aufgrund des „131er Gesetzes" Anfang der fünfziger Jahre wieder in den öffentlichen Dienst und in ihren vormaligen Tätigkeitsbereich. Ein trauriges Kapitel ist etwa der Wiederaufbau der Justiz nach 1945 mit Juristen, die auch vorher im Justizdienst gestanden hatten. Allerdings „darf nicht vergessen werden, daß nicht nur der Zusammenbruch des Dritten Reiches, sondern auch die Enthüllungen über dessen Untaten zum Nachdenken geführt, wenn nicht bei nicht wenigen sogar eine Schocktherapie bewirkt hatten"[11]. Freilich sind bis in die Gegenwart hinein manche fragwürdigen personellen Kontinuitäten zum Gegenstand heftiger öffentlicher Debatten geworden. Selbst die an der Terrorjustiz des Dritten Reiches beteiligten Richter waren wieder in die Richterschaft der Bundesrepublik gelangt. Da man ihnen nach Auffassung des Bundesgerichtshofes strafbares Handeln kaum würde nachweisen können, entschied sich der Bundesgesetzgeber Anfang der sechziger Jahre für eine großzügige Ruhestandsregelung.[12] Auch offenkundig belastete Politiker – wie Globke, Vialon, Oberländer und Filbinger[13] – sind in der Bundesrepublik in hohe politische Positionen gelangt. Die Hinweise auf solche Kontinuitäten in den Medien verursachten jedesmal viel Aufsehen und Unruhe. Das war auch dann der Fall, wenn es sich um Prominente handelte, z.B. im Fall des Fernseh-Frühschoppen-Moderators Höfer Ende der achtziger Jahre.

[11] So Rudolf Wassermann, Auch die Justiz kann aus der Geschichte nicht aussteigen. Studien zur Justizgeschichte, Baden-Baden 1990, S. 198.

[12] Vgl. ebda., S. 200–202.

[13] Den sehr selbstgerechten Memoiren von Hans Filbinger, Die geschmähte Generation, München 1987, folgte unlängst eine Darstellung, welche die ebenfalls sehr selbstgerecht agierenden Publizisten aufs Korn nimmt, die seinerzeit Filbingers Sturz beschleunigten. Vgl. Franz Neubauer, Das öffentliche Fehlurteil – Der Fall Filbinger als ein Fall der Meinungsmacher, Regensburg 1990.

Die intensive historische Aufarbeitung der NS-Vergangenheit schließlich setzte aus naheliegenden Gründen erst im Verlauf der sechziger Jahre ein, konnte sie doch maßgeblich auf die durch die Ermittlungs- und Strafverfahren gewonnenen Ergebnisse sowie die Wiedergutmachungsakten zurückgreifen. Ein besonders augenscheinlicher Beleg dessen ist das auf der Basis von Sachverständigengutachten zum Frankfurter Auschwitz-Prozeß Mitte der sechziger Jahre entstandene Sammelwerk „Anatomie des SS-Staates"[14]. Neben der strafrechtlichen Bewältigung liefert(e) die historische Aufarbeitung der NS-Vergangenheit wohl das meiste und am besten faßbare Material über den nationalsozialistischen Totalitarismus. Unser heutiges Bild vom Dritten Reich ist durch beide nachhaltig geprägt worden, wiewohl die Interpretation des NS-Regimes – abgesehen von seiner unumstrittenen Bewertung als Unrechtsstaat – nicht einheitlich sein konnte. Die sich in den vergangenen Jahren mehrenden Kontroversen über die Deutung der nationalsozialistischen Vergangenheit und den Umgang mit ihr sind sicherlich ein Ergebnis zunehmender Erkenntnisse. Sie mögen aber auch Ausdruck eines vornehmlich in linken intellektuellen Kreisen gepflegten Unwillens gegenüber Staat und Politik der Bundesrepublik sein: Die „Bewältigung" der NS-Vergangenheit konnte nicht vollkommen sein – es gab keine „kurzen Prozesse", sondern mühsame Aufarbeitung von Verbrechen und die Integration Belasteter. Deshalb glauben manche heute umso rigoroser nach gesinnungsethischen Maßstäben (ver)urteilen zu müssen[15]. Unabhängig davon geht die Erforschung des Nationalsozialismus wie auch die Strafverfolgung der NS-Verbrechen weiter.

[14] Vgl. Hans Buchheim, Martin Broszat, Hans-Adolf Jacobsen und Helmut Krausnick, Anatomie des SS-Staates, 2 Bände, München 1989⁵.

[15] Vgl. auch Bernd Faulenbach, NS-Interpretationen und Zeitklima. Zum Wandel in der Aufarbeitung der jüngsten Vergangenheit, in: Aus Politik und Zeitgeschichte. Beilage zur Wochenzeitung „Das Parlament", B 22/87, S. 19-30; sowie Elke Natorp-Husmann, 45 Jahre „danach". Haben wir das NS-Trauma verarbeitet?, in: Deutsche Richterzeitung 68 (1990), S. 241-255.

Fast fünf Jahrzehnte nach dem Ende des NS-Regimes und nicht einmal ein Jahr nach dem Zusammenbruch des SED-Regimes sind die Deutschen wieder vereint in einem freiheitlich demokratischen Staat. Auf der Tagesordnung stehen nicht nur die politische, wirtschaftliche und soziale Vereinheitlichung der ehedem getrennten Gesellschaften, sondern auch die Bewältigung zweier totalitärer Vergangenheiten. Bedurfte es eines einprägsameren Ereignisses, als die Tatsache, daß etwa zur gleichen Zeit, wenn der ehemalige SS-Oberscharführer Josef Schwammberger sich vor dem Stuttgarter Landgericht für den Mord an mehr als dreitausend Juden verantworten muß, einstige Helfershelfer des totalitären DDR-Staates ebenfalls vor Gericht standen? Es handelte sich um vier Mauerschützen, denen die Erschießung des Republikflüchtlings Chris Gueffroy und die versuchte Tötung seines Kameraden in der Nacht des 6. Februar 1989 zur Last gelegt wurde.[16] Die vier Grenzsoldaten sind inzwischen abgeurteilt; weitere „Mauerschützenprozesse" stehen aber noch an. Das bundesdeutsche Gericht, das durch die Wiedervereinigung Deutschlands in die Lage geriet, über diese und die anderen letzten Glieder der Kette des tödlichen Grenzregimes der DDR zu urteilen, hat es allerdings nicht leicht. Es sieht sich mit dem Argument konfrontiert, der bundesdeutsche Rechtsstaat werde kaum gelingen haben, die Regierungskriminalität in justiziable Straftatbestände zu fassen. Diese wohlfeilen Hinweise verstärken den Eindruck, daß den zuständigen Politikern und Juristen im vereinten Deutschland die Dringlichkeit der strafrechtlichen Aufarbeitung der SED-Verbrechen nicht bewußt zu sein scheint. Ihre Warnungen vor einer Überschätzung der Möglichkeiten des Strafrechts zur Bewältigung des Unrechts in der ehemaligen DDR kommen vorauseilender Großmut gegenüber ehemaligen Politgrößen der DDR nahe.[17]

[16] Siehe auch Werner Filmer/Heribert Schwan, Opfer der Mauer. Die geheimen Protokolle des Todes, München 1991, insbes. S. 11-72.

[17] Vgl. dazu die Stellungnahmen auf dem Diskussionsforum des Justizministeriums Anfang Juli 1991: Günter Bannas, Kinkel: Unser Ziel ist die Verurteilung der wirklich Verantwortlichen, in: Frankfurter Allgemeine Zeitung v.

Offenkundig ist man nicht imstande, Lehren aus der langen Geschichte der Vergangenheitsbewältigung des Nationalsozialismus zu ziehen. Im fünften Jahrzehnt nach dem Ende des Dritten Reiches tun sich die Deutschen immer noch schwer mit der Bewältigung der nationalsozialistischen Vergangenheit.[18] Das ist durchaus verständlich, sofern man diesen Prozeß als Schlußstrich-Ziehen begreift. Ein historisches Vergehen der NS-Zeit, vergleichbar mit demjenigen anderer Epochen, konnte sich angesichts ihrer katastrophalen Folgen und den daraus für Millionen von Menschen erwachsenen Belastungen nicht vollziehen. Aber selbst eine wohlverstandene Bewältigung – im Sinne des differenzierten Verstehens dieser Vergangenheit – scheint (noch) nicht möglich. Das in diese Richtung zielende „Plädoyer für eine Historisierung des Nationalsozialismus"[19], ausgesprochen von Martin Broszat, dem inzwischen verstorbenen Leiter des Instituts für Zeitgeschichte in München, ist bisher in den Geisteswissenschaften nicht durchweg auf ein positives Echo gestoßen. In Tei-

10. Juli 1991; Heribert Prantl, Die Qualen der Schuld und die Nebel des Vergessens. Professoren, Richter und Minister fragen nach den Möglichkeiten des Strafrechts bei der Vergangenheitsbewältigung, in: Süddeutsche Zeitung v. 11. Juli 1991; Hans Schueler, Das Recht des Siegers? Der Staatsterrorismus des SED-Regimes läßt sich nicht kollektiv ahnden, in: Die Zeit v. 12. Juli 1991.

[18] Vgl. dazu Eckhard Jesse, „Vergangenheitsbewältigung" in der Bundesrepublik Deutschland, in: Der Staat 26 (1987), S. 551. Der Hinweis von Jesse, daß hier zwei Begriffe eine wenig glückliche Verbindung eingegangen sind, mag zutreffen. Dennoch hat sich die Verwendung des Begriffs der „Vergangenheitsbewältigung" in den unterschiedlichen Bereichen der Gesellschaft eingebürgert, ohne daß sich seine Herkunft mit letzter Sicherheit nachweisen ließe. – Karl Jaspers beispielsweise benutzte den Begriff der „Bewältigung der Vergangenheit" im Sinne von „Umkehr, die sich unter anderem in der rückhaltlosen Anerkennung der Kriegsfolgen" bezeuge. So ders., Wohin treibt die Bundesrepublik? Tatsachen – Gefahren – Chancen, München 1966, S. 238 f. (Hervorhebung im Original). – Eine keinesfalls befriedigende Begriffserklärung findet sich bei Grete Klingenstein, Über Herkunft und Verwendung des Wortes „Vergangenheitsbewältigung", in: Geschichte und Gegenwart 7 (1988), S. 301-312.

[19] Vgl. Martin Broszat, Plädoyer für eine Historisierung des Nationalsozialismus, in: Merkur 39 (1985), S. 373-385. Der Aufsatz ist auch abgedruckt in: Ders., Nach Hitler. Der schwierige Umgang mit unserer Geschichte, München 1988, S. 266-281.

len der meinungsbildenden Öffentlichkeit wird Broszats Appell für eine „Normalisierung“ unseres Geschichtsbewußtseins unter Einschluß der NS-Zeit, mithin als ein „Weg aus der Vergangenheit“[20], keineswegs akzeptiert – zumindest nicht von einem beträchtlichen Teil der Publizisten und Wissenschaftler. Einen solchen Schluß legt der seit 1986 schwelende „Historikerstreit“ nahe.

Bei der Absage an einen sachlichen Umgang mit der jüngsten Vergangenheit dürften mehrere Gründe eine Rolle gespielt haben: Die einen hegen – zu Recht oder zu Unrecht – die Befürchtung, eine nüchterne Behandlung des Themas Nationalsozialismus und der mit diesem verbundenen Verbrechen leiste dem Vergessen oder zumindest dem Desinteresse Vorschub. „Es besteht ein enger Zusammenhang zwischen unserem Umgang mit der NS-Geschichte und der Weise, in der man uns in der Welt begegnet. Wenn wir uns selbst erinnern, machen wir es den anderen leichter, uns zu schonen.“[21] Andere wiederum sind davon überzeugt, die „Historisierung“ und damit die Einordnung des Nationalsozialismus als eine Epoche der deutschen Geschichte stelle die Einzigartigkeit des Phänomens in Frage. Der Zweite Weltkrieg werde zum „europäischen Normalkrieg umstilisiert“[22]. Diese Normalisierung der jüngsten deutschen Vergangenheit gefährde die „vorbehaltlose Öffnung der Bundesrepublik gegenüber der politischen Kultur des Westens“[23]. Der „tentative Umgang mit Geschichte“[24] habe sich als Gegenstrategie bewährt. Das „traumatische Nicht-Vergehen-Wollen eines in unsere nationale Ge-

[20] So der Titel einer Zwischenbilanz von Rolf Vogel (Hrsg.), Ein Weg aus der Vergangenheit. Eine Dokumentation zur Verjährungsfrage und zu den NS-Prozessen, Frankfurt a.M./Berlin 1969.

[21] Christian Meier, 40 Jahre nach Auschwitz. Deutsche Geschichtserinnerung heute, München 1987, S. 72.

[22] So Heinrich August Winkler, Auf ewig in Hitlers Schatten? Zum Streit über das Geschichtsbild der Deutschen, in: Rudolf Augstein u.a. (Hrsg.), „Historikerstreit“. Die Dokumentation der Kontroverse um die Einzigartigkeit der nationalsozialistischen Judenvernichtung, München 1987, S. 256.

[23] Jürgen Habermas, Eine Art Schadensabwicklung. Die apologetischen Tendenzen in der deutschen Zeitgeschichtsschreibung, in: Ebda., S. 75.

[24] Ebda.

schichte eingebrannten moralischen Imperfekts ist erst in den achtziger Jahren breitenwirksam ins Bewußtsein getreten"[25].

Diese zutreffende Beobachtung beschreibt ein paradoxes Phänomen: Trotz zeitlicher Entfernung von der Zeit des Dritten Reiches scheint die nationalsozialistische Vergangenheit um so lebendiger nachzuwirken.[26] Aber diese Lebendigkeit äußert sich keineswegs bloß in der positiven Akzentuierung, daß sich die Bundesrepublik nach dem Zusammenbruch des Dritten Reiches wieder zur „Gemeinschaft der zivilisierten Völker" gesellte und ihre Politik stets als Gegenbild sowohl zum rechten – dem nationalsozialistischen – als auch zum linken – dem kommunistischen – Totalitarismus gestaltete. Der antitotalitäre Geist des Grundgesetzes war eine frühe Ratenzahlung der mit den Hypotheken des Nationalsozialismus verbundenen Bringschuld. Demgegenüber scheint sich die Erbschaft des Nationalsozialismus einer Aufarbeitung bzw. wohlverstandenen Bewältigung noch zu verschließen.

Schwieriger Umgang mit der NS-Vergangenheit

Das bestätigt sich in dem zunehmend kontroversen Umgang mit dieser Erbschaft seit Ende der siebziger Jahre. Die Auseinandersetzungen sind für sich genommen nicht zu bedauern, zeigen sie doch, daß die Deutschen sich sehr wohl mit ihrer jüngsten Vergangenheit beschäftigen. Der als „Historikerstreit" titulierten Debatte über die Vergleichbarkeit von bolschewistischen und nationalsozialistischen Verbrechen vorausgegangen waren z.B. die öffentlich-publizistischen Aufregungen um die „Geschichte der Deutschen", eine den jüdischen Genozid – so der Vorwurf – verharmlosende Darstellung des betont national-konservativen Hi-

[25] Ders., Vom öffentlichen Gebrauch der Historie. Das offizielle Selbstverständnis der Bundesrepublik bricht auf, in: Ebda., S. 243.

[26] Vgl. die bedenkenswerten Erörterungen hierzu von Hermann Lübbe, Der Nationalsozialismus im deutschen Nachkriegsbewußtsein, in: Historische Zeitschrift 236 (1983), S. 579-599.

storikers Hellmut Diwald.[27] Die „Holocaust"-Fernsehserie im Jahre 1979[28] bewirkte eine starke Sensibilisierung der Bevölkerung – insbesondere der jüngeren Generation – im Umgang mit der nationalsozialistischen Vergangenheit. Der Publikumserfolg dieser melodramatischen Darstellung des Schicksals einer jüdischen Familie im Dritten Reich war jedoch ambivalent: Positiv überraschte das große Interesse an dem dunkelsten Kapitel nationalsozialistischen Unrechts; nachdenklich stimmte aber die unkritische Aufnahme des simplifizierend und geschönt dargestellten Holocaust-Geschehens. Es mangelte offenkundig an Kenntnissen, die dem breiten Publikum ermöglichten, sich mit dem „Endlösungs"-Prozeß differenziert auseinanderzusetzen.[29]

Mitte der achtziger Jahre schließlich beschäftigten zwei Ereignisse die Öffentlichkeit in einem Maße, wie das zehn Jahre zuvor wohl niemand erwartet hätte: Heftige Diskussionen provozierte zum einen das Treffen des amerikanischen Präsidenten Reagan mit Bundeskanzler Kohl auf dem Bitburger Soldatenfriedhof im Mai 1985. Amerikanische und deutsche Intellektuelle empörten sich über die Ehrung deutscher Soldatengräber, speziell solcher von SS-Angehörigen. Diese Totenehrung käme einer Rehabilitierung der NS-Täter gleich und sei moralisch nicht zu rechtfertigen, zumal der Besuch eines ehemaligen Konzentrationslagers im Besuchsprogramm zunächst nicht vorgesehen war. Im anderen Fall scheiterte die Aufführung des als antisemitisch angesehenen Fassbinder-Theaterstücks „Der Müll, die Stadt und der Tod": Der Frankfurter Schauspielintendant Günther Rühle wollte das

[27] Vgl. Hellmut Diwald, Geschichte der Deutschen, Frankfurt a.M. u.a. 1978. Diwalds Werk erschien in späteren Auflagen in überarbeiteter Fassung. – Siehe zusammenfassend die – polemisch als „Kampagne" titulierte – Diskussion bei Armin Mohler, Der Nasenring. Im Dickicht der Vergangenheitsbewältigung und nach dem Fall der Mauer, Neuauflage, München 1991, S. 191-194.

[28] Siehe dazu insbes. den Sammelband von Peter Märthesheimer/Ivo Frenzel (Hrsg.), Im Kreuzfeuer: Der Fernsehfilm „Holocaust". Eine Nation ist betroffen, Frankfurt a.M. 1979.

[29] Vgl. Peter Steinbach, Nationalsozialistische Gewaltverbrechen in der deutschen Öffentlichkeit nach 1945. Einige Bemerkungen, Fragen und Akzente, in: Weber/Ders. (Anm. 1), S. 13-39, insbes. S. 29.

Stück auf dem Schauspielplan lassen; man müsse sich „nach zehn Jahren Schonzeit" damit beschäftigen. Der Ausspruch weitete die Kontroverse aus und trug Rühle gar den Vorwurf ein, er habe den Begriff der Schonzeit auf die Juden in Deutschland gemünzt.[30]

Zum 53. Jahrestag des Reichstagsbrandes am 27. Februar 1986 veröffentlichten sechs Autoren – Historiker und Politikwissenschaftler – einen Sammelband, der die systematischen Geschichtsfälschungen in der Reichstagsbrandkontroverse aufdeckt.[31] Sie weisen u.a. auch nach, daß das sogenannte Luxemburger Komitee Ende der sechziger Jahre nur gegründet worden war, um den positiven Beweis der Brandstiftung des Reichstages durch die Nationalsozialisten zu erbringen. Der mysteriöse Generalsekretär des Komitees, Edouard Calic[32], konnte namhafte deutsche und europäische Wissenschaftler und Politiker für diesen Zweck einspannen. Mitte der siebziger Jahre wurden dann „neue Dokumente" für die nationalsozialistische Täterschaft veröffentlicht. Fritz Tobias, der sich langjährig mit dem Brand beschäftigt und bereits Anfang der sechziger Jahre seine These von der Alleintäterschaft des holländischen Rätekommunisten Marinus van der Lubbe überzeugend begründet hatte[33], entlarvte die von Calic „lancierten" Dokumente schon frühzeitig als Fälschungen. Obwohl mittlerweile auch das Bundesarchiv in Koblenz den von Walther Hofer vorgelegten Dokumenten die Echtheitsbestätigung verweigerte, fühlen sich manche Historiker nach wie vor nicht bemüßigt, die einst unkritische Zitierung der Dokumente zu widerrufen. Darüber hinaus fanden die spektakulären Ausführungen der Piper-Autoren in der Historikerzunft – zunächst je-

[30] Vgl. Hans Schueler, Schonzone und Schonzeit. Was hat der Frankfurter Intendant Günther Rühle wirklich gesagt?, in: Die Zeit v. 5. Dezember 1986; siehe ferner Heiner Lichtenstein (Hrsg.), Die Fassbinder-Kontroverse oder Das Ende der Schonzeit, Köln 1986.

[31] Vgl. Uwe Backes/Karl-Heinz Janßen/Eckhard Jesse/Henning Köhler/Hans Mommsen/Fritz Tobias, Reichstagsbrand. Aufklärung einer historischen Legende, München 1987².

[32] Vgl. zur Person von Calic ebda., S. 216–237.

[33] Siehe Fritz Tobias, Der Reichstagsbrand. Legende und Wirklichkeit, Rastatt 1962.

denfalls – kaum bzw. negative Resonanz. Die Gründe dafür scheinen naheliegend: Das Festhalten an der These von der nationalsozialistischen Täterschaft am Reichstagsbrand entspricht dem verbreiteten Bedürfnis, eine vermeintliche „Reinwaschung" der Nationalsozialisten zu verhindern; als würde mit der Wahrheit über die Urheberschaft des Brandes etwas von dem verbrecherischen Charakter des NS-Regimes genommen! Nicht wenige renommierte Historiker befürchten zu Recht, ihre einst auf der These der NS-Täterschaft aufbauenden wissenschaftlichen Arbeiten revidieren zu müssen. Schließlich gibt es gewisse apologetische Interessen, die an der „Alleinverantwortlichkeit" Hitlers für den Reichstagsbrand festhalten wollten, um das deutsche Volk als bloß Verführte hinzustellen. Nicht zuletzt ging es um die Revision eines „liebgewordenen" Mythos.[34]

Die Debatten über das Verständnis und den Umgang mit dieser Vergangenheit vereinnahmen in beträchtlichem Maße auch den politischen Bereich: Das österreichische „Bedenkjahr"[35] anläßlich der 50. Wiederkehr des „Anschlusses" der Alpenrepublik an das „Großdeutsche Reich" im März 1988 hat auch in der Bundesrepublik für Schlagzeilen gesorgt. Im November 1988 löste die als „verunglückt" angesehene Rede des Bundestagspräsidenten Philipp Jenninger zum 50. Jahrestag der „Reichskristallnacht" im Deutschen Bundestag heftige Reaktionen aus: Jenninger wurde mangelnde Sensibilität für die Opfer jener Ausschreitungen vorgeworfen; er habe – freilich unbewußt – in rhetorisch mißverständlicher Form für die Deutschen als „Tätervolk" Partei ergrif-

[34] Vgl. zu den Gründen für die fehlende Resonanz unter den Historikern insbesondere Eckhard Jesse, Die Kontroverse zum Reichstagsbrand – ein nicht endender Wissenschaftsskandal, in: Geschichte und Gesellschaft 14 (1988), S. 513-533.

[35] So Walter Wiltschegg in seinem Leserbrief, in: Frankfurter Allgemeine Zeitung v. 30. April 1988.

fen.[36] Der Eklat führte zum sofortigen Amtsrücktritt des Bundestagspräsidenten.[37]

Nur wenig später – im Januar 1989 – folgte eine Auseinandersetzung um libysche Giftgasfabriken, die mit Hilfe bundesdeutscher Chemiekonzerne errichtet worden sind und eine Bedrohung des Staates Israel darstellen.[38] Der von seiten internationaler, insbesondere amerikanischer Publizisten geäußerte Vorwurf eines „Auschwitz in the sand"[39] wurde von „kritischen Geistern" hierzulande rasch aufgegriffen – wenn auch nicht übernommen – und gewissermaßen in eine Art „Kollektivschuldbekenntnis" umgemünzt. Die Vergangenheit sei für uns Deutsche immer präsent, auch wenn wir sie zu verdrängen suchten, meinte der „Zeit"-Journalist Gunter Hofmann. „So wenig Safires Wort in der Sache trifft, so genau trifft es dennoch einen Nerv, von der Wirkung, die es hatte, ganz abgesehen. Don't the Germans have the right to be wrong? [. . .] für uns ist die Frage viel schwieriger

[36] Vgl. die Sammlung der publizistischen Stellungnahmen in: Armin Laschet/Heinz Malangré (Hrsg.), Philipp Jenninger. Rede und Reaktion, Aachen 1989. Eine Kritik der Diskussion und ihres Zustandekommens von Eckhard Jesse/Rainer Zitelmann, Die Tabus der Tabubrecher, in: Rheinischer Merkur/Christ und Welt, Sonderdruck November 1988. Vgl. ebenso Eduard Neumaier, Der Sturz Jenningers – ein deutscher Fall. Vom Zwangskonformismus und dem öffentlichen Umgang mit der Wahrheit, in: Ebda. Siehe auch Rainer Zitelmann, Vom Umgang mit der NS-Vergangenheit, in: Rolf Italiaander (Hrsg.), Bewußtseins-Notstand. Thesen von 60 Zeitzeugen. Ein optimistisches Lesebuch, Düsseldorf 1990, S. 69-79.

[37] Die Kontroverse wurde sozusagen stillschweigend beigelegt. Indes fand eine Rede Philipp Jenningers anläßlich einer Gedenkstunde der Gesellschaft für christlich-jüdische Zusammenarbeit zum 9. November 1985 Aufnahme in der Gesamtdarstellung von Rolf Vogel (Hrsg.), Der deutsch-israelische Dialog. Dokumentation eines erregenden Kapitels deutscher Außenpolitik, Teil III: Kultur, Bd. 7, München u.a. 1990, S. 119-128. Vogel hat die Kampagne gegen Jenninger mißbilligt.

[38] Vgl. die „Geschichte um das libysche Giftgaswerk" von Gerd Bucerius, Der Wutanfall, in: Die Zeit v. 3. März 1989.

[39] So William Safire in einem Kommentar in: New York Times v. 2. Januar 1989. – Dagegen die Kritik an Safires bösen Worten von Richard Cohen, in: The Washington Post v. 10. Januar 1989.

zu beantworten."[40] Das gilt auch für die Frage, wie die Wahlerfolge der Republikaner im Verlauf des Jahres 1989 zu bewerten seien. Manch einer argwöhnte, die Erblast des Holocaust melde sich zurück. Im 100. Geburtstagsjahr von Adolf Hitler wurde paradoxerweise gemutmaßt, Hitlers Schatten sei verblaßt und die „braune Verwandtschaft [...] wieder salonfähig"[41]. Tatsächlich ist er länger denn je.

Die Debatten und Kontroversen des vergangenen Jahrzehnts haben eine Gemeinsamkeit: „[D]ie Vergangenheit wird in die Konflikte der Gegenwart hineinprojiziert."[42] Diese Form der Vergangenheitsbewältigung ist insofern problematisch, als sie für andere Zwecke instrumentalisiert wird. Der Hinweis auf ein vermeintlich braunes Erbe dient als Vehikel zur Bekämpfung des politischen Gegners – etwa bei der legitimen und notwendigen Auseinandersetzung mit der neuen Partei der Republikaner. Unbequeme Meinungen werden mit Totschlag-Vokabeln stigmatisiert, wissenschaftliche Thesen mit moralistischen Unterstellungen ins Abseits gedrängt oder gar tabuisiert. Solche Strategien sind vernünftigerweise nicht mehr mit dem Begriff der „Vergangenheitsbewältigung" zu fassen; sie grenzen schon an „Vergangenheitsbeschwörung". Jüngstes Beispiel ist die Argumentation von Günter Grass: „Der deutsche Einheitsstaat, der einmal zu Auschwitz geführt hat, muß für immer verhindert werden, denn er werde wieder zu Auschwitz führen."[43] Nicht selten muß die nationalsozialistische Vergangenheit als psychologisches Druckmittel herhalten – auch auf internationalem Parkett. Der Arg-

[40] Gunter Hofmann, Wir Scheinheiligen. Mit Moral die Nase vorn: Wir machen vieles, aber vieles möglichst heimlich, in: Die Zeit v. 20. Januar 1989.

[41] So Gerhard Paul im Vorwort von ders. (Hrsg.), Hitlers Schatten verblaßt. Die Normalisierung des Rechtsextremismus, Bonn 1989, S. 8.

[42] Peter Graf Kielmansegg, Lange Schatten. Vom Umgang der Deutschen mit der nationalsozialistischen Vergangenheit, Berlin 1989, S. 86.

[43] Zitiert nach Jens Jessen, Leichtfertig. Günter Grass über Auschwitz, in: Frankfurter Allgemeine Zeitung v. 15. Februar 1990; vgl. auch Günter Grass, Deutscher Lastenausgleich. Wider das dumpfe Einheitsgebot, Frankfurt a.M. 1990.

wohn der damaligen britischen Premierministerin Thatcher gegenüber dem deutschen Einheitsstreben war von der dortigen Presse mit dem wenig freundlichen Hinweis auf das „Vierte Reich“[44] begleitet worden. Und ein einschlägig bekannter Kolumnist der „New York Times“ glaubte den Wunsch der Deutschen nach der staatlichen Einheit mit folgenden Worten honorieren zu müssen: „Juden, Auschwitz, Rotterdam, polnische Untermenschen, Leningrad, Sklavenarbeit, Krematorium, Holocaust, Nazi. [. . .] Wollen wir es wirklich dem State Department überlassen, zu entscheiden und auszudrücken, was wir über Deutschland fürchten und hoffen?“[45]

Nicht zuletzt machten sich solche Tendenzen auch in der sogenannten Hauptstadtfrage für ein geeintes Deutschland bemerkbar. Bislang völlig unübliche Argumente tauchten wieder auf: Das künftig einige Deutschland werde ein föderaler Bundesstaat sein. Es gelte daher an Bonn als Hauptstadt festzuhalten, denn Berlin sei ein Symbol des Zentralstaates und könne nicht fordern, „daß Deutschland und Europa noch einmal ihr Glück riskieren“[46]. Gleichgültig, welche Argumente sich sowohl für Bonn als auch für Berlin als Hauptstadt ins Feld führen ließen, der Hinweis auf den nationalsozialistischen Irrweg veranschaulichte die man-

[44] Mit Kopfschütteln muß man auch die intellektuellen Verrenkungen des spanischen Literaten Heleno Saña betrachten: Noch zu Zeiten des geteilten Deutschland publizierte er seine Sichtweise der deutschen Befindlichkeit (Die verklemmte Nation: Zur Seelenlage der Deutschen, München 1989): Die Deutschen trauerten um ihr „geteiltes und verlorenes Vaterland“ (S. 238) und „sind weiterhin ein Volk verklemmter Menschen, innerlich unfrei und autoritätsgläubig“ (S. 234), gleichzeitig liege darin eine große Gefahr für Westeuropa: Das „ständige Sich-bedroht-Fühlen“ könne in Versuche umschlagen, „mit Gewalt diesem Zustand ein Ende zu setzen“ (S. 237). Nunmehr nach der staatlichen Vereinigung fühlt sich der Spanier voll bestätigt und befürchtet Schlimmeres: „Was die Deutschen jetzt versuchen werden (die westlichen wie die östlichen), ist, ihre Sehnsucht nach geschichtlicher Größe in die Tat umzusetzen. Man ahnt es: Es kommen keine gemütlichen Zeiten“, so ders., Das vierte Reich: Deutschlands später Sieg, Hamburg 1990, S. 36.

[45] Dies die Meinung von Abraham M. Rosenthal, in: New York Times v. 4. Februar 1990.

[46] Klaus Harpprecht, zit. von pba. (= Patrick Bahners), Geistergespräch, in: Frankfurter Allgemeine Zeitung v. 12. Mai 1990.

cherorts gepflegte Befangenheit gegenüber der jüngsten Geschichte.[47]

Wie die Kontroversen über die nationalsozialistische Vergangenheit zeigen, ist diese Vergangenheit nicht vergangen bzw. wieder gegenwärtig und beeinflußt das politische Urteilsvermögen. Manche in diesem Zusammenhang auftauchende Fragen bleiben offen: Weshalb beispielsweise mußte der Präsident des Deutschen Bundestages infolge seiner Gedenkrede zum 50. Jahrestag der „Reichskristallnacht" sein Amt verlassen? War ihm nicht allenthalben bescheinigt worden, am Inhalt der Rede habe es nicht gelegen, wohl aber an der rhetorischen Form? Warum tituliert eine große amerikanische Zeitung einen Bericht über Giftgaslieferungen seitens deutscher Firmen an Libyen mit dem Schriftzug „Auschwitz-in-the-sand", als handelte es sich bei den besagten Lieferanten um Industrieunternehmen des nationalsozialistischen Staates?

Auch der sogenannte Historikerstreit, der im Sommer 1986 eskalierte, war und ist ein Symptom eines spezifisch deutschen Problems, des schwierigen Umgangs der Westdeutschen mit ihrer Vergangenheit. Der Streit entzündete sich an den Thesen des Berliner Historikers Ernst Nolte über den engen kausalen Zusammenhang zwischen der Genesis der bolschewistischen und der nationalsozialistischen Verbrechen. Aber im Verlauf der Debatte ist zu Recht bezweifelt worden, daß dieser Streit tatsächlich ein „historischer Streit"[48] oder auch nur einer zwischen Historikern (gewesen) ist. Schwer einzuordnen war nämlich nicht nur die Schar der Diskutanten, sondern auch der Gegenstand, der spätestens

[47] Vgl. dazu die „Berlin-Befürworter" Karl Feldmeyer, Flucht vor dem eigenen Schatten, in: Frankfurter Allgemeine Zeitung v. 30. Januar 1991 und Stephan Speicher, Gieß deine Sorgen in ein Gläschen Wein. Angst vor der Metropole, Angst vor der Moderne: Zum Provinzialismus in der Hauptstadtdebatte, in: Frankfurter Allgemeine Zeitung v. 2. Januar 1991; ferner Klaus von Beyme, Hauptstadtsuche, Frankfurt a.M. 1991.

[48] So Eckhard Jesse, Ist der „Historikerstreit" ein „historischer Streit"? Zugleich eine Auseinandersetzung mit der Literatur, in: Zeitschrift für Politik 35 (1988), S. 163; vgl. zur Einführung in die Kontroverse Augstein u.a. (Anm. 22).

dann einen politischen Akzent erhielt, als die eine Position der anderen den Versuch der Sinn- bzw. Identitätsstiftung zum Vorwurf machte. Der Münchner Politologe Kurt Sontheimer hatte dieses Stichwort aufgegriffen und darauf hingewiesen, daß „jeder Versuch einer politischen Sinnstiftung durch unsere vordemokratische nationale Geschichte den Konsensus der Nachkriegsära aufkündigt. Damals ging es für uns darum zu erfahren, wie es zum Untergang Weimars, zur Hitler-Diktatur und ihren Verbrechen hatte kommen können und was zu tun wäre, um den im Jahr 1945 zu Ende gegangenen Abschnitt deutscher Nationalgeschichte endgültig hinter uns zu lassen. Die Vergangenheit galt es zu überwinden, nicht zu beschwören. Das ist im großen und ganzen gelungen"[49].

Die Debatten über den Umgang mit der nationalsozialistischen Vergangenheit haben insbesondere in den achtziger Jahren zugenommen, auch an Heftigkeit, so daß man vermuten könnte, sie seien das Resultat einer defizitären Bewältigung des Dritten Reiches. Aber sind diese Kontroversen nicht vielmehr die Folge einer einseitigen Vergangenheitsbewältigung, die – moralisierend – alle bisher unternommenen Anstrengungen zur Aufarbeitung des Nationalsozialismus pauschal disqualifizieren? Die seit Ende der siebziger Jahre stetige Thematisierung des Nationalsozialismus und seiner Verbrechen ist begleitet von „Betroffenheit" und dem Hinweis, diese Verbrechen seien weder zu sühnen noch zu verstehen.[50] Paradoxerweise wird gleichzeitig die noch ausstehende Bewältigung der Vergangenheit eingefordert, oder aber „von der versuchten Ahndung und Verarbeitung über die anhaltende Ver-

[49] Kurt Sontheimer, Maskenbildner schminken eine neue Identität, in: ebda., S. 275-280, hier: S. 279.

[50] Siehe insbesondere die pointierte These von Dolf Sternberger, Unverstehbar. Noch einmal: Noltes These, in: Frankfurter Allgemeine Zeitung v. 6. April 1988 (Nachdruck in: Die Zeit v. 29. April 1988); vgl. auch ders., Unzusammenhängende Notizen über Geschichte, in: Merkur 41 (1987), S. 733-747.

drängung"[51] der Verbrechen räsonniert. Der Widerspruch zwischen beiden Aussagen ist offenkundig. Es wird auch nicht deutlich, wann die vermeintliche Verdrängung eingesetzt haben soll. Immerhin ist es bemerkenswert, daß erst in den gegenwärtigen Diskussionen die angebliche Nichtverstehbarkeit der NS-Verbrechen erörtert wurde. Nach dem Ende des Zweiten Weltkrieges hatten moralische Erörterungen über die NS-Verbrechen deutlich pragmatische Ziele, etwa den Versuch einer gerechten Ahndung des Unrechts.[52]

Diesen Zweck verfolgten auch die NS-Prozesse seit 1945. Mit der Behauptung, Auschwitz sei ein „Niemandsland des Verstehens"[53], entwertet man freilich die Bemühungen zur Aufarbeitung der NS-Verbrechen seitens der Strafverfolgungsbehörden und der Gerichte, der Geschichts- und Sozialwissenschaften sowie der Schulen und Medien.[54] Anders verhält es sich mit dem Argument der „Verdrängung". Läßt es sich angesichts der durch die NS-Prozesse und ihrer Ergebnisse erzwungenen Dauerkonfrontation mit den NS-Verbrechen tatsächlich aufrechterhalten? Oder ist die behauptete „Verdrängung" für einen bestimmten

[51] So Rainer Eisfeld und Ingo Müller, Verdrängung wäre Selbstauslieferung, in: Dies. (Hrsg.), Gegen Barbarei. Essays Robert M.W. Kempner zu Ehren, Frankfurt a.M. 1989, S. 13.

[52] Vgl. etwa Karl Jaspers' Äußerungen über die kriminellen Verbrechen: Sie „bestehen in objektiv nachweisbaren Handlungen, die gegen eindeutige Gesetze verstoßen. *Instanz* ist das *Gericht,* das in formellen Verfahren die Tatbestände zuverlässig festlegt und auf diese die Gesetze anwendet". So ders., Die Schuldfrage. Zur politischen Haftung Deutschlands, München 1987, S. 17 (Hervorhebung im Original).

[53] Dan Diner, Zwischen Aporie und Apologie. Über Grenzen der Historisierbarkeit des Nationalsozialismus, in: Ders. (Hrsg.), Ist der Nationalsozialismus Geschichte? Zu Historisierung und Historikerstreit, Frankfurt a.M. 1987, S. 73.

[54] Laut Martin Broszat „war die Justiz frühzeitig aus praktisch-politischen Zwängen veranlaßt, die harten Tatsachen des Geschehens in der NS-Zeit in distinkte Begriffe zu fassen. Das gilt nicht nur für die Strafjustiz [...]." So ders., Siegerjustiz oder strafrechtliche „Selbstreinigung". Aspekte der Vergangenheitsbewältigung der deutschen Justiz während der Besatzungszeit 1945-1949, in: Vierteljahrshefte für Zeitgeschichte 29 (1981), S. 481.

Zeitraum – etwa die fünfziger Jahre – zutreffend?[55] Ebenso verwundert, daß die These von der Verdrängung bzw. der „Unfähigkeit zu trauern"[56] erst in den sechziger Jahren vorgetragen wurde, zu einer Zeit, als die Thematisierung des Nationalsozialismus durch die Prozesse, die Medien und nicht zuletzt die Forschung ihren ersten Höhepunkt erreichte. Offenbar hatte sich die politische Kultur gewandelt.[57] Die in den achtziger Jahren erneut einsetzende Diskussion über die unbewältigte Vergangenheit – insbesondere jene der Justiz[58] – zeigt deutliche Parallelen, wenn auch die zahlreichen Gedenkveranstaltungen – beginnend mit dem 50. Jahrestag der „Machtergreifung" im Jahre 1983 – einen zusätzlichen Anstoß bewirkten. Neben der gegenwärtig eingeforderten Aufarbeitung der NS-Zeit lassen sich allerdings neue resignative oder selbstquälerische[59] Akzente ausmachen. So ist nicht mehr nur von „Trauerarbeit" die Rede, sondern auch von

55 Vgl. insbes. die „Diskretionsthese" von Lübbe (Anm. 26), S. 587: „In dieser Diskretion vollzog sich der Wiederaufbau der Institution, der man gemeinsam verbunden war, und nach zehn Jahren war nichts vergessen [!], aber einiges ausgeheilt."

56 Siehe die Studie von Alexander und Margarete Mitscherlich, Die Unfähigkeit zu trauern. Grundlagen kollektiven Verhaltens, München 1967.

57 Vgl. Rudolf Wassermann, Justiz und politische Kultur. Verfolgung nationalsozialistischer Gewaltverbrecher als Herausforderung für Rechtsprechung und Bewußtsein der Öffentlichkeit, in: Ders., Recht, Gewalt, Widerstand. Vorträge und Aufsätze, Berlin 1985, S. 9-35; siehe den Nachweis an einem konkreten Beispiel ebda., S. 36-64 ("Zur Auseinandersetzung um den 20. Juli 1944. Der Remer-Prozeß als Meilenstein der Nachkriegsgeschichte").

58 Vgl. u.a. Ingo Müller, Furchtbare Juristen. Die unbewältigte Vergangenheit unserer Justiz, München 1987; Julius H. Schoeps/Horst Hillermann (Hrsg.), Justiz und Nationalsozialismus. Bewältigt – Verdrängt – Vergessen, Stuttgart/Bonn 1987; Jörg Friedrich, Freispruch für die Nazijustiz. Die Urteile gegen NS-Richter seit 1948, Reinbek bei Hamburg 1983; ders./Jörg Wollenberg (Hrsg.), Licht in den Schatten der Vergangenheit. Zur Enttabuisierung der Nürnberger Kriegsverbrecherprozesse, Frankfurt a.M./Berlin 1987.

59 Vgl. die Schrift von Gabriele von Arnim, Das große Schweigen. Von der Schwierigkeit, mit den Schatten der Vergangenheit zu leben, München 1989; ferner Niklas Frank, Der Vater. Eine Abrechnung, München 1987.

der „Erinnerungsarbeit".[60] Die „Last" der Vergangenheit wird auf die Kindergeneration der NS-Täter wie der Opfer verlagert.[61]

Problemstellung und Aufbau

Die forcierte Strafverfolgung und die wissenschaftliche Aufarbeitung der NS-Verbrechen seit Anfang der sechziger Jahre schuf letzten Endes die Voraussetzungen für die Intensivierung der Auseinandersetzung mit der NS-Vergangenheit seit Ende der siebziger Jahre. Die damit einhergehende Emotionalisierung – vermutlich angestoßen durch die Ausstrahlung der „Holocaust"-Serie[62] – läßt freilich befürchten, daß „die Auseinandersetzung mit der bösen Vergangenheit in ein moralisches Überlegenheitsgefühl umgeschlagen ist oder umschlagen könnte"[63], zumal Fakten schlechterdings geleugnet und Aufarbeitungs- und Sühneanstrengungen eingefordert werden, die schließlich in den bekannten Kontroversen ausarten. Muß gegenwärtig vielleicht weniger der schwierige Umgang mit der nationalsozialistischen Vergangenheit als vielmehr die kontroverse Art des Umgangs mit dieser beklagt werden? Befinden wir uns also in einer „Metaphase" der wissenschaftlichen Auseinandersetzung mit dem Nationalsozialismus? Wie immer man die Ursachen der eigentümlichen Vergangenheitsfixierung beurteilen mag, sie hat heute „eine

[60] Siehe insbes. Margarete Mitscherlich, Erinnerungsarbeit: zur Psychoanalyse der Unfähigkeit zu trauern, Frankfurt a.M. 1987.

[61] Vgl. hierzu Peter Sichrovsky, Schuldig geboren. Kinder aus Nazifamilien, Köln 1987; Dörte von Westernhagen, Die Kinder der Täter. Das Dritte Reich und die Generation danach, München 1987; Amnon Neustadt, Israels zweite Generation. Auschwitz als Vermächtnis, Bonn 1987.

[62] Vgl. Märthesheimer/Frenzel (Anm. 28).

[63] Eine nachdenkenswerte Vermutung von Helmuth Kiesel, „So ist unser Gedächtnis jetzt angefüllt mit Furchtbarem". Literaturgeschichtliche Anmerkungen zum „Historikerstreit" und zu der von Martin Broszat beklagten „Beziehungslosigkeit zwischen Literatur und Geschichte bei der Verarbeitung der Nazizeit", in: Klaus Oesterle/Siegfried Schiele (Hrsg.), Historikerstreit und politische Bildung, Stuttgart 1989, S. 73.

Unausbalanciertheit unseres Gemütszustandes als Bürger zur Folge, die unserer Demokratie zu schaffen macht"[64].

Sollte es daher nicht vordringlich sein, auf die bisherigen Anstrengungen, aber auch auf die Defizite der strafrechtlichen Bewältigung der Vergangenheit hinzuweisen, statt den Fakten widersprechende Behauptungen stillschweigend hinzunehmen? Einige dieser Fragen sucht die vorliegende Arbeit zu beantworten: Welche Schritte unternahmen die alliierten Besatzungsmächte? Wieviel Spielraum gestand man den Deutschen dabei zu? Wie nutzten sie ihn, und galt es bestimmte Hindernisse zu überwinden? Welche Einflußfaktoren außen- wie innenpolitischer Natur lagen der weiteren Entwicklung dieser justitiellen „Vergangenheitsbewältigung" zugrunde? Schließlich: Wie lassen sich die verschiedenen Vorgehensweisen und Ergebnisse aus heutiger Sicht beurteilen? Beschreibt etwa die Behauptung zahlreicher Kritiker den vermeintlichen Ist-Zustand einer unbewältigten Vergangenheit?[65] Trifft es zu, „daß der demokratische Rechtsstaat nicht einmal die Kraft aufbrachte, die schlimmsten Verbrechen juristisch zu sühnen"[66]?

Diese Behauptung muß insbesondere im Hinblick auf den Zusammenbruch der SED-Parteidiktatur im Herbst 1989 geprüft werden. Nach der Vereinigung der beiden deutschen Staaten kommt nun eine zweite Vergangenheitsbewältigung auf Deutschland zu. Das Abtragen der Last der totalitären Vergangenheit der DDR können die westdeutschen ihren ostdeutschen Mitbürgern nicht abnehmen. Allerdings dürfen sie nicht gleichgültig daneben stehen, wenn es um die Aufarbeitung insbesondere der verbrecherischen Vergangenheit geht. Sie ist seit der Vereinigung beider deutscher Staaten im Oktober 1990 zur Aufgabe aller Deutschen geworden. Die Bewältigung zweier totalitärer

[64] Dies die vorsichtige Einschätzung von Kielmansegg (Anm. 42), S. 84.

[65] Dazu Eckhard Jesse, „Vergangenheitsbewältigung" und politische Kultur, in: Politische Bildung 23 (1990), Heft 3, S. 53-66.

[66] Statt vieler Hermann Glaser, Totschweigen, entlasten, umschulden – Bewältigung der Vergangenheit im Nachfolgestaat, in: Friedrich/Wollenberg (Anm. 58), S. 47.

Vergangenheiten wird in Zukunft die Klammer der deutschen Identität bilden.

Was könnte diesen Befund nachdrücklicher bestätigen als die Umstände, die den brandenburgischen SPD-Landtagsabgeordneten, Alterspräsidenten und Vorsitzenden des parlamentarischen Verfassungsausschusses, Gustav Just, in Mißkredit brachten und zum Amtsrücktritt zwangen? Der Schriftsteller und Politker ist zum Symbol für die Bewältigung des Totalitarismus von gestern und heute – des Dritten Reiches und der DDR – geworden: 1946 in die SED eingetreten machte er schnell Karriere in der Kulturabteilung des Zentralkomitees. 1954 war er ein Jahr lang Generalsekretär des Deutschen Schriftstellerverbandes und avancierte zum stellvertretenden Chefredakteur des „Sonntag". 1956 gehörte er zu jenen SED-Genossen („Harich-Janka-Gruppe"), die – ermutigt durch die vom XX. Parteitag der KPdSU in der Sowjetunion eingeleitete Entstalinisierung – eine innere Erneuerung des Sozialismus in der DDR befürworteten. Die SED ließ die „Revisionisten" in einem Schauprozeß im Jahre 1957 zu vier (für Just) bzw. fünf Jahren Zuchthaus wegen „Boykotthetze" verurteilen. Nach der Wende in der DDR im Zuge der Kassation des politischen Unrechtsurteils Anfang 1990 kam allerdings auch Justs Vergangenheit im Dritten Reich wieder ans Tageslicht; ein Fall für die Ludwigsburger Zentrale Stelle zur Aufklärung der NS-Verbrechen: Das einstige Opfer der SED-Justiz war selbst Täter im Dienst der nationalsozialistischen Diktatur gewesen und 1941 als 20 Jahre alter Soldat an der Exekution von sechs ukrainischen Juden beteiligt. Aber Gustav Just, in der DDR dafür nie zur Verantwortung gezogen, ist sich noch heute keiner Schuld bewußt.[67]

[67] Siehe Gustav Just, Zeuge in eigener Sache. Die fünfziger Jahre in der DDR, Frankfurt a. M. 1990; ferner u.a.: Der Rücktritt ist kein Eingeständnis von Schuld. Interview, in: die tageszeitung v. 11. März 1992; Ws. (= Peter Jochen Winters), Just legt sein Mandat nieder, in: Frankfurter Allgemeine Zeitung v. 11. März 1992; Völlig vergessen, in: Der Spiegel 46 (1992), H. 12, S. 99-101; Walther Stützle, Ein deutscher Fall, in: Der Tagesspiegel v. 10. März 1992.

Der Fall Just bildet gewissermaßen eine Schnittmenge der doppelten Vergangenheitsbewältigung, bei der die Deutschen im Westen mittun und – im Hinblick auf ihre Erfahrungen mit der Aufarbeitung des Nationalsozialismus – Hilfestellung leisten müssen. Soweit nicht strafrechtlich relevantes Verhalten zu ahnden ist, wird die Integration aller Deutschen der ehemaligen DDR, die sogenannte innere Vereinigung, das vorrangige Ziel der gesellschaftlichen Vereinigung darstellen. „Wir brauchen die öffentliche Diskussion über das, was war, oder über die *quaestio facti*. Wir brauchen sie, weil das DDR-offizielle Geschichtsbild zu viele weiße Flecken aufwies und weil wir Bewohner der Nischengesellschaft nun erst die Perspektiven der verschiedenen Nischen vereinigen können."[68] Die Last der roten Vergangenheit haben alle Deutschen zu tragen. Doch schon vermuten manche Kritiker, daß sich der Umgang der Deutschen mit der DDR-Vergangenheit nicht leichter gestalten werde als derjenige mit dem Geschehen des Dritten Reiches, vielmehr die doppelte Vergangenheitsbewältigung doppelt schwer wiege.[69]

Hinweise dafür, daß solche Befürchtungen sich bewahrheiten, gibt es allerorten: Die einstmals allmächtige Staatspartei SED hat sich rechtzeitig gewendet und bislang nur einen anderen Namen angenommen: PDS – Partei des Demokratischen Sozialismus – sieht man einmal davon ab, daß sie von „Entartungen" abgerückt ist und einige der einst führenden Funktionäre aus der Partei ausgeschlossen hat. Die Hauptverantwortlichen für jahrzehntelang verübte Menschenrechtsverletzungen sind bislang ihrem Richter entzogen, sei es durch Flucht wie etwa im Fall Erich Honecker, sei es durch vermeintliche Beweisschwierigkeiten der bundesdeutschen Justiz wie im Fall Markus Wolf. Seit der politischen Wende im Herbst 1989 ist noch keiner der politisch Verantwortli-

[68] So Richard Schröder, Gesinnungsjustiz ist Unrecht. Statt eines Tribunals: Foren zur öffentlichen Diskussion über die DDR-Vergangenheit, in: Die Zeit v. 6. Dezember 1991 (Hervorhebung im Original).

[69] Siehe Herbert Riehl-Heyse, In Schuld verstrickt. Die Last der Vergangenheit. Wieder haben die Deutschen Probleme mit der Gerechtigkeit, in: Süddeutsche Zeitung am Wochenende v. 21./22. April 1990.

chen für die Todesschüsse an der innerdeutschen Grenze strafrechtlich belangt worden – lediglich die letzten Glieder der Befehlskette stehen seit September 1991 vor dem Landgericht in Berlin: Vier Grenzsoldaten mußten sich für die Schüsse auf zwei junge Männer aus Ost-Berlin verantworten. Die Tat ereignete sich im Februar 1989, wobei einer der beiden Flüchtenden zu Tode kam. Die Befehlsgeber der Todesschützen laufen frei herum und werden allenfalls als Zeugen vorgeladen. Diese Umstände müssen zu Recht Unmut in der Bevölkerung hervorrufen, nicht zuletzt sind doch der Befehlsweg und die Verantwortung für das tödliche Grenzregime weitgehend bekannt.[70] Aber alle Welt scheint sich derzeit um einen – im Vergleich zu diesen Tatbeständen – eher marginalen Aspekt zu sorgen: Was geschieht mit den sogenannten Stasi-Akten des Ministeriums für Staatssicherheit? Im November 1991 verabschiedete der Deutsche Bundestag hierzu ein Gesetz, das den Umgang mit den brisanten Informationen in diesen Unterlagen regelt. Die ersten Monate mit dem „Stasi-Unterlagen-Gesetz" haben mancherlei Aufregung, Verbitterung der einsichtnehmenden Opfer und – nach wie vor – Abwiegelungsversuche der als „Inoffizielle Mitarbeiter" entlarvten Täter provoziert. Damit mußte man rechnen; und auch „schlimmere" Wahrheiten werden auf uns zukommen – es gibt dennoch keinen triftigen Grund, die Öffnung der Archive der ehemaligen DDR-Staatssicherheit zu bedauern. Im Gegenteil: Es bleibt zu hoffen, daß der Aktenzugang vor allem für die historische Aufarbeitung der SED-Diktatur erleichtert wird. Die Verantwortlichen in Politik und Justiz sollten sich freilich mit ebensolcher Energie auf das bedeutend schwieriger zu bewältigende Erbe der DDR konzentrieren, auf die Ahndung der SED-Gewaltverbrechen, der sogenannten Regierungskriminalität in der ehemaligen DDR.[71]

[70] Vgl. Werner Filmer/Heribert Schwan (Anm. 16); siehe auch Heiner Sauer/Hans-Otto Plumeyer, Der Salzgitterreport. Die Zentrale Erfassungsstelle berichtet über Verbrechen im SED-Staat, München 1991.

[71] Dazu ebda.; in diese Richtung geht auch das Anliegen des „Bundes der stalinistisch Verfolgten e.V.", in: Rüdiger Knechtel/Jürgen Fiedler (Hrsg.),

Forderungen nach einer „Entstasifizierung" erscheinen wenig sinnvoll, zumal nicht geklärt ist, welche Personengruppe von einer solchen politischen Säuberung betroffen wäre. Die einst rund 2,3 Millionen SED-Mitglieder haben sich unter dem Eindruck des politischen Umbruchs längst in die neue demokratische Gesellschaft integriert und gehören teilweise bereits anderen politischen Parteien an. Haben sie sich etwas zuschulden kommen lassen, oder unterlagen sie „bloß" einem politischen Irrtum? Würde die „Entstasifizierung" den ehemaligen Mitarbeitern des DDR-Staatssicherheitsdienstes gelten, müßten Grenzen gezogen werden. Wer von ihnen war direkt oder indirekt an Verbrechen beteiligt und trägt eine (Mit-)Schuld? Nach welcher Hierarchie sind Verantwortlichkeiten für das verübte Unrecht auszumachen? Wie ist die Mitwisserschaft an unrechtmäßigem bzw. an als illegitim empfundenem Handeln zu bewerten? Ist etwa auch die Putzfrau im Dienst der Staatssicherheit – beim Bespitzeln ihrer Kollegen etc. – eines Verbrechens mitschuldig geworden? Sie und andere haben sicherlich eine moralische Schuld am Funktionieren des verbrecherischen Staatssicherheitsapparats und werden sich damit auseinandersetzen müssen. Das kann nur gelingen, indem der ganzen Gesellschaft politisches und moralisches Versagen, vor allem aber kriminelles Unrecht vor Augen geführt und personelle Konsequenzen gezogen werden. Die personalpolitische und die strafrechtliche Aufarbeitung der Vergangenheit ist unumgänglich, auch und gerade zur Förderung des Vertrauens in den bundesdeutschen Rechtsstaat. Die kritische Auseinandersetzung mit dem ehemaligen Unrechtsstaat darf allerdings nicht dazu führen, daß die politisch und moralisch Belasteten ausgegrenzt werden. Ein wichtiges Ziel ist ihre Integration in die demokratische Gesellschaft der Bundesrepublik.[72]

Stalins DDR. Berichte politisch Verfolgter, Leipzig 1991, S. 7 f., S. 179-182, S. 255-259.

[72] Der Bundesbeauftragte zur Verwaltung der Stasi-Akten hat zur Bewältigung dieses Aspekts nachdenkenswerte Hinweise gegeben: Joachim Gauck, Die Stasi-Akten. Das unheimliche Erbe der DDR, Reinbek 1991; vgl. auch

Diese Arbeit spürt der justitiellen Aufarbeitung der NS-Vergangenheit in der alten Bundesrepublik Deutschland und – infolge der Ereignisse in der jüngsten Geschichte – der Aufarbeitung der DDR-Vergangenheit nach. Die zweite Vergangenheitsbewältigung in Deutschland stellt – ähnlich wie nach 1945 – auch Herausforderungen für den Rechtsstaat, vor allem das Strafrecht dar. Damals wie heute ist es die freiheitlich verfaßte Demokratie, die über die Verbrechen der früheren Diktatur nicht den Mantel des Schweigens breiten kann, will sie nicht ihre Glaubwürdigkeit verlieren. Damit ist auch die Vergleichsebene von 1945 und 1989/1990 angezeigt, denn bei der Aufarbeitung der Vergangenheit legte die ehemalige DDR ganz andere „antifaschistische" Kriterien zugrunde. Ihre Antwort auf den Nationalsozialismus war die „Gegendiktatur" (Peter Graf Kielmansegg).

Obwohl die Bundesrepublik sich bereits frühzeitig zur strafrechtlichen Aufarbeitung und „Wiedergutmachung" der nationalsozialistischen Vergangenheit bekannte und bis zum heutigen Tage die Schuldigen des Dritten Reiches zu bestrafen sucht, ist sie dem ständigen Vorwurf ausgesetzt, die nationalsozialistische Vergangenheit verdrängt und damit eine „zweite Schuld"[73] auf sich geladen zu haben. Solche Behauptungen werden allein schon durch das rege Interesse der Deutschen an Berichten, Literatur und Filmen über das Dritte Reich widerlegt. Daß es zu einer kontinuierlichen und derart intensiven Auseinandersetzung mit dem Nationalsozialismus kommen konnte, ist im wesentlichen das Ergebnis der strafrechtlichen Aufarbeitung der NS-Verbrechen. Sie lieferte auch das Material für die historische Forschung. Die These von der „verdrängten" Vergangenheit läßt die Leistungen der justitiellen Vergangenheitsbewältigung bewußt außer acht oder will sie nicht zur Kenntnis nehmen.[74] Die vorliegende Arbeit

Hermann Lübbe, „Das Strafrecht ist ein nötiges, aber schwaches Mittel zur Aufarbeitung des Totalitarismus", in: Universitas 46 (1991), S. 1029-1031.

[73] Vgl. statt vieler Ralph Giordano, Die zweite Schuld oder Von der Last Deutscher zu sein, Hamburg 1987.

[74] Vgl. Günther Schwarberg, Die Mörderwaschmaschine. Wie die bundesdeutsche Justiz die Verbrechen der Faschisten mit Hilfe von Einstellungsbe-

sucht dieses Defizit zu beheben. Wenn im Kontext von der strafrechtlichen Aufarbeitung bzw. justitiellen Bewältigung der Vergangenheit die Rede sein wird, so handelt es sich dabei um den gleichen Sachverhalt. Beide Begriffe werden von der Verfasserin synonym benutzt.

Die Strafverfolgung der NS-Justizverbrechen in der Bundesrepublik ergibt eine Negativbilanz. Es ist faktisch zu keiner Verurteilung von Richtern und Staatsanwälten an den berüchtigten Sondergerichten und am Volksgerichtshof des Dritten Reiches gekommen.[75] Insofern hat die Kritik an der mangelhaften Vergangenheitsbewältigung der Bundesrepublik durchaus ihre Berechtigung. Die ungesühnte Vergangenheit der NS-Justiz war und bleibt eine schwere Hypothek für den bundesdeutschen Rechtsstaat, im besonderen für die Justiz der Bundesrepublik. Späte Bemühungen, das Versagen von Politik und Justiz bei der Aufarbeitung des Justizunrechts wenigstens zu dokumentieren, können diesen Makel nicht tilgen. Sie verdienen aber keinesfalls Geringschätzung. „Zum einen muß sich die Justiz zu ihrer Fehlleistung bekennen, ohne Umschweife, Ausreden und Entschuldigungen. Dazu gehört auch, daß sie sich zumindest jetzt intensiv mit ihrer Rolle in der NS-Zeit auseinandersetzt. Zum anderen – und dies ist von entscheidender Bedeutung – muß die Justiz das Andenken der Opfer bewahren. [...] Die Erinnerung an die Justizverbrechen im nationalsozialistischen Deutschland und die Menschen, die ihnen zum Opfer fielen, muß einen festen Stellen-

schlüssen bewältigte oder: Von der Massenerschießungen abgesehen, war die Sterblichkeit gering, in: Eisfeld/Müller (Anm. 51), S. 324-345.

[75] U.a.: Günter Spendel, Rechtsbeugung durch Rechtsprechung, Berlin/New York 1984; Müller (Anm. 58); Friedrich (Anm. 58); Bernd Rüthers, Entartetes Recht. Rechtslehrer und Kronjuristen im Dritten Reich, München 1987; Hannsjoachim W. Koch, Volksgerichtshof. Politische Justiz im Dritten Reich, München 1988; Rudolf Wassermann (Hrsg.), Justiz im Wandel der Zeit. Festschrift des Oberlandesgerichts Braunschweig, Braunschweig 1989; Hans Wüllenweber, Sondergerichte im Dritten Reich. Vergessene Verbrechen der Justiz, Frankfurt a.M. 1990.

wert in unserem Justizverständnis finden, als Mahnung und Warnung zugleich."[76]

Das zweite Kapitel beschäftigt sich mit den wichtigsten einschlägigen Studien. Dabei soll deutlich werden, daß es in der ersten frühen Periode der Auseinandersetzung mit dem nationalsozialistischen Totalitarismus sowohl um die Strafverfolgung der NS-Verbrechen als auch auch um die politischen Verfehlungen im Dritten Reich ging. Die Darstellung dieser Thematik ist insofern von Bedeutung, als hier die vielfältige Vermischung zwischen politischer und krimineller Schuld hervortritt. Der Nürnberger Hauptkriegsverbrecherprozeß im Jahre 1945 ist dafür beispielhaft. Das Schwergewicht der Literatur zu den deutschen NS-Prozessen stammt aus den sechziger und siebziger Jahren. Sie konnte schließlich auf die Ermittlungsergebnisse der Zentralen Stelle in Ludwigsburg und die NS-Gerichtsverfahrensakten zurückgreifen.

Der Aufbau der Arbeit folgt im wesentlichen dem chronologischen Verlauf des strafrechtlichen Vorgehens gegen die NS-Verbrechen in der Bundesrepublik. Gleichwohl erscheint es notwendig, zunächst die ersten Strafmaßnahmen nach dem Ende des Zweiten Weltkrieges, d.h. unter alliierter Hoheitsmacht – zu erörtern (drittes Kapitel), denn von deutschen Politikern und Juristen waren schon frühzeitig Bedenken gegenüber dem Nürnberger Prozeß geäußert worden. Man müsse der deutschen Justiz die weitere Strafverfolgung der NS-Verbrecher überantworten. Der Eindruck der „Siegerjustiz" sei aus Gründen der Glaubwürdigkeit unbedingt zu vermeiden. Daß die Alliierten ablehnend reagierten, mag verständlich sein. Das deutsche Interesse an einer Selbstreinigung schien offenbar suspekt, denn wie anders erklärt sich die mit dem Kontrollratsgesetz Nr. 10 verbundene Anwendungsermächtigung an deutsche Gerichte? Es handelte sich ja keineswegs um

[76] Bundesminister der Justiz (Hrsg.), Im Namen des deutschen Volkes. Justiz und Nationalsozialismus. Katalog zur Ausstellung, Köln 1989, S. 453; vgl. auch Gerhard Fieberg, Justiz im nationalsozialistischen Deutschland, hrsg. vom Bundesministerium der Justiz, Köln 1984 sowie Wassermann, Auch die Justiz (Anm. 11) sowie ders., Justiz im Wandel (Anm. 75).

deutsches Strafrecht und mußte für nicht wenige Juristen eine politische Gängelung bedeuten. Nicht zuletzt die daraus resultierenden rechtlichen und psychologischen Folgen beeinflußten in einem erheblichen Maße die nachfolgende Entnazifizierungs- und Strafverfolgungspraxis unter deutscher Regie (viertes Kapitel). Der Widerwille gegenüber der vorherigen Bevormundung dürfte sich in der deutlich milderen Urteilspraxis und dem nachlassenden Eifer bei der Strafverfolgung geäußert haben.

Der Gründung der „Zentralen Stelle der Landesjustizverwaltungen zur Aufklärung der nationalsozialistischen Gewaltverbrechen" (Zentrale Stelle) widmet die Verfasserin eine gesonderte Betrachtung (fünftes Kapitel), da dieser Ermittlungsbehörde bei der Strafverfolgung der NS-Verbrechen eine entscheidende Bedeutung zugekommen ist. Die Tätigkeit der Zentralen Stelle bildete gewissermaßen die Grundlage für eine qualitativ neue Phase der strafrechtlichen Aufarbeitung der NS-Verbrechen. Insbesondere die NS-Prozesse der folgenden Jahrzehnte sind das Ergebnis der Ludwigsburger Nachforschungen im Aus- und (ab 1965) Inland. Freilich waren durch die Schaffung der Ludwigsburger Ermittlungsbehörde keineswegs alle Schwierigkeiten bei der Strafverfolgung der NS-Verbrechen aus dem Weg geräumt. Die intensiven Bemühungen der Zentralen Stelle fanden zunächst noch wenig Unterstützung von den politisch Verantwortlichen. Der Mangel an Personal – vor allem fehlten Experten auf dem Gebiet der Zeitgeschichte, aber auch zuverlässige Fahnder – und außenpolitisch motivierte Vorbehalte seitens der Bundesregierung erschwerten die ohnehin komplizierte Aufklärungstätigkeit im Ausland. Es bedurfte eines gewissen Erkenntnisprozesses, bis schließlich die Justizministerien der Länder und des Bundes den Ludwigsburger Juristen eine angemessene materielle sowie politische und moralische Unterstützung zukommen ließen.

Die durch die intensive Prozeßtätigkeit angeregte gesellschaftliche und – notwendigerweise – politische Beschäftigung mit den NS-Verbrechen fand ihren sichtbarsten Ausdruck in der Medienberichterstattung und den Verjährungsdebatten im Deutschen

Bundestag, vornehmlich in den Jahren 1965, 1969 und 1979 (sechstes Kapitel). Die zahlreichen Presseberichte konnten aber nicht darüber hinwegtäuschen, daß eine Mehrheit in der Bevölkerung den Prozessen nur geringes Interesse entgegenbrachte. Die sicherlich eindrucksvolle Berichterstattung zum großen Auschwitz-Prozeß in Frankfurt erweckt wohl zu Unrecht den Eindruck, die Bemühungen der Gerichte bei der Ahndung von NS-Verbrechen seien durchweg aufmerksam verfolgt worden. Eine systematische Prozeßbeobachtung hat es nicht gegeben. Vielmehr handelte es sich in der Mehrzahl um spektakuläre NS-Verfahren, die in den Medien Resonanz fanden: Berichtet wurde über prominente NS-Verbrecher, über aufsehenerregende Zeugenauftritte oder geringe Strafen bzw. Freisprüche, also über Personen und Tatbestände, die beim Leser- und Zuschauerpublikum auf großes Interesse stießen. Diese Kriterien vermittelten jedoch häufig ein falsches Bild der Strafjustiz der sechziger Jahre.

Manche Prozesse hinterließen einen vordergründig mißlichen Eindruck – etwa im Hinblick auf geringe Strafhöhen oder Freisprüche für die angeklagten mutmaßlichen NS-Täter -, was die Überlegungen der politisch Verantwortlichen im Hinblick auf eine gesetzliche Initiative zur Verlängerung der Verjährungsfristen vermutlich kaum beflügelt hat. Die Auffassung schien vorherrschend, daß die Zahl der NS-Strafverfahren eher zu-, als abnehmen werde. Mitte der sechziger Jahre tat sich der Deutsche Bundestag noch schwer, einer Aufhebung der Verjährungsfrist für Mordverbrechen zuzustimmen. Inwieweit das Desinteresse in der Bevölkerung an einer weiteren Strafverfolgung der NS-Verbrechen die Politiker beeinflußte, ist aus ihren Debattenbeiträgen jedenfalls nicht herauszulesen.

Der große Druck der Medien – insbesondere aus dem Ausland – und die mittlerweile zahlreich anstehenden NS-Verfahren veranlaßten den Deutschen Bundestag Ende der sechziger Jahre schließlich doch zu einer Entscheidung für die Weiterverfolgung der NS-Verbrechen zunächst bis zum Ende der siebziger Jahre. Daß man sich vor Ablauf dieser Frist im Jahre 1979 mit deutlich geringeren rechtspolitischen Vorbehalten auf ein Gesetz der Unverjährbarkeit von Mord- und NS-Verbrechen einigte, ist ein deutlicher Hinweis auf den Wandel der politischen Kultur. Das Bekenntnis zur weiteren Ahndung der Verbrechen des Nationalsozialismus war Ende der siebziger Jahre kaum noch ein rechtliches Problem, sondern ein politisch-moralisches Bedürfnis.

Die Ergebnisse dieser Prozesse gaben jedoch zu heftigen Diskussionen Anlaß. Die zum Teil ungerechtfertigten Vorwürfe gegenüber den Gerichten wegen – tatsächlich oder vermeintlich – „milder" Urteile, häufiger Freisprüche oder Verfahrenseinstellungen mußte nicht der Gesetzgeber, sondern die Justiz auf sich nehmen. Nur wenige Kritiker waren bereit, einzusehen, daß mehr als drei Jahrzehnte nach der Tat die Durchführung eines allen Prozeßbeteiligten gerecht werdenden Strafverfahrens kaum noch möglich war. Die Zahl derer war gering, die angesichs der defizitären Beweissituation der NS-Verfahren weniger dem Urteil als vielmehr der Aufdeckung der Verbrechen durch den Prozeß Bedeutung beimaßen. Die im Verlauf der mittlerweile drei Jahrzehnte andauernden Prozeßtätigkeit zum Ausdruck kommende Kritik an den Defiziten der justitiellen Strafverfolgung, aber auch das von der einen oder anderen Seite geäußerte Lob für die Leistungen der Justiz sind das Thema des siebten Kapitels.

Das achte Kapitel gibt einen Überblick der SED-Verbrechen in der SBZ/DDR und widmet sich der strafrechtlichen Aufarbeitung des kommunistischen Totalitarismus in der ehemaligen DDR. Schon während der ersten Monate des politischen Umbruchs fand „hüben" wie „drüben" eine intensive Erörterung der notwendigen strafrechtlichen Maßnahmen statt: Wie sollte das über 40 Jahre lang begangene Unrecht der SED und ihrer Helfershelfer aufgearbeitet und bestraft werden? Welche Rolle spielte die SED im Staat, wie nutzte sie die staatlichen Institutionen, insbesondere das Ministerium für Staatssicherheit und die Justiz, zur Ausübung und Sicherung ihrer absoluten Herrschaft? Solche und ähnliche Fragen dürften erst nach einem umfangreichen und unter Umständen jahrelangen Aktenstudium restlos zu klären sein. Gleichwohl erscheint es der Verfasserin wichtig, in der vorliegenden Arbeit erste Schritte hin zu einer strafrechtlichen Bewältigung der SED-Verbrechen aufzuzeigen: Zum einen wegen der Ähnlichkeit der Umstände, unter denen die im NS- wie auch im SED-Staat begangenen Verbrechen geschahen. Zum anderen, weil das von manchen – aus Unkenntnis, aber auch wider besseres Wissen – nach wie vor behauptete Versagen der Bundesrepublik gegenüber den NS-Verbrechen nicht zutrifft. Die „historische Lektion" (Peter Schneider), die den Westdeutschen mit der Aufarbeitung der NS-Vergangenheit erteilt wurde, mag für die zweite Vergangenheitsbewältigung in Deutschland noch hilfreich sein.

Die Probleme, die eine strafrechtliche Ahndung der Staatsverbrechen in der DDR für den Neuaufbau eines demokratischen Gemeinwesens aufwerfen, können freilich nur angedeutet, nicht aber erschöpfend behandelt werden. Sie verweisen auf die von manchen nach wie vor bestrittene, im neunten Kapitel aber vorgenommene Vergleichbarkeit beider Unrechtsstaaten. Häufig wird die prinzipielle Vergleichbarkeit beider Regime mit dem Hinweis auf die Opfer der nationalsozialistischen Diktatur verneint. Zahlenmäßig wie qualitativ findet der Massenmord der Nationalsozialisten an den Juden, Sinti und Roma sowie anderen Minderheiten keine Parallele im DDR-Regime. Läßt sich jedoch hinnehmen, wenn heute noch immer die Zwangsherrschaft der SED im Hinblick auf die vermeintliche Heilslehre der klassenlosen Gesellschaft gerechtfertigt wird? Etwa mit der Behauptung, daß „selbst in der deformierten und karikierten Gestalt [des realen Sozialismus] etwas von den ursprünglichen Intentionen eines dauerhaften Weltfriedens und des Antifaschismus, der sozialen Gleichheit und Gerechtigkeit des aufklärerischen Erkenntnis- und Zukunftsoptimismus erkennbar [blieb]"[77]? Welches Unrecht hat sich die SED seit 1945 zuschulden kommen lassen, und inwiefern handelt es sich dabei um typisch totalitäre Verbrechen? Obwohl es in der DDR kein Verbrechen ähnlich dem staatlichen Massen-

[77] Das behauptet jedenfalls Ludwig Elm, Nach Hitler. Nach Honecker – Zum Streit der Deutschen um die eigene Vergangenheit, Berlin 1991, S. 36.

mord im Dritten Reich gab, zeigt die menschenrechtswidrige Vorgehensweise beider Diktaturen – ob nun „brauner“ oder „roter“ Terror – strukturelle Ähnlichkeiten. Spätestens nach dem Zusammenbruch des (realen) Sozialismus in der DDR wie in den übrigen ost- und südosteuropäischen Staaten und der Sowjetunion dürfte die Vergleichbarkeit von Kommunismus/Sozialismus und Nationalsozialismus nicht mehr angezweifelt werden.[78] Das gilt auch für die Folgen und Bewältigung bei der Totalitarismen gestern und heute: Bestimmte Defizite der in der alten Bundesrepublik keineswegs abgeschlossenen Bewältigung der NS-Verbrechen ließen sich bei der Beschäftigung mit den SED-Verbrechen vermeiden. Manch ungerechtes Urteil über die Vergangenheitsbewältigung des Nationalsozialismus in der Bundesrepublik Deutschland wird zu revidieren sein.

[78] Vgl. dazu auch die Bemerkungen von Hans Mommsen, Weltmacht Deutschland? Gespräch mit Hans Mommsen über Nation, Nationalismus, die veränderte weltpolitische Rolle Deutschlands und die zukünftige Verfassung, in: Gewerkschaftliche Monatshefte 41 (1991), S. 656-665.

II. Forschungsstand – Im Anfang war Nürnberg

Die unterschiedlichen zeitlichen bzw. strukturellen Phasen der justitiellen Aufarbeitung des Nationalsozialismus in der Bundesrepublik von 1945 bis heute fanden in der Literatur eine sehr unterschiedliche Resonanz. Sei es, daß sich der Umfang der Strafverfolgung von NS-Verbrechen innerhalb der letzten vier Jahrzehnte nicht an der Quantität der Veröffentlichungen ermessen läßt; sei es, daß die Zunahme der Erkenntnisse über den Verbrechenskomplex im Dritten Reich und mithin der qualitative Fortschritt bei der Behandlung des Nationalsozialismus zum Teil sehr widersprüchlich aufgenommen wurde.

Darüber hinaus folgte die Kritik keineswegs immer auf dem Fuße, sondern widmete sich vielmehr – nicht zuletzt in den achtziger Jahren – „verspätet" dem einen oder anderen Thema. Dieser Umstand erklärt sich einerseits dadurch, daß die Beurteilung justitieller bzw. bedingt justitieller Tätigkeit erst nach Würdigung der einschlägigen Dokumente möglich wird; so zum Beispiel im Falle des Entnazifizierungsverfahrens. Andererseits kann man gerade in den letzten Jahren von einer ungewöhnlich starken Publizität der Vergangenheitsbewältigung sprechen. Der These Hermann Lübbes, „(d)ie reflektierende Auseinandersetzung mit dem Nationalsozialismus hat mit der Zahl der Jahre, die uns von ihm trennen, an Intensität nicht etwa abgenommen, sondern ganz im Gegenteil zugenommen"[1], ist zuzustimmen. Sie läßt sich auch bei der Beschäftigung mit der strafrechtlichen Behandlung des Nationalsozialismus belegen: Obwohl die NS-Prozesse im Laufe der Zeit naturgemäß abnahmen, stieg seit Anfang der achtziger Jahre die Zahl der Veröffentlichungen zum Thema NS-Verbrechen bzw. zur Problematik Justiz und Nationalsozialismus.

[1] Hermann Lübbe, Der Nationalsozialismus im deutschen Nachkriegsbewußtsein, in: Historische Zeitschrift 236 (1983), S. 579-999, hier: S. 579.

Nürnberger Militärtribunale

Der Internationale Militärgerichtshof (IMT) in Nürnberg war zunächst Gegenstand juristischer Abhandlungen. Es handelte sich bei den ersten Stellungnahmen nach Abschluß des Hauptkriegsverbrecherprozesses sowie der 12 Nürnberger Nachfolgeprozesse überwiegend um Kommentare und Kritik der Juristen am Gerichtsverfahren und an den Rechtsgrundsätzen. Die Urteile gegen die 22 führenden Persönlichkeiten des Dritten Reiches wurden nicht in Frage gestellt, hingegen aber die (straf-)rechtlichen Konsequenzen der Nürnberger Nachfolgeprozesse.[2] Diese, aber auch die Verfahren vor anderen alliierten bzw. ausländischen Gerichten basierten auf dem Kontrollratsgesetz Nr. 10 (KRG Nr. 10), das im wesentlichen den Straftatbeständen des IMT entsprach.

Die unter deutschen Juristen erörterten Fragen drehten sich vornehmlich um das Problem des rückwirkenden bzw. des neugeschaffenen Rechts, das dem IMT-Statut und dem KRG Nr. 10 zugrunde lag. Die von den alliierten Siegermächten im IMT-Statut sowie im KRG Nr. 10 niedergelegten Straftatbestände beinhalteten die Verletzung von Völkerrechtsnormen, die keineswegs allgemein anerkannt, d.h. bindend waren. Manche Juristen empfanden daher die Rechtsgrundlage der Nürnberger Strafjustiz und die vorbehaltlose Übernahme des KRG Nr. 10 durch deutsche Gerichte als höchst bedenklich, empfahlen jedenfalls die Anwendung des deutschen Strafrechts. Zweifel wurden aber auch laut hinsichtlich der Legitimität des alliierten Tribunals. Insbesondere die Unabhängigkeit der Richter – sie seien als Angehörige der Siegermächte nicht unparteilich[3] – stand in Frage. Eine

[2] Vgl. Carl Haensel, Schuldprinzip und Gruppenkriminalität, in: Süddeutsche Juristenzeitung 2 (1947), S. 19-25.

[3] So u.a. Kurt Behling, Nürnberger Lehren, in: Juristische Rundschau 3 (1949), S. 502-505; Hans Ehard, Der Nürnberger Prozeß gegen die Hauptkriegsverbrecher und das Völkerrecht, in: Süddeutsche Juristenzeitung 3 (1948), S. 354-368. Der Autor vertrat die Auffassung, ein von neutralen oder deutschen Richtern besetztes Gericht hätte „die moralische Wirkung des Urteils im deutschen Volk“ (ebda., S. 367) eher gefördert. – Vgl. demgegenüber

endgültige Würdigung der Prozesse konnte aufgrund der seinerzeit noch unvollständigen Aktenlage nicht erfolgen, auch die zu Beginn der fünfziger Jahre erschienene Überblicksdarstellung des in den Nachfolgeprozessen tätigen amerikanischen Hauptanklägers Telford Taylor[4] erhebt nicht diesen Anspruch. Vielmehr erscheint sie als Replik oder auch Rechtfertigungsschrift auf die von deutscher Seite geäußerten Einwände. So schildert er ausführlich die amerikanischen Initiativen beim Zustandekommen des alliierten Tribunals, bei der Formulierung von Straftatbeständen – vornehmlich das Interesse an der damit verbundenen Ausgestaltung des Völkerrechts -, die auch im KRG Nr. 10 fortwirken sollten. Taylor legt großen Wert auf eine universale Geltungskraft des Völkerrechts und bemängelt in diesem Zusammenhang die auf traditionellem Verständnis beruhende Urteilspraxis des Gerichts bei „Verbrechen gegen das Völkerrecht". Man habe einzelne Straftatbestände, wie z.B. den Begriff der „Verschwörung", im Gegensatz zur Anklagebehörde zu eng formuliert. Daß diese Vorgehensweise des Gerichts aufgrund der schwierigen Beweislast unumgänglich gewesen war und auch der Überlastung des Verfahrens durch die unkoordinierte Tätigkeit der Ankläger zugeschrieben werden müßte, verneint er hingegen.

Taylors Bemühen, die strafrechtliche Ausgestaltung des Nürnberger Verfahrens zu idealisieren, erfährt allerdings eine bedeutsame Relativierung durch die zwei Jahrzehnte später erschienene Arbeit des amerikanischen Historikers Bradley F. Smith, der die Rolle der dem IMT vorsitzenden acht Richter analysierte. Der Verfasser stützt sich auf noch unvollständige Dokumente, die das Vorgehen der Engländer und Amerikaner bei der Vorbereitung des IMT erhellen, denen zufolge es „zu keiner Zeit einen wohl-

Karl-Heinz Lüders, Strafgerichtsbarkeit über Angehörige des Feindstaats, in: Süddeutsche Juristenzeitung 1 (1946), S. 216-218.

4 Vgl. Telford Taylor, Die Nürnberger Prozesse. Kriegsverbrechen und Völkerrecht, Zürich 1951.

durchdachten Plan für diesen Prozeß gab"[5]. Entsprechend unkoordiniert seien letztlich alle vier alliierten Ankläger auch im Hauptverfahren vorgegangen, wobei die Überlast der vornehmlich von den Amerikanern vorgelegten Dokumentenbeweise sich zuungunsten des Gerichts ausgewirkt habe. Smith zählt es zu den Leistungen der Richter, daß sie trotz solcher Erschwernisse ein ordentliches Gerichtsverfahren garantierten, darüber hinaus „durch Entschärfung der Anklage auf Verschwörung/Gemeinsamen Plan und hinsichtlich der Strafverfolgung der Mitglieder von Organisationen mit der Kollektivschuld aufräumte[n]"[6]. Er spricht sich zwar grundsätzlich für ein strafrechtliches Verfahren gegen die Schuldigen aus, er hält aber die dem IMT innewohnende Intention, die verbrecherische Führung eines Staates mit vornehmlich politischen Kriterien zu belangen, für verfehlt, den Prozeß prinzipiell für überflüssig.

Kritik an den politischen Straftatbeständen erhebt etwa zu gleicher Zeit auch Werner Maser. Gleichwohl mangelt es seinen Einwänden der von Smith praktizierten fruchtbaren Differenzierung zwischen Anklagebehörde und Gericht. Maser geht es vornehmlich um das von den alliierten Siegermächten verletzte Prinzip des „tu quoque". Die Urteile des IMT seien wenig realistisch gewesen im Hinblick auf die Mittäterschaften der Militärs der von den Richtern und Anklägern in Nürnberg vertretenen Nationen bei Verbrechen in Hiroshima, Ungarn oder beim Massenmord an den Kosaken. Wie Smith hält auch er die seinerzeit erhoffte Wirkung Nürnbergs auf die Fortschreibung des Völkerrechts für illusorisch. Dieser politische Ansatz des Verfahrens sei ebenso von

[5] Vgl. Bradley F. Smith, Der Jahrhundertprozeß. Die Motive der Richter von Nürnberg. Anatomie einer Urteilsfindung, Frankfurt a.M. 1977, S. 11.

[6] Ebda., S. 330. – „Die alten Phrasen von Verschwörung, Angriffskrieg und Verbrechen gegen die Menschlichkeit sind so lebendig geblieben, daß der Historiker nur mit Mühe vermeidet, seine Interpretation auch heute noch durch sie bestimmen zu lassen [. . .] Es war dem Gericht aber einfach unmöglich, die ihm vorliegenden Fälle zu verhandeln und gleichzeitig das Völkerrecht und die Sache des Friedens ein großes Stück vorwärtszubringen." Ebda., S. 332.

anfänglichen Befürwortern im nachhinein als verfehlt beurteilt worden, wobei freilich die Strafwürdigkeit der Angeklagten selbst nach deutschem Recht nicht in Zweifel stehe.[7]

Entnazifizierung

Zu einem ähnlichen Urteil kommt man auch bei der Entnazifizierungspolitik der Besatzungsmächte, insbesondere der Amerikaner, deren Säuberungskonzept in den übrigen Westzonen faktisch federführend war. Hier soll freilich weniger die politische Intention der (amerikanischen) Alliierten bei der Entnazifizierung interessieren, sondern die strafrechtliche Dimension der Entnazifizierungspraxis – deren justizförmige Ausgestaltung mittels Spruchkammern und -gerichten. Der Umstand, daß sich mehrheitlich anglo-amerikanische Wissenschaftler mit den politischen Zielen der Entnazifizierung auseinandersetzen, gründet nicht zuletzt auch in dem für sie leichteren Zugang zu Akten- und Quellenmaterial. Daher ist es nicht verwunderlich, daß die erste Untersuchung der Säuberungspolitik von Justus Fürstenau aus dem Jahre 1955 nur aufgrund eines amerikanischen Forschungsauftrages zustandekam[8]. Erst Anfang der siebziger Jahre legte Lutz Niethammer eine umfangreiche Studie über die Entnazifizierung in Bayern vor, die er ein Jahrzehnt später mit verändertem Titel

[7] Vgl. Werner Maser, Nürnberg: Tribunal der Sieger, Düsseldorf/Wien 1977, insbes. S. 568-578. – Otto Kranzbühler, der Verteidiger von Admiral Dönitz im IMT, hat „die politischen Zwecke" des Nürnberger Prozesses – Ächtung der deutschen Kriegsführung als „unrechtmäßig und ungesetzlich" und die Vorbereitung des deutschen Volkes auf „eine harte Bestrafung" – später heftig gerügt. So ders., Wert oder Unwert historischer Strafprozesse – erörtert am Nürnberger Beispiel, in: Karl Forster (Hrsg.), Möglichkeiten und Grenzen für die Bewältigung historischer und politischer Schuld in Strafprozessen, Würzburg 1962, S. 13-36, hier S. 34.

[8] Justus Fürstenau, Entnazifizierung. Ein Kapitel deutscher Nachkriegspolitik, Neuwied/Berlin 1969; vgl. auch die Überblicksdarstellung von Robert Fritzsch, Entnazifizierung. Der fast vergessene Versuch einer politischen Säuberung nach 1945, in: Aus Politik und Zeitgeschichte. Beilage zur Wochenzeitung „Das Parlament", B 24/72, S. 11-30.

erneut publizierte.[9] Während Fürstenau die bei der Durchführung der Entnazifizierung entstehenden politischen Spannungen sowohl zwischen den Besatzungsmächten und den deutschen Politikern als auch deren innerparteiliche Querelen analysiert, sucht Niethammer die Diskrepanz zwischen Planung und Ergebnis der Entnazifizierung in ihrem Ausgangspunkt, d.h. in der US-Zone zu erklären. Die großangelegte Säuberungspolitik der Amerikaner scheiterte weniger daran, daß sie eine „künstliche Revolution"[10] gewesen sei. Niethammer kritisiert, die Besatzungsmacht habe lediglich politische Reformen, aber keine soziale Revolution beabsichtigt. Die im Befreiungsgesetz von 1946 angelegte Absicht der deutschen Politiker suchte die große Masse der minderbelasteten Nationalsozialisten in den demokratischen Wiederaufbau einzubinden. Nach Niethammer schlugen beide Intentionen insoweit fehl, als die tatsächlich belasteten Parteigänger in der – im Befreiungsgesetz recht unterschiedlich interpretierten – Praxis der Spruchkammern mehrheitlich zu „Mitläufern" umgedeutet worden seien, weshalb er generell von „Mitläuferfabriken" spricht. Die wünschenswerte gesellschaftliche Umgestaltung habe nie stattgefunden. Die restaurativen Tendenzen der fünfziger Jahre ließen sich durch die Entnazifizierung eher noch bestätigen. Weniger politisch intendiert ist das Fazit Fürstenaus: Auch er konstatiert eine durch die Entnazifizierung geförderte „Entpolitisierung" der deutschen Nachkriegsgesellschaft, spricht sich aber gerade nicht für die von Niethammer beklagte ausgebliebene soziale Umgestaltung aus. Er befürwortet einerseits die Integration

9 Lutz Niethammer, Die Mitläuferfabrik. Die Entnazifizierung am Beispiel Bayerns, Berlin/Bonn 1982. – Vgl. zur Politik in der SBZ Helga A. Welsh, Revolutionärer Wandel auf Befehl? Entnazifizierungs- und Personalpolitik in Thüringen und Sachsen (1945-1948), München 1989.

10 Niethammer (Anm.), S. 18 u.ö. – Der Autor verdeutlicht aufgrund des Forschungsstandes, daß eine „künstliche Revolution" allenfalls zu Beginn der von linken Intellektuellen dominierten amerikanischen Planungen gestanden habe, später aber pragmatischeren Zielen gewichen war. – Vgl. demgegenüber die ursprüngliche Auffassung amerikanischer Säuberungsintentionen bei Ute Schmidt/Tilman Fichter, Der erzwungene Kapitalismus. Klassenkämpfe in den Westzonen 1945-48, Berlin 1972, S. 117-169.

der Betroffenen in das politische Leben, andererseits eine Begrenzung der Entnazifizierung auf die „Elite der führenden Partei. Gegen diese allein dürfte sich heute eine politische Säuberung, wenn sie Erfolg haben will, richten“[11].

Auch jüngere regionale und soziokulturelle Studien[12] belegen eine durch das Befreiungsgesetz angestoßene Tendenz der Entnazifizierung hin zu einer Rehabilitierung selbst der schwer belasteten NS-Aktivisten. Gleichwohl war diese fatale Entwicklung begünstigt worden durch die pauschale Säuberungspolitik der Besatzungsmächte vor dem Erlaß verbindlicher Verordnungen bzw. Gesetze. Die Frage der strafrechtlichen Behandlung von NS-Verbrechen erhält eine interessante Nuance in der Charakterisierung der Spruchkammerpraxis (in der französischen und britischen Zone durch Kontrollratsdirektive übernommen) als „Mitläuferfabriken“: Wurde die politische Intention des Befreiungsgesetzes in den vorwiegend mit juristischen Laien besetzten Spruchkammern energisch durchgesetzt, so waren die in den Berufungsinstanzen vorsitzenden Juristen „stärker auf die Beweisbarkeit vorgebrachter Anschuldigungen bedacht“[13] und kamen mangels Beweismaterials zu einer auch für die Schwerbelasteten günstigeren Rechtsprechung durch ihre Einstufung als „Minderbelastete“ oder „Mitläufer“. Den relativ milden Urteilen dieser Kammern war in den meisten Fällen allerdings eine langjährige Internierungshaft der Beschuldigten, der wirtschaftliche und soziale Abstieg ihrer Angehörigen vorausgegangen; der soziale Ehr-

[11] So Fürstenau (Anm. 8), S. 221.

[12] Vgl. u.a. Klaus-Dietmar Henke, Politische Säuberung unter französischer Besatzung. Die Entnazifizierung in Württemberg-Hohenzollern, Stuttgart 1981; ferner Wolfgang Krüger, Entnazifiziert! Zur Praxis der politischen Säuberung in Nordrhein-Westfalen, Wuppertal 1982; vgl. ebenso Elmar Ettle, Die Entnazifizierung in Eichstätt. Probleme der politischen Säuberung nach 1945, Frankfurt a.M. u.a. 1985; vgl. auch Clemens Vollnhals, Evangelische Kirche und Entnazifizierung 1945-1949. Die Last der nationalsozialistischen Vergangenheit, München 1989.

[13] So Barbara Fait, Die Kreisleiter der NSDAP – nach 1945, in: Martin Broszat/Klaus-Dietmar Henke/Hans Woller (Hrsg.), Von Stalingrad zur Währungsreform. Zur Sozialgeschichte des Umbruchs in Deutschland, München 1989², S. 213-299, hier S. 238.

verlust führte in vielen Fällen auch zur politischen und gesellschaftlichen Ausgrenzung.[14] Sie zählten nach Abschluß ihrer Verfahren – entgegen ihrer Einstufung – in der Bevölkerung nicht als „normale" Mitläufer, denn der kleine Parteigenosse (Pg) wie auch der höhere NS-Funktionär hatte vor Verfahrensabschluß verschiedentlich bereits entsprechend empfindliche Straf- und Sühnemaßnahmen über sich ergehen lassen müssen, so daß den Spruch- und Berufungskammern aufgrund der milden Urteilspraxis vielleicht moralisches Versagen vorzuwerfen wäre. Eine rigorosere Behandlung der Belasteten – wie Niethammer es fordert – dürfte deren Reintegration in die Gesellschaft auf Jahre hin erschwert haben. Die führenden Parteifunktionäre waren nach Abschluß der Säuberung ohnehin isoliert.[15] Das von Niethammer geprägte Klischee der „Mitläuferfabrik" läßt solche Differenzierungen jedoch vermissen.

Erste westdeutsche Gerichtsverfahren

Der Widerspruch zwischen politisch-moralischer und rechtlicher Beurteilung der Entnazifizierungsfälle läßt sich tendenziell auch für die Rechtsprechung der nachfolgenden Jahrzehnte belegen. Die emotionalen Debatten in den letzten Jahren in der Bundesrepublik um die nationalsozialistische Vergangenheit hatten ihre Ursache zum Teil auch darin, daß die Unvereinbarkeit dieser Beurteilungsmaßstäbe nicht wahrgenommen oder geleugnet wurde. Dieses Manko offenbaren nicht wenige Darstellungen zur strafrechtlichen Ahndung von NS-Verbrechen aus den achtziger Jahren. Manch ein Kritiker versteigt sich gar zu dem ungeprüften Verdacht, es sei den Deutschen nicht um Gerechtigkeit und Sühne gegangen. „Zur Debatte gestanden haben immer nur die Mit-

[14] Vgl. ebda. – Zur Internierungshaft in der amerikanischen Zone siehe Christa Schick, Die Internierungslager, in: Ebda., S. 302-325.

[15] So Hans Woller, Gesellschaft und Politik in der amerikanischen Besatzungszone. Die Region Ansbach und Fürth, München 1986, insbes. S. 116-165.

tel und Wege, mit deren Hilfe die direkten und die indirekten, die moralischen und die strafrechtlichen Tätergruppen davonkommen konnten."[16] Andere Einwände ähneln sich: So heißt es etwa, die Vergangenheit des Dritten Reiches sei seit Gründung der Bundesrepublik verdrängt worden, eine Auseinandersetzung mit den NS-Verbrechen habe in den fünfziger Jahren nicht, in den sechziger und den darauffolgenden Jahren nur auf Druck von außen und verspätet stattgefunden. „Bei der Verfolgung von NS-Verbrechern zeigten die Bundesregierungen nie einen konsequenten Willen zur Ahndung der Verbrechen aus der Vergangenheit. Es wurde vielmehr der Eindruck einer groß angelegten Verschleppung deutlich."[17]

Vor allem die letzte Behauptung sucht den Eindruck zu vermitteln, zumindest die politisch Verantwortlichen hätten die rechtliche Aufarbeitung der Vergangenheit gezielt und systematisch behindert. Rückblickend erscheint die Strafverfolgungstätigkeit und die Zahl der NS-Verfahren in den fünfziger Jahren als quantité négligeable im Vergleich zu dem Ausmaß und der Häufung von NS-Prozessen kurz nach 1945 und in den sechziger und siebziger Jahren. Aus einer fortlaufenden Urteilssammlung[18] wird hingegen ersichtlich, daß die fünfziger Jahre keineswegs „eine Zeit fast vollständigen Stillstandes" der Strafverfolgung und der Aburteilung von NS-Verbrechen waren; treffender ließe sich von

[16] Ralph Giordano, Die zweite Schuld oder Von der Last Deutscher zu sein, Hamburg/Zürich 1987, S. 161; vgl. auch Jörg Friedrich, Freispruch für die Nazijustiz. Die Urteile gegen NS-Richter seit 1948, Reinbek bei Hamburg 1983; ders., Die kalte Amnestie. NS-Täter in der Bundesrepublik, Frankfurt a.M. 1984; Ingo Müller, Furchtbare Juristen. Die unbewältigte Vergangenheit unserer Justiz, München 1987; Barbara Just-Dahlmann/Helmut Just, Die Gehilfen. NS-Verbrechen und die Justiz nach 1945, Frankfurt a.M. 1988.

[17] So Michael Ratz u.a., Die Justiz und die Nazis. Zur Strafverfolgung von Nazismus und Neonazismus seit 1945, Frankfurt a.M. 1979, S. 147; siehe ferner einschlägige Beiträge im Sammelband von Rainer Eisfeld/Ingo Müller (Hrsg.), Gegen Barbarei. Essays Robert M.W. Kempner zu Ehren, Frankfurt a.M. 1989.

[18] Christiaan F. Rüter/A.L. Rüter-Ehlermann u.a., Justiz und NS-Verbrechen. Sammlung deutscher Strafurteile wegen nationalsozialistischer Tötungsverbrechen 1945-1966, Band I-XXII, Amsterdam 1968-1981.

„Verfolgungserlahmung" sprechen.[19] Einige maßgeblich Verantwortliche und Täter im „Endlösungs"-Geschehen sind sehr wohl hart verurteilt worden. Der Abbruch der Entnazifizierungspolitik Anfang der fünfziger Jahre hat jedoch auch gegenläufige Tendenzen gefördert und eine systematische Aufarbeitung der NS-Verbrechen erheblich verzögert.[20] Als Beispiel mag etwa die von Ernst Noam und Klaus Moritz untersuchte hessische Rechtsprechung zwischen 1949 und 1955 dienen. Die Autoren ermitteln eine im Vergleich zur ersten Nachkriegszeit milde Urteilspraxis in NS-Strafsachen und führen dies auf die allgemeine Entnazifizierungsmüdigkeit der Deutschen zurück. Die Bereitschaft, sich mit dem Nationalsozialismus auseinanderzusetzen, habe nachgelassen. „Die Justizbediensteten hatten gewiß kein stärkeres politisches Interesse an diesen Prozessen als die übrige Bevölkerung."[21]

Andererseits wird beklagt, daß die NS-Verbrechen als unpolitische Taten der allgemeinen Kriminalität zugeordnet worden seien. Die Einschätzung der Autoren erscheint allerdings widersprüchlich, wenn sie den NS-Prozessen zwar den Charakter politischer Justiz im Sinne Kirchheimers explizit absprechen, ihnen

[19] Zu der ersten Einschätzung gelangt Peter Graf Kielmansegg, Lange Schatten. Vom Umgang der Deutschen mit der nationalsozialistischen Vergangenheit, Berlin 1989, S. 45, die letzte stammt von Ulrich-Dietrich Oppitz, Strafverfahren und Strafvollstreckung bei NS-Gewaltverbrechen. Dargestellt an Hand von 542 rechtskräftigen Urteilen deutscher Gerichte aus der Zeit von 1946-1975, Ulm 1979², S. 31.

[20] Gotthard Jasper stellt für die fünfziger Jahre insgesamt – d.h. ohne zeitliche Einschnitte – eine „Halbherzigkeit in der Verfolgung nationalsozialistischer Verbrechen" fest. Sie sei wesentlich beeinflußt worden von der Politik der Westintegration und dem zeitgenössischen Antikommunismus. Vgl. ders., Wiedergutmachung und Westintegration. Die halbherzige justizielle Aufarbeitung der NS-Vergangenheit in der frühen Bundesrepublik, in: Ludolf Herbst (Hrsg.), Westdeutschland 1945-1955. Unterwerfung, Kontrolle, Integration, München 1986, S. 183-202. – Diese These läßt sich freilich nur tendenziell erhärten; die verschiedenen Einflußfaktoren auf die Strafverfolgung von NS-Verbrechen sind teilweise nicht erörtert oder nur unzureichend einbezogen worden.

[21] Klaus Moritz/Ernst Noam, NS-Verbrechen vor Gericht 1945-1955. Dokumente aus hessischen Justizakten, Wiesbaden 1978, S. 35.

aber „politische Bedeutung durch den Gegenstand, die vom NS-Staat initiierten Verbrechen“[22], beimessen. Moritz/Noam verkennen damit die Aufgabe und die Funktion der Gerichte, die die Verbrechen des Dritten Reiches mit den Mitteln des Rechtsstaates sühnen müssen, mithin strafrechtliche, nicht politische Aufarbeitung der Vergangenheit betreiben. Gegenstand der NS-Prozesse sind kriminelle Delikte – wenn auch völlig neuartigen Typs -, denen das Strafrecht freilich nur mit unzureichendem juristischem Instrumentarium begegnen konnte. Auf dieses Problem gehen die Autoren nicht ein, tendieren sie doch vielmehr zu der Auffassung, die veränderte Rechtsprechungspraxis der Gerichte nach 1950 sei Folge des Wandels der politischen Verhältnisse und der öffentlichen Meinung. Daß es aber, gemäß der in der Bevölkerung vorherrschenden Stimmung gegen diese Prozesse, zu keiner Einstellung der Ermittlungen bzw. Verfahren kam, führen sie auf die Eigendynamik des rechtsstaatlichen Justizverfahrens zurück. Das ist eine grob verkürzende Interpretation, zumal heute ähnliche, wenngleich gegenläufige Schwierigkeiten der rechtsstaatlichen Justiz im Umgang mit den „Staatsverbrechen“ der früheren DDR-Führung zu beobachten sind.[23]

Die zögerliche Vorgehensweise in NS-Strafsachen läßt sich zunächst auf objektiv naheliegende Schwierigkeiten zurückführen. So besaßen die Ermittlungsbehörden nicht die heutigen Kenntnisse über das Ausmaß des Massen- bzw. Völkermordes – in der Bevölkerung war er darum noch schlechter bestellt. Das Wissen um die Verkettung und Organisation des kollektiven Vernichtungsvorganges im Osten fehlte zunächst, obwohl eine genaue Durchsicht der jedem Amtsgericht zur Verfügung stehenden Dokumente des Nürnberger Prozesses entsprechende Anhaltspunkte

[22] Ebda., S. 36.

[23] Vgl. hierzu die Ausführungen von Peter Jochen Winters, Tisch als Angeklagter, Krenz als Zeuge. Rechtliche Schwierigkeiten bei der Verfolgung von „Organisationsverbrechen“ der SED, in: Frankfurter Allgemeine Zeitung v. 4. Mai 1991; ders., Rechtsausschuß des Bundestages schlägt Zentralbehörde vor. Die Regierungskriminalität der früheren DDR. Justizsenatorin Limbach berichtet über Ermittlungen, in: Frankfurter Allgemeine Zeitung vom 16. Mai 1991.

gegeben hätte. Viele NS-Verbrecher, die in den vergangenen Jahrzehnten vor Gericht standen – u.a. in den großen Verfahren der Vernichtungslagerkomplexe – waren seinerzeit bereits namentlich aktenkundig. „Nachforschungen nach ihrem Verbleib wurden – soweit man überhaupt Anstrengungen in dieser Richtung machte – von den Staatsanwaltschaften alsbald ergebnislos abgebrochen“[24]. Subjektive Verzögerungsgründe waren etwa das Desinteresse von Staatsanwälten an der Strafverfolgung von NS-Verbrechen, für die sie keine örtliche Zuständigkeit annahmen. Aber auch manche Angehörige der Polizei hatten die Entnazifizierung seinerzeit unerkannt passiert und behinderten Ermittlungen, aus Furcht, selbst in das eine oder andere Verfahren zu geraten.[25]

Ferner erschwerten gesetzestechnische Pannen die strafrechtliche Verfolgung und Ahndung von NS-Verbrechen; umgekehrt erlaubten Gesetzesänderungen und Amnestien eine zum Teil großzügige Integration politisch Belasteter (u.a. durch den Art. 131 GG) oder minderstraffälliger Personen (etwa die Weihnachts- und die Jugendamnestien). Schließlich mangelte es dem Gesetzgeber in nicht wenigen Fällen an Weitsicht bei der Beurteilung des völlig neuartigen Verbrechenstypus der nationalsozialistischen Zeit, die Verjährungsfristen bestimmter Straftaten wie der Totschlagsdelikte verstrichen im Jahre 1960 ungenutzt bzw. fielen rechtlichen Bedenken (Rückwirkungsverbot) zum Opfer.

[24] Adalbert Rückerl (Hrsg.), NS-Vernichtungslager im Spiegel deutscher Strafprozesse. Belzec, Sobibor, Treblinka, Chelmno, München 1977, S. 42. Aber „(w)elchem Staatsanwalt wollte man deshalb heute einen Vorwurf machen, weil er es damals unterlassen hatte, eine für ihn unüberschaubare Menge an einschlägigem Material [die Strafprozeßakten des Nürnberger Gerichtshofes] herbeizuschaffen und durchzuarbeiten, um wegen einer ihm noch nicht bekannten Tat nach einem ihm ebenfalls unbekannten Täter zu fahnden, der möglicherweise in seinem Zuständigkeitsbereich wohnen könnte?“, so ders., Für und Wider die NS-Prozesse in der Bundesrepublik Deutschland, in: Wiesenthalfonds (Hrsg.), Essays über Naziverbrechen. Simon Wiesenthal gewidmet, Amsterdam/Wien 1973, S. 215.

[25] Vgl. Reinhard Henkys, Die nationalsozialistischen Gewaltverbrechen. Geschichte und Gericht, Stuttgart/Berlin 1965², insbes. S. 210-212.

Zentrale Stelle

Erst durch die Schaffung einer „Zentralen Stelle der Landesjustizverwaltungen zur Aufklärung nationalsozialistischer Verbrechen“ (Zentrale Stelle) in Ludwigsburg, Ende 1958, wurde die – mehr oder weniger – nur durch Zufälle in Gang gekommene Ermittlungstätigkeit systematisiert durchbrochen. Der von 1966 bis zu seinem Tod im Jahre 1986 für die Dienststelle zuständige leitende Oberstaatsanwalt, Adalbert Rückerl, hat Mitte der achtziger Jahre eine Bilanz der bisherigen NS-Strafverfahren vor alliierten, deutschen und ausländischen Gerichten vorgelegt, die zum Vergleichen auffordert. Erwähnenswert ist z.B., daß die – gegenüber der Bundesrepublik – hohe Zahl verurteilter NS-Straftäter in der DDR vornehmlich auf die Zeit bis 1950 zurückgeht (insgesamt 12.874 bis zum Jahre 1985, davon 12.177 bis einschließlich 1950). Seither fanden im Vergleich zur Bundesrepublik knapp 50 Prozent Verurteilungen weniger statt. (Wobei eine gewisse „Ausschöpfungsquote“, aber auch die geringere Bevölkerungszahl der DDR zu berücksichtigen sind!) Die Zahlen veranschaulichen, daß die DDR mit dem „Erbe“ des Dritten Reiches in den ersten Jahren nach 1945 relativ „kurzen Prozeß“ gemacht hat.[26]

Soweit es angezeigt erscheint und um Fehldeutungen vorzubeugen, zieht Rückerl eine klare Trennlinie zwischen den politischen und den sachlichen Verantwortlichkeiten bei der Strafverfolgung von NS-Verbrechen. Beispielhaft sind etwa die von ihm – mit leichter Ironie – angeführten Gründe für die Untätigkeit des Bundestages beim Ablauf der Verjährungsfristen für Totschlagsdelikte sowie die jahrelange Verzögerung der parlamentarischen Entscheidung gegen eine Verjährung von Mordstraftaten. Seine Kritik an den dafür oftmals verantwortlichen politischen Winkel-

[26] Vgl. Adalbert Rückerl, NS-Verbrechen vor Gericht. Versuch einer Vergangenheitsbewältigung, Heidelberg 1984², hier S. 329. Siehe auch die ideologielastige Darstellung von Günther Wieland, Der Jahrhundertprozeß von Nürnberg. Nazi- und Kriegsverbrecher vor Gericht, Berlin (Ost) 1986.

zügen der Parteien im Bundestag ist verständlich, hatte er doch die Folgen in der täglichen Kleinarbeit „auszubaden“.

Die Gründung der Zentralen Stelle im Jahre 1958 leitete einen bedeutenden Wandel in der strafrechtlichen Aufarbeitung der Vergangenheit ein: Die durch die Ludwigsburger Dienststelle in Gang gekommene systematische Ermittlung und Verfolgung von NS-Verbrechen (bis 1964 noch auf das Gebiet der Bundesrepublik beschränkt) hat die mittlerweile allgemein bekannten großen Verbrechenskomplexe – etwa die Massenmorde der Einsatzgruppen oder die Gaskammermorde in den Vernichtungslagern – erst in den Blickpunkt einer breiteren Öffentlichkeit gebracht. Infolge der Ludwigsburger Aufklärungsarbeit kam es zu zahlreichen NS-Prozessen, die von Wissenschaftlern, Medien und Künstlern rege begleitet wurden.

So bildete die Tätigkeit der Zentralen Stelle nicht zuletzt auch eine Arbeitsgrundlage für den Österreicher Hermann Langbein, ehemaliger KZ-Internierter und Sekretär des „Comité International des Camps“. Wegen seiner kommunistischen Weltanschauung war Langbein während des „Dritten Reiches“ in mehreren Konzentrationslagern inhaftiert. 1956, unter dem Eindruck des Ungarnaufstandes, brach er mit der KPÖ und legte im Jahre 1961 auch den Vorsitz im Internationalen Auschwitz-Komitee nieder. Aufgrund seiner Kenntnisse erstattete er in zahlreichen Fällen Strafanzeige gegen namhafte NS-Verbrecher und unterstützte die Zentrale Stelle seit ihrer Gründung mit entsprechenden Hinweisen, vornehmlich im Zusammenhang mit dem Auschwitz-Komplex. Bereits im Jahre 1963 präsentierte Langbein eine Zwischenbilanz der NS-Prozesse vor bundesdeutschen Gerichten zwischen 1958 und 1963 – mit der zu optimistischen Prognose, eine endgültige Bilanz könne frühestens Mitte der sechziger Jahre erfolgen.[27] Eine solche Auffassung von eigentlich kompetenter Seite offenbart das noch Anfang der sechziger Jahre lückenhafte Wissen

[27] Vgl. Hermann Langbein, Im Namen des deutschen Volkes. Zwischenbilanz der Prozesse wegen nationalsozialistischer Verbrechen, Wien 1963, S. 7-10.

um das tatsächliche Verbrechensausmaß. Als Nicht-Jurist war sich Langbein aber auch kaum der Probleme bewußt, die eine befriedigende strafrechtliche Ahndung der Verbrechen erschweren oder gar verhindern sollten.

Gleichwohl stellte er der deutschen Justiz ein gutes Zeugnis für die Aufklärung der NS-Verbrechen aus: Durch die Schaffung der Zentralen Stelle in Ludwigsburg habe sich die Bundesrepublik – seinerzeit als einziges Land – zur Strafverfolgung der NS-Verbrechen bekannt. Mit der verbrecherischen Hypothek des Dritten Reiches hätte die Justiz „vielleicht sogar eine der schwersten Aufgaben zugewiesen erhalten. Vollständig und ganz zufriedenstellend kann diese gar nicht bewältigt werden, denn die Gerichte dürfen selbstverständlich nur auf der Grundlage der geltenden Gesetze in Aktion treten“[28].

In einer Mitte der sechziger Jahre erschienenen Arbeit führen Reinhard Henkys und seine Mitautoren den Optimismus von Langbein ad absurdum.[29] Sie verweisen anhand der inzwischen zunehmenden Prozeßaktenfülle auf den komplizierten Zusammenhang zwischen staatlich sanktionierten Kollektivverbrechen im Dritten Reich und ihrer strafrechtlichen Aufarbeit unter rechtstaatlichen Vorzeichen. Henkys erläutert die nach 1945 auftauchenden Schwierigkeiten einer strafrechtlichen Ahndung, etwa die bis 1955 geltende besatzungsrechtliche Beschränkung deutscher Gerichte oder die Probleme einer unzulänglichen, weil unsystematischen Strafverfolgungspraxis. Im Tenor analog zu

[28] Ebda., S. 12. – Diese Auffassung vertritt Langbein zwanzig Jahre später allerdings nicht mehr. In seiner Rückschau auf die siebziger Jahre macht er der deutschen Justiz mit Blick auf den Frankfurter Auschwitz-Prozeß von 1965 u.a. zum Vorwurf, die NS-Prozesse würden nun viel langsamer verhandelt als vorher, die Richter seien allzu gutgläubig bei der Annahme der Verhandlungsunfähigkeit der Angeklagten, und befürwortete schließlich, die Prozesse aufgrund des langwierigen Beweisaufnahmeverfahrens zu beschleunigen. Vgl. ders., NS-Prozesse in den siebziger Jahren, in: Redaktion Kritische Justiz (Hrsg.), Der Unrechts-Staat I. Recht und Justiz im Nationalsozialismus, Baden-Baden 1983², S. 158-163.

[29] Vgl. Henkys (Anm. 25); siehe insbes. auch Jürgen Baumann, Die strafrechtliche Problematik der nationalsozialistischen Gewaltverbrechen, in: Ebda., S. 267-320.

Langbein vermeidet er das aus der Rückschau leichtfertig ausgesprochene Pauschalurteil, die Justiz nicht nur der fünfziger Jahre habe sich der strafrechtlichen Vergangenheitsbewältigung durch Untätigkeit oder formalrechtliche Winkelzüge zu entledigen gesucht.[30] Dagegen wendet der Verfasser ein, daß sich die Gerichte, Anklagebehörden und Verteidiger bei den einzelnen Verfahren – in der Mehrzahl die sogenannten Euthanasievorgänge – viel Mühe gaben. Sie seien mit zahlreichen schwierigen und zum Teil neuartigen Rechtsprobleme konfrontiert gewesen. Es ist aber sicher erklärungsbedürftig, warum „die Ahndung der nationalsozialistischen Verbrechen im Ergebnis vielleicht doppelt soviel Zeit brauchen wird, wie Hitler an der Macht war".[31] Vermutlich lag es im Zusammenwirken objektiver und subjektiver Gründe, die eine zügige Strafverfolgung der NS-Täter im Laufe der fünfziger Jahre verzögerten und in manchen Fällen gar verhinderten – hierzu zählen u.a. auch der verfehlte Ansatz der Alliierten bei der Behandlung der NS-Verbrecher, die psychologisch verhängnisvolle Gleichsetzung von NS- und Kriegsverurteilten sowie die in der Bevölkerung nicht unbegründete Neigung, die Spruchkammerverfahren mit ordentlichen Prozessen zu identifizieren. Trotz der Bildung der Ludwigsburger Zentralen Stelle blieben, darauf verweist Henkys' Co-Autor Jürgen Baumann, gewichtige strafrechtliche Probleme ungelöst, wie etwa die Fragen ermittlungstechnischer Zuständigkeiten oder strafprozessuale und materiellrechtliche Sachverhalte. Schwierigkeiten bei der justitiellen Vergangenheitsbewältigung waren mithin nicht ausschließlich

[30] „Amnestiert wurde durch Bagatellstrafen, durch Gnadenerlasse, durch wohlkalkulierte Gesetzeslücken und in ganz großem Stil durch Fahndungsverzicht." So in verschiedenen Varianten nachzulesen bei Friedrich, Die kalte Amnestie (Anm. 16), hier S. 172 oder bei Müller (Anm. 16), S. 250: „Wenn es dennoch zu Strafprozessen kam, konnten die Gerichte die Augen vor den ungeheuren Verbrechen, die vor ihnen ausgebreitet wurden, nicht verschließen, sie wollten aber niemanden dafür verantwortlich machen. Die Scheu der Richter, überhaupt jemanden ‚Mörder' zu nennen, trieb merkwürdige Blüten."

[31] Henkys (Anm. 25), S. 200.

auf menschliche Schwächen zurückzuführen, sondern lassen sich aus der Komplexität der Materie heraus erklären.

NS-Prozesse

Ein knappes Jahrzehnt nach Beginn der systematischen Aufklärung nationalsozialistischer Verbrechen durch die Zentrale Stelle in Ludwigsburg konnten besonders umstrittene Aspekte der NS-Strafverfolgung – u.a. die Entwicklung der Rechtsprechungspraxis und das hiervon nicht unbeeinflußte Problem der Strafzumessung -, noch nicht empirisch erörtert werden. Es fehlte ein aussagekräftiger Vergleichsmaßstab. Gleichwohl häuften sich kritische Hinweise auf als „zu milde" empfundene Urteile in NS-Prozessen, welche die Ständige Deputation des Deutschen Juristentages Mitte der sechziger Jahre zu einer öffentlichen Stellungnahme veranlaßten. Die im Verlauf der „Königsteiner Klausurtagung"[32] verabschiedete Entschließung war nicht nur eine Reaktion auf die verbreitete Justizkritik bezüglich der Verfolgung und Ahndung der NS-Verbrechen, sondern auch das Ergebnis justizinterner Bedenken, die der Verfassungsrechtler und Präsident des Deutschen Juristentages, Ernst Friesenhahn, in seinem Bericht darlegte.

Danach erfreuten sich die NS-Prozesse in der deutschen Öffentlichkeit zwar keiner großen Beliebtheit, aber die Ständige Deputation habe sich nicht gescheut, „dieses heiße Eisen anzufassen, weil sie sich in der Tradition jener Männer weiß, die sich 1933 einer Gleichschaltung des Deutschen Juristentages widersetzt [. . .] haben"[33]. Man wolle der Öffentlichkeit zeigen, daß der deutsche Juristenstand sich dieser Frage stelle. Die Auswahl der Sachver-

[32] Vgl. Ständige Deputation des Deutschen Juristentages (Hrsg.), Probleme der Verfolgung und Ahndung von nationalsozialistischen Gewaltverbrechen. Sonderveranstaltung des 46. Deutschen Juristentages in Essen 1966. Entschließung der Königsteiner Klausurtagung, Bericht, Referate und Schlußwort, München/Berlin 1967, Bd. II, Teil C.

[33] Ebda., S. C 13.

ständigen legt nahe, daß man dem Thema einige Bedeutung beimaß: Strafrechtler wie Ulrich Klug, Jürgen Baumann, Ernst-Walter Hanack, Claus Roxin sowie Herbert Jäger; der hessische Generalstaatsanwalt Fritz Bauer, die Staatsanwälte Hanns Dünnebier und Adalbert Rückerl; die Richter Senatspräsidenten beim Bundesgerichtshof Werner Sarstedt und Hans Hofmeyer (Vorsitzender im Auschwitz-Prozeß) und nicht zuletzt der Historiker und Politologe Hans Buchheim diskutierten Fragen wie etwa die Abgrenzung von Täterschaft und Beihilfe, die Bedeutung des Befehlsnotstandes, die Strafzumessung bei NS-Verbrechen oder die Schwierigkeiten des Zeugen- und Sachverständigenbeweises.

Die einstimmig gefaßte Königsteiner Entschließung rügte einerseits solche Urteile, in denen vielfach zu Unrecht Beihilfe an Stelle von Täterschaft angenommen worden sei oder selbst Morddelikte nur mit der gesetzlichen Mindeststrafe belegt würden. Die bei der Feststellung der Schuld des Angeklagten und bei der Ermittlung der angemessenen Strafe des öfteren erkennbare „unangebrachte Milde“[34] führten die Teilnehmer der Diskussion auch auf ein in der Bevölkerung und – mithin ebenso – unter den Juristen verbreitetes „irrationales Widerstreben gegen die Prozesse“[35] zurück. Das Bewußtsein der Mitverantwortung der Gesellschaft für die im Dritten Reich begangenen Taten verleite manche Schwurgerichte zur Verhängung von Bagatellstrafen und damit zur Verharmlosung des historischen Geschehens. Demgegenüber sei es dringend geboten, den Wertmaßstäben des heutigen Strafrechts Geltung zu verleihen. Gleichwohl wiesen die anwesenden Sachverständigen auf die immensen verfahrensrechtlichen Schwierigkeiten der NS-Verfahren hin, die eine gerechte Bestrafung der NS-Täter mit Unwägbarkeiten belaste.

Friesenhahn wandte sich in seinem Bericht zu Recht gegen die Einschätzung der NS-Prozesse als „politische Justiz“. Die Ahndung der NS-Verbrechen bedürfe weder eines Sonderrechts', noch

[34] Ebda., S. C 20.
[35] So der Titel des Beitrages von Karl Lackner, in: Ebda., S. C 59-64.

verfolge sie politische Zwecke. Diese Verbrechen seien auch zum Zeitpunkt des Begehens strafbar gewesen, ihre Verfolgung und Bestrafung habe generalpräventiven Charakter und diene der „Bewährung der Rechtsordnung und dem Schutz des menschlichen Lebens"[36]. Wenn diese Hinweise sich auch um die Rechtfertigung der NS-Verfahren gegenüber einer verbreiteten Justizkritik bemühten, verdeutlichen sie aber ebenso, in welchem Maße sich die Juristen seinerzeit bei der Ahndung der NS-Verbrechen von Politik und Öffentlichkeit alleingelassen fühlten.

Es bedurfte mancher Appelle. Die mit dem „heißen Eisen" befaßten Juristen meldeten sich aber auch einzeln zu Wort: Die Staatsanwältin Helge Grabitz, seit 1966 Sachbearbeiterin für NS-Verbrechen und ab 1982 Leiterin der örtlichen Hamburger NS-Abteilung hat Mitte der achtziger Jahre eine eher psychologische Studie der NS-Verfahren angefertigt. Aus der Sicht der überlebenden Opfer skizziert sie den Prozeßablauf und ihre tragische Erfahrungen, daß aufgrund der schwierigen Beweislage in diesen Verfahren manches Unrecht nicht geahndet, noch weniger gesühnt werden kann. Auf die strafrechtlichen Hintergründe dieses Dilemmas geht sie freilich nur verkürzt und einseitig ein, betont statt dessen gebetsmühlenartig, daß die Justiz – mit einem „hoffnungslos unbrauchbaren Instrumentarium versehen"[37] – eine Aufklärung der NS-Verbrechen nicht leisten könne. Sie ist aber dennoch weit davon entfernt, angesichts der vermeintlichen oder tatsächlichen Unzulänglichkeit der Justiz ein Sonderstrafrecht oder gar eine Generalamnestie zu fordern. Erstes vermutlich nicht wegen der zu einem Ende kommenden NS-Strafverfolgung, letztes nicht aufgrund der von Grabitz emphatisch vertretenen Opferperspektive, die Täter der Massenmorde müßten strafrechtlich zur Verantwortung gezogen werden. Die psychologischen Skizzen aller Prozeßbeteiligten sind für die strafprozessuale Thematik allerdings wenig erhellend.

[36] Ebda., S. C 18.

[37] Helge Grabitz, NS-Prozesse. Psychogramme der Beteiligten, Heidelberg 1985, S. 6; vgl. auch Just-Dahlmann/Just (Anm. 16).

Ein geradezu konträres Berufsethos verficht der Strafrechtler und Kriminologe Herbert Jäger: Er betont, „daß der Sinn der strafrechtlich-kriminologischen Beschäftigung mit den nationalsozialistischen Verbrechen nicht nur darin besteht, zu ihrer angemessenen prozessualen Beurteilung beizutragen, sondern daß sie auch eine allgemeine Klärungsfunktion hat"[38]. Jägers Untersuchungsergebnisse bestätigen keineswegs die vielerorts vorherrschende Deutung der Massenvernichtungsverbrechen als unverstehbares Geschehen und daher nicht bzw. nur per Sonderstrafrecht justiziabel.[39] Vielmehr stellen für Jäger die nationalsozialistischen Verbrechen nichts anderes dar als individuelle Verbrechen im Kollektiv, die Justiz sei insofern in der Lage, Recht zu sprechen. Damit wendet er sich explizit gegen eine offenbar verbreitete Auffassung, „Täter eines totalitären Systems können strafrechtlich [. . .] nicht verurteilt werden, ohne daß sich der Rechtsstaat in ein unlösbares Dilemma verstrickt"[40]. Die Proble-

[38] Vgl. Herbert Jäger, Verbrechen unter totalitärer Herrschaft. Studien zur nationalsozialistischen Gewaltkriminalität, Frankfurt a.M. 1982, S. 13.

[39] Zur „Unverstehbarkeit" – auch ein Streitpunkt im „Historikerstreit", der aber später deutlich an Brisanz verlor – vgl. die nicht sonderlich überzeugende Auffassung von Dolf Sternberger, Unverstehbar. Noch einmal: Noltes These, in: Frankfurter Allgemeine Zeitung v. 6. April 1988 (Nachdruck in der Zeit v. 29. April 1988): „Die wahnsinnige Untat, die mit dem Namen ‚Auschwitz' bezeichnet wird, läßt sich gar nicht verstehen, sie läßt sich nur berichten." – Das in der Bundesrepublik geltende Strafrecht für ungeeignet hält u.a. Grabitz (Anm. 37); Friedrich, Die kalte Amnestie (Anm. 16). Ein Sonderstrafrecht für die NS-Verbrechen forderte schon sehr früh Karl Jaspers, Wohin treibt die Bundesrepublik? Tatsachen – Gefahren – Chancen, München 1966. – In seinem Appell „Für Völkermord gibt es keine Verjährung" (ebda., S. 17-45) griff er in die Verjährungsdebatten der sechziger Jahre ein mit dem Argument, es handle sich hier um die Einsicht in eine grundsätzlich neue Verbrechensform, die nicht nur eine Aufhebung der Verjährung, sondern auch eine neue Strafgesetzgebung zur Folge haben müsse.

[40] So aber in seinem Abriß über das „weltweite Versagen der Justiz" im 20. Jahrhundert der Münchner Rechtsanwalt Andreas Zielcke, Darf Gnade vor Recht ergehen? Über die Schwierigkeiten im Umgang mit gestürzten Diktatoren: Was geschieht mit dem Erbe, das Gewaltherrschaften den demokratischen Neuanfängen hinterlassen?, in: Frankfurter Allgemeine Zeitung v. 6. März 1990. Der Autor spricht sich demgemäß für eine Amnestie als die „ehrlichere Lösung [!] für den Rechtsstaat" aus. – Vgl. auch die perfide Justizkritik von Jörg Friedrich, der die bisherigen NS-Prozesse als „Amnestie im

matik innerhalb der NS-Verfahren besteht demnach darin, die Kollektivverbrechen mit Blick auf den Täter und die Tatsituation zu individualisieren, ohne freilich die gesamte historische Perspektive auszublenden.

Wie sehr die Öffentlichkeit sich mit den großen Vernichtungslager-Verfahren – Auschwitz (1963-65)[41], Belzec (1965), Treblinka (1964/65) und Sobibor (1965/1966)[42] – beschäftigt hatte, das vermitteln insbesondere die von Ullrich Kröger gesammelten zeitgenössischen Presseberichte und -kommentare.[43] Sie seien ein beredtes Zeugnis für die geradezu schulmäßige und konfliktlösende Auseinandersetzung mit der NS-Vergangenheit in den sechziger Jahren, beispielhaft etwa auch die Debatten von 1960, 1965 und 1969 in der Verjährungsfrage. Mit dieser Einschätzung wagt sich Kröger ein wenig zu weit aus dem Fenster hinaus, läßt er doch die gegen Ende der sechziger Jahre rumorende studentische Jugend gänzlich außer Betracht. Die insbesondere durch die

Gewande der Strafverfolgung" bezeichnet, in: Ders., Die kalte Amnestie (Anm. 16), S. 172.

[41] Vgl. insbes. die Zusammenfassung der FAZ-Prozeßberichterstattung von Bernd Naumann, Auschwitz. Berichte über die Strafsache gegen Mulka u.a. vor dem Schwurgericht Frankfurt, Frankfurt a.M./Bonn 1965. Der umfangreiche Band enthält ferner Auszüge aus Beiträgen von Kurt Ernenputsch; siehe ferner Hermann Langbein, Der Auschwitz-Prozeß. Eine Dokumentation, 2 Bde., Frankfurt a.M. 1965.

[42] Dazu die ausführliche Darstellung der Ermittlungs- und Verhandlungsverfahren zu den einzelnen Prozessen von Rückerl (Anm. 24); vgl. die ebenso aus den NS-Ermittlungen bzw. Prozessen gewonnenen Erkenntnisse über die Funktion dieser Vernichtungslager im Rahmen der „Aktion T 4": Ino Arndt/Wolfgang Scheffler, Organisierter Massenmord an Juden in nationalsozialistischen Vernichtungslagern. Ein Beitrag zur Richtigstellung apologetischer Literatur, in: Karl Dietrich Bracher/Manfred Funke/Hans-Adolf Jacobsen (Hrsg.), Nationalsozialistische Diktatur 1933-1945. Eine Bilanz, Bonn 1986, S. 539-571. Vgl. zum zweiten Treblinka-Prozeß und zur Person des Lagerkommandanten Stangl die nüchtern-sachliche Studie von Gitta Sereny, Am Abgrund: eine Gewissenserforschung; Gespräche mit Franz Stangl, Kommandant von Treblinka, Frankfurt a.M. 1980.

[43] Vgl. Ullrich Kröger, Die Ahndung von NS-Verbrechen vor westdeutschen Gerichten und ihre Rezeption in der deutschen Öffentlichkeit 1958-1965, unter besonderer Berücksichtigung von „Spiegel", „Stern", „Zeit", „SZ", „FAZ", „Welt", „Bild", „Hamburger Abendblatt", „NZ", „Neuem Deutschland". Diss., Hamburg 1973.

Studentenunruhen verstärkte Thematisierung des Dritten Reiches hat die Öffentlichkeit vermutlich weit mehr emotionalisiert als die in den NS-Prozessen offenbarten Fakten dies vermochten. Von einer sachlichen Diskussion konnte seinerzeit allerdings kaum die Rede sein.

Wenig einleuchtend sind die Einwände Krögers gegenüber den von mehreren Meinungsforschungsinstituten ermittelten Umfragen zur Strafverfolgung von NS-Verbrechern: So bezweifelt er die zu verschiedenen Zeiten – insbesondere anläßlich der zweiten parlamentarischen Verjährungsdebatte im Jahre 1965 – erhobenen Ergebnisse, nach denen eine Mehrheit der Deutschen sich gegen die Fortführung der Prozesse aussprach. Die demoskopischen Erhebungen seien manipulierbar, die jeweiligen Institute abhängig von ihren Auftraggebern. Die Vermutung liegt nahe, daß das abnehmende Interesse an der Beschäftigung mit dem Dritten Reich – angesichts der gehäuften strafprozessualen Thematisierung seines Unrechtscharakters durchaus nachvollziehbar – nicht in das Konzept des Verfassers paßten. Es geht ihm um den Nachweis einer breiten Zustimmung der Bevölkerung zur strafrechtlichen Ahndung der NS-Verbrechen, die seine These bestätigen soll, „(d)aß eine geistig-sittliche Läuterung am Werk ist"[44]. Die Einsicht in den Unrechtscharakter des Nationalsozialismus läßt sich freilich nicht alleine durch die ständige Konfrontation mit den Verbrechen erzwingen, sie erfordert vielmehr eine freiwillige Auseinandersetzung mit den unterschiedlichen Facetten des Dritten Reiches.

Angesichts eines nur bedingt vorhandenen bzw. zurückgehenden Interesses der deutschen Bevölkerung an der NS-Strafverfolgung hatten die damit beschäftigten Politiker keinen leichten Stand: Dies trifft weniger auf die erste große Verjährungsdebatte von 1960 zu – noch im Jahre 1958 sprachen sich 54 Prozent der Deutschen für eine weitere Strafverfolgung aus[45] – als für die De-

[44] Ebda., S. 344.

[45] Vgl. Institut für Demoskopie (Hrsg.), Jahrbuch der öffentlichen Meinung 1958-1964, Allensbach 1965, S. 221.

batten von 1965 und 1969, zumal sie nicht unwesentlich vom Wahlkampf beeinflußt schienen. Rolf Vogel hat die beiden letzten Bundestagsdebatten der sechziger Jahre mit Hintergrundmaterial aufbereitet. Auch der Deutsche Bundestag dokumentierte die bis zum Jahre 1979 insgesamt vier Debatten nebst Sachverständigenanhörungen.[46] Die Materialien ergänzen sich insofern sinnfällig, als laut Vogel für die Parlamentarier bei ihren Bekundungen nicht ein „Schlußstrich-Ziehen" im Vordergrund gestanden habe, sondern das Interesse, „eine rechtlich praktikable und moralische Lösung"[47] für die Strafverfolgung der NS-Verbrechen zu finden. Das neunte Strafrechtsänderungsgesetz von 1969, das die Verjährung für Mord von 20 auf 30 Jahre verlängerte, hätte eine bedeutende Rechtsunsicherheit beseitigt.

Die endgültige „parlamentarische Bewältigung" des Verjährungsproblems durch die Aufhebung der Verjährung für Mord im 16. Strafrechtsänderungsgesetz erfolgte allerdings erst 1979. Vogels Einschätzungen waren insoweit verfrüht. Das von ihm nachgezeichnete Bild beschreibt zudem nur einen Ausschnitt der damaligen Debatten: Es fehlt z.B. ein Hinweis auf die erste Beratung von 1960, die zu keinem positiven Ergebnis im Hinblick auf die Berechnung der Verjährungsfristen gelangte, der Termin für Totschlagsdelikte war bereits ungenutzt verstrichen – ein fataler Umstand, der durch die Neufassung des § 50 Abs. 2 StGB Ende der sechziger Jahre eine Ahndung von Beihilfedelikten faktisch unmöglich machte. Die Debattenbeiträge der Parlamentarier verdeutlichen jedoch die weitreichende Problematik, eine gerechte und zugleich praktikable Strafverfolgung von NS-Verbrechen zu gewährleisten, ohne verfassungsrechtliche und rechtspolitische Prinzipien zu verletzen. Im Gegensatz zu mancherlei Appellen in

[46] Siehe u.a. Vogel, Ein Weg aus der Vergangenheit. Eine Dokumentation zur Verjährungsfrage und zu den NS-Prozessen, Frankfurt a.M./Berlin 1969; Presse- und Informationszentrum des Deutschen Bundestages (Hrsg.), Zur Verjährung nationalsozialistischer Verbrechen. Dokumentation der parlamentarischen Bewältigung des Problems 1960-1979, 3 Bde., Bonn 1980.

[47] Vogel (Anm. 46), S. 6.

der Öffentlichkeit sprach man sich kontinuierlich gegen jedes Sonderrecht für NS-Täter aus.

Manche Kritiker wie der Publizist Jörg Friedrich oder der Jurist Ingo Müller tun sich in der Rückschau auf die Strafverfolgung von NS-Verbrechen allzu leicht, wenn sie diese aufgrund mancher spektakulärer Gerichtsentscheidungen insgesamt als „kalte Amnestie“ bzw. bereitwillig gewährte „biologische Amnestie“[48] charakterisieren. Solche Interpretationen unterstellen, daß die strafrechtliche Ahndung der NS-Täter in der Bundesrepublik nicht ehrlich betrieben, vielmehr durch den Einfluß der personellen Kontinuitäten in der bundesdeutschen Justiz hintertrieben worden sei. Die justitielle Aufarbeitung der NS-Verbrechen gibt im Rückblick – trotz mancher problematischer Gerichtsentscheidungen[49] – ein deutlich positiveres Bild ab, als jene Kritiker es zeichnen. Hätte eine in nach ihrem Verständnis perfekt funktionierende Aburteilungspraxis nicht im Gegenteil eine zum Dritten Reich analoge anpassungsfähige Justiz abgegeben?

Unrecht in der DDR

Im Hinblick auf die Bewältigung der DDR-Vergangenheit, vor allem – in Relation zum Forschungsstand der justitiellen Aufarbeitung der NS-Vergangenheit – ihres verbrecherischen Charakters, lassen sich die seriösen Publikationen an einer Hand abzählen. Das ist keineswegs nur darauf zurückzuführen, daß das Interesse an den politischen Zuständen in der ehemaligen DDR in der Bundesrepublik noch vor 1989 eher gering war. In dem nunmehr in zweiter Auflage erschienenen Werk – die Erstveröffentlichung erfolgte 1979 – über „Politik und Justiz in der DDR“ von

48 So Friedrich, Die kalte Amnestie (Anm. 16) und Müller (Anm. 16), S. 260.

49 Vgl. insbes. Heiner Lichtenstein, Im Namen des Volkes? Eine persönliche Bilanz der NS-Prozesse, Köln 1984; hierzu auch der Sammelband von Julius H. Schoeps/Horst Hillermann (Hrsg.), Justiz und Nationalsozialismus. Bewältigt – Verdrängt – Vergessen, Stuttgart /Bonn 1987.

Karl Wilhelm Fricke kommt zur Sprache, weshalb Publikationen über den SED-Unrechtsstaat seinerzeit nicht begrüßt wurden: „Politisches Opportunitätsdenken konnte ihn allerdings nicht daran hindern, obwohl ihn die Frage bewegt hat, ob Veröffentlichungen über die politische Verfolgung in der SBZ/DDR nicht allzu leicht zu einer politischen Belastung hätten werden können, die eine auf Entspannung und Normalisierung der Beziehungen zwischen den beiden deutschen Staaten gerichtete Politik damals stören mochten."[50] Der Verfasser beleuchtet die Geschichte der Indienstnahme der Justiz durch die SED. Die Juristen in der SBZ und in der späteren DDR folgten dabei anscheinend bedenkenlos der politischen Linie der herrschenden Partei und verurteilten dort, wo es politisch opportun schien. Tiefpunkt solcher Rechtsprechung sind wohl die „Waldheimer Prozesse" im Jahre 1950. Etwa zum Zeitpunkt der Erstausgabe des Werkes von Fricke erschien die Arbeit des Konstanzer Juristen Wolfgang Schuller über die politische Strafjustiz in der DDR.[51] Die eher geringe Rezeption der Arbeit dürfte vermutlich auf die sehr fachspezifischen Erörterungen zurückzuführen sein. Der Autor beließ es nicht bei der Aufzählung der Straftatbestände, die zur politischen Verurteilung führten, sondern stellte diese in den Kontext der jeweiligen Strafverfahren. Er wollte nicht dokumentieren, was vorgeblich bestraft wurde, sondern welche konkreten Verhaltensweisen einer Strafe unterlagen. Beide Arbeiten gehen in der Analyse nicht über das Jahr 1968 hinaus: Das hatte seinen Grund in der schmalen Materialbasis für die Zeit danach. Einer umfassenden Analyse dürfte nach 1989 nichts mehr im Wege stehen.

Mitte der fünfziger Jahre war Karl Wilhelm Fricke als Journalist in West-Berlin tätig. Er wurde das Opfer eines vom Ministerium für Staatssicherheit durchgeführten Menschenraubes und in einem Geheimprozeß von der politischen Strafjustiz der SED zu

[50] Karl Wilhelm Fricke, Politik und Justiz in der DDR. Zur Geschichte der politischen Verfolgung 1945-1968. Bericht und Dokumentation, Köln 1990², S. 7.

[51] Siehe Wolfgang Schuller, Geschichte und Struktur des politischen Strafrechts der DDR bis 1968, Ebelsbach 1980.

vier Jahren Zuchthaus verurteilt.[52] Hatte er sich schon damals der Berichterstattung über das menschenrechtswidrige SED-Regime verschrieben, so wurde sie aufgrund der einschneidenden Erlebnisse im DDR-Strafvollzug zu einer Lebensaufgabe. Im Jahre 1982 erschien die erste und bis zum Zusammenbruch des SED-Systems einzige Darstellung des Ministeriums für Staatssicherheit. Sie liegt mittlerweile in der dritten Auflage vor. Fricke erläutert darin das Selbstverständnis der DDR-Staatssicherheit als „Schild und Schwert" der „führenden Partei". Es ist somit ein unabdingbares Herrschaftsinstrument der SED: zuständig für deren Wohl und Wehe; zugleich auch abhängig vor deren politischer Leitlinie.[53] Die SED ist der Auftraggeber des Staatssicherheitsdienstes. Nichts geschieht, ohne daß sie davon nicht in Kenntnis gesetzt wäre. Die Einschätzung Rolf Henrichs, „[l]ängst ist die Geheimpolizei *der* ‚Staat im Staate'"[54], verfehlt diesen Sachverhalt.

Schon ein Jahr nach der Vereinigung der beiden deutschen Staaten veröffentlichte Fricke eine aktualisierte Bewertung des DDR-Staatssicherheitssystems im Lichte der heutigen Erkenntnisse. An seinen wesentlichen Aussagen zur Struktur und zur Arbeitsweise des Ministeriums für Staatssicherheit mußte der Autor allerdings kaum Abstriche machen; lediglich die Zahl der MfS-Mitarbeiter war nach oben zu korrigieren. Das neue Werk enthält insbesondere eine Analyse der Kontakte zwischen dem MfS und der „Rote-Armee-Fraktion" in den achtziger Jahren sowie eine Auswahl jüngster Dokumentenfunde.[55] Die Mehrzahl

[52] Vgl. Karl Wilhelm Fricke, Menschenraub in Berlin, Koblenz/Köln 1959.

[53] Vgl. ders., Die DDR-Staatssicherheit. Entwicklung-Strukturen-Aktionsfelder, Köln 1989³.

[54] Rolf Henrich, Der vormundschaftliche Staat. Vom Versagen des real existierenden Sozialismus, Reinbek bei Hamburg 1989, S. 190 (Hervorhebung im Original). Henrich hat ansonsten eine für die Zeit vor der „Wende" bemerkenswert freimütige Beschreibung der desolaten Situation in der DDR geliefert.

[55] Siehe Karl Wilhelm Fricke, MfS intern. Macht, Strukturen, Auflösung der DDR-Staatssicherheit, Köln 1991, vgl. insbes. zum RAF-Komplex S. 57-61.

der nach der „Wende" veröffentlichten Darstellungen des DDR-Staatssicherheitsdienstes sind dagegen eher das Ergebnis von Momentaufnahmen und nur wenige bieten Material, das einer wissenschaftlichen Beschäftigung mit dem Herrschaftssystem der SED dienen kann.[56]

Ebenfalls der Feder von Karl Wilhelm Fricke entstammen zwei Arbeiten, die die Situation der Opfer des totalitären SED-Staates beleuchten. 1984 erschien eine Darstellung der politischen Opposition in der DDR in ihren jeweiligen Erscheinungsformen (bürgerliche, innerparteiliche, kirchliche, Arbeiter- und Bauern-Opposition etc.). Der Autor stellt vorab fest, warum Opposition und Widerstand in der DDR, in welcher Form auch immer, von der SED nicht geduldet werden kann. Sie straft die von der SED postulierte Einheits-Utopie Lüge und ist daher konterrevolutionär. „Irgendein legales Recht auf Opposition in der DDR wäre, obschon immer wieder gefordert, für die SED ‚prinzipiell' systemwidrig."[57] In der zweiten Hälfte der achtziger Jahre erschien eine Untersuchung Frickes zur Situation der politischen Gefangenen in der DDR.[58] Zweidrittel der Darstellung sind Dokumentation: Abgedruckt wurden die wesentlichen Bestimmungen des politischen Strafrechts der DDR, verfügbare Anklageschriften sowie Urteile und ein Fragekatalog mit den Antworten von ehe-

[56] Vgl. u.a. Armin Mitter/Stefan Wolle (Hrsg.), „Ich liebe euch doch alle!" Befehle und Lageberichte des MfS Januar-November 1989, Berlin 1990; Lienhard Wawrzyn, Der Blaue. Das Spitzelsystem der DDR, Berlin 1990; Reiner Kunze, Deckname „Lyrik". Eine Dokumentation, Frankfurt a. M. 1990; Christina Wilkening, Staat im Staate. Auskünfte ehemaliger Stasi-Mitarbeiter, Berlin/Weimar 1990; Joachim Gauck, Die Stasi-Akten. Das unheimliche Erbe der DDR, Hamburg 1991; Bürgerkomitee Leipzig (Hrsg.), Stasi intern. Macht und Banalität, Leipzig 1991; David Gill/Ulrich Schröter, Das Ministerium für Staatssicherheit. Anatomie des Mielke-Imperiums, Berlin 1991; Manfred Schell/Werner Kalinka, Stasi und kein Ende. Die Personen und Fakten, Frankfurt a. M./Berlin 1991; Anne Worst, Das Ende eines Geheimdienstes. Oder: Wie lebendig ist die Stasi?, Berlin 1991; Markus Wolf, Im eigenen Auftrag. Bekenntnisse und Einsichten, München 1991.

[57] So Karl Wilhelm Fricke, Opposition und Widerstand in der DDR. Ein politischer Report, Köln 1984, S. 13.

[58] Vgl. ders., Zur Menschen- und Grundrechtssituation politischer Gefangener in der DDR. Analyse und Dokumentation, Köln 1987^2.

maligen politischen Häftlingen der DDR, die auf dem Wege des „Freikaufs" in die Bundesrepublik gelangten. Die Arbeit verdeutlicht einmal mehr, in welchem Ausmaß die DDR das Menschenrecht mit Füßen trat.

III. „Siegerjustiz oder strafrechtliche ‚Selbstreinigung'"?

Nürnberger Militärgerichtshof

Der 8. Mai 1945 besiegelte die totale Niederlage eines diktatorischen Systems, welches Terror und Entrechtung weit über seine staatlichen Grenzen hinaus praktiziert hatte. Noch während des Krieges, im Januar 1942 in London, verlangten neun von Deutschen besetzte Länder eine Bestrafung der für die Verbrechen des Dritten Reiches Verantwortlichen. Vornehmlich auf Betreiben der USA und Großbritanniens wurde bereits im Oktober desselben Jahres eine „Kriegsverbrechenskommission der Vereinigten Nationen" gebildet, um entsprechendes Beweismaterial für ein späteres Gerichtsverfahren zu sammeln. Am 1. November 1943 folgte eine öffentliche Erklärung der drei alliierten Großmächte über die Bestrafung der deutschen Kriegsverbrecher. Ein in der Zwischenzeit unter Federführung von Robert H. Jackson, Richter am Obersten Bundesgericht der USA, ausgearbeiteter Plan bildete die Grundlage der wichtigsten Bestimmungen des nach Kriegsende, am 8. August 1945, geschlossenen Abkommens der vier Siegermächte „über die Verfolgung und Bestrafung der Hauptkriegsverbrecher der europäischen Achse" sowie des Statuts für einen „Internationalen Militärgerichtshof" (IMT). Nürnberg wurde Verhandlungsort des ersten, unter alliiertem Vorsitz am 20. November 1945 eröffneten Prozesses gegen insgesamt 24 Einzelpersonen. Sie standen unter der Anklage wegen „Verschwörung zur Planung eines Angriffskrieges", „Verbrechen gegen den Frieden", „Kriegsverbrechen" und „Verbrechen gegen die Menschlichkeit", für die „ein geographisch bestimmter Tatort nicht gegeben ist"[1]. Die Mitgliedschaft in einer als „verbrecherisch" eingestuften Organisation – das Führerkorps der NSDAP, die Gestapo, der SD sowie die SS – zog zwar eine Strafverfolgung nach sich, aber entgegen der ursprünglichen Absicht der Ankläger sollte eine Verurteilung erst nach Prüfung des Einzelfalls möglich sein. Die SA-Mitglieder nahm man wegen des Bedeutungsverlustes diese Organisation bereits zu Beginn der NS-Herrschaft aus der Strafverfolgung heraus. Von den 24 Hauptangeklagten verübten zwei Selbstmord (Robert Ley noch vor der Verhandlung, Hermann Göring nach der Urteilsverkündung), Gustav Krupp von Bohlen und Halbachs Verhandlungsunfähigkeit führte zur Aussetzung seines Verfahrens, und das Todesurteil gegen Martin Bormann erging in Abwesenheit des Angeklagten. Die übrigen wurden nach fast einjähriger Prozeßdauer – die Urteilsverkündung erfolgte am 30. September und am 1. Oktober 1946 – entweder in einem oder mehreren bzw. allen oben erwähnten „Delikten" schuldig gesprochen und erhielten Freiheitsstrafen – lebenslängliche wie Rudolf Heß – oder Todesstrafen (so z.B. Julius Streicher, Alfred Rosenberg). Hjalmar Schacht, Hans Fritsche und Franz von Papen sprach das Gericht frei.

Daneben gab es bereits vor dem 20. November 1945 mehrere Verfahren vor den Gerichten der Besatzungsmächte, aber auch anderer Staaten. Die Amerikaner sprachen sich daher für eine einheitliche Rechtsgrundlage der künftigen Verfahren aus; schließlich sollte die im Londoner Abkommen vereinbarte Strafverfolgung in allen vier Zonen auf der Basis einer gemeinsamen Gesetzgebung erfolgen.[2] Das am 12. Dezember erlassene Kontrollratsgesetz Nr. 10 (KRG Nr. 10) entsprach wohl dieser Intention, es gewährleistete aber in der Praxis kaum die erhoffte

[1] Vgl. Telford Taylor, Die Nürnberger Prozesse. Kriegsverbrechen und Völkerrecht, Zürich 1951, S. 22. Die Auszüge der entsprechenden Grundsätze befinden sich im Anhang.

[2] Vgl. Martin Broszat, Siegerjustiz oder strafrechtliche „Selbstreinigung". Aspekte der Vergangenheitsbewältigung der deutschen Justiz während der Besatzungszeit 1945-1949, in: Vierteljahrshefte für Zeitgeschichte 29 (1981), S. 485 f.

Einheitlichkeit in allen vier Zonen. So konnten „allein die Zonenbefehlshaber darüber entscheiden [...], welche Verfahren in Gang zu setzen und vor welches ‚geeignete Gericht' die Beschuldigten zu bringen seien, sofern nicht Ansprüche des Internationalen Gerichtshofes oder Auslieferungswünsche anderer Mächte zu berücksichtigen waren"[3]. Die zwölf Nürnberger Nachfolgeprozesse, u.a. gegen führende Angehörige des Oberkommandos der Wehrmacht (Fall 12), des Reichskabinetts (Fall 11), der SS bzw. des SD (Fall 9), aber auch des Justizapparats (Fall 3) und der Verwaltung, wurden gemäß des KRG Nr. 10 abgehalten. Vor britischen Militärgerichten fanden etwa so spektakuläre Prozesse wie der gegen die Hersteller des berüchtigten „Zyklon-B" statt, die französischen Alliierten verurteilten etwa das Personal verschiedener Konzentrationslager ("Neue Bremme", „Natzweiler")[4], in Frankreich selbst kam es zum Oradour-Prozeß.[5] Über sowjetische Kriegsverbrecherprozesse liegen bis heute keine zuverlässigen Angaben vor, wohl aber ist bekannt, daß eine große Anzahl von Deutschen verhaftet und in ehemalige deutsche Konzentrationslager interniert wurde.[6] Deutsche Kriegsgefangene urteilte man in Schnellverfahren ab, und mehr als 10.000 überstellte man zur Verbüßung ihrer Strafen im Jahre 1950 den deutschen Behörden der Sowjetischen Besatzungszone (SBZ).

Wenn auch die Übereinstimmung der vier Alliierten in den Fragen der Behandlung Deutschlands bekanntlich nur gering

[3] Ebda., S. 486.

[4] Vgl. u.a. die Nachweise in der Zusammenstellung des Presse- und Informationszentrums des Deutschen Bundestages (Hrsg.), Zur Verjährung nationalsozialistischer Verbrechen. Dokumentation der parlamentarischen Bewältigung des Problems 1960-1979, Bonn 1980, S. 93-100.

[5] Vgl. Alfred Grossers Kritik an der sogenannten Lex Oradour, die den „fundamentalen rechtlichen Prinzipien der individuellen Verantwortung und der Pflicht der Anklage und nicht der Verteidigung, Beweis zu führen", entgegenstand. So ders., Geschichte Deutschlands seit 1945. Eine Bilanz, München 1987[13], S. 66.

[6] Vgl. Reinhart Maurach, Die Kriegsverbrecherprozesse gegen deutsche Gefangene in der Sowjetunion, Hamburg 1950.

war[7], so erlaubt doch ihre Einigkeit beim Zustandekommen und der Durchführung des Nürnberger Gerichtshofes, Rückschlüsse auf das jeweilige Interesse der einzelnen Besatzungsmacht zu geben. Gleichwohl schien ein gerichtliches Verfahren gegen die sogenannten Hauptkriegsverbrecher nicht von vornherein unumstritten. So notiert Robert M.W. Kempner in seinen Erinnerungen, daß selbst die Engländer sich noch bis etwa März 1945 für ein Standrecht ausgesprochen hätten. Die Sowjetunion habe sogar „bis zu 50.000 Hauptkriegsverbrecher [...] genau identifiziert"[8] und eine sofortige Hinrichtung verlangt. Die USA hingegen, vertreten durch Richter Jackson, plädierten für ein rechtsstaatliches Verfahren.

Die pädagogische Zielsetzung der Amerikaner war unverkennbar. Dafür sprachen nicht nur die unter ihrer Ägide vorbereiteten Prozeßunterlagen und die Wahl des Verhandlungsortes Nürnberg – ehedem Stadt der „Reichsparteitage" der Nationalsozialisten. Die amerikanische Deutschlandpolitik stand in ihrer frühen Phase deutlich unter dem Einfluß von antideutsch gesinnten „linken" Intellektuellen und Politikern (Sumner Welles, Henry Morgenthau). Ihre Ordnungsvorstellung für ein besetztes Deutschland orientierte sich stark an der Auffassung des britischen Politikers, Lord Vansittart, der den Nationalsozialismus in der Kontinuität der deutschen Geschichte stehend interpretierte.[9]

[7] Vgl. die ausführliche Darstellung von Hans-Peter Schwarz, Vom Reich zur Bundesrepublik. Deutschland im Widerstreit der außenpolitischen Konzeptionen in den Jahren der Besatzungsherrschaft 1945-1949, Stuttgart 1980².

[8] Robert M.W. Kempner, Ankläger einer Epoche. Lebenserinnerungen, Frankfurt a.M. u.a. 1983, S. 209.

[9] Eine ausführliche Darstellung des amerikanischen Deutschlandbildes während der vierziger Jahre findet sich bei Lutz Niethammer, Die Mitläuferfabrik. Die Entnazifizierung am Beispiel Bayerns, Berlin/Bonn 1982, S. 34-52; vgl. zu Vansittarts Deutschlandbild auch Rainer A. Blasius, Weder „gute" noch „böse" Deutsche. Zur politischen Kriegsführung Großbritanniens in den Jahren 1939 bis 1943, in: Jost Dülffer/Bernd Martin/Günter Wollstein (Hrsg.), Deutschland in Europa. Kontinuität und Bruch. Gedenkschrift für Andreas Hillgruber, Frankfurt a.M./Berlin 1990, S. 175-202. Die westlichen Alliierten orientierten sich im wesentlichen an der amerikanischen Entnazifizierungspolitik. Hierzu: Volker Dotterweich, Die „Entnazifizierung", in: Jo-

Es gelte „den Deutschen alle Mittel zu nehmen, deren sich ihr verdorbener Charakter zur Entfesselung eines neuen Revanchekrieges bedienen konnte“.[10] Eine gemäßigte Linie erblickte lediglich im „preußischen Generalstab, im Junkertum, im Berliner Zentralismus [...] alle bösen Tendenzen deutscher Geschichte“ personifiziert und empfahl die Entnazifizierung und gesellschaftliche Umerziehung des „verdorbenen“ Volkes.

Solche Strategien waren nicht vereinbar mit der traditionellen Betrachtungsweise der Franzosen, die in Hitler das Preußentum verkörpert sahen[11], insbesondere aber mit der ideologischen Faschismus-Interpretation der sowjetischen Alliierten. Die „Motive zusammengenommen wirkten in Richtung einer ‚harten' Deutschlandpolitik und bildeten die psychologische Basis für das Experiment der Viermächteverwaltung unter Einschluß Rußlands“.[12] Eine liberal-konservative Richtung unter amerikanischen Politikern konnte sich zunächst nicht mit Plänen für eine mildere Behandlung Deutschlands durchsetzen. Sie befürchtete eine territoriale und ideologische Ausbreitung des Bolschewismus infolge der restriktiven wirtschaftlichen Pläne Morgenthaus.[13] Gleichwohl stimmte sie mit denjenigen überein, die – gemäß der „outlaw theory“ – das nationalsozialistische System als Ergebnis einer kriminellen Verschwörung verstanden und eine Bestrafung der wichtigsten NS-Führer nach rechtsstaatlichen Prinzipien der Vereinten Nationen forderten.[14]

sef Becker/Theo Stammen/Peter Waldmann (Hrsg.), Vorgeschichte der Bundesrepublik Deutschland. Zwischen Kapitulation und Grundgesetz, München 1979, S. 123-161.

[10] Schwarz (Anm. 7), S. 93.

[11] Vgl. Dotterweich (Anm. 9).

[12] Schwarz (Anm. 7), S. 96.

[13] Vgl. ebda., S. 97 f.

[14] Vgl. Niethammer (Anm. 9), S. 34-52.

„Kollektivschuld"

Der Nürnberger Hauptkriegsverbrecherprozeß hat von Beginn an heftige Kontroversen ausgelöst, weniger innerhalb der deutschen Öffentlichkeit als unter Juristen und Politikern. Bedenken wegen der Anklagepunkte, der Prozeßführung sowie der Strafzumessung, aber auch der Zielsetzung der Alliierten wurden und werden nicht zu Unrecht vorgebracht. Bedeutung erhält freilich auch das scheinbar große Interesse der Deutschen am Prozeß, das allerdings nicht die vornehmlich amerikanischen Erwartungen erfüllte, dies fördere auch die Einsicht der Deutschen in ihre (Mit-) Schuld am Geschehenen – zumindest durch Duldung der Verbrechen.[15] So ermittelten die OMGUS-Surveys noch im Januar 1946, daß 78 Prozent der deutschen Bevölkerung in der amerikanischen Zone die Presse über den Prozeß verfolgten. Die Prozentzahl sank bis zum August 1946 nur geringfügig auf 72. Demgegenüber – und offensichtlich zum Mißfallen der Amerikaner – bekundeten nur knapp 30 Prozent der Befragten, die Deutschen seien insgesamt schuldig am Zweiten Weltkrieg.[16]

Auch wer von der Tatsache ausgeht, daß die im Nürnberger Prozeß Angeklagten zu Recht verurteilt wurden, da sie Initiatoren von Verbrechen gewaltigen Ausmaßes waren, muß nicht jedwede Kritik am Verfahren für müßig erklären. Natürlich praktizierte man in Nürnberg „Siegerjustiz", da die „eigentliche Bedeutung von Nürnberg darin bestand, einen Präzedenzfall dafür

[15] Auf die Ungereimtheiten, die hinter diesem Vorgehen standen, haben auch Beobachter aus dem Ausland hingewiesen: „Auf der einen Seite sagten sie zu den Deutschen: ‚Ihr habt Verbrechen auf euch geladen, von denen ihr gewußt haben müßt', und auf der anderen starteten sie eine Informations-, wenn nicht Propagandakampagne, um denselben Deutschen zu beweisen, daß diese Verbrechen auch wirklich verübt worden waren." So Grosser (Anm. 5), S. 68.

[16] Wie anders läßt sich die zurückhaltende Auswertung der Umfrageergebnisse beurteilen: „Either interpretation clearly needs additional information (such as that provided by close readings of the German press, the works of postwar publicists, and memoirs [!]) before it can be accepted." So Anna J. Merritt/Richard L. Merritt (Hrsg.), Public Opinion in occupied Germany. The OMGUS-Surveys, 1945-1949, Urbana u.a. 1970, S. 35.

zu schaffen, daß die Besiegten von den Siegern abgeurteilt und getötet werden“[17]. Gleichwohl urteilten die Sieger nach rechtsstaatlichen Prinzipien, die Unabhängigkeit der Richter von irgendwelchen Vorgaben war formell gesichert, wenn ihnen auch ihre besondere Situation wohl bewußt gewesen sein mochte. Sie würden in dem einen oder anderen Falle mit Kritik rechnen müssen. Telford Taylor, Historiker und Hauptankläger in den zwölf Nachfolgeprozessen der Amerikaner, erhellt dieses Selbstverständnis. Auch er sah die Kritikpunkte am Verfahren, insbesondere die *Ex post facto*-Rechtsetzung von Straftatbeständen – im Fall der Vorbereitung und Durchführung eines Angriffskrieges -, die dem Grundsatz des kontinental-europäischen Strafrechts *Nullum crimen sine lege, nulla poena sine lege* entgegenstand. Taylor vermochte solchen Einwänden verständlicherweise nichts abzugewinnen, war er doch von der im Verfahren angestrebten Schaffung eines neuen verbindlichen Völkerrechts überzeugt.[18] Das hehre und erwiesenermaßen bis dato nicht durchsetzbare Ziel rechtfertigt jedoch nicht jede Maßnahme[19].

[17] So die Auffassung Randolph Churchills, Sohn des britischen Kriegspremiers, zit. nach Lothar Gruchmann, Das Urteil von Nürnberg nach 22 Jahren, in: Vierteljahrshefte für Zeitgeschichte 16 (1968), S. 385-389.

[18] „Gewiß ist das Völkerrecht heute im gleichen Stadium der Entwicklung, wie es das Gewohnheitsrecht vor Jahrhunderten war. Wenn wir aber das Völkerrecht ablehnen, solange es nicht in Gesetzbüchern niedergelegt ist, [. . .] so werden wir es niemals finden“, meint Taylor (Anm. 1), S. 119.

[19] Ganz abgesehen von dem irritierenden Umstand, daß „mit der Sowjetunion ein Staat auf der Richterbank vertreten war, der wenige Jahre zuvor unter gleicher Regierung im Herbst 1939 an der gewaltsamen Besetzung Polens beteiligt war, der außerdem im Winter 1939/40 selbst einen Angriffskrieg gegen Finnland geführt hatte und deshalb im Dezember 1939 aus dem Genfer Völkerbund ausgeschlossen worden war und der darüberhinaus im Jahre 1940 den deutschen Überfall auf Norwegen ausdrücklich gebilligt hatte“. So Adalbert Rückerl, NS-Verbrechen vor Gericht. Versuch einer Vergangenheitsbewältigung, Heidelberg 1984^2, S. 92 f. – Der Hinweis der Verteidigung auf die „unter sowjetrussischer Herrschaft erfolgte Ermordung mehrerer Tausend polnischer Offiziere in Katyn“ (ebda.) wurde vom Gericht bewußt nicht zur Kenntnis genommen. – Es entspricht dem Zeitgeist der achtziger Jahre, apodiktisch von der „Einzigartigkeit“ der nationalsozialistischen Verbrechen auszugehen, so daß „auch die [damalige] Rechtsprechung dementsprechend einmalig sein mußte – und sei es nur, weil die geschundenen Völker nach Sühne

Man hätte seinerzeit viel Unbehagen – vor allem unter deutschen Kritikern[20] – zerstreuen können, wäre man gerade auf solche Bedenken eingegangen. Auch durch die Anwendung der Normen des deutschen Strafrechts wären nicht minder schwere Urteile ergangen.[21] Wenn der in NS-Strafsachen zuständige Generalstaatsanwalt der ehemaligen DDR seinerzeit darauf hinwies, „die geschichtliche und juristische, die Entwicklung des Völkerrechts prägende Bedeutung [des Nürnberger Urteils] bestand gerade darin, daß es sich nicht um den Richterspruch eines besatzungsrechtlichen Tribunals, sondern um den eines internationalen Strafgerichtshofes handelte“[22], dann hätte sich auch die Möglichkeit eines Verfahrens im Haag ergeben.[23] Das Nürnberger Verfahren dürfte sich auf die Mehrzahl der deutschen Prozeßbeobachter eher negativ ausgewirkt[24] haben. Innerhalb der Justiz regten sich nicht wenige, die die Anwendung der *Ex post fac-*

verlangten“. So Karl-Heinz Janßen, Versailles und Nürnberg. Zur Psychologie der Kriegsschuldfrage in Deutschland, in: Jörg Friedrich/Jörg Wollenberg (Hrsg.), Licht in den Schatten der Vergangenheit. Zur Enttabuisierung der Nürnberger Kriegsverbrecherprozesse, Frankfurt a.M./Berlin 1987, S. 39.

[20] Besonders die Juristen unter ihnen hatten sich ja parallel zu Nürnberg mit der Anwendung des Kontrollratsgesetzes Nr. 10 befassen müssen, das unter Umständen auch rückwirkende Rechtsprechung notwendig machte. Vgl. hierzu Broszat (Anm. 2).

[21] Vgl. Rückerl (Anm. 19), S. 88-95.

[22] Günther Wieland, Der Jahrhundertprozeß von Nürnberg. Nazi- und Kriegsverbrecher vor Gericht, Berlin (Ost), 1986, S. 32.

[23] So der plausible Einwand von Gruchmann (Anm. 17).

[24] Die zwiespältige Rezeption, die der Prozeß seinerzeit fand, wird auch ersichtlich im Hinblick auf die Funktion, die man einem solchen Verfahren in der Gegenwart beimißt. So kommentiert etwa eine Journalistin die Forderung von Angehörigen der unter Stalin Ermordeten, einen Prozeß nach dem Nürnberger Muster gegen die Schuldigen durchzuführen, mit dem Hinweis: „Dazu wird es wohl nicht kommen, da die antistalinistische Bewegung aufklären, aber nicht Rache [. . .] üben will.“ So Felicitas von Nostitz, Eine Bewegung des Gewissens. Die sowjetische Memorial-Gesellschaft kämpft gegen das Vergessen der Opfer Stalins, in: Frankfurter Allgemeine Zeitung v. 21. Oktober 1989 (Tiefdruckbeilage). – Demgegenüber beklagen Verfechter der Nürnberger Prozesse, wie etwa der Publizist Jörg Friedrich, daß diese Großprozesse als „Modell wirksamer Judikatur“ für die nachfolgenden NS-Prozesse keine Nachahmer gefunden hätten. So ders., Die kalte Amnestie. NS-Täter in der Bundesrepublik, Frankfurt a.M. 1984, S. 68.

to-Klausel nach amerikanischem Recht mit Unbehagen verfolgten und eine Aburteilung der NS-Führung durch deutsche Richter forderten. Sicherlich stand seinerzeit entsprechendes Personal nicht zur Verfügung, aber der Aufschub eines solchen Verfahrens bis zum erfolgten Aufbau einer demokratischen Justiz hätte ein überzeugenderes Bild hinterlassen[25], jedenfalls in der deutschen Öffentlichkeit. Das Bewußtsein, ein Unrechtsregime, dem man in der Mehrheit jahrelang unkritisch gefolgt war, selbst zu richten, hätte vielleicht eine Auseinandersetzung mit den – zumindest geduldeten – inhumanen Zuständen der vergangenen Zeit eher gefördert.

Nicht zuletzt aufgrund der erheblichen Anstrengungen der Alliierten, den Prozeßverlauf von Beginn an in den Medien öffentlich zu machen – „(i)m Herbst und Winter 45/46 war Nürnberg ein Zentrum der Welt. [. . .] Die ganze Welt schaute aber auf Nürnberg, wo die einstigen Schrecken der Völker abgeurteilt wurden“[26] –, konnte wohl ein großer Teil der beschämten Bevölkerung sich versichern, daß die Schuldigen bestraft worden sind. Das Verstreuen der Asche der hingerichteten NS-Größen in alle Winde dürfte den Eindruck der endgültigen Abrechnung eher noch verstärkt haben, gleichzeitig den zurückliegenden „dunklen“ Jahren sozusagen dämonischen Charakter verliehen haben. „Nürnberg“ zählte zum politischen Leben – im privaten Bereich gehörten jedoch andere Dinge zu den vordringlichsten Aufgaben. Die desolate wirtschaftliche Lage und eine gewisse öffentliche Beruhigung nach der Politisierung im Dritten Reich begünstigten

[25] Die von Karl-Heinz Janßen (Versailles und Nürnberg, in: Friedrich/Wollenberg [Anm. 19], S. 39) aufgestellte Behauptung, einem deutschen Gericht wäre der „Vorwurf nicht erspart geblieben, es habe als Marionette der Besatzungsmächte gehandelt“, ist wenig plausibel. Die erst nach 1945 in ihrem vollen Umfang zutagetretenden Greueltaten in den Konzentrations- und Vernichtungslagern lösten bei der deutschen Bevölkerung echte Erschütterung und Schuldgefühle aus. Vgl. Hans Mommsen, Was wußte das deutsche Volk von der Ermordung der Juden?, in: Welt am Sonntag v. 5. April 1987.

[26] Kempner (Anm. 8), S. 223.

den „nicht nur bei der jungen Generation zu beobachtende[n] Rückzug auf das Unpolitische und Private“[27].

Entnazifizierungspolitik

Der Nürnberger Prozeß wurde von Kritikern bewußt als „Tribunal der Sieger“[28] bezeichnet und entsprach der alliierten Grundhaltung, die Exponenten des nationalsozialistischen Regimes gemäß der „outlaw theory“ hart zu bestrafen. Der alliierte Konsens in Fragen der Negativmaßnahmen gegenüber den Deutschen – zuvörderst Roosevelts Forderung der „bedingungslosen Kapitulation“ – lief faktisch auf die Kollektivschuldthese hinaus, wenn sie auch nicht öffentlich propagiert wurde. Hierzu zählte ebenso die Ausweitung der politischen Säuberung nach der Direktive JCS 1067, deren Inhalt im Potsdamer Protokoll aufgenommen wurde. Diesen Eindruck verstärkte nicht zuletzt das schematische Vorgehen bei der Entnazifizierung, das der gesellschaftlichen Wirklichkeit im besiegten Deutschland keineswegs Rechnung trug – die Exzesse, Entbehrungen und das Leid während der letzten Monate des NS-Regime waren für die Bevölkerung bereits ein „gewissermaßen ‚entnazifizierender‘ Erfahrungsschock und ein heilsames Lehrstück über den wirklichen Charakter des Regimes“.[29]

[27] Martin Broszat/Klaus-Dietmar Henke/Hans Woller (Hrsg.), Von Stalingrad zur Währungsreform. Zur Sozialgeschichte des Umbruchs in Deutschland, München 1989², S. XXVII.

[28] Dies der Tenor von Werner Maser, Nürnberg: Tribunal der Sieger, Düsseldorf/Wien 1977.

[29] So Klaus-Dietmar Henke, Die Trennung vom Nationalsozialismus. Selbstzerstörung, politische Säuberung, „Entnazifizierung“, Strafverfolgung, in: Ders./Hans Woller (Hrsg.), Politische Säuberung in Europa. Die Abrechnung mit Faschismus und Kollaboration nach dem Zweiten Weltkrieg, München 1991, S. 21-83, hier S. 31; vgl. auch die Einschätzung von General Clay, wiedergegeben in Justus Fürstenau, Entnazifizierung. Ein Kapitel deutscher Nachkriegspolitik, Neuwied/Bonn 1969, S. 31.

So verfolgte die Direktive zunächst zwei Ziele. Anhand spezieller Listen sollten zunächst alle Personen ausfindig gemacht und dem sogenannten automatischen Arrest zugeführt werden, die namentlich als NS-Funktionäre bekannt oder in den Nationalsozialismus verstrickt waren. Die sofortige Internierung diente letztlich auch dem Schutz der Einrichtungen der Besatzungsmächte. Man überschätzte die Ausstrahlungskraft des Nationalsozialismus und befürchtete, Angehörige der NSDAP im Untergrund versuchten die Besatzungsmaßnahmen zu sabotieren. Gleichzeitig sollte eine negative Beeinflussung der Bevölkerung durch diesen Personenkreis unterbunden werden.[30] Zu den automatisch Inhaftierten zählten u.a. die Angehörigen der vom Nürnberger Militärgerichtshof als „verbrecherisch“ eingestuften NS-Organisationen, der Polizei sowie leitende Beamte der Verwaltung und der Gerichte, ferner leitende Angestellte aus den Bereichen Handel, Industrie, Landwirtschaft und Finanzen.[31] Das Hauptaugenmerk galt freilich den als „Kriegsverbrecher“ Verdächtigen, die unter Anklage gestellt wurden. Daneben erschien es den Besatzungsmächten vordringlich, Personen mit öffentlichen Ämtern – Beamte in der Verwaltung, im Justizapparat, in den Schulen – und mit maßgeblichen Funktionen in der Wirtschaft zu entlassen, sofern sich bei ihrer Überprüfung mehr als eine bloß nominelle Parteimitgliedschaft herausstellen würde. Zur Vereinheitlichung des Vorgehens diente ein 99 Punkte umfassender Fragenkatalog, dessen Beantwortung genauen Aufschluß über die politische Einstellung des Befragten zu geben versprach.

Die amerikanische Besatzungsmacht ging besonders perfektionistisch und rigoros vor, so daß das Entnazifizierungsunternehmen vom Umfang her kaum zu bewältigen war. Die Fragebögen

[30] Vgl. Christa Schick, Die Internierungslager, in: Broszat/Henke/Woller (Anm. 27), S. 302-325, hier: S. 302 f. Daß die Internierung nicht selten auch Unschuldige treffen konnte, belegen die von der Verfasserin herangezogenen Augenzeugenberichte.

[31] Vgl. Fürstenau (Anm. 29), S. 26-28; die für die amerikanische Zone maßgeblichen Arrestkategorien bei Niethammer (Anm. 9), S. 152 f.

wurden auf immerhin 131 Entlassungs- und Ausschlußkategorien aufgestockt. Die Briten gewährten den deutschen Entnazifizierungsausschüssen nur einen Beraterstatus. Die Franzosen hatten kein Interesse an einer umfassenden Säuberungspolitik, wie die Amerikaner sie anstrebten. Um aber Konflikte mit der amerikanischen Besatzungsmacht zu vermeiden, führten sie bis Anfang 1946 pro forma analoge Säuberungsrichtlinien ein – in der Praxis allerdings nur ein „groß angelegte[r] Bluff"[32]. Schließlich bemühten sich die Amerikaner, ihr Modell durch die Kontrollratsdirektive Nr. 24 vom 12. Januar 1946 für die übrigen Besatzungszonen verbindlich zu machen. In der britischen und der französischen Zone arbeiteten bereits Entnazifizierungsausschüsse[33], die Militärregierungen behielten sich aber letzte Entscheidungen vor. Angesichts der desolaten wirtschaftlichen Verhältnisse verzichteten sie auch auf die kategorische Erfassung der kleinen Pgs (Parteigenossen) und des privatwirtschaftlichen Sektors.

Die großangelegte Ausschaltung der Nationalsozialisten, ihre Entfernung aus dem politischen und wirtschaftlichen Leben zielte in dieser ersten Phase auf eine vollständige Säuberung Deutschlands durch die Siegermächte, zumal die Amerikaner, die sich bei dem schematischen Vorgehen besonders hervortaten. Weniger streng – sowohl bei den automatischen Verhaftungen als auch bei den Entlassungen – verfuhren die Briten und die Franzosen: Bis zum 1. Januar 1947 befanden sich in den Internierungslagern der US-Zone 95.250 automatisch verhaftete Personen, in britischen Lagern dagegen 64.500. Die Franzosen internierten nur etwa ein Fünftel der amerikanischen Zahl. Knapp die Hälfte der jeweils Internierten wurde im gleichen Zeitraum als unverdächtig wieder entlassen[34], während die übrigen Lagerinsassen gemäß Kontroll-

[32] Vgl. die Ausführungen zu dem von der amerikanischen Militärregierung erlassenen Gesetz Nr. 8, das allerdings auch eine beschränkte deutsche Mitarbeit in Entnazifizierungsausschüssen vorsah, in: Fürstenau (Anm. 29), S. 39-42; siehe auch Dotterweich (Anm. 9), S. 143.

[33] So Klaus-Dietmar Henke, Politische Säuberung unter französischer Besatzung. Die Entnazifizierung in Württemberg-Hohenzollern, Stuttgart 1981, S. 47.

[34] Die Zahlen finden sich bei Fürstenau (Anm. 29), S. 28-45.

ratsgesetz Nr. 10 (KRG Nr. 10) als Kriegs- bzw. NS-Verbrecher abgeurteilt werden sollten. Die Entnazifizierung bedeutete insofern eine politische Säuberung der deutschen Gesellschaft. Kriminelle Delikte sollten den alliierten und deutschen Gerichten vorbehalten bleiben. Gleichwohl konnte diese Trennung bei der späteren Spruchkammertätigkeit nicht aufrechterhalten werden, denn bei der Überprüfung zahlreicher Belasteter kamen schließlich schwerste NS-Verbrechen zur Sprache.

Das Entnazifizierungsverfahren war arbeitstechnisch von den amerikanischen Stellen allerdings kaum zu bewältigen, es hemmte den Aufbau einer Verwaltung und die Sanierung der deutschen Wirtschaft. Die Unterhaltung der Zone wurde zur Belastung für die Amerikaner, zumal die wenig erfolgversprechende Bilanz der Säuberungspraxis in der US-amerikanischen Presse negative Kommentare provozierte.[35] Um auch der sich mehrenden Kritik deutscher Politiker an den vielfach als überzogen empfundenen Säuberungspraktiken entgegenzukommen, entschlossen sich die Amerikaner zur Beteiligung der Deutschen an der Entnazifizierungsgesetzgebung. Die Länderregierungen in ihrer Besatzungszone (Bayern, Württemberg-Hohenzollern und Groß-Hessen) fanden sich nach langwierigen Beratungen und Auseinandersetzungen mit der dortigen Militärregierung am 5. März 1946 zur Unterzeichnung des „Gesetzes Nr. 104 zur Befreiung von Nationalsozialismus und Militarismus" bereit. Wohl waren die deutschen Stellen nunmehr alleinverantwortlich für die Durchführung der Entnazifizierung, Inhalt und Ausgestaltung des Verfahrens sowie die letzten Entscheidungen der einzurichtenden Spruchkammern lagen allerdings in den Händen der Militärregierung.[36] Erst

[35] Vgl. Theodor Eschenburg, Jahre der Besatzung 1945-1949, Stuttgart 1983, S. 112-115.

[36] Vgl. ebda., S. 53-102; vgl. ebenso die Darstellung der Beratungen bei Niethammer (Anm. 9), S. 260-332. – Daneben gab es auch erhebliche Bedenken auf seiten der in den Spruch- bzw. Berufungskammern tätigen Juristen wegen der deutschem Strafrecht entgegenstehenden Bestimmungen im „Befreiungsgesetz": So lag die Beweislast bei den Betroffenen, außerdem sei durch das Gesetz das dem deutschen Recht immanente Rückwirkungsverbot verletzt; vgl. hierzu auch Hans Woller, Gesellschaft und Politik in der ameri-

die Abgabe der an alle Deutschen über 18 Jahre versandten Meldebögen – mit 14 Fragen zur Person – erlaubte die Aufnahme einer Beschäftigung und den Bezug von Lebensmittelkarten. Die nach der Meldung zunächst in einer der fünf Belastungskategorien (I Hauptschuldige, II Belastete, III Minderbelastete, IV Mitläufer, V Entlastete) eingestuften Betroffenen mußten sich einem justizförmigen Spruchkammerverfahren stellen und wurden gegebenenfalls mit entsprechenden Strafen belegt. Als Rechtsmittelinstanz standen die Berufungskammern offen. War die erste Instanz mehrheitlich mit juristisch unkundigem Personal besetzt, gelangte die Berufung vor ausgebildete Juristen.[37] Das im Gesetz Nr. 8 und in der Direktive Nr. 24 vorgesehene automatische Entlassungs- und Arrestverfahren war – entgegen den Erwartungen der deutschen Politiker – im Befreiungsgesetz beibehalten worden.

„Mitläuferfabrik"

Statt also den Kreis der Betroffenen auf die strafrechtlich verfolgbaren Fälle einzuengen, schoben die Amerikaner die Arbeit an deutsche Stellen ab. Aufgrund der ambivalenten Interpretationsmöglichkeiten des Gesetzes ergab sich aber unbeabsichtigt ein gewisser Spielraum bei der Einstufung der Betroffenen: Orientierten sich die Spruchkammern bei der Einstufung des Beklagten fast ausschließlich an politischen Gesichtspunkten, urteilten die angerufenen Berufungskammern nach strafrechtlichen Kriterien und entschieden sich häufig – nicht zu Unrecht[38] – für eine Her-

kanischen Besatzungszone. Die Region Ansbach und Fürth, München 1986, S. 116-119, insbes. S. 118.

37 Vgl. die Darstellung der regionalpolitisch geprägten Spruchkammern in: Woller, ebda., S. 119-165; siehe zur Arbeitsweise und Urteilsfindung einer kommunalen Spruchkammer: Elmar Ettle, Die Entnazifizierung in Eichstätt. Probleme der politischen Säuberung nach 1945, Frankfurt a.M. u.a. 1985; vgl. auch Niethammer (Anm. 9), S. 538-652.

38 Die Schilderung solcher Fälle bei Wolfgang Wittig, Zur Praxis der Entnazifizierung in Bayern, in: Hans-Jochen Vogel/Adalbert Podlech/Helmut Si-

abstufung oder einen Freispruch. Kritiker der durch den Spruchkammerapparat in Gang gekommenen Rehabilitierung von zu Recht Belasteten und Unschuldigen bezeichnen das Verfahren nicht zuletzt deshalb als „Mitläuferfabrik". „Der taktische Mißbrauch des Rechtsstaatsgedankens gegen die Entnazifizierung und soziale Reformversuche reduzierte ihn auf formale Rechtssicherheit, verhinderte, daß er Kriterien einer historischen Gerechtigkeit in sich aufnahm, und hat die unmittelbare Bezogenheit des Rechtsstaats auf politische und soziale Demokratie als seine Voraussetzung – eine der Lektionen des Faschismus – nicht ins öffentliche Bewußtsein gebracht."[39]

Vielfach mangelt es solchen negativen Einschätzungen einer differenzierten Betrachtung der zeitgenössischen Verhältnisse, wie sie überhaupt das pauschale Entnazifizierungsprogramm der Alliierten unkritisch bzw. nicht kommentieren. Gerade die Spruchkammerpraxis erlaubte – trotz anfänglicher Skepsis der deutschen Politiker – eine Wiedergutmachung und einen Ausgleich zu Recht und zu Unrecht erfolgter Bestrafungen in der ersten Phase der Entnazifizierung. Manche der Rehabilitierten hatten bereits einige Jahre in Internierungshaft unter oft unwürdigen Verhältnissen verbracht[40], ihre Familien litten Not und soziale Ausgrenzung. „Darin bestand der eigentliche ‚Denkzettel' für die Mitläufer und Minderbelasteten. In seiner Mischung aus fühlba-

mon (Hrsg.), Die Freiheit des Anderen. Festschrift für Martin Hirsch, Baden-Baden 1981, S. 170, S. 174 u. S. 177-179.

[39] So Niethammer (Anm. 9), S. 664; vgl. auch ebda., S. 645-652. Solche Kritik will offenkundig nicht wahrhaben, daß strafrechtliche Verfahren keine politischen Zwecke bzw. „sozialen Reformversuche" verfolgen können und dürfen. Von einem „taktischen Mißbrauch" kann also keine Rede sein, ebensowenig von einer „Verwendung juristischer Abstraktionen aus politischen Motiven" (ebda., S. 664). Wenn die Berufungsinstanzen in ihren Urteilen relative Milde walten ließen – etwa bei der Verrechnung zu verhängender Arbeitslagerhaft mit bereits verbüßter Internierungshaft -, so gerade um bereits erlittene soziale Härten auszugleichen. Ein Widerspruch auch in Niethammers Argumentation: Eine „soziale Demokratisierung" (ebda.) ist schlechterdings unmöglich, wenn eine Resozialisierung verhindert wird.

[40] Vgl. hierzu die für alle Zonen weitgehend repräsentativen Ausführungen von Schick, in: Broszat/Henke/Woller (Anm. 27).

rer Strafe und großzügiger Gnade war er so dosiert, daß er die Gefahr der Herausbildung eines Heeres von Entnazifizierungsgeschädigten weitgehend bannte."[41]

Das Gesetz Nr. 104 – mit der Kontrollratsdirektive Nr. 38 vom 12. Oktober 1946 auf die britische und die französische Zone übertragen – erfuhr in deren Praxis auch infolge des „time lag"[42] gewisse Modifikationen: In der englischen Zone besaßen die deutschen Säuberungsausschüsse nach wie vor nur vorbereitende und beratende Funktion; gleichzeitig wurden jene Internierten entlassen und den Entnazifizierungsausschüssen überstellt, die keiner verbrecherischen Organisation angehörten. Die strafrechtliche Aburteilung erfolgte gemäß Kontrollratsgesetz Nr. 10 vor Spruchgerichten. Die ausschließlich in den Internierungslagern tätigen Spruchgerichte verhandelten binnen zwei Jahren über 27.000 Fälle und wurden danach aufgelöst.[43] Die französische Militärregierung entschied sich im Februar 1947 zur Übernahme der Kontrollratsdirektive Nr. 38 (Verordnung Nr. 79), sie verzichtete wie die Briten aber auf eine generelle Schuldvermutung und automatische Berufsverbote. Die entsprechenden Länderverordnungen bezogen sich zwar weitgehend auf das amerikanische Modell der Entnazifizierung – Spruchkammerapparat und fünf Belastungskategorien -, es fehlten jedoch einheitliche Richtlinien insbesondere für die Kreisuntersuchungsausschüsse (das Pendant zu den Spruchkammern der amerikanischen Zone). Entscheidungen wurden erst nach der Genehmigung der Militärregierung wirksam. Die eigentlichen Spruchkammern interpretierten das

[41] Woller (Anm. 36), S. 163.; vgl. die Bestätigung dieses Urteils bei Ettle (Anm. 37), S. 264 f. Ähnliches läßt sich auch für die Urteile der Spruchkammerverfahren gegen die bayerischen NSDAP-Kreisleiter feststellen. Vermeintlich milde Strafen für den noch greifbaren Teil der Kreisleiter ergingen zu einem Zeitpunkt, als die Betroffenen und ihre Angehörigen bereits erhebliche psychische und physische Nachteile erlitten hatten. Auch nach Abschluß der Entnazifizierung waren sie keineswegs der Sühne enthoben, vgl. hierzu grundlegende Untersuchung von Barbara Fait, Die Kreisleiter der NSDAP – nach 1945, in: Broszat/Henke/Woller (Anm. 27), S. 213-299, insbes. S. 238-242.

[42] Eschenburg (Anm. 35), S. 118.

[43] Hierzu Fürstenau (Anm. 29), S. 103-108.

Befreiungsgesetz im Rahmen des Strafrechts und orientierten sich entgegen den Kreisuntersuchungsausschüssen ausschließlich an den strafbaren Handlungen der Betroffenen. Wie bereits in der amerikanischen Zone setzte sich auch hier eine Juridifizierung der Säuberungskriterien durch, was sich in deutlich milderen Urteilen gerade für zu Recht Belastete niederschlug.[44]

Amnestien

Der Umstand, daß die zunächst auf amerikanische Vorgaben abgestimmte „politische Säuberung" in den Westzonen am grünen Tisch geplant worden war, erhellt sich angesichts der Zahl der in die Entnazifizierung involvierten Personen: Von den rund 3,6 Millionen Fällen, die sich durch die Fragebogenaktion nicht erledigt hatten, wurden in aufwendigen Verfahren 1.667 Personen als Hauptschuldige, 23.060 als Belastete, 150.425 als Minderbelastete und etwas mehr als eine Million als Mitläufer eingestuft. Der Vollzug des „Monsterprogramm[s]"[45] provozierte schließlich auch bei prinzipiellen Befürwortern einer politischen Reinigung heftige Proteste. Man sprach allgemein von einer Entnazifizierungskrise. Verschiedene Initiativen zur Vereinheitlichung und Beschleunigung der Spruchkammerverfahren innerhalb der Westzonen fanden allerdings erst Gehör vor dem Hintergrund des beginnenden Kalten Krieges. Es zeichnete sich ein allgemeiner Niedergang der politischen Säuberung ab: In der sowjetisch besetzten Zone hatte man die Entnazifizierung bereits am 26. Februar 1948 für beendet erklärt. Die verschiedenen Maßnahmen der Westalliierten zur Beschleunigung der Entnazifizierung – wie etwa die Amnestien in allen drei Zonen, das großzügige Gnadenrecht der Franzosen oder der Verzicht der Briten auf eine rigorose Säuberung der Wirtschaft und der kommunalen Verwaltung – blieben wenig erfolgversprechend. Die Briten überließen es den

[44] Vgl. Henke (Anm. 33), S. 187-195.
[45] Fürstenau (Anm. 29), S. 219. Die Zahlen finden sich ebda., S. 228.

inzwischen gebildeten Landtagen, deutsche Entnazifizierungsgesetze zu erlassen, nachdem diese sich geweigert hatten (mit Ausnahme von Schleswig-Holstein), entsprechende Rechtsgrundlagen unter Einschluß britischer Vorbehaltsrechte zu verantworten. Die Franzosen verzichteten erst gegen Ende 1949 auf ihr Genehmigungsrecht bei Entscheidungen der deutschen Entnazifizierungsbehörden.[46]

Zwei Änderungsgesetze zum Befreiungsgesetz Nr. 104 in der amerikanischen Zone brachten zwar eine Lockerung des Beschäftigungsverbots und gewisse Verfahrenserleichterungen, trugen aber wenig zu der von den Amerikanern eingeschlagenen Kursänderung bei: Wollte man die Westdeutschen als Partner gegen den Osten gewinnen, war es vordringlich, deren wirtschaftliche und gesellschaftliche Situation zu stabilisieren. „Die Entnazifizierung, der bisher im Zielkatalog der Militärregierung höchste Priorität zugekommen war, hatte in diesem Konzept keinen Platz mehr, sie sollte bis zum 1. April 1948 beendet sein."[47] Der größte Teil der bisher zurückgestellten „schweren" Fälle käme nicht mehr zur Verhandlung – die zuständigen Befreiungsminister befürchteten zu Recht, daß sich der Unmut in der Bevölkerung wegen der überzogenen Säuberungspraktiken verschärfen könnte. Die Befürchtung galt insbesondere den mittleren und höheren NS-Funktionären, die sich in den Internierungslagern befanden, durch einen Abbruch der Entnazifizierungsverfahren jedoch freigelassen würden.[48] In der amerikanischen Zone versuchten die deutschen Stellen wenigstens die schwersten Fälle – etwa die Verfahren gegen NSDAP-Kreisleiter – noch vor dem angekündigten Termin zu Ende zu bringen. Zu einer einheitlichen Abschlußge-

[46] Vgl. zusammenfassend zum „Abbruch" der politischen Säuberung in allen vier Zonen Robert Fritzsch, Entnazifizierung. Der fast vergessene Versuch einer politischen Säuberung nach 1945, in: Aus Politik und Zeitgeschichte. Beilage zur Wochenzeitung „Das Parlament", B 24/72, S. 11-30, insbes. S. 18-23.

[47] Woller (Anm. 36), S. 152.

[48] Vgl. hierzu einschlägige Politiker-Äußerungen in: Fürstenau (Anm. 29), S. 95-102.

setzgebung aller Länder zur Entnazifizierung kam es allerdings erst nach Gründung der Bundesrepublik.

IV. Entnazifizierung und Wiederaufbau

„Die Kleinen hängt man ...“

Das plötzliche Desinteresse der Westalliierten an der Säuberungspolitik dürfte bei der Bevölkerung nicht ohne Wirkung geblieben sein. Der Spruch „Die Kleinen hängt man, die Großen läßt man laufen“ war populär und wird in modifizierter Form selbst von sachkundiger Seite vertreten, auch wenn ein solches Diktum die Bilanz der Entnazifizierung verzerrt wiedergibt.[1] Gleichwohl werden weder die Besatzungsmächte – hier vor allem die Amerikaner – noch die neuformierten politischen Parteien mit dem Ergebnis der Säuberung zufrieden gewesen sein. So mochten die einen im Verlauf der Entnazifizierung zur Einsicht gelangt sein, daß ein solch umfangreiches Unternehmen nur mit dem *good will* unbelasteter deutscher Politiker durchzuführen war. Sie scheiterten gewissermaßen an derer mangelnder Kompromißbereitschaft. Verfahrensvorschläge von deutscher Seite hatten angesichts des verfehlten Entnazifizierungsansatzes letztlich keine Chance mehr, verwirklicht zu werden. Politiker der KPD wie der SPD mußten einsehen, daß ihre nicht minder global angelegten Säuberungsvorstellungen dem allgemeinen Interesse der Bevölkerung zuwiderliefen – die „Persilscheine“ waren ein beredtes Zeugnis hierfür. Vertreter der CDU/CSU und der FDP, die als Entnazifizierungskriterien ausschließlich strafrechtlich verfolgbares Handeln zugrunde legen wollten, stießen bei den Alliierten nicht auf Gehör.[2]

[1] Vgl. hierzu die gegensätzlichen Einschätzungen von Lutz Niethammer, Die Mitläuferfabrik. Entnazifizierung am Beispiel Bayerns, Berlin/Bonn 1982, und Barbara Fait, Die Kreisleiter der NSDAP – nach 1945, in: Martin Broszat/Klaus-Dietmar Henke/Hans Woller (Hrsg.), Von Stalingrad zur Währungsreform. Zur Sozialgeschichte des Umbruchs in Deutschland, München 1989², S. 213-299.

[2] Umfragen in der amerikanischen Zone, wo die Säuberung im Vergleich zu den übrigen westlichen Zonen besonders rigoros vonstatten ging, belegen

Nachdem sich die Besatzungsmächte aus der Entnazifizierung zurückgezogen hatten, lag es bei den im Bundestag vertretenen Parteien, das Verfahren auf länderübergreifende einheitliche Rechtsgrundlagen zu stellen. Gleichzeitig galt es der vielfach geäußerten Vermutung entgegenzutreten, die noch ausstehenden schweren Fälle entkämen nun ihrer gerechten Sühne. Die den Bundesländern zur Gesetzgebung empfohlenen Richtlinien sahen u.a. vor, alle Maßnahmen gegen minderschwer Betroffene einzustellen; Hauptschuldige und Belastete sollten eine geringere Einstufung beantragen können, Berufs- und Wahlrechtsbeschränkungen sowie Vermögenssperren für die Kategorien III, IV und V seien aufzuheben. Bei den in den Internierungslagern zur Verhandlung anstehenden Fällen sollten vielfach Amnestien erlassen werden.[3] Die z.T. vorher und daran anschließend von den Ländern erlassenen Abschlußgesetze zur Entnazifizierung regelten letztlich nur noch die Bereinigung eines höchst unpopulären Akts in der frühen Nachkriegszeit. Aber keine der politischen Parteien widmete dem Schlußkapitel nennenswerte Energien. Im Gegenteil war man – in Sorge um das eigene Renommée in der Bevölkerung – bereits vorab darum bemüht, das aus den eigenen Reihen stammende Spruchkammerpersonal abzuziehen. Kirchenvertreter der beiden großen Konfessionen riefen sogar öffentlich zum Boykott auf.[4] Das Ende der Säuberung und die Auflösung der Spruchkammern ging im politischen Tagesgeschäft unter; das

eine deutlich nachlassende Befürwortung der Entnazifizierung – von 57 Prozent im März 1946 auf 34 im Dezember desselben Jahres und 17 Prozent im Mai 1949; vgl. Anna J. Merritt/Richard L. Merritt (Hrsg.), Public Opinion in occupied Germany. The OMGUS-Surveys, 1945-1949, Urbana u.a. 1970, S. 304. – Siehe ausführlich die beiden kontroversen politischen Positionen sowie die Haltung der Kirchen und der Gewerkschaften bei Justus Fürstenau, Entnazifizierung. Ein Kapitel deutscher Nachkriegspolitik, Neuwied/Bonn 1969, S. 160-187.

[3] Siehe die Wiedergabe der Richtlinien in: Fürstenau, ebda., S. 157 f.

[4] Vgl. Clemens Vollnhals, Evangelische Kirche und Entnazifizierung 1945-1949. Die Last der nationalsozialistischen Vergangenheit, München 1989, S. 103-120.

überaus unangenehme Thema eignete sich nicht als Wahlkampfpropaganda.[5]

Politische Kosten

Trifft es im Ergebnis also zu, daß letztlich „eine gigantisch angelegte Säuberung sich in eine nicht minder monströse Rehabilitierungskampagne verwandelte und die Möglichkeit einer gesellschaftlichen Verarbeitung der Erfahrung des Faschismus verdrängte"[6]? Die These, der Spruchkammerapparat habe mehrheitlich „Mitläufer" produziert, da „in der Entnazifizierung Säuberung und Rehabilitation zu ein und demselben Vorgang verschmolzen"[7] seien, ist empirisch belegt. Sie wird daher mancherorts als Nachweis kolportiert, 1945 bzw. 1949 sei es zu keiner echten „Abrechnung" mit dem Nationalsozialismus gekommen: „Die Diskriminierungspraxis der Spruchkammern hatte zwar Massen kleiner Pgs abgefertigt und sie härteren Konsequenzen entzogen [...]. Zu Demokraten waren sie nicht bekehrt worden."[8] Solche Erwartungen erscheinen illusorisch – damals wie heute, denn mittels Strafmaßnahmen Mitläufer und Belastete des NS-Regimes zu Demokraten zu wandeln, kann sich nur in sein Gegenteil verkehren. Darin durfte auch schlechterdings nicht die Intention des Entnazifizierungsverfahrens zu suchen sein. Auch stand die Zielsetzung der politischen Säuberung und des Befreiungsgesetzes – bzw. der für die übrigen Besatzungszonen verbindlichen Direktive Nr. 38 – einer Rehabilitierung der Betroffenen nicht entgegen, was Kritiker offenbar nicht zur Kenntnis

[5] Vgl. Fürstenau (Anm. 2), S. 208-219.
[6] So Niethammer (Anm. 1), S. 654.
[7] Ebda., S. 653. – Gegen diese bewußt moralisierende Verwendung der „Mitläufer"-Vokabel siehe die Hinweise von Fait, in: Broszat/Henke/Woller (Anm. 1), S. 240 f. u. S. 297: „Das Mitläuferprädikat erhielt überdies in der Regel nur der, dem über seine politische Formalbelastung hinaus keine schwerwiegenden persönlichen Vergehen vorzuwerfen waren."
[8] Jörg Friedrich, Die kalte Amnestie. NS-Täter in der Bundesrepublik, Frankfurt a.M. 1984, S. 196.

nehmen. Ferner: Das von den Amerikanern maßgeblich initiierte und durchgeführte Reeducation-Programm konnte nur auf freiwilliger Basis, nicht in einem Klima der Rachsucht Erfolge erzielen.[9]

Eine andere Frage dürfte demgegenüber substantieller gewesen sein: War es gelungen, die überzeugten – nicht bloß „nominellen" – Nationalsozialisten aus entscheidenden Funktionen und Stellungen insbesondere im öffentlichen Dienst herauszudrängen? Hat das sogenannte 131er Gesetz aus dem Jahre 1953 dieses Ziel später nicht konterkariert? Für die westlichen Besatzungszonen insgesamt gibt es keine Vergleichszahlen über den Anteil der sofort in den öffentlichen Dienst zurückkehrenden ehemaligen Pgs.[10] Die besonders rigiden Entlassungsmaßnahmen in der amerikanischen Zone brachten die im Wiederaufbau befindlichen Verwaltungen in erhebliche Schwierigkeiten. Anders war die Situation in der britischen und französischen Zone, wo man die Personalpolitik wesentlich pragmatischer handhabte. Die Besatzungsmächte griffen angesichts der herrschenden Personalnot mit Vorliebe – wenn auch nicht ausschließlich – auf Amtsträger der Weimarer Zeit zurück, die ihrerseits gewohnt waren, mit fachlich geschulten Beamten zusammenzuarbeiten. Der von den Militärregierungen gewünschte rasche Aufbau des Verwaltungsapparats verstärkte das Interesse an qualifiziertem Personal. So war einerseits der Rückgriff auch auf belastete Beamte des Dritten Reiches unvermeidlich; andererseits hatte gerade die Entlassungspolitik der Amerikaner zahlreiche Ungerechtigkeiten offenbart.[11]

[9] Vgl. hierzu u.a.: Nicholas Pronay/Keith Wilson (Hrsg.), The Political Re-education of Germany & her allies after World War II, London 1985; Dieter Rossmeissl (Hrsg.), Demokratie von außen. Amerikanische Militärregierung in Nürnberg 1945-1949, München 1988, S. 170-247.

[10] Siehe etwa Christoph Kleßmann, Die doppelte Staatsgründung. Deutsche Geschichte 1945-1955, Bonn 1986⁴, S. 252 f.; Lewis Edinger, Posttotalitarian Leadership. Political Elites in the German Federal Republic, in: American Political Science Review 54 (1960), S. 58-82.

[11] Siehe etwa die Darstellung von Wolfgang Wittig, Zur Praxis der Entnazifizierung in Bayern, in: Hans-Jochen Vogel/Adalbert Podlech/Helmut Simon (Hrsg.), Die Freiheit des Anderen. Festschrift für Martin Hirsch, Baden-Baden 1981, S. 165-183.

Sofern man Beschuldigte nach ihren Spruchkammerverfahren wieder einstellte, geschah das auch als eine Form der Wiedergutmachung. Allerdings bemühten sich besonders die Amerikaner bei Berufungen um „Vertreter eines neuen Typus in Schlüsselpositionen der unteren und mittleren Verwaltung".[12] Daneben entsprach es solidarischem Standesbewußtsein der Wiederamtierenden, die „Interessen der Ausgeschlossenen, schwer um ihre Existenz Ringenden [. . .] zu erhalten oder wiederherzustellen"[13].

Der nach 1948 einsetzende, aber nicht reibungslos verlaufende Rückstrom großer Teile der Beamtenschaft in ihre früheren Stellungen war erheblich und ist im wesentlichen auf die ungebrochene Tradition des Berufsbeamtentums zurückzuführen.[14] Die Sachzwänge des Wiederaufbaus erforderten geradezu die Rekrutierung der ehemaligen Beamtenschaft. Die institutionelle Kontinuität und Restauration des öffentlichen Dienstes im Verlauf der Jahre 1948/1949 – sowie nach 1951 bzw. 1953 durch die in Art. 131 GG fixierte Verpflichtung zur Wiedereinstellung entlassener Beamten der Kategorien III, IV und V[15] – bedeutete keineswegs eine Gefahr der Wiederbelebung nationalsozialistischen Gedankengutes, von einer immer wieder behaupteten „Renazifizierung" konnte keine Rede sein.[16] „Auf das erzwungene Hy-

[12] So Hans Woller, Gesellschaft und Politik in der amerikanischen Besatzungszone. Die Region Ansbach und Fürth, München 1986, S. 92, ferner S. 75-115.

[13] So Theodor Eschenburg, Der bürokratische Rückhalt, in: Richard Löwenthal/Hans-Peter Schwarz (Hrsg.), Die zweite Republik. 25 Jahre Bundesrepublik Deutschland – eine Bilanz, Stuttgart 1974, S. 69.

[14] Vgl. ebda.

[15] Zur Kontinuität im öffentlichen Dienst nach 1945 siehe auch die freilich nicht eindeutig Stellung beziehenden Aussagen von Peter Graf Kielmansegg, Lange Schatten. Vom Umgang der Deutschen mit der nationalsozialistischen Vergangenheit, Berlin 1989, S. 37-42.

[16] Die irritierende These, daß zu dieser Zeit „in etlichen Behörden [. . .] mehr Parteigenossen [saßen] als selbst unter Hitlers Herrschaft" – so Ingo Müller, Furchtbare Juristen. Die unbewältigte Vergangenheit unserer Justiz, München 1987, S. 206 –, geht auf Niethammer (Anm. 1), S. 531, zurück. Sie ist aber nicht nachprüfbar, da Niethammer keine Belege anführt. Die von Müller durchgehend vertretene Behauptung, die „Renazifizierung" im öffentlichen Dienst sei für die demokratische Entwicklung Westdeutschlands ver-

perengagement gegenüber dem Nationalsozialismus folgte politische Indolenz. Man wollte wieder unpolitisch sein. Unter der Diktatur Hitlers und der teils harten, teils willkürlichen Besatzungsherrschaft hatte man Anpassung gelernt. Existenznot und Überlebensdrang hatten darüber hinaus die traditionellen Vorstellungen von der Hingabe des Beamten an den Staatsdienst stark angeschlagen."[17] Die beamtenschaftliche Restauration Anfang der fünfziger Jahre in der Verwaltung und in der Justiz vollzog sich insofern auch mit anderen Vorzeichen. „Nicht nationalsozialistische Ideen blieben wirksam, sondern die in der Staatsdienerschaft über zwölf Jahre hindurch erhaltene konservativ-traditionalistische Grundströmung mündete nach den Schockerlebnissen des Krieges und der Nachkriegszeit in eine positive Haltung ein [. . .]. So wie in Weimar die wirtschaftliche Misere die Ablehnung der Republik verstärkt hatte, erleichterte jetzt der Wirtschaftsaufschwung die Identifikation auch der Beamtenschaft mit dem neuen Staat."[18] Der Erlaß des Art. 131 GG entsprang lediglich dem Bedürfnis und der Notwendigkeit einer nachträglichen rechtlichen Regelung.

hängnisvoll gewesen (vgl. ebda.), entbehrt im übrigen jeder Grundlage; siehe dagegen u.a.: Agnes Blänsdorf, Zur Konfrontation mit der NS-Vergangenheit in der Bundesrepublik, der DDR und Österreich. Entnazifizierung und Wiedergutmachungsleistungen, in: Aus Politik und Zeitgeschichte, Beilage zur Wochenzeitung „Das Parlament", B 16-17/87, S. 6-9; vgl. auch die einseitige, politisch motivierte Kritik der angeblichen „Renazifizierung" von Wilma Albrecht, Die Entnazifizierung, in: Neue Politische Literatur 24 (1979), S. 76 f.

[17] Eschenburg, in: Löwenthal/Schwarz (Anm. 13), S. 79.

[18] Bernhard Diestelkamp, Kontinuität und Wandel in der Rechtsordnung, 1945 bis 1955, in: Ludolf Herbst (Hrsg.), Westdeutschland 1945-1955. Unterwerfung, Kontrolle, Integration, München 1986, S. 85-105, hier S. 96. – Kritiker der Entnazifizierung argumentieren vordergründig, wenn sie vor dem Hintergrund dieses Wiederaufbauprozesses die Gefahr des Nationalsozialismus in der heutigen Gesellschaft der Bundesrepublik mitnichten für gebannt halten: „Ein politischer Nationalsozialismus ist nirgends wieder aufgetaucht, doch schon der debile NS-Kult eines jugendlichen Mobs trifft die Bundesrepublik in einem Zustand äußerster Hilflosigkeit [!]", so Friedrich (Anm. 8), S. 319. Die angebliche „Hilflosigkeit" kann ganz unterschiedliche Gründe haben.

„Wo kein Kläger ..."

Die bei der Mehrzahl der Deutschen höchst unpopulären Entnazifizierungsmaßnahmen haben sich auf die nach Kriegsende in Gang gekommene rechtliche Ahndung der NS-Verbrechen negativ ausgewirkt. So war es nicht wenigen Belasteten gelungen, ihr Spruchkammerurteil durch die Revisionsverhandlung der Berufungsinstanz zu mildern oder gar mit einem Freispruch davonzukommen. Dies geschah in den meisten Fällen aufgrund der schlechten Beweislage, die ursächlich auf das mangelnde Interesse der Bevölkerung, aber auch der Behörden an der Entnazifizierung zurückzuführen war. Der strafrechtliche Aspekt der Entnazifizierung drang erst allmählich – durch das Bekanntwerden der verübten Mordtaten – ins Bewußtsein der Öffentlichkeit, wurde aber im allgemeinen gesellschaftlichen Chaos verdrängt. Die Strafverfolgung der NS-Verbrechen fand ihren Niederschlag im Kontrollratsgesetz Nr. 10 (KRG Nr. 10) vom 20. Dezember 1945. Es regelte die Rechtsgrundlage der Kriegsverbrecher- und NS-Prozesse vor alliierten Militärgerichten – parallel zum Nürnberger Prozeß. Daneben enthielt es Kann-Bestimmungen, die die Aburteilung von Deutschen für an Deutschen oder an Staatenlosen begangene Straftaten vor den bereits in der zweiten Jahreshälfte von 1945 wiedereröffneten deutschen Gerichten ermöglichte. Machten die Amerikaner von dieser Ermächtigung nur in Einzelfällen Gebrauch – mit Rücksicht auf die im Gesetz enthaltenen rückwirkenden Strafbestimmungen, so erhoffte sich die britische Militärregierung von einer großzügigeren Anwendungsermächtigung des KRG Nr. 10 eine Arbeitsentlastung.[19] Die in den britischen Internierungslagern eingerichteten Spruchgerichte etwa waren mit deutschen Richtern besetzt und ausschließlich für

[19] Vgl. u.a. Adalbert Rückerl, NS-Verbrechen vor Gericht. Versuch einer Vergangenheitsbewältigung, Heidelbert 1984^2 (1982), S. 109; Martin Broszat, Siegerjustiz oder strafrechtliche „Selbstreinigung". Aspekte der Vergangenheitsbewältigung der deutschen Justiz während der Besatzungszeit 1945-1949, in: Vierteljahrshefte für Zeitgeschichte 29 (1981), S. 487 u. S. 503.

die Aburteilung von Angehörigen der verbrecherischen Organisationen nach dem Kontrollratsgesetz Nr. 10 zuständig.

Konkurrierend mit deutschem Strafrecht, vor allem aber aufgrund der rückwirkenden Straftatbestände, stieß das Gesetz auf erhebliche Widerstände in Teilen der deutschen Justiz. Sie mochte dies verständlicherweise als „Zumutung“[20] empfinden, mit Blick auf diese Praxis in der NS-Zeit, oder auch als Gängelung ihres Standes. Die Vorbehalte blieben lange bestehen, wenngleich sich die Mehrheit der Juristen der Geltung des Kontrollratsgesetzes beugte. Nicht zuletzt das heikle Problem der Strafverfolgung von Denunzianten – sie waren nach dem deutschen Strafrecht nicht faßbar -, aber auch spektakuläre Strafprozesse dürften deren Einsicht befördert haben.[21] Die Ermächtigung von seiten der britischen und der französischen Militärregierung galt jedoch nur bis 1951. Der von nicht wenigen Juristen beharrlich verfochtene Glaube an das für die NS-Verbrechen hinreichende deutsche Strafrecht offenbarte allerdings die fatale Fehleinschätzung der in der Folgezeit auf die deutschen Gerichte zukommenden Verbrechenskomplexe. „So viele Gerichte sich der Aburteilung unterzogen haben, so viel verschiedene Ansichten über Wesen und Inhalt des Menschenrechtsverbrechens sind auch zu Tage getreten.“[22] Die Nürnberger Prozesse hatten hier keineswegs zur Aufklärung beigetragen – deren Schwergewicht lag vielmehr auf der Erörterung politischer Vorgänge. „Kriegsverbrechen und Verbrechen gegen die Menschlichkeit traten dagegen zurück und gerieten zeitweilig völlig in den Hintergrund.“[23]

[20] Ebda., S. 487. Kommentiert werden auch die verschiedenen Positionen der nicht bloß juristischen Debatte; siehe auch Hans Wrobel, Verurteilt zur Demokratie. Justiz und Justizpolitik in Deutschland 1945-1949, Heidelberg 1989, S. 239-246.

[21] Vgl. hierzu ausführlich Broszat (Anm. 19); sowie Friedrich (Anm. 8), S. 146-159.

[22] So Hellmuth von Weber, zit. nach Wrobel (Anm. 20), S. 245.

[23] Rückerl (Anm. 19), S. 92.

„Selbstbeschränkung“ der Justiz?

Ob eine Verstärkung der justitiellen Tätigkeit deutscher Gerichte zu erwarten war, nachdem die Alliierte Hohe Kommission – durch Erlaß des Gesetzes Nr. 13 vom 1. Januar 1950 – deren Zuständigkeit auch nach deutschem Recht auf Verbrechen an alliierten Staatsangehörigen erweiterte, kann nur vermutet werden.[24] Statistisch ist für die Zeit von 1950-1954 jedenfalls ein Rückgang der rechtskräftigen Verurteilungen wegen NS-Verbrechen zu verzeichnen (von 1.523 Personen im Jahre 1949, 809 für 1950 und 123 für 1953 auf 44 im Jahre 1954). In diese Periode fallen weitere für die Strafverfolgung der NS-Täter bedeutende Zäsuren, etwa die 1950 eingetretene Verfolgungsverjährung von minderschweren Straftaten, vorzeitige Entlassungen von NS-Verbrechern aus französischer und britischer Haft und insbesondere die Gnadenentscheidungen des amerikanischen Hochkommissars John McCloy vom 31. Januar 1951, die nicht nur „gewöhnliche“ Kriegsverbrechen betrafen, sondern auch die in Nürnberg verurteilten Führer der Einsatzgruppen und -kommandos.[25] Der außenpolitische Hintergrund des vermeintlichen „Gnadenfiebers“[26] wird von deutschen Politikern nicht geleugnet, denn sowohl auf seiten der Westalliierten als auch auf seiten der Bundesrepublik wurde eine Aufnahme des „Besiegten“ in die NATO als vordringlich angesehen. Die Begnadigung der Kriegsverbrecher trug sicherlich dazu bei, ein in der Bundesrepublik für die notwendige

[24] Vgl. die Hypothese von Gotthard Jasper, Wiedergutmachung und Westintegration. Die halbherzige justizielle Aufarbeitung der NS-Vergangenheit in der frühen Bundesrepublik, in: Herbst (Anm. 18), S. 183-202.

[25] Der Bericht des Gnadenausschusses ist auszugsweise abgedruckt bei Telford Taylor, Die Nürnberger Prozesse. Kriegsverbrechen und Völkerrecht, Zürich 1951, S. 159; eine Bilanz der Gnadenpraxis der westlichen Alliierten erstellte Rückerl (Anm. 19), S. 131 f., vgl. ferner Thomas Alan Schwartz, Die Begnadigung deutscher Kriegsverbrecher. John J. McCloy und die Häftlinge von Landsberg, in: Vierteljahrshefte für Zeitgeschichte 38 (1990), S. 375-414.

[26] Eine von Robert M.W. Kempner (ders., Ankläger einer Epoche. Lebenserinnerungen, Frankfurt a.M./Berlin 1983, S. 386) eingeführte und mittlerweile vielfach kolportierte Charakterisierung.

Wiederbewaffnung günstiges Klima zu fördern. Daß auch Schwerstverbrecher davon profitieren sollten, kann den Initiativen der einen wie der anderen Seite nicht unterstellt werden. Die Folgen der Gnadenpraxis konnte man seinerzeit kaum abschätzen: nämlich daß „in deutschen NS-Prozessen manche der alten Nürnberger als Zeugen auftraten, und ganz gleichgültig, was sie sagten, machte es doch einen verheerenden Eindruck, wenn vor dem Richter kleine Leute stehen, deren Verteidiger sagen können: ‚Aber die Großen haben die Amerikaner zusammen mit deutschen Regierungsstellen freigelassen; nach dem Grundsatz ist jeder vor seinem Richter gleich [. . .]'"[27].

Ähnliche Folgen hatte das am 17. Juli 1954 in Kraft getretene Straffreiheitsgesetz, das Totschlagsdelikte amnestierte und damit die Ahndung dieser Verbrechen unterband. Gleichzeitig aber nutzte man seitens der Strafverfolgungsbehörden weder die Möglichkeit, Nachforschungen bei jenen anzustellen, die – in Anonymität lebend – nun ihre Personalien berichtigen konnten, noch gab es Ermittlungen über Straftaten, die im Verlauf der Eingaben nach dem Bundesentschädigungsgesetz vom 18. Januar 1953 ersichtlich wurden.[28] Der starke Rückgang von Verurteilungen insbesondere im Jahre 1954 (44) dürfte im wesentlichen mit dem Amnestiegesetz zusammenhängen. Trug der Rückgang der privaten Anzeigen in der ersten Hälfte der fünfziger Jahre auch zu einer Abnahme der Ermittlungsverfahren bei, so führte die Rückkehr der bis 1955/56 in russischer Kriegsgefangenschaft befindlichen Deutschen zu einem erneuten Anstieg. „Die Strafverfolgung [. . .] geriet in ein Wellental."[29]

Zweifellos haben die von öffentlicher und politischer Seite befürworteten Amnestien den Staatsanwaltschaften bei entspre-

[27] Ebda., S. 398. – Die Begnadigungen selbst von schwersten NS-Straftätern bewußt herbeigeführt zu haben unterstellt Falko Kruse, NS-Prozesse und Restauration. Zur justitiellen Verfolgung von NS-Gewaltverbrechen in der Bundesrepublik, in: Redaktion Kritische Justiz (Hrsg.), Der Unrechts-Staat I. Recht und Justiz im Nationalsozialismus, Baden-Baden 1983², S. 164-189.

[28] Vgl. Rückerl (Anm. 19), S. 134-136.

[29] Hermann Langbein, Im Namen des deutschen Volkes. Zwischenbilanz der Prozesse wegen nationalsozialistischer Verbrechen, Wien 1963, S. 27.

chenden Nachforschungen die Hände gebunden. Maßgeblich verantwortliche NS-Verbrecher konnten nicht mehr belangt werden. Gleichwohl mangelte es den politisch Verantwortlichen an Weitsicht in diese Konsequenzen für die Strafverfolgungspraxis. Die zuständigen Staatsanwaltschaften ließen freilich ihrerseits auch ein beträchtliches Maß an Initiative vermissen. Ein Grund dürfte in der insgesamt hohen Arbeitsbelastung zu suchen sein. „Die erhebliche Passivität der Verfolgungsbehörden, gerade wenn es um die schwersten Verbrechen ging, hatte ihren äußeren Grund in Unzulänglichkeiten unserer Strafprozeßordnung, die zu beseitigen zunächst niemand für geboten hielt."[30] Der zwischen der Bundesrepublik und den Westalliierten geschlossene Überleitungsvertrag vom 5. Mai 1955 tat ein übriges, indem er die Aburteilung führender Nationalsozialisten untersagte, die bereits vor alliierten Gerichten gestanden hatten.[31] Es waren also vornehmlich formelle Gründe, welche die deutschen Strafverfolgungsbehörden an einer intensiven Aufklärung von NS-Verbrechen hinderten. Man hätte „von der deutschen Bundesregierung oder den Regierungen der Länder erwarten dürfen, daß sie zu gegebener Zeit – nämlich schon im Jahre 1950 – die gesetzgeberischen und organisatorischen Voraussetzungen"[32] hierfür schaffen würden.

Wenn aber angesichts dieser Sachlage eine „Halbherzigkeit bei der justiziellen Aufarbeitung der NS-Verbrechen in den fünfziger Jahren" behauptet wird, an der die Justiz aufgrund ihrer „Selbstbeschränkung" bzw. „Zurückhaltung"[33] maßgeblichen Anteil habe, dann beruhen solche Pauschalvorwürfe auf der Unkenntnis bzw. Ignoranz der seinerzeitigen Zustände. Es entsteht eine Ge-

[30] So der durch besonders scharfe Kritik bekanntgewordene Staatsanwalt Fritz Bauer, Im Namen des Volkes. Die strafrechtliche Bewältigung der Vergangenheit, in: Helmut Hammerschmidt (Hrsg.), Zwanzig Jahre danach. Eine deutsche Bilanz 1945-65. Achtunddreißig Beiträge deutscher Wissenschaftler, Schriftsteller und Publizisten, München u.a. 1965, S. 304.

[31] Vgl. Rückerl (Anm. 19), S. 138 f.

[32] Ders., Für und Wider die NS-Prozesse in der Bundesrepublik Deutschland, in: Wiesenthalfonds (Hrsg.), Essays über Naziverbrechen. Simon Wiesenthal gewidmet, Amsterdam/Wien 1973, S. 204-251, hier: S. 215.

[33] Jasper, in: Herbst (Anm. 18), S. 184 u. S. 189.

mengelage bekannter Klischees – Kalter Krieg gleich Antikommunismus, Westintegration gleich „Schlußstrich-Mentalität“, schließlich Wiedergutmachungszahlungen gleich moralische Rehabilitierung[34] – mit im herrschenden Meinungsklima beliebten undifferenzierten Einschätzungen der (damaligen) Justiz – „Entpolitisierung“, „Nazirichter“ oder „Eine Krähe hackt der anderen kein Auge aus“.[35] Dem dürfte die Tendenz entsprechen, „die“ Justiz in eine – zumindest gedankliche – Kontinuität zum Dritten Reich zu stellen oder aber ihr die notwendige Unabhängigkeit sowohl von den regierenden Stellen als auch vom „Zeitgeist“ abzusprechen. Gleichwohl kann nicht in Abrede gestellt werden, daß die allgemeine Stimmungslage der fünfziger Jahre eine nicht nur von Politikern[36] geteilte Bereitschaft zur Verdrängung der nationalsozialistischen Vergangenheit widerspiegelte. Im Gegensatz zu ihnen waren es aber Juristen, die bereits früh Selbstkritik übten: „Ja wir haben es uns zu leicht gemacht, und nun kommt das Bittere noch bitterer und das Schwere noch schwerer wieder auf uns zu.“[37]

Die Strafverfolgung der NS-Verbrechen in den fünfziger Jahren war weder personell noch technisch in der Lage, im Sinne der genannten Vorwürfe erfolgreich zu arbeiten. Hinzu kam die fehlende fachliche Kompetenz der Justizorgane, die Schwierigkeiten bereitete. „Welcher Staatsanwalt sollte sich – der Meinung der Öffentlichkeit, daß diese Dinge weitgehend aufgeklärt seien, zum

[34] Insbesondere diese auch von Gotthard Jasper gepflegte Legende widerlegt Michael Wolffsohn, Das Wiedergutmachungsabkommen mit Israel: Eine Untersuchung bundesdeutscher und ausländischer Umfragen, in: Herbst (Anm. 18), S. 203-218. Siehe auch ders., Das deutsch-israelische Wiedergutmachungsabkommen von 1952 im internationalen Zusammenhang, in: Vierteljahrshefte für Zeitgeschichte 36 (1988), S. 691-731.

[35] Um eine kritische Auseinandersetzung mit solchen Schlagworten bemühte sich Bernhard Diestelkamp, Die Justiz nach 1945 und ihr Umgang mit der eigenen Vergangenheit, in: Ders./Michael Stolleis (Hrsg.), Justizalltag im Dritten Reich, Frankfurt a.M. 1988, S. 131-149.

[36] Besonders charakteristisch ist die Bundestagsdebatte vom 17. September 1952. Vgl. Stenographische Berichte des Deutschen Bundestages, 1. Wahlperiode, S. 10492-10509.

[37] So Max Güde, zit. nach Langbein (Anm. 29), S. 33.

Trotz – daran machen, eine für ihn gar nicht überschaubare Menge von Material durchzuarbeiten [. . .]?"[38] Ähnliche Belege sind die aufgrund von zufälligen Strafanzeigen durchgeführten Prozesse, in denen für die späteren NS-Verfahren entscheidende Rechtsprobleme bereits vorab erörtert, aber wegen der mangelnden historischen Kenntnisse der Juristen nicht endgültig geklärt werden konnten. Es handelte sich u.a. um die Klärung des Befehlsnotstandes, der seinerzeit häufiger als Entschuldigungsgrund vorgebracht wurde. Diese Probleme spielten auch eine wichtige Rolle bei der Klärung differenzierter materiell-rechtlicher Überlegungen in den NS-Prozessen der sechziger Jahre, insbesondere bei der Abgrenzung zwischen Täterschaft und Beihilfe.[39]

So kämpfte die Justiz in den Anfangsjahren ihres Wiederaufbaus nach 1945 nicht nur mit der Tatsache der eigenen Verstrickung in das nationalsozialistische System, sondern auch mit dem Vorwurf, daß sich zum Teil schwer belastete Richter wieder im Justizdienst befanden – eine Kritik, die insofern nicht unberechtigt war, als die Entnazifizierungspolitik der Alliierten in ihren Zonen keineswegs zu einer befriedigenden personellen Säuberung des Justizapparats gelangt war.[40] Die Behauptung, angesichts der „Tatsache, daß kein Richter des Dritten Reiches je von seinen deutschen Kollegen zur Rechenschaft gezogen wurde und die Richterschaft im wesentlichen übernommen wurde, ist jedoch

[38] Die Kritik wird zu Recht als überzogen zurückgewiesen von Adalbert Rückerl, Probleme der Verfolgung nationalsozialistischer Gewaltverbrechen aus der Sicht der Ludwigsburger Zentralen Stelle, in: Peter Schneider/Hermann J. Meyer (Hrsg.), Rechtliche und politische Aspekte der NS-Prozesse, Mainz 1968, S. 62-73, hier S. 64.

[39] Vgl. hierzu Reinhard Henkys, Die nationalsozialistischen Gewaltverbrechen. Geschichte und Gericht, Stuttgart 1965^2 (1964), S. 196, und Jürgen Baumann, Die strafrechtliche Problematik der nationalsozialistischen Gewaltverbrechen, in: ebda., S. 295-306. – Eine kompakte Darstellung des Problems von Herbert Jäger, Verbrechen unter totalitärer Herrschaft. Studien zur nationalsozialistischen Gewaltkriminalität, Frankfurt a.M. 1982.

[40] Vgl. u.a. Broszat (Anm. 19).

hier von einer noch größeren ‚Traditionspflege‘ auszugehen“[41], entbehrt nicht nur der Bereitschaft des Differenzierens. Der Einwand ist auch unrichtig und wendet sich pauschal gegen die Institution als solche.[42] Allerdings kann man die wegen eines NS-Justizverbrechens von einem deutschen Gericht verurteilten Richter und Staatsanwälte „an einer Hand abzählen, so daß der Gesamteindruck von der deutschen Nachkriegsjustiz in diesem Punkt niederdrückend ist“[43]. Gleichwohl soll an dieser Stelle nicht erörtert werden, ob in Einzelfällen Vorwürfe zutrafen, nach 1945 seien „zu milde“ Urteilen ergangen, man habe mit „juristischen Zauberkunststückchen [. . .] die gesamten Nazi-Greuel bewältigen“[44] wollen. Solche Pauschalbehauptungen wenden sich gegen diejenigen Richter, Staatsanwälte und Rechtsgelehrten, die um ein rechtsstaatlich einwandfreies Urteil im Gerichtsverfahren bemüht waren.[45]

[41] Udo Reifner, Justiz und Faschismus, in: Udo Reifner/Bernd-Rüdeger Sonnen (Hrsg.), Strafjustiz und Polizei im Dritten Reich, Frankfurt a.M./New York 1984, S. 9-40; ähnlich auch Müller (Anm. 16).

[42] Die Pauschalunterstellung relativiert Diestelkamp, in: Ders./Stolleis (Anm. 35).

[43] So der Strafrechtler und Experte für Strafverfahren gegen NS-Richter, Günter Spendel, „Büttel des Unrechts“, Leserbrief, in: Frankfurter Allgemeine Zeitung v. 28. August 1989; vgl. ders., Die Nachkriegsjustiz konnte keine klaren Verhältnisse schaffen, Interview, in: Die Welt v. 14. Januar 1988; siehe auch ders., Rechtsbeugung statt Rechtsprechung, Berlin/New York 1984.

[44] Müller (Anm. 16), S. 250.

[45] Vgl. insbesondere die Diskussionen auf der Sondertagung der deutschen Juristen in Essen: Ständige Deputation des Deutschen Juristentages (Hrsg.), Probleme der Verfolgung und Ahndung von nationalsozialistischen Gewaltverbrechen. Sonderveranstaltung des 46. Deutschen Juristentages in Essen 1966. Entschließung der Königsteiner Klausurtagung, Bericht, Referate und Schlußwort, München/Berlin 1967, Bd. II, Teil C.

V. Eine Zentrale Stelle zur Aufklärung der NS-Verbrechen

Ulmer Einsatzgruppen-Prozeß

Eine entscheidende Wende bei der Strafverfolgung von NS-Verbrechen brachte erst die Einrichtung einer „Zentralen Stelle der Landesjustizverwaltungen zur Aufklärung nationalsozialistischer Verbrechen" in Ludwigsburg am 1. Dezember 1958. Der Anstoß dazu kam freilich nicht von außen, wie verschiedentlich unterstellt wurde.[1] Der auch im Ausland als spektakulär empfundene Ulmer Einsatzgruppen-Prozeß hatte Erkenntnisse offenbart, die auf zahlreiche noch unaufgeklärte NS-Verbrechenskomplexe im Osten hinwiesen. Diese Unkenntnis war erklärbar. Obwohl die Namen der Vernichtungslager außerhalb des sogenannten Altreiches bereits in den Dokumenten der Nürnberger Hauptkriegsverbrecherprozesse auftauchten, erfolgten nach der weitgehenden Aufhebung alliierter Beschränkungen keine diesbezüglichen Ermittlungen deutscher Staatsanwälte. Gründe hierfür waren einerseits die nicht geregelte Tatortzuständigkeit für Ermittlungen im Ausland und ein seinerzeit noch unzulänglicher Polizeiapparat. Andererseits hätte selbst die Klärung einer Wohnort-Zuständigkeit es erfordert, daß die Staatsanwälte die Literatur und die Nürnberger Dokumente über die NS-Verbrechen gründlich durcharbeiteten. Angesichts der besonders hohen Nachkriegskriminalität[2] war dies nicht zu bewältigen. Von dem zunehmenden

[1] Die Schaffung der Ermittlungsbehörde erfolgte weder „unter dem Druck des internationalen Protestes" (so aber Michael Ratz u.a., Die Justiz und die Nazis. Zur Strafverfolgung von Nazismus und Neonazismus seit 1945, Frankfurt a.M. 1979, S. 148) noch unter „moralische[m] Druck", wie Hermann Langbein vermutet (ders., Im Namen des deutschen Volkes. Zwischenbilanz der Prozesse wegen nationalsozialistischer Verbrechen, Wien 1963, S. 37).

[2] Vgl. die Hinweise von Christoph Kleßmann, Die doppelte Staatsgründung. Deutsche Geschichte 1945-1955, Bonn 1986[4], S. 52 f.

Mißmut der Bevölkerung gegenüber den Entnazifizierungsverfahren blieb auch die Justiz keineswegs unberührt. Die abrupten Wenden in der alliierten Strafverfolgungspolitik taten ein übriges: etwa der beschleunigte Abbruch der politischen Säuberung, die Auflösung oder teilweise Überantwortung der Arbeits- und Internierungslager in deutsche Hände, die fatale Amnestierungspraxis auch bei Schwerstverbrechern und nicht zuletzt band die Überleitungsgesetzgebung den deutschen Ermittlungsbehörden bei der Wiederaufnahme der Strafverfolgung von bereits vor Militärgerichten Verurteilten die Hände.

Ein handfestes Desinteresse an diesen Strafverfolgungen hatte eine nicht geringe Zahl ehemaliger Gestapo-Angehörige, denen es in den fünfziger Jahren gelungen war, wieder in der Polizei Dienst zu tun. „(E)s konnte schon gelegentlich vorkommen, wenn man versuchte, eine Ausschreibung zu machen oder nach irgendjemand zu fahnden, daß der Gesuchte diese Ausschreibung als erster gelesen hat.“[3] Immerhin war es eine Bewerbung um Wiederverwendung im Kriminaldienst gewesen, die den Ulmer Einsatzgruppen-Prozeß ins Rollen brachte.[4] Insofern muß eingeräumt werden, daß das „131er Gesetz“, das die Wiedereinstellung von belasteten Beamten regelte, auch die Enttarnung von NS-Tätern ermöglichte.[5] Die bis zum Ulmer Prozeß angestellten Nachforschungen über NS-Verbrechen erfolgten aufgrund von Strafanzeigen, waren also gewissermaßen dem Zufall überlassen.

[3] So Adalbert Rückerl, Die Zentrale Stelle der Landesjustizverwaltungen zur Aufklärung von NS-Verbrechen, in: Protokolldienst der Evangelischen Akademie Bad Boll (Hrsg.), Die Justiz und der Nationalsozialismus (II). Die Bundesrepublik Deutschland und die NS-Verbrechen, H. 13, Bad Boll 1981, S. 36.

[4] Vgl. die Feststellungen zur Person des Angeklagten Fischer-Schweder, in: Christiaan F. Rüter/A.L. Rüter-Ehlermann u.a., Justiz und NS-Verbrechen. Sammlung deutscher Strafurteile wegen nationalsozialistischer Tötungsverbrechen 1945-1966, Bd. XV, Amsterdam 1976, S. 16 f.

[5] Bis Mitte der sechziger Jahre wurde eine Reihe von Polizeibeamten in einflußreichen Stellungen wegen Mordtaten vor Gericht gestellt. Hierzu: Reinhard Henkys, Die nationalsozialistischen Gewaltverbrechen. Geschichte und Gericht, Stuttgart/Berlin 1965^2, S. 91, S. 121 f., S. 124 u. insbes. S. 210-212.

Auch den Ermittlungen des Ulmer Staatsanwalts Erwin Schüle gegen den ehemaligen Polizeidirektor von Memel, Bernhard Fischer-Schweder, lag eine Anzeige zugrunde. Es wurde jedoch offenkundig, daß die Zahl der Tatverdächtigen eine umfangreichere Fahndung notwendig machte. Dieses erste überhaupt gegen Angehörige einer Einsatzguppe angestrengte Gerichtsverfahren veranschaulichte auf unangenehme Weise, daß mit der Aufdeckung weiterer Verbrechen zu rechnen war. Die notwendigen Ermittlungen würden „jedes bisher bekannte Ausmaß staatsanwaltschaftlicher Aufklärungsarbeit bei weitem übersteigen“[6].

Die ermittelnden Justizorgane blieben während der fünfziger Jahre faktisch auf sich allein gestellt. Das Versäumnis des Gesetzgebers war durch die spektakulären Straftatbestände des Ulmer Einsatzgruppenprozesses offenbar geworden, abwiegelnde Hinweise konnten diesen Umstand kaum verschleiern. Nach den Angaben einer im Rechtsausschuß tätigen Parlamentarierin war bereits im Jahre 1952 sowohl von den Landesjustizverwaltungen als auch vom Bundesjustizministerium eine Verbesserung der Nachforschungen vorgeschlagen, eine Entscheidung hierüber aufgrund von Amnestieanträgen jedoch vertagt worden. So überging der damalige Bundesjustizminister Schäffer in einer Bundestagsdebatte im Jahre 1960 den Vorwurf eines Abgeordneten, eine systematische Strafverfolgung von NS-Verbrechern sei insbesondere wegen der zögerlichen Haltung des Bundesjustizministeriums nicht zustande gekommen. Laut Schäffer hat man sich nach dem zu beobachtenden Rückgang privater Anzeigen Anfang der fünfziger Jahre sehr wohl damit beschäftigt, systematische Nachforschungen zu unternehmen. Aus dem „Gedanken des besseren Zusammenarbeitens ist dann später [!] der Gedanke geboren worden, eine Zentralstelle in Ludwigsburg zu schaffen“[7]. Tatsächlich

[6] So Adalbert Rückerl, NS-Verbrechen vor Gericht. Versuch einer Vergangenheitsbewältigung, Heidelberg 1984^2, S. 142.

[7] Presse- und Informationsamt des Bundestages (Hrsg.), Zur Verjährung nationalsozialistischer Verbrechen. Dokumentation der parlamentarischen Bewältigung des Problems 1960-1979, Bd. I, S. 26; über bereits 1952 ange-

beschäftigten sich die verantwortlichen Bundes- und Landespolitiker mehr als sechs Jahre (nicht) mit diesem Problem. Vermutlich weil sie „im Jahrfünft zwischen 1950 und 1955 glauben mochten, die Dinge seien nun entschärft und reiften einer wohltätigen Verjährung entgegen“[8].

Systematische Nachforschungen

Man hatte sich bis Ende 1958, dem Gründungsjahr der Zentralen Stelle, einen nicht unbeträchtlichen Handlungsspielraum zugestanden, um schließlich auf das Drängen des im Ulmer Prozeß ermittelnden Staatsanwalts Erwin Schüle hin praktikable Konsequenzen zu erörtern.[9] Auf der Ständigen Justizministerkonferenz am 3. Oktober 1958 in Bad Harzburg einigten sich die zuständigen Politiker auf die Errichtung einer Zentralen Stelle zur Aufklärung von NS-Verbrechen. Sie besaß zunächst also lediglich kompensatorische Funktionen; ein für die Strafverfolgung im Grunde genommen unaufholbarer Zeitraum gesetzgeberischen Untätigseins sollte liquidiert werden. Augenscheinlich war man sich aber nach wie vor nicht darüber im klaren, welches Ausmaß die bislang unaufgeklärten NS-Straftaten annehmen würden – die Verwaltungsvereinbarung vom November 1958 ging davon aus, die Einrichtung der Zentralen Stelle sei nur von „vorübergehender Dauer“[10]. Entsprechend knapp war auch die personelle Besetzung der Dienststelle. Ein Leitender Oberstaatsanwalt, zehn

stellte Überlegungen berichtet die Abgeordnete Schwarzhaupt (CDU/CSU), ebda., S. 30.

[8] Karl S. Bader, Politische und historische Schuld und die staatliche Rechtsprechung, in: Vierteljahrshefte für Zeitgeschichte 10 (1962), S. 114.

[9] „Schüle war es, der mit dem damaligen Generalstaatsanwalt beim Oberlandesgericht Stuttgart, Nellmann, den seinerzeitigen Justizminister von Baden-Württemberg, Dr. Haußmann (FDP), auf diese Tatsache aufmerksam machte, und die Gründung einer Zentralen Stelle anregte.“ So der Leitende Oberstaatsanwalt der Zentralen Stelle, Dr. Alfred Streim, in einer Mitteilung an die Verfasserin v. 25. Januar 1990, S. 2.

[10] Dies der bezeichnende Hinweis von Rückerl (Anm. 6), S. 142.

Sachbearbeiter – Staatsanwälte und Richter – und ebensoviele Schreibkräfte entsprachen gerade dem Mindestmaß der getroffenen Vereinbarung, daß jede Landesjustizverwaltung „ein oder mehrere Staatsanwälte"[11] abordnen werde. Aufgrund der in der Vergangenheit bekanntgewordenen Fälle wegen NS-Taten Verdächtigen aus den Reihen der Polizei wurden die Zentrale Stelle sowie alle Landeskriminalämter mit Sonderkommissionen zur Fahndung nach NS-Verbrechern ausgestattet. Aber die Unerfahrenheit und die fehlenden historischen Kenntnisse der ersten nach Ludwigsburg entsandten Juristen und Kriminalbeamten erschwerten den raschen Aufbau der Ermittlungsbehörde zusätzlich. „Bevor jemand überhaupt auf diesem Gebiet erfolgversprechend tätig werden kann, muß er sich zeitgeschichtliche Kenntnisse erwerben und Befehlswege studieren. [...] Man mußte also praktisch bei Null anfangen."[12]

Schon angesichts der rein formellen Hürden bedeutete die Einrichtung der Ludwigsburger Dienststelle, „die in sich ein Stück übertragener Justizhoheit jedes deutschen Bundeslandes vereinigt, [...] ein absolutes Novum in der deutschen Rechtsgeschichte"[13]. So war zunächst umstritten, welche Zuständigkeiten die von allen Landesjustizverwaltungen gemeinsam eingerichtete Dienststelle erhalten sollte. Im Justizpressedienst hieß es hierzu: „Alle bisherigen Diskussionen scheiterten nämlich immer wieder an den föderalistischen Bedenken einiger Bundesländer."[14] Sollten die „bisherigen Diskussionen" bis in das Jahr 1952 zurückgereicht haben, so mag deutlich werden, welchen Stellenwert man – aus welchen Gründen auch immer – der Aufklärung von NS-Verbrechen gegenüber administrativen Kompetenzstreitigkeiten einräumte. Die Einigung erschien wohl allen Bundeslän-

[11] Mitteilung des Justizpressedienstes, abgedruckt in: Deutsche Richterzeitung 36 (1958), S. 320.

[12] Rückerl (Anm. 3), S. 38.

[13] So Erwin Schüle, Die Zentrale der Landesjustizverwaltungen zur Aufklärung nationalsozialistischer Gewaltverbrechen in Ludwigsburg, in: Juristische Zeitung 17 (1962), S. 242.

[14] Die Mitteilung ist abgedruckt in: Deutsche Richterzeitung 36 (1958), S. 320.

dern als tragbarer Kompromiß: Die Ludwigsburger Ermittlungsbehörde besitze zwar alle Funktionen einer ordentlichen Staatsanwaltschaft zur Ermittlung von Straftaten (hier: NS-Verbrechen), könne aber nur „im Vorfeld der Staatsanwaltschaft arbeiten“[15] und weder Anklage erheben noch andere staatsanwaltschaftliche Anordnungen treffen. „Die Länder waren nicht geneigt, insoweit ihre Kompetenzen einzuschränken. Deshalb auch im Namen der Dienststelle die Wendung *zur Aufklärung,* nicht zur Verfolgung von NS-Verbrechen.“[16] Die Konferenz der Landesjustizminister wies eigens darauf hin, daß „die Aufklärung solcher Straftaten die genaue Kenntnis des Aufbaues und der Methoden der mit den Vernichtungsmaßnahmen befaßten Dienststellen [im Dritten Reich] erfordert und diese Kenntnis nur durch eine zentral zusammengefaßte Sichtung und Auswertung des Materials gewonnen werden kann“[17].

Den Eindruck, hier solle eine neue Sonderbehörde errichtet werden, wollten die Verantwortlichen mit Blick auf die unguten Erinnerungen an die Entnazifizierungsverfahren vermeiden. So ist es wenig verwunderlich, daß knapp ein Jahrzehnt nach Abschluß der Entnazifizierungsmaßnahmen von den Landesjustizministern mehrmals darauf hingewiesen wurde, Aufgabe der Zentralen Stelle sei „nicht eine erneute politische Überprüfung“[18], sondern die Verfolgung von Verbrechen, die „sowohl nach damaligem als auch nach heutigem Recht unter schwere Strafandrohung gestellt waren und sind“[19]. Die seinerzeit befürchteten Vorbehalte in der Bevölkerung gegenüber einer erneut

[15] Adalbert Rückerl, Probleme der Verfolgung, in: Peter Schneider/Hermann J. Meyer (Hrsg.), Rechtliche und politische Aspekte der NS-Prozesse, Mainz 1968, S. 66.

[16] So der jetzige Leitende Oberstaatsanwalt der Zentralen Stelle, Dr. Alfred Streim, in einem Brief an die Verfasserin v. 25. Januar 1990, S. 3 (Hervorhebung im Original).

[17] Zit. nach Karl Hirschmann, Aufgaben der Zentralen Stelle der Landesjustizverwaltungen in Ludwigsburg, in: Deutsche Richterzeitung 37 (1959), S. 353.

[18] Ebda.

[19] Ebda., S. 354.

praktizierten politischen Überprüfung hätten der Einsicht in die Notwendigkeit der Strafverfolgung von NS-Verbrechen eher geschadet.

Aufgabe der Zentralen Stelle sei die Feststellung der „mit eigener Befehlsgewalt ausgestatteten Führer und ihre individuelle Verantwortung für Massenvernichtungsverbrechen“[20]. Ermittlungen in diese Richtung erfolgten bisher aufgrund von Strafanzeigen. Daran schloß sich die Prüfung der Zuständigkeit der jeweiligen Staatsanwaltschaft an, und „oft genug mag die Einleitung eines – wie sich dann viel später herausstellte – durchaus erfolgversprechenden Verfahrens mangels einer in der Strafprozeßordnung geregelten erkennbaren Zuständigkeit unterblieben sein“[21]. Im Gegensatz dazu erforscht und sammelt die Zentrale Stelle nun eigenständig Material über noch ungesühnte NS-Verbrechenskomplexe, für die der Gerichtsstand außerhalb der Bundesrepublik gegeben ist. Erst nach Aufklärung des gesamten Tatkomplexes wird das Material über den zuständigen Generalstaatsanwalt an die Staatsanwaltschaft zur weiteren Verfolgung abgegeben. Diese Beschränkung der Zentralen Stelle auf eine Funktion des Zuarbeitens dürfte in nicht wenigen anklagereifen Fällen auch von Nachteil gewesen sein, denn zweifellos besitzt die Zentrale Stelle bei den von ihr ermittelten Straftaten die größere Kompetenz in der Entscheidung des weiteren Vorgehens. Nach Abgabe der einzelnen Vorgänge an die zuständige Staatsanwaltschaft hat sie aber „keine Möglichkeit, selbst prozessuale Maßnahmen zu ergreifen, also einen Haft- oder Durchsuchungsbefehl

[20] Ebda.

[21] So Adalbert Rückerl (Hrsg.), NS-Vernichtungslager im Spiegel deutscher Strafprozesse. Belzec, Sobibor, Treblinka, Chelmno, München 1977, S. 43. – Ein trauriges, aber bezeichnendes Beispiel für die vor Schaffung der Zentralen Stelle bestehenden formellen Hindernisse schildert Langbein (Anm. 1), der beim Bundesjustizministerium eine Strafanzeige gegen den Auschwitzer SS-Lagerarzt Mengele erstattete, jedoch an das für Mengele „zuständige“ Landesjustizministerium verwiesen wurde. „Damals wußte ich noch nicht, wo Mengele geboren war. [. . .] Schließlich blieb diese Anzeige doch auf dem Schreibtisch liegen und tat später ihre Wirkung. Daß aber ein solches Dilemma im Jahr 1958 überhaupt noch möglich war, spricht für sich.“ Ebda., S. 38.

zu erwirken"[22]. Die von den Justizministern durch die Schaffung der Dienststelle beabsichtigte Beschleunigung der Aufklärung von NS-Verbrechen konnte allerdings bei auftretenden Kompetenzkonflikten der Ermittlungsbehörden, z.B. wegen der Entscheidung, welche Maßnahmen bei weiteren Ermittlungen zu treffen seien, konterkariert werden.

Durch die Gründung der Zentralen Stelle wurde die bisherige Strafverfolgungspraxis insofern umgekehrt, als man also nicht mehr auf einen Verdacht hin ermittelte, sondern nach Durchsicht der Nürnberger IMT-Dokumente sowie einschlägiger Fachliteratur flächendeckend Verfahren hinsichtlich bestimmter örtlicher Bereiche einleitete. Die nunmehr systematische Aufklärung zeitigte gegenüber der früheren Praxis – Ermittlungen infolge von Strafanzeigen gegen Einzelpersonen – sehr rasch erste Erfolge. Die bereits in den ersten fünf Jahren ihres Bestehens zusammengetragenen Beweismittel führten zur Einleitung von mehr als 700 Vorermittlungsverfahren, davon 400 allein im Jahre 1959.[23] „Im Jahresdurchschnitt waren zwischen 1956 und 1959 noch 13, zwischen 1960 und 1965 jedoch 21 Hauptverhandlungen zu verzeichnen."[24] Bei den größeren Tatkomplexen handelte es sich u.a. um Verbrechen der Einsatzgruppen der Sicherheitspolizei, des Volksdeutschen Selbstschutzes und des SD in Polen und der Sowjetunion, Verbrechen im Rahmen der „Endlösung der Judenfrage" und in den außerhalb des Territoriums der Bundesrepublik gelegenen Konzentrationslagern, Euthanasieanstalten und an Kriegsgefangenen.

Fehlten beispielsweise konkrete Hinweise auf Straftaten im Ausland, obwohl die aus der Fachliteratur und den Nürnberger Prozeßakten bekannten Befehlswege auf umfangreiche Verbrechen im Osten schließen ließen, wurden Vorermittlungen auf die entsprechenden geographischen Bezirke eingeleitet. Da die Befehle für die vielfältigen Massenvernichtungsverbrechen außer-

[22] Rückerl (Anm. 3), S. 46.
[23] Siehe ders. (Anm. 6), S. 147 u. S. 161.
[24] Ebda., S. 165.

halb des sogenannten Altreiches grundsätzlich vom Reichssicherheitshauptamt (RSHA) in Berlin ausgegangen waren, hätte es an der hierfür zuständigen Generalstaatsanwaltschaft beim Kammergericht in Berlin gelegen, gleichzeitig entsprechende Ermittlungen einzuleiten. Die tatortzuständigen Berliner Staatsanwälte wurden bei der Strafverfolgung von RSHA-Angehörigen jedoch erst im Jahre 1963 aktiv, obwohl gerade das nicht in die Zuständigkeit der Zentralen Stelle fallende Reichssicherheitshauptamt als Koordinator der „Endlösung" seit den Nürnberger Prozessen am besten bekannt gewesen war. Die Hauptlast der Ermittlungen – nicht gerechnet die aufwendige Auswertung der Dokumente und der Fachliteratur – blieb mithin den Ludwigsburger Sachbearbeitern überlassen.[25]

Politische Vorbehalte

Die Zahl der eingeleiteten Ermittlungen in NS-Verbrechen vermag allerdings keinen Einblick in die vielfältigen Schwierigkeiten zu geben, die sich im Vorfeld der Strafverfolgung auftaten. Das anfangs noch mangelnde Zeitgeschichtswissen der zuständigen Sachbearbeiter war nur bei stets gleichem Mitarbeiterstab zu beheben. Nicht wenige der nach Ludwigsburg entsandten Juristen bemühten sich allerdings schon nach Ablauf der zeitlich – auf zwölf Monate – befristeten Tätigkeit um die Aufhebung ihrer Abordnung. Die Motive hierfür sind recht unterschiedlich. Laut Rückerl schied ein Teil der Bediensteten aus, um die infolge der Abordnung nach Ludwigsburg unterbrochene berufliche Karriere fortzusetzen. Ein kleinerer Kreis empfände die Tätigkeit in Ludwigsburg als Belastung, da „man sich selbst im Bekanntenkreis gelegentlich glaubte rechtfertigen zu müssen"[26]. Ein gewichtigeres Problem lag in der Beschaffung von Dokumenten-

[25] Vgl. zu Recht die Kritik ebda., S. 137 f.

[26] Ebda., S. 179; siehe zur „Rechtfertigung" auch Helge Grabitz, NS-Prozesse. Psychogramme der Beteiligten, Heidelberg 1985, S. 10.

material. Zunächst angewiesen auf die Prozeßunterlagen der Nürnberger Hauptprozesse sowie der Verfahren vor westalliierten und deutschen Gerichten, erhielt die Zentrale Stelle schon 1959 Einblick in die umfangreichen Akten des Document Center in Berlin. Seit Anfang der sechziger Jahre standen den Ludwigsburger Sachbearbeitern praktisch alle westlichen Archive offen. Eine erhebliche Einschränkung aller Ermittlungstätigkeiten bedeutete jedoch die 1958 vereinbarte Zuständigkeit für nur außerhalb der Bundesrepublik geplante oder verübte NS-Verbrechen; das galt auch für das außen- wie innenpolitisch motivierte Verbot der Kontaktaufnahme mit den Archiven der Ostblockstaaten.

Eine Inanspruchnahme östlicher Archive würde im seinerzeit prekären Ost-West-Konflikt, der der Bundesrepublik als Nahtstelle zwischen den Großmächten eine besondere Rolle zuwies, keineswegs nur diplomatische Schwierigkeiten bereitet haben. Es lag sicherlich auch im Interesse der westlichen Verbündeten, daß der westdeutsche NATO-Partner allen vermeintlich entstehenden Verpflichtungen entsagte, welche bei solchen Dokumentenbeschaffungen nahelagen bzw. sich ergeben könnten. Die Behauptung, „(b)ei der Aufarbeitung deutscher Vergangenheit kommunistische Hilfe in Anspruch nehmen zu müssen, war den Kommunistenfeinden am Rhein zutiefst zuwider"[27], bagatellisiert das politische Dilemma, in dem sich die verantwortlichen Politiker befanden: Zahlreiche lancierte Dokumente aus der DDR, welche die Wiederverwendung der im Dritten Reich täti-

[27] Der Spiegel 19 (1965), H. 11, S. 40. – Vgl. auch die Vermutungen von Helmut Kramer, „NS-Richter und ihre Verantwortung", in: Protokolldienst der Evangelischen Akademie Bad Boll (Anm. 3), S. 80-100. Für das damalige Verbot der Bundesregierung seien keine außenpolitischen Rücksichtnahmen ursächlich gewesen, vielmehr hätten die Politiker der fünfziger und sechziger Jahre Informationen zur Aufklärung der NS-Verbrechen „gezielt [. . .] behindert". „(D)ie antikommunistische Hallstein-Doktrin und mangelnde Bereitschaft zur Bewältigung der Vergangenheit ergänzten sich hier" (ebda., S. 98). Man habe sich nicht gescheut, das strafprozessuale Instrumentarium einzusetzen, als es galt Beweismaterial aus der DDR, wie etwa das „Braunbuch", zu unterdrücken und „kritische Geister" strafrechtlich zu belangen.

gen Richter anprangerten[28], belasteten das innenpolitische Klima seit dem Ende der fünfziger Jahre erheblich.[29] Die nur von Unkundigen geäußerte Vermutung, es handle sich bei den Dokumenten um Fälschungen, traf keineswegs zu. Die Zentrale Stelle war und ist jedenfalls von der Echtheit der aus dem damaligen Ostblock stammenden Dokumente überzeugt. Adalbert Rückerl hält dem „von interessierter Seite ausgestreute[n] Gerücht, es handle sich bei diesen Dokumenten größtenteils um Fälschungen" entgegen, „daß gerade diejenigen, denen diese angeblich gefälschten Dokumente am meisten schaden könnten, von diesem wohlfeilen Argument kaum Gebrauch machen".[30] Der Umstand und die Motive der Veröffentlichungen von Belastungsmaterial gegen prominente Persönlichkeiten auch in der Folgezeit dürften aber nicht wenige Politiker in ihrer Weigerung gegenüber offiziellen Kontakten zwecks Dokumenteneinsicht bestärkt haben. Ein später offizielles Angebot von Belastungsmaterial seitens der DDR wurde nicht beantwortet. Man verwies deren Generalstaatsanwalt an das Bundesarchiv nach Koblenz.[31]

Die für die Zentrale Stelle besonders schwierige Dokumentenbeschaffung in den Archiven der Ostblockländer konnte erst Mitte der sechziger Jahre erleichtert werden. Gleichwohl bemühten sich die Ludwigsburger Sachbearbeiter sowie die übrigen mit NS-Strafsachen befaßten Staatsanwaltschaften selbständig um die Einsichtnahme in östliche Archive. Die bereits seit Anfang der sechziger Jahre geknüpfte Zusammenarbeit mit der Polnischen Hauptkommission zur Untersuchung von NS-Verbechen beim

[28] Vgl. hierzu den Stimmungsbericht von Jörg Friedrich, Die kalte Amnestie. NS-Täter in der Bundesrepublik, Frankfurt a. M. 1984, S. 357-365.

[29] Vgl. ebenso den eher beschwichtigende Tenor einer Grußbotschaft des damaligen Bundesjustizministers, Fritz Schäffer, in: Deutsche Richterzeitung 38 (1960), S. 1; ein Bericht zur Ausstellung der belastenden Dokumente, ebda., S. 28.

[30] Adalbert Rückerl, Für und wider die NS-Prozesse in der Bundesrepublik Deutschland, in: Wiesenthalfonds (Hrsg.), Essays über Naziverbrechen. Simon Wiesenthal gewidmet, Amsterdam/Wien 1973, S. 226 f.

[31] Nach Auskunft der Bundesregierung ist die DDR einem solchen Angebot aber nicht nachgekommen. Vgl. Rückerl (Anm. 6), S. 159.

Justizministerium in Warschau – im Aufbau analog zur Zentralen Stelle – trug beispielsweise wesentlich zur relativ raschen Eröffnung des ersten großen Auschwitz-Prozesses im Herbst 1963 in Frankfurt bei. Die Ermittlungen der Zentralen Stelle – aufgenommen im Sommer 1958 – gestalteten sich anfänglich nicht minder schwierig. Die Archiveinsicht zweier mit dem Verfahren befaßter Staatsanwälte aus Hessen war – „wegen des Widerstandes der Bundesregierung"[32] – nur auf privatem Wege möglich. Erst die weiterhin gezielte Publizierung von Belastungsmaterial und die ablaufende Verjährungsfrist von Mordtaten veranlaßten die Bundesregierung zu einem Aufruf an die Regierungen aller Staaten, „in denen den Umständen nach solches Material noch vorhanden sein könnte"[33].

Der solchermaßen ungeahnte Arbeitsanfall, auch infolge der Spezialisierung der Arbeitsgebiete seit 1966 – in dieser Zeit waren in Ludwigsburg zwischen 20 bis 25 Mitarbeiter tätig, darunter 30 Prozent Staatsanwälte und Richter – bewog die Justizbehörden zur Aufstockung des Personalbestandes auf 121 Mitarbeiter – davon 48 Richter und Staatsanwälte – in den Jahren 1968/69. Die Zahl der Personen, gegen die aufgrund der Vorermittlungen der Zentralen Stelle Verfahren eingeleitet wurden, betrug in den Jahren 1965 und 1966 jeweils etwa 4.300, bis 1970 jährlich etwa 2.000. Es handelte sich aber insbesondere in den ersten Jahren bis 1965 – bezogen auf die Zahl der Opfer – um die sogenannten gro-

[32] Ebda., S. 158; vgl. ebenso: Der Spiegel 19 (1965), H. 11, S. 40.

[33] Abgedruckt in: Presse- und Informationszentrum des Bundestages (Anm. 7), S. 141 f. – Der Aufruf war nicht an die DDR gerichtet, um deren Versuch zu unterlaufen, durch die Schaffung einer gemeinsamen Kommission von Vertretern des Bundesjustizministeriums und der DDR-Generalstaatsanwaltschaft „der Zweistaatentheorie Geltung zu verschaffen". So Bundesjustizminister Bucher, ebda., S. 150. Nicht zuletzt lag es in der Zuständigkeit der Zentralen Stelle, solche Kontakte aufzunehmen. Entsprechende Bemühungen wurden von seiten der DDR stets abschlägig beschieden, zunächst mit dem Hinweis auf die angeblich beschränkte Kompetenz der Zentralen Stelle; schließlich blieben Anfragen aus Ludwigsburg unbeantwortet. Die Zentrale Stelle sei für die DDR „nicht existent", erläutert Rückerl (Anm. 6), S. 169-173, hier S. 173

ßen Prozesse.[34] Das öffentliche Rechtshilfeersuchen an alle ausländischen Staaten – Polen und die ČSSR reagierten sofort, im Gegensatz zu allen übrigen Ostblockstaaten[35] – machte allerdings ersichtlich, daß eine Verlängerung der Verjährungsfrist unumgänglich würde. Aber erst im Jahre 1979 erfolgte die endgültige Aufhebung der Verjährungsfrist für Mord.

Beschränkungen

Die erfolgreiche Aufklärungsarbeit[36] der Ludwigsburger Ermittler stieß nicht überall auf Beifall. Anfang der sechziger Jahre sorgten sich einige mittlerweile zu Amt und Würden gelangte Personen um ihre berufliche Reintegration. Auskunftsersuchen staatlicher Behörden an die Dienststelle mochten solche Befürchtungen bestätigen. Mehrere Verwaltungsklagen, welche die Rechtmäßigkeit der Existenz der von allen Bundesländern eingerichteten

34 Zur Gliederung der einzelnen Referate, der Arbeitsweise des jeweiligen Fachpersonals, über organisatorische Schwierigkeiten sowie Zahlenangaben siehe ebda., S. 178-185.

35 „Die Zentrale Stelle hat bis heute noch keine Beziehungen zur DDR. Die DDR begründet ihre ablehnende Haltung u.a. damit, daß die Zentrale Stelle keine rechtmäßige Justizbehörde sei, ohne darauf einzugehen, daß die Bundesländer durch Vertrag gemeinsame Einrichtungen schaffen können. [...] Rechtshilfeersuchen, die die Anforderung von Beweismittel betrafen, wurden oft erst nach Jahren erledigt. Ich habe zum Beispiel ein Ersuchen an einen Ostblockstaat gerichtet, das nach 18 Jahren (!) beantwortet wurde." So der Leitende Oberstaatsanwalt der Zentralen Stelle, Dr. Alfred Streim, in einem Brief an die Verfasserin v. 25. Januar 1990, S. 7.

36 Auch in Österreich wurde im Jahre 1963 eine Abteilung zur Aufklärung der NS-Verbrechen eingerichtet. Dazu Henkys (Anm. 5), S. 264. – Die seit einigen Jahren bestehenden Verfolgungsstellen in Australien, Kanada, England und den Vereinigten Staaten arbeiten beispielsweise auf der Grundlage der Erkenntnisse der Zentralen Stelle. „Obwohl wir immer darauf hingewiesen haben, daß die ausländischen Handlanger der SS (Litauer, Letten, Ukrainer usw.) in den Vernichtungslagern und bei den Einsatzgruppen sich als DP's nach dem Kriege in's Ausland – insbesondere nach Übersee – abgesetzt haben, haben diese Staaten erst in den achtziger Jahren die Verfolgung aufgenommen." So der Leitende Oberstaatsanwalt der Zentralen Stelle, Dr. Alfred Streim, in einem Brief an die Verfasserin v. 25. Januar 1990, S. 8.

Ermittlungsbehörde anzweifelten, wurden vom baden-württembergischen Verwaltungsgerichtshof verworfen. Die Zentrale Stelle sei „von der Tätigkeit wie von ihrer Organisation her der Justiz zuzurechnen, ohne daß es darauf ankäme, ob die Verwaltungen der Länder befugt waren, eine solche Behörde zu diesem Zweck zu schaffen"[37]. Naheliegend schienen auch die Unmutsäußerungen Ludwigsburger Bürger, die – wegen der ständigen Medienpräsenz der Zentralen Stelle besonders zu Zeiten großer NS-Prozeßtätigkeit Mitte der sechziger Jahre – um das Ansehen ihrer Stadt fürchteten.[38]

Aus einer anderen Richtung kamen und kommen jedoch jene Pauschalvorwürfe, welche der Justiz als Ermittlungsinstanz in NS-Verbrechen Desinteresse oder Verschleppungsmanöver nachsagen. Die Zentrale Stelle war insbesondere während der sechziger Jahre ein Prellbock mancher Attacken. Die Ludwigsburger Behörde sei ein „Akten-Friedhof"[39] und erfülle lediglich eine Alibifunktion bei der Strafverfolgung der NS-Verbrechen. Solche Einwände zielen darauf, das Strafverfolgungsinteresse der Bundesrepublik generell zu leugnen, oftmals mit dem Verweis auf das Gegenbeispiel DDR. Auch die Zentrale Stelle sei an der „amtlich geförderte[n] Verschleppung" beteiligt. Dort geäußerte Klagen, „die sozialistischen Länder hätten die staatsanwaltschaftlichen Ermittlungen behindert, indem sie Dokumente zurückhielten und diese erst allmählich (1968) und nur teilweise [. . .] zugänglich machten", dienten nur zur Verschleierung der Defizite.[40] Die Urheber und Kolporteure dieser vorwiegend ideolo-

[37] Rückerl (Anm. 6), S. 149.

[38] Vgl. die Hinweise ebda., S. 148. – Wer solche Bedenken als kleinmütig oder gar „ewiggestrig" anprangert, der mag sich über die jüngst vorgetragene Sorge des Goethe-Instituts angesichts des Umzugs in die Dachauer Straße in München nur verwundern: „(D)ie vorgesehene Anschrift schade seinem Renommee [!]", so Fin. (= Roswin Finkenzeller), Straßen, in: Frankfurter Allgemeine Zeitung v. 18. April 1990.

[39] Zit. von Rückerl (Anm. 3), S. 35.

[40] Ratz (Anm. 1), S. 150. Tatsächlich betreffen diese Klagen nicht alle Ostblockländer – Polen etwa gibt sich relativ kooperativ bei Rechtshilfeersuchen –, aber „(d)ie Mitarbeiter der Zentralen Stelle in Ludwigsburg konnten in Polen, in der ČSSR und in der Sowjetunion in der Regel lediglich angeben, an

gisch motivierten Kritik aus Kreisen, „die dem Umfeld der KPD zuzurechnen waren, im Ausland ähnliche Kreise, die in den Ostblockstaaten in erster Linie durch die offiziellen Presseorgane vertreten wurden“[41], sind unseriös und verkennen jedenfalls die theoretischen und praktischen Leistungen der bundesdeutschen Justiz, namentlich der Zentralen Stelle. Vermutungen, daß die DDR ihr Wissen über bislang unerkannte NS-Täter bzw. NSDAP-Belastete absichtsvoll zur Stigmatisierung der Bundesrepublik als „Hort aller Alt-Nazis“ benutzte, konnten freilich erst heute – nach dem Fall der Mauer – einwandfrei bestätigt werden.[42] Besonders primitive Vorhaltungen korrespondieren dabei mit vielfach unwahren Sachverhalten. So wird etwa unter Hinweis auf die Diskrepanz zwischen der riesigen Zahl von Ermittlungsverfahren – vom 8. Mai 1945 bis zum 1. Januar 1986 insgesamt 90.921 – und den verhältnismäßig wenigen rechtskräftigen Verurteilungen – 6.479 im gleichen Zeitraum – argumentiert, daß die „bundesdeutsche Justiz die Verbrechen der Faschisten mit Hilfe von Einstellungsbeschlüssen bewältigte“[43]. In den restlichen 83.140 Verfahren habe man mittels auslegungsfähiger Begründungen die Einstellung erwirkt. Ihre Akten verschwänden in den Archiven der Staatsanwaltschaften, stünden unter Datenschutz oder würden gar vernichtet.

Solche Behauptungen spekulieren in erster Linie mit der Unkenntnis des Publikums. Besonders unverständlich erscheint die seit Anfang der sechziger Jahre stets geäußerte Kritik der polnischen Hauptkommission zur Untersuchung von NS-Verbrechen

welcher Art [!] von Dokumenten sie interessiert sind“. So Rückerl (Anm. 6), S. 248.

41 Laut Auskunft des jetzigen Leitenden Oberstaatsanwaltes der Zentralen Stelle, Dr. Alfred Streim, in einem Brief an die Verfasserin v. 25. Januar 1990, S. 1.

42 Siehe hierzu: Der Spiegel 45 (1991), H. 21, S. 50-56, Zitat: S. 56.

43 So Günther Schwarberg, Die Mörderwaschmaschine. Wie die bundesdeutsche Justiz die Verbrechen der Faschisten mit Hilfe von Einstellungsbeschlüssen bewältigte oder: Von den Massenerschießungen abgesehen, war die Sterblichkeit gering, in: Rainer Eisfeld/Ingo Müller (Hrsg.), Gegen Barbarei. Essays Robert M.W. Kempner zu Ehren, Frankfurt a.M. 1989, S. 324-345, hier: S. 324.

am Mißverhältnis zwischen der Zahl der Ermittlungsverfahren und der rechtskräftig Verurteilten, obwohl auch dort bekannt war, daß längst nicht alle Ermittlungsverfahren eine NS-Täterschaft bestätigten. Vorwürfe richteten sich gleichwohl explizit nicht gegen die Zentrale Stelle, sondern generell gegen die Bundesrepublik.[44] Die jährliche Statistik des Bundesjustizministeriums etwa unterscheidet bei den 83.140 ohne Bestrafung abgeschlossenen Verfahren u.a. zwischen nichteröffneten Hauptverhandlungen, Einstellungen durch Gericht oder Staatsanwaltschaft, Freispruch, Tod des Beschuldigten oder dessen Außerverfolgungsetzung. Beachten muß man auch, daß bei der großen Zahl der Ermittlungsverfahren die drohenden Verjährungsfristen der sechziger Jahre berücksichtigt werden müssen: Eine förmliche Beschuldigung war in einer Vielzahl von Verfahren überhaupt erst Voraussetzung für die systematische Überprüfung ganzer Einheiten und Dienststellen, deren Angehörige für eine Tatbeteiligung in Betracht kamen.[45]

Der frühere Leiter der Zentralen Stelle, Adalbert Rückerl, mußte sich mehrfach gegen die genannten Vorwürfe verteidigen. Man habe seinerzeit Namenslisten dieser Angehörigen angefertigt, „hat versucht, einen Zeugen zu finden, hat sodann einen Richter beauftragt, diesen einen Zeugen anhand der Namensliste zu befragen: [. . .] Ihm wurden beispielsweise 100 Namen vorgehalten. Bei 99 sagte er ‚habe ich nie gehört!'; und beim 100.: ‚Der Name kommt mir bekannt vor; aber ich weiß nicht, wo er ist!'

[44] Vgl. etwa das Interview mit dem jetzigen Leiter der Hauptkommission, Kazimierz Kakol, im Deutschlandfunk v. 30. August 1989. Darüber hinaus neigte die polnische Kommission regelmäßig zu übertriebenen Angaben, was die Zahl der von ihr übermittelten Dokumente betrifft. Siehe hierzu die Angaben von Czeslaw Pilichowski, Gegenwart aus der Vergangenheit. Deutsche Vergangenheitsbewältigung aus polnischer Sicht, in: Bernd Hey/Peter Steinbach (Hrsg.), Zeitgeschichte und Politisches Bewußtsein, Köln 1986, S. 94-96 und Kazimierz Kakol, NS-Verbrechen in Polen und Probleme der Rechtshilfe, in: Julius H. Schoeps/Horst Hillermann (Hrsg.), Justiz und Nationalsozialismus. Bewältigt – Verdrängt – Vergessen, Stuttgart 1987, S. 71-91. – Zur Richtigstellung solcher Vorwürfe: Rückerl (Anm. 6), S. 243;

[45] Vgl. Albrecht Götz, Bilanz der Strafverfolgung von NS-Straftaten, Köln 1986, S. 149.

Aber mit dieser Zeugenvernehmung war gegen alle diese 100 Leute die Verjährung unterbrochen worden. Um die Verjährung unterbrechen zu können, mußten alle 100 als Beschuldigte eingetragen werden."[46] Nicht zuletzt gehen auch Hinweise auf die Vernichtung von Akten und den Datenschutz fehl, denn in allen bei bundesdeutschen Staatsanwaltschaften anhängigen Verfahren werden sowohl die Vernehmungsprotokolle und Dokumente als auch die diesbezüglichen gerichtlichen Entscheidungen von der Zentralen Stelle in Ludwigsburg in Karteien aufbewahrt.[47]

Kritiker übersehen – oftmals absichtsvoll -, daß es nicht die Aufgabe der Ludwigsburger Juristen war und sein konnte, alle an den NS-Verbrechen Beteiligten ausfindig zu machen und vor Gericht zu bringen. Bei den zu ermittelnden Beschuldigten handelt es „sich vielmehr nur um diejenigen, denen voraussichtlich nachgewiesen werden kann, daß sie eigene Verantwortung trugen und ihre Befehlsgewalt oder Entscheidungsfreiheit in den Dienst des Mordplanes stellten, sowie um solche, die – obgleich zum Teil ohne eigene Befehlsverantwortung – besonders grausam handelten und sich bemühten, Zahl und Leiden der Opfer ohne Zwang zu vermehren"[48]. Dieses Kriterium war bekanntlich im Grün-

[46] Rückerl (Anm. 3), S. 49.

[47] Insofern kommt der Zentralen Stelle eine besondere Bedeutung für die Koordinierung aller in der Bundesrepublik anhängiger Ermittlungs- und Strafverfahren zu, so daß Doppelermittlungen vermieden werden. Vgl. hierzu ders. (Anm. 6), S. 146. – Die Zentral- und die Verfahrenskartei der Zentralen Stelle hat darüber hinaus einen hohen Stellenwert für die Geschichtsforschung. Ihre Zugänglichkeit sollte jedoch Wissenschaftlern vorbehalten bleiben. Die Zentrale Stelle böte Möglichkeiten für eine „(o)ptimale Aufarbeitung der Arbeitsergebnisse der Justiz und ihre Nutzbarmachung für die politische Kultur der Bundesrepublik [...] in interdisziplinärer Arbeit". So zu Recht Johannes Tuchel, Die NS-Prozesse als Materialgrundlage für die historische Forschung. Thesen zu Möglichkeiten und Grenzen interdisziplinärer Zusammenarbeit, in: Jürgen Weber/Peter Steinbach (Hrsg.), Vergangenheitsbewältigung durch Strafverfahren? NS-Prozesse in der Bundesrepublik Deutschland, München 1984, S. 142. Eine Beschränkung der Zusammenarbeit auf die Geschichtswissenschaften kann damit freilich nicht verbunden sein.

[48] So Henkys (Anm. 5), S. 199. – Auch der Herausgeber der Urteilssammlung von NS-Prozessen, der niederländische Strafrechtler Christiaan F. Rüter, hat sich das Vorgehen der deutschen Justiz als einzig praktikabel und sinnvoll

dungsbeschluß festgeschrieben worden. Eine Ausweitung des vermuteten Täterkreises – das wird mancherorts nicht berücksichtigt – erscheint gerade aus rechtspolitischen Erwägungen undurchführbar. „Eine Kriminalität, in die über 100.000 Menschen als Täter oder Gehilfen verstrickt waren, kann ganz einfach nicht dazu führen, daß alle, die im Sinne des Strafrechts schuldig sind, bestraft werden. Eine solche Massenbestrafung ist weder praktisch möglich noch kriminalpolitisch sinnvoll und wünschenswert."[49]

Die Strafverfolgungspraxis der westdeutschen Ermittlungsbehörden entsprach den Sachzwängen und war keineswegs politisch motiviert. Darauf wie auf die Konsequenzen weisen Kritiker allerdings nicht hin.[50] Sie zollen dadurch dem vorherrschenden Zeitgeist Tribut, denn die in den achtziger Jahren feststellbare (Hyper-)Sensibilisierung der Öffentlichkeit gegenüber jedweder nationalsozialistischer Thematik hat die Bereitschaft für eine sachliche Auseinandersetzung über strafrechtliche Maßnahmen gegen NS-Verbrecher wenig gefördert. Nicht zuletzt ließ sich dies an den emotionsgeladenen Debatten bei der Ausstrahlung des Holocaust-Spielfilmes im Jahre 1979 ablesen.[51] Gerade gegen-

bezeichnet. Vgl. ders., Die strafrechtliche Ahndung von Staatsverbrechen, begangen durch Militär und Polizei. Über die Beschränkungen der Justiz, in: Jörg Friedrich/Jörg Wollenberg (Hrsg.), Licht in den Schatten der Vergangenheit. Zur Enttabuisierung der Nürnberger Kriegsverbrecherprozesse, Frankfurt a.M./Berlin 1987, S. 67-82, insbes. S. 79.

[49] Herbert Jäger, Strafrecht und nationalsozialistische Gewaltverbrechen, in: Redaktion Kritische Justiz (Hrsg.), Der Unrechts-Staat I. Recht und Justiz im Nationalsozialismus, Baden-Baden 1983², S. 154 f.

[50] Lediglich ältere Standardwerke – wie etwa Henkys (Anm. 5) – halten diesen Hinweis zu Recht für notwendig. Der im Bereich der NS-Strafverfolgung einschlägig bekannte Kritiker Jörg Friedrich räumt der Zentralen Stelle in seinen Publikationen – u.a.: Die kalte Amnestie (Anm. 28) – lediglich einige Zeilen ein. Deren Strafverfolgungspraxis, die sich letzten Endes auf das vor den Gerichten stehende Täterspektrum auswirkt, findet keinerlei Beachtung. Statt dessen polemisiert er gegen die Verfahrensweise der Gerichte: „(D)ie echten Verbrecher waren die Wüteriche, die in der Massenvernichtung die passende Umgebung für ihre private Mordlust sahen" (ebda., S. 339).

[51] Die sensibilisierenden Wirkung der „Holocaust-Serie" befürwortete Peter Steinbach, Nationalsozialistische Gewaltverbrechen in der deutschen Öffentlichkeit. Einige Bemerkungen, Fragen, Akzente, in: Weber/Steinbach

über den sogenannten Befehlsempfängern, die unmittelbar an den Massenmorden – z.T. besonders grausam – beteiligt waren, empfindet eine Mehrheit der Bevölkerung besonderen Abscheu. Nach der Holocaust-Serie schnellte die Zahl der Befürworter einer weiteren Strafverfolgung von NS-Verbrechen von 34 Prozent (1978) auf 50 Prozent (1979).[52] Bei den Tätergruppen ergibt sich allerdings ein Dilemma sowohl für die strafverfolgenden Staatsanwaltschaften als auch für die Gerichte. Es handelt sich um die Schwierigkeiten der Beweissituation gegenüber den sogenannten tatnahen Tätern. Durch die fortschreitende zeitliche Distanz zum Verbrechen verliert der Zeugenbeweis an Wert, das Erinnerungsvermögen läßt nach. Das wirkt sich zugunsten dieser Tätergruppe aus.

Der für die Anklageerhebung wichtiger werdende Dokumentenbeweis vermag ebensowenig alle Lücken der zu ermittelnden Straftat zu schließen; eine zweifelsfreie Überführung des Täters ist daher nur selten möglich. Die Gruppe der „Schreibtischtäter", die „den Opfern oder den unbeteiligten Zeugen, ja oft sogar den untergeordneten Tatbeteiligten weder namentlich noch vom Aussehen her bekannt"[53] war, profitiert von der Problematik dieser Beweissituation. Die unabänderliche Folge sind nicht nur Verfahrenseinstellungen vor Gericht, sondern bereits Einstellungen zahlreicher staatsanwaltlicher Ermittlungen und Vorermittlungen in Ludwigsburg. Die beiden letzten geschehen unter Ausschluß der Öffentlichkeit und werden von ihr „nur dann widerspruchslos hingenommen, wenn als Begründung der inzwischen eingetretene Tod des Beschuldigten genannt wird. Alle an-

(Anm. 47), S. 29-31; skeptisch äußerte sich dagegen Martin Broszat, für den „der auf Publikumserfolg programmierte Film dem Anspruch, Holocaust-Wirklichkeit zu zeigen, hilflos im Wege [stehe]", so ders., Nach Hitler. Der schwierige Umgang mit unserer Geschichte, München 1988, S. 106.

[52] Vgl. die Zahlen bei Bernd Hey, Die NS-Prozesse – Versuch einer juristischen Vergangenheitsbewältigung, in: Geschichte in Wissenschaft und Unterricht 32 (1981), S. 331-362.

[53] Rückerl (Anm. 6), S. 241 f.

deren Entscheidungen sind heftiger Kritik der einen oder der anderen Seite ausgesetzt"[54].

Der Auftrag der Zentralen Stelle beinhaltet ebensowenig, die Vorermittlungen in einem spezifischen Verbrechenskomplex bis zur „Anklagereife" zu betreiben. Im Gegenteil bleiben ihr gewisse Handlungen im Rahmen der Ermittlungen untersagt – etwa einen Durchsuchungs- oder einen Haftbefehl zu erwirken. Hier kommt es auf eine enge Kooperation mit der von der Zentralen Stelle für zuständig befundenen Staatsanwaltschaft an. Die häufig geäußerte Kritik an der „Gehilfenrechtsprechung"[55] der bundesdeutschen Richter – insbesondere des Bundesgerichtshofes – fiele insofern zunächst auf die Zentrale Stelle und die mit ihr eng kooperierenden Staatsanwaltschaften und Fahndungsapparate zurück, als „für die spätere Entscheidung, ob einem Beschuldigten Täterschaft oder nur Beihilfe nachzuweisen ist, die Weichen oft schon im Anfangsstadium der Ermittlungen gestellt werden"[56]. Diese Weichenstellung orientiert sich aber einzig und allein an der schwierigen Beweissituation; politische oder persönliche Motive können auch den Ludwigsburgern nicht nachgesagt werden.

[54] Ders. (Anm. 30), S. 231.

[55] Auslöser vieler Einwände dürfte weniger die Unterscheidung zwischen Täterschaft und Beihilfe bzw. zwischen subjektiver und materiell-objektiver Tätertheorie sein als vielmehr die damit einhergehende „milde" Urteilspraxis. Hier mag sich eine fatale Dynamik ergeben haben, da sich die Gerichte ihrerseits bei der Abgrenzung von Täterschaft und Teilnahme von Gesichtspunkten des Strafrahmens und der Strafhöhe leiten ließen. Siehe hierzu die Untersuchungsergebnisse von Günter E. Hirsch, Die Strafzumessung bei nationalsozialistischen Gewalt- und Kriegsverbrechen. Dargestellt und überprüft an Hand von 430 erstinstanzlichen unvertöffentlichten Urteilen deutscher Gerichte aus der Zeit von 1945-1969, Erlangen–Nürnberg 1973, insbes. S. 14-31, und Ulrich-Dieter Oppitz, Strafverfahren und Strafvollstreckung bei NS-Gewaltverbrechen. Dargestellt an Hand von 542 rechtskräftigen Urteilen deutscher Gerichte aus der Zeit von 1946-1975, Ulm 1979^2, S. 22-26. – Vgl. demgegenüber die vordergründige Kritik der Rechtsprechung von Friedrich (Anm. 28) sowie Ingo Müller, Furchtbare Juristen. Die unbewältigte Vergangenheit unserer Justiz, München 1987.

[56] Rückerl (Anm. 6), S. 163.

VI. NS-Verbrechen vor Gericht und in der Öffentlichkeit

„Kriegs-“ oder NS-Verbrechen?

Die Ludwigsburger Ermittlungstätigkeit schuf die Grundlagen für die sogenannten großen NS-Prozesse in den sechziger Jahren. Zum erstenmal nach dem Zweiten Weltkrieg rückten die nationalsozialistischen Verbrechen deutlicher in das Blickfeld der Öffentlichkeit, zumal der deutschen. Nicht zuletzt der von den Siegermächten in Nürnberg eingeführte mißverständliche Begriff der „Kriegsverbrechen“ hatte die strafrechtliche Ahndung der NS-Verbrechen mit schwer überwindbaren psychologischen Vorurteilen belastet. Die Nürnberger „Kriegsverbrecherprozesse“ waren noch als notwendige Abrechnung mit einem Unrechtssystem verstanden worden. Die Pauschalität der oftmals rigorosen Entnazifizierungsverfahren bewirkte freilich eine folgenreiche Abwehrhaltung der deutschen Bevölkerung gegenüber jedweden negativen Sanktionen der Alliierten. Nicht zu Unrecht verwahrten sich die zuständigen Politiker im Gründungsbeschluß der Ludwigsburger Zentralen Stelle vor manchen Spekulationen, es handle sich bei der Aufklärung der NS-Verbrechen um eine neue Entnazifizierungswelle. Diese verbreiteten Voreingenommenheiten ließen sich um so leichter auch auf die NS-Verfahren vor alliierten und deutschen Gerichten übertragen, je weniger das Wissen um die zu ahndenden Verbrechen vorhanden schien.[1]

Die schwer auf den Deutschen lastende Schuld an den vielen Millionen Toten des Zweiten Weltkriegs dürfte die bereitwillige – weil entlastende – Inflationierung des Kriegsverbrecher-Begriffes gefördert haben. Solange deshalb im Zusammenhang mit den

[1] Über die mangelhaften Kenntnisse vieler Deutscher vgl. Hans Mommsen, Was wußte das deutsche Volk von der Ermordung der Juden?, in: Welt am Sonntag v. 5. April 1987.

NS-Prozessen von Kriegsverbrechen die Rede war[2], ließ sich eine gewisse Distanz zu den NS-Verbrechen und ihrer strafrechtlichen Ahndung wahren. Diese Distanz verhinderte, daß die Untaten nicht ebenso als Bedrohung der Gesellschaft empfunden wurden, mithin eine Bestrafung nicht als vordringlich erschien. Bezeichnenderweise erfolgte die massenhafte Ermordung von nationalen, religiösen oder sozialen Minderheiten und von politischen Gegnern nicht auf dem Gebiet des „Altreiches", sondern in den Vernichtungslagern außerhalb der Reichsgrenze, durch die Einsatzkommandos während des Krieges und meistenteils in den eroberten Territorien im Osten. Es waren aber überwiegend Zivilisten, die der nationalsozialistischen Vernichtungsideologie zum Opfer fielen.[3] Es ist z.B. bekannt, daß erste „Euthanasie"-Aktionen, die – zwar unter strenger Geheimhaltung – in der Umgebung der deutschen Bevölkerung stattfanden, auf deren Widerstand stießen und daher eingestellt bzw. „verlagert" wurden.[4]

[2] So insbesondere im Zusammenhang mit ersten Amnestieerwägungungen im Deutschen Bundestag, wo der Kriegsverbrecher-Begriff allerdings bewußt instrumentalisiert wurde. Vgl. u.a. die Beratung einer Großen Anfrage der Fraktion der Deutschen Partei (DP) zur Lösung der „Kriegsverbrecher"-Frage, in: Stenograph. Berichte des Deutschen Bundestages (1. Legislaturperiode) v. 17. September 1952, S. 10492-10508.

[3] Kriterien, die eine relativ klare Trennung zwischen Kriegs- und NS-Verbrechen ermöglicht, nennt Heinz Artzt, Zur Abgrenzung von Kriegsverbrechen und NS-Verbrechen, in: Goltdammers Archiv für Strafrecht 116 (1969), S. 14-23. – Zu den Grauzonen, wie etwa die Unterscheidung zwischen gerechtfertigten Kriegstötungen und Kriegsverbrechen, vgl. Herbert Jäger, Über die Vergleichbarkeit staatlicher Großverbrechen. Der Historikerstreit aus kriminologischer Sicht, in: Merkur 43 (1989), S. 499-513.

[4] Hierzu Adalbert Rückerl, NS-Verbrechen vor Gericht. Versuch einer Vergangenheitsbewältigung, Heidelberg 1984², S. 34 f. – Es gibt vereinzelt auch Hinweise auf Proteste und Widerstand der Anstaltsärzte, die freilich wenig Möglichkeiten besaßen, die unter dem Tarnnamen „Aktion T 4" (benannt nach der Adresse – Tiergartenstraße 4/Berlin – der für die „Euthanasie"-Anstalten zuständigen Reichsarbeitsgemeinschaft) zu meldenden Kranken zu schützen. Siehe hierzu Reinhard Henkys, Die nationalsozialistischen Gewaltverbrechen. Geschichte und Gericht, Stuttgart/Berlin 1965², S. 60-66; ferner Peter Löffler (Hrsg.), Bischof Clemens August Graf von Galen. Akten, Briefe und Predigten 1933-1946, Mainz 1989.

Sofern wegen dieser Mordaktionen in der Nachkriegszeit Anzeigen bei deutschen Staatsanwaltschaften eingingen, geschah das seitens einer Minderheit von überlebenden Opfer, die wieder in Deutschland beheimatet waren. Der Rückgang der Strafanzeigen Anfang der fünfziger Jahre führte bekanntlicherweise nicht zu Ermittlungen deutscher Strafverfolgungsorgane. Entsprechende Nachforschungen hätten ihnen freilich eine nicht unerhebliche Initiative abverlangt. Sie stießen aber auch an ihre Grenzen, zumal bei der Beschaffung von Beweismaterial. Solche Hindernisse ließen sich seit der Gründung der Zentralen Stelle schrittweise abbauen. Emotionale Sperren gegenüber der Strafverfolgung von NS-Verbrechern – etwa der stete Hinweis auf die Unpopularität von NS-Prozessen, die vielfach eher infolge von Unkenntnis als aufgrund von „Verdrängung" mit den Entnazifizierungsverfahren in Verbindung gebracht wurden – dürften demgegenüber eine eher geringe Rolle gespielt haben. Soweit sie bestanden, wäre es an den seinerzeit politisch Verantwortlichen gewesen, verbreitete Vorurteile abzubauen und über den kriminellen Charakter der zu ermittelnden Straftaten aufzuklären. Wahrscheinlich mag die Vermutung zutreffen, daß „Anstoß und Mithilfe [der Politiker] bei der Ahndung vergangener politischer Schuld"[5] nicht zur Popularität in Wählerkreisen beigetragen hätte. Es gab daher keine Politiker-Initiativen zur Aufklärung der weitverbreiteten Mißverständnisse über die tatsächlich zugrundeliegenden kriminellen Straftatbestände, derentwegen man die Prozesse eigentlich führte.

Die mangelhaften Kenntnisse über NS-Verbrechen, die mit den Begriffen „Einsatzgruppen", „Konzentrationslager" und nicht zuletzt „Euthanasie" in Verbindung gebracht wurden, ließen sich erst in den jeweiligen NS-Gerichtsverfahren erhellen bzw. vervollständigen. Trotz der alliierten Beschränkungen für die deutschen Gerichte in den ersten Nachkriegsjahren lag die

[5] So Karl S. Bader, Politische und historische Schuld und die staatliche Rechtsprechung, in: Karl Forster (Hrsg.), Möglichkeiten und Grenzen für die Bewältigung historischer und politischer Schuld in Strafprozessen, Würzburg 1962, S. 107-130, hier S. 122.

Strafverfolgung der an Deutschen bzw. an Staatenlosen begangenen Verbrechen durchaus in deren Zuständigkeit. Hierbei handelte es sich zunächst um Straftaten der Nationalsozialisten zur Unterdrückung der mit ihnen Anfang der dreißiger Jahren bei Wahlen konkurrierenden Politiker, insbesondere der SPD und der KPD sowie die Verfolgung von Gewerkschaftlern. An die Macht gelangt, nutzten die Nationalsozialisten das Ereignis des Reichstagsbrandes vom 27. Februar 1933 zum Erlaß einer „Verordnung zum Schutz von Volk und Staat". Die Notverordnung berechtigte zur vorübergehenden Außerkraftsetzung wichtiger politischer Grundrechte. Der auf legalem Weg erreichte Ausnahmezustand war allerdings dauerhaft.

Politische Gegner konnten nun unbefristet in „Schutzhaft" genommen, d.h. in die frühen oder „wilden", lokal organisierten und nur wenige Monate bestehenden Konzentrationslager eingewiesen werden. Hier praktizierten die SA und die SS ihre Foltermethoden, die in nicht wenigen Fällen zum Tod ihrer Opfer führten. Oftmals wurden „alte Rechnungen beglichen". Ein Gerichtsverfahren im Jahre 1948, das die im Wuppertaler KZ Kemna verübten Verbrechen zum Gegenstand hatte, sprach z.B. von einer „Folterkammer schlimmster Art", in der die Häftlinge von der „Meute einer pervertierten Wachmannschaft" grausam gefoltert wurden.[6] Im Zuge der Gleichschaltungspolitik mehrten sich auch Verbrechen an innerparteilichen Gegnern; an ihrem Ende standen die Morde im Zusammenhang mit dem sogenannten Röhm-Putsch, der auch vielen Nicht-Nationalsozialisten das Leben kostete. Schätzungen über die Zahl der Mordopfer schwanken zwischen 80 und 200 Menschen.[7]

Der Aufbau des für den nationalsozialistischen Terror typischen Konzentrationslagersystems[8] fand während einer Phase der

[6] Zitiert nach Andrzej J. Kaminski, Konzentrationslager 1896 bis heute. Geschichte-Funktion-Typologie, München 1990, S. 87; vgl. dazu auch Rudolf Diels, Lucifer ante portas, Stuttgart 1950.

[7] Dazu Rückerl (Anm. 4), S. 26 f.

[8] Mit dem Aufbau des NS-Konzentrationslagersystem beschäftigte sich überaus eingängig Johannes Tuchel, Konzentrationslager: Organisationsge-

Konsolidierung des Regimes in der Zeit zwischen 1934 bis 1938 statt. Die vordem „wilden" Lager – vor allem jene unter SA-Verantwortung – waren größtenteils wieder aufgelöst worden; wohingegen etwa das KZ Dachau fortbestand. Die von dem SS-Kommandanten Theodor Eicke („Führer der SS-Totenkopfverbände und Konzentrationslager") dort eingeführte Strafordnung und damit verbundene Posten- und Dienstanweisungen erhielten zwecks Neuorganisation und Vereinheitlichung der gesamten Konzentrationslager „Modellcharakter": Vorgesehen war ein abgestuftes System von Arreststrafen, Einzelhaft bei Wasser und Brot; neu hinzugekommen war die von mehreren SS-Leuten ausgeführte Prügelstrafe vor der gesamten SS-Wachmannschaft. Bestimmte „politische" Vergehen wurden mit der Todesstrafe geahndet.[9] Einweisungen von Häftlingen erfolgten nunmehr auf der Basis eines Schutzhafterlasses vom 12./26. April 1934. Die von den dort keineswegs verbesserten Haftbedingungen betroffenen Personenkreise betrafen u.a. sogenannte staatsfeindliche Betätigung bzw. „Hochverrat", KPD- und SPD-Mitglieder sowie Sympathisanten, „Ernste Bibelforscher", Homosexuelle oder „Volksschädlinge". Zu den „Staatsfeinden" zählten in den Jahren 1937/38 zunehmend Juden, Freimaurer, sich politisch äußernde Kirchenvertreter, Mitglieder kleiner Religionsgemeinschaften. „Schutzhaft" galt bald auch für nicht-politische Personengruppen, etwa für Gewohnheitsverbrecher.

Ab Januar 1938 erfolgten veränderte, letztlich erweiterte Bestimmungen für die „Schutzhaft". „In die Zeit der forcierten neuen Verhaftungsaktionen fiel die Errichtung SS-eigener Baustoffproduktionsstätten in und bei den Konzentrationslagern. Zu ihrer Inbetriebnahme brauchte man größere Häftlingskontingente."[10]

schichte und Funktion der „Inspektion der Konzentrationslager" 1934-1938, Boppard am Rhein 1991. – Zum Aufbau der sowjet-kommunistischen Konzentrationslager siehe Kaminski (Anm. 6).

[9] Vgl. dazu und den nachfolgenden Ausführungen Martin Broszat, Nationalsozialistische Konzentrationslager 1933-1945, in: Ders./Hans-Adolf Jacobsen/Helmut Krausnick, Anatomie des SS-Staates, Bd. 2, München 1989[5], S. 11-133, hier S. 46-55, sowie Tuchel (Anm. 8), S. 151-158.

[10] Ebda., S. 77.

Die chaotische Überbelegung der Lager, auch infolge der Terroraktionen im Zusammenhang mit den Judenpogromen am 9./10. November 1938, führte in vielen Fällen auch zu mangelhaften hygienischen Verhältnissen; die Seuchengefahr machte die Situation der Häftlinge zunehmend unerträglich. Bis zum Kriegsbeginn handelte es sich dabei vorwiegend um deutsche Gefangene; erst ab 1939 bzw. 1942 kamen Kriegsgefangene in Lagern außerhalb des sogenannten Altreiches hinzu (u.a. Auschwitz, Bergen-Belsen, Groß-Rosen, Kaunas, Natzweiler, Riga etc.).

Von da an unterstanden die Konzentrationslager dem SS-Wirtschaftsverwaltungshauptamt (WVHA). Nach Kriegsbeginn setzte eine neue Verhaftungswelle ein, und es erfolgten erste Exekutionen in den Lagern. „Das Schicksal der Häftlinge in den Konzentrationslagern wurde in der Hauptsache von zwei ihrer Zielsetzung nach unterschiedlichen Dienststellen bestimmt. Dem Reichssicherheitshauptamt, das allein die Einweisung in ein Lager verfügen konnte, ging es in erster Linie um eine Ausschaltung der als Gegner betrachteten Häftlinge, worunter auch deren physische Vernichtung zu verstehen ist. Dem SS-Wirtschaftsverwaltungshauptamt lag dagegen an der rücksichtslosen Ausbeutung der Arbeitskraft der Häftlinge. Dieser Gegensatz trat besonders deutlich hervor in den beiden gleichzeitig als Vernichtungsstätten eingerichteten Konzentrationslagern Auschwitz und Lublin-Majdanek. Nach den Vorstellungen des Reichssicherheitshauptamtes sollten alle dort eingelieferten Juden getötet werden; das SS-Wirtschaftsverwaltungshauptamt bestand dagegen auf einer Aussonderung der Arbeitsfähigen."[11]

Entgegen manchen Vorstellungen fanden in keinem der im „Altreich" befindlichen Konzentrationslager Massenvergasungen zur systematischen „Vernichtung" der Gefangenen statt. Die vereinzelt in dem einen oder anderen Lager befindlichen Gaskammern waren dafür nicht vorgesehen. „Die Massenvernichtung der Juden durch Vergasung begann 1941/42 und fand ausschließlich an einigen wenigen hierfür ausgewählten und mit Hilfe ent-

[11] Rückerl (Anm. 4), S. 29 f.

sprechender technischer Einrichtungen versehenen Stellen, vor allem in besetzten polnischen Gebiet (aber nirgends im Altreich) statt: in Auschwitz-Birkenau, in Sobibor am Bug, in Treblinka, Chelmno und Belzec."[12] Eine Gesamtbilanz der Zahl allein der jüdischen Opfer ergibt Näherungswerte von 5,3 bzw. 6 Millionen: In den Vernichtungslagern sind danach rund drei Millionen Juden umgekommen, den Massenerschießungsaktionen der „Einsatzgruppen der Sicherheitspolizei und des SD" fielen im Zeitraum vom Sommer 1941 bis Frühjahr 1942 bereits mehr als eine halbe Million Menschen zum Opfer.[13]

Allerdings waren diese Einsatzkommandos bereits bei der Besetzung Polens ab Sommer 1939 aktiv. Ausgestattet mit einem „Liquidierungsbefehl" gegenüber der polnischen Intelligenz und deren Angehörigen kam es zu zahlreichen Massenerschießungen – auch unter Mitwirkung von Einheiten Deutschstämmiger, dem sogenannten volksdeutschen Selbstschutz.

Sowohl für die Aktionen der Einsatzgruppen in Polen als auch für die im Rußland-Feldzug ab Juni 1941 gilt, daß die Wehrmacht in der Regel nicht daran beteiligt war. „Es trifft wohl zu, daß in einer nicht geringen Zahl von Fällen Wehrmachtsangehörige einzeln oder im Verband ihrer Truppen an Verbrechen dieser Art mitgewirkt hatten. Insgesamt lassen jedoch die vorhandenen Quellen erkennen, daß der weitaus überwiegende Teil der Wehrmachtsangehörigen, vor allem jene auf der mittleren und unteren Ebene, aber auch zahlreiche Generale diese Verbrechen seinerzeit verurteilt und sich davon distanziert hatten."[14] Die Bestialität, mit der die Kommandos bei den sogenannten „Aus- bzw. Umsiedlungen" der Juden in den besetzten Ostgebieten vorgingen, wird in zahlreichen erhalten gebliebenen „Ereignismeldungen

[12] So Martin Broszat, Keine Vergasungen in Dachau (Leserbrief), in: Die Zeit v. 19. August 1980; vgl. dazu ausführlich Adalbert Rückerl (Hrsg.), NS-Vernichtungslager im Spiegel deutscher Strafprozesse. Belzec-Sobibor-Treblinka-Chelmno, München 1977.

[13] So die neuesten seriösen Untersuchungen in dem Sammelband von Wolfgang Benz (Hrsg.), Dimension des Völkermords. Die Zahl der jüdischen Opfer des Völkermords, München 1991.

[14] Rückerl (Anm. 4), S. 41, FN 48.

UdSSR" wiedergegeben.[15] Die Abschiebungsaktionen der Juden aus den besetzten Gebieten in die Vernichtungslager erfolgte nach deren Sammlung auf zentralen Plätzen mittels Zügen. „Wenn mangels ausreichender Transportmittel eine ‚örtliche Aussiedlung' nicht durchgeführt wurde, brachte man die verbleibenden Juden in Gruppen zu einem in Ortsnähe an abgelegener Stelle vorbereiteten Exekutionsplatz und erschoß sie am Rande bereits ausgehobener Massengräber."[16] Doch auch nach den menschenunwürdigen Bahntransporten in die Vernichtungslager kamen viele Opfer schon nicht mehr lebend an.

Von Desinteresse der Bevölkerung an der Strafverfolgung dieser und ähnlicher NS-Verbrechen kann indes verallgemeinernd keine Rede sein, wie die ersten „Euthanasie"-Verfahren zwischen 1945 und 1950 zeigten. Hier mochten die verhandelten Straftaten und die zeitliche wie örtliche Unmittelbarkeit des Verbrechens ursächlich für das große öffentliche Aufsehen gewesen sein.[17] Die Kenntnisnahme der jeweiligen Prozesse war in den meisten Fällen allerdings abhängig von der Presseberichterstattung, wiewohl eine umfangreiche Darstellung und Kommentierung der Gerichtsverfahren nicht in jedem Fall die Aufmerksamkeit eines breiten Publikums gewährleistete. Oftmals mußten andere Gesichtspunkte hinzutreten, damit sich Presse, Rundfunk und Fernsehen bei der Berichterstattung ein gewisses Echo oder gar reißerische Schlagzeilen ausrechnen konnten[18]. Insofern beeinflußten nicht zuletzt die Medien die Resonanz der NS-Prozesse in der Öffentlichkeit. Deren Bedeutungskriterien richteten sich sowohl nach

[15] Vgl. ebda., S. 35-51; ferner Benz (Anm. 13), S. 420-560.

[16] Rückerl (Anm. 12), S. 51.

[17] Ullrich Kröger, Die Ahndung von NS-Verbrechen vor westdeutschen Gerichten und ihre Rezeption in der deutschen Öffentlichkeit 1958-1956, unter besonderer Berücksichtigung von „Spiegel", „Stern", „Zeit", „SZ", „FAZ", „Welt", „Bild", „Hamburger Abendblatt", „NZ", „Neuem Deutschland", Hamburg 1973, S. 67-72. Vgl. auch Henkys (Anm. 4), S. 205 u. S. 244 f.

[18] Vgl. u.a. Heiner Lichtenstein, Im Namen des Volkes? Eine persönliche Bilanz der NS-Prozesse, Köln 1984; Rückerl (Anm. 12), S. 76-80, S. 83-197, S. 295-329.

der Zahl der Angeklagten und der Mordopfer als auch nach den Umständen des Zustandekommens einer gerichtlichen Verhandlung. Der Ulmer Einsatzgruppen-Prozeß vereinte diese Maßstäbe geradezu mustergültig: Die ihm zugrundeliegenden noch unbekannten Straftaten erschütterten die Öffentlichkeit; spektakulär waren aber auch die Zufälle, welche die Ermittlungen erst ausgelöst hatten.[19] Das Neuartige dieser Verfahren – vor allem in Hinblick auf die Unkenntnis der Bevölkerung über die Straftaten – weckte zunächst ein reges Interesse an den sich anschließenden NS-Prozessen der sechziger Jahre. Das galt freilich auch für die sehr viel früher einsetzende Strafverfolgung der „Euthanasie"-Verbrechen.

Diese Verbrechen im Rahmen des „Euthanasie"-Programms bildeten im Nürnberger Ärzteprozeß von 1947 nur einen Aspekt; von 23 Angeklagten erhielten sieben die Todesstrafe.[20] Die ersten Verhandlungen vor deutschen Gerichten gegen das Personal der „Euthanasie"-Anstalten – u.a. in Hadamar, Grafeneck, Meseritz-Obrawalde, Eichberg und Eglfing-Haar – in der Zeit zwischen 1946 und 1950 hatten hohe Zuchthaus- und Todesstrafen zur Folge; letzte wurden wegen grundgesetzlicher Bestimmungen nach 1949 in entsprechende Freiheitsstrafen umgewandelt.[21] In den späteren Verfahren – Anfang der fünfziger und während der sechziger Jahre – ergingen deutlich mildere Urteile, woraufhin die harten Strafen aus der frühen Nachkriegszeit in vielen Fällen durch Gnadenakte aufgehoben wurden. Daß „milder geurteilt wurde, je später die Gerichte in Aktion traten"[22], mag zum einen mit der in manchen Fällen schwierig zu klärenden Frage des Un-

[19] Besonders aufschlußreiche Hinweise bei Kröger (Anm. 17), S. 60-67.

[20] Vgl. Telford Taylor, Die Nürnberger Prozesse. Kriegsverbrechen und Völkerrecht, Zürich 1951, S. 53-61 u. S. 161 f.

[21] Vgl. hierzu Rückerl (Anm. 4), S. 121 f. – Der vollständige Abdruck der Urteile in: Christiaan F. Rüter/A.L. Rüter-Ehlermann u.a., Justiz und NS-Verbrechen. Sammlung deutscher Strafurteile wegen nationalsozialistischer Tötungsverbrechen 1945-1966, Amsterdam 1968-1981, Bd. I-III; ferner Henkys (Anm. 4), S. 244-246 (Anmerkungen).

[22] Hermann Langbein, Im Namen des deutschen Volkes. Zwischenbilanz der Prozesse wegen nationalsozialistischer Verbrechen, Wien 1963, S. 73.

rechtsbewußtseins einiger Angeklagter zusammenhängen, zum anderen lag die Ursache in der wachsenden Beweisnot der Anklagebehörde.

Die häufig kritisierte Strafzumessung in den einzelnen Verfahren, aber auch die Prominenz vieler Angeklagten waren sicherlich Gründe für die Tatsache, daß diesen Prozessen in der Presseberichterstattung ein ähnlich hoher Rang eingeräumt wurde wie den späteren Großverfahren der sechziger Jahre. Die Publizität der NS-Prozesse in den Medien kann jedenfalls nicht gleichgesetzt werden mit ihrer Bedeutung und dem Interesse, das die öffentliche Meinung ihnen beimaß. Die Annahme ist nicht von der Hand zu weisen, daß das Schicksal der tausendfach unter medizinischer „Obhut" getöteten Menschen emotional nahe ging. Die millionenfachen Judenmorde – eine zahlenmäßig ohnehin schwer nachvollziehbare Dimension – und die Ermordung anderer fremdvölkischer Minderheiten, wie die Zigeuner, verübten die Nationalsozialisten und ihre Helfershelfer aus Verschleierungsgründen in den entfernten besetzten Ostgebieten.[23]

Unerfindlich ist jedoch, daß in den ersten „Euthanasie"-Verfahren das gesamte Ausmaß der verbrecherischen „Aktion T 4" lange Zeit unaufgeklärt blieb, obgleich es in den Vernehmungen während der Ermittlungen Hinweise auf tausendfache Gaskammermorde in polnischen Konzentrationslagern gab. Im Frankfurter Hadamar-Prozeß von 1947 etwa wurde die Anklage gegen Josef Hirtreiter mangels Beweises zurückgezogen. Eine Pressenotiz über Hirtreiters Spruchkammerverfahren zwei Jahre später führte zur erneuten Aufnahme der Ermittlungen; gegen

[23] Vgl. Kröger (Anm. 17), S. 68, der auf die Nachwirkungen einer seinerzeit verbreiteten Denkhaltung hinweist – offenbar selbst davon nicht frei ist (ebda., S. 72): „Es war bei der ‚Euthanasie' nicht so, daß ‚blonde Herrenmenschen' lediglich [!] ‚Untermenschen' fremder Rassen und Nationalität umbrachten, deren Schicksal den Deutschen hätte relativ gleichgültig sein können; getötet wurden die Angehörigen des eigenen deutschen Volkes [. . .]; sogar deutsche Mütter und Väter und grundsätzlich alle aus dem näheren Umkreis hätten in Frage kommen können". Eine gewisse Unbedarftheit bzw. Unsensibilität des Verfassers ist hier allerdings nicht von der Hand zu weisen.

Hirtreiter und weitere Verdächtige (Hubert Gomerski und Erich Bauer) leitete man Anfang der fünfziger Jahre Strafverfahren ein wegen Mordes in einer unbestimmten Zahl von Fällen, begangen im Vernichtungslager Treblinka bzw. Sobibor. Sie erhielten lebenslange Zuchthausstrafen. Obwohl die Namen anderer Lagerangehöriger und das Lager Treblinka zur Sprache kamen, wurden entsprechende Nachforschungen nicht eingeleitet – „soweit man überhaupt Anstrengungen in dieser Richtung machte"[24]. Untätig blieb die Strafjustiz auch im Fall des Vernichtungslagers Chelmno (Kulmhof); die dort begangenen Verbrechen kamen bereits im Jahre 1948 in einem Spruchkammerverfahren ans Tageslicht. Konkrete Hinweise fehlten, eine Strafanzeige lag nicht vor, und überdies bestand für diesen Tatort – die Täter waren unbekannt – keine Zuständigkeit der deutschen Staatsanwaltschaften. Auch in einem anderen Strafverfahren Anfang der fünfziger Jahre gab es Hinweise auf Giftgastötungen in Chelmno, aber genaue Vorstellungen über das dortige Geschehen hatte die Staatsanwaltschaft nachweislich nicht.[25]

Im Schatten von Auschwitz

Die umfangreichen Ermittlungen der Zentralen Stelle ergaben eine fast vollständige Rekonstruktion des Ablaufs der „T 4-Aktion": Die Verantwortung trug der SS-Brigadeführer Odilo Globocnik, dem auch die Umbenennung in „Aktion Reinhard" zugeschrieben wird. Ihm unterstand der berüchtigte Kriminalkommissar Christian Wirth, der vor seiner Abkommandierung in

[24] Rückerl (Anm. 4), S. 42. – Das Hadamar-Urteil ist abgedruckt in: Rüter/Rüter-Ehlermann u.a. (Anm. 21), Bd. I, S. 303-365. Auch Henkys (Anm. 4) kritisiert die unterbliebenen Nachforschungen und hält es dem erfolgreichen Vorgehen der Zentralen Stelle zugute, daß acht Jahre später der in den Akten der Nürnberger Verfahren genannte Kommandant des Vernichtungslagers Treblinka, Kurt Franz, „ohne Schwierigkeiten" (ebda., S. 206) ermittelt werden konnte.

[25] Siehe die Hinweise von Rückerl (Anm. 12), S. 243-245.

die polnischen Vernichtungslager Belzec, Sobibor und Treblinka der „Reichsarbeitsgemeinschaft Heil- und Pflegeanstalten" angehört hatte. Diese Tarnorganisation war im Herbst 1939 zur Durchführung der von Hitler befohlenen „Euthanasie-Aktion" eingerichtet worden. Im Jahre 1941 brach man die systematischen Tötungsaktionen in deutschen Anstalten – mittels Giftspritzen und in Gaskammern – von rund 100.000 als „lebensunwertes Leben" bezeichneten Geisteskranken auf öffentlichen Druck hin ab. Der größte Teil des Anstaltspersonals wechselte in die polnischen Vernichtungslager über.

Die Aufdeckung dieser Verbrechenskomplexe ermöglichte die Einleitung einer Serie von Prozessen. Auf ein großes Presseecho stießen aber weder die Ermittlungsverfahren noch die Bemühungen der Strafverfolgungsbehörden – in erster Linie der Zentralen Stelle in Ludwigsburg –, die Täter vor Gericht zu bringen.[26] Von Bedeutung waren erst die Termine der Strafverfahren in der Mitte der sechziger Jahre: Die Prozesse um die Vernichtungslager Belzec (Januar 1965), Sobibor (1965/66) und Treblinka (1964/65) fielen zeitlich zusammen mit dem großen Auschwitz-Prozeß in Frankfurt, der diese Verfahren an Publizität bei weitem in den Schatten stellte. Der Bekanntheitsgrad der übrigen Vernichtungslager-Verfahren und das Wissen der Öffentlichkeit über die in ihnen gewonnenen Erkenntnisse über den nationalsozialistischen Massenmord bleiben umstritten. Es lag in der Natur des Gegenstands, daß nur solche Prozesse umfangreich dokumentiert wurden, die sensationelle Schlagzeilen versprachen, weniger jedoch weil die Ermittlungsbehörden intensive Nachforschungen über den Vernichtungsvorgang angestellt hatten.[27]

[26] Vgl. zur minutiösen Ermittlungstätigkeit ebda., S. 37-51.

[27] Zum Vergleich die Auswertung von Kröger (Anm. 17), S. 101-262 und die Einschätzung von Peter Steinbach (Nationalsozialistische Gewaltverbrechen. Die Diskussion in der deutschen Öffentlichkeit nach 1945, Berlin 1981), wonach diese Verfahren neben dem Frankfurter Auschwitz-Prozeß am bekanntesten gewesen seien (vgl. ebda., S. 77). – Vgl. dagegen Wolfgang Scheffler, Über Ahnungslosigkeit, Unwissen und Böswilligkeit. Betrachtungen zur „Holocaust Diskussion", in: Peter Märthesheimer/Ivo Frenzel (Hrsg.), Im Kreuzfeuer: Der Fernsehfilm „Holocaust". Eine Nation ist be-

Der Terminus der „Kriegsverbrecherprozesse", über Jahrzehnte hinweg in der Öffentlichkeit kolportiert, verlor während der sechziger Jahre allmählich auch in den Augen des Publikums seine Gültigkeit. Er dürfte gleichwohl nur von interessierten Kreisen zur Verschleierung der NS-Verbrechen benutzt worden sein. In der Bevölkerung wie in den Medien[28] geschah das eher unmotiviert; die Sensibilität für die strafrechtlich bedeutende Unterscheidung war seinerzeit nicht sonderlich groß. Immerhin war spätestens nach dem ersten Auschwitz-Prozeß bekannt, daß die Gerichte Verbrechen gegen die Menschlichkeit[29] verhandelten, die mit Aktivitäten an der Front wenig gemein hatten. Der Frankfurter Auschwitz-Prozeß und das Majdanek-Verfahren in Düsseldorf werden allerdings oftmals zu Unrecht als exemplarisch für die zu ahndenden NS-Verbrechen herausgestellt. Sie haben sich als Symbol in das allgemeine Gedächtnis eingegraben und durch die relativ umfangreichsten Dokumentationen Publizität erlangt.[30] Damit veranschaulichten sie einen politisch-kulturellen Klimawandel, unabhängig von Verlauf und Ausgang der Verfahren. Der erste Auschwitz-Prozeß vom Herbst 1963 bis zum Som-

troffen, Frankfurt a.M. 1979, S. 323: „Die Nichtbeachtung der Prozeßverläufe in vielen Verfahren der letzten zwanzig Jahre, von spektakulären Vorgängen abgesehen, trug ebenfalls dazu bei, den allgemeinen Wissensstand gering zu halten."

28 Bezeichnenderweise verwendete „Der Spiegel" die Begriffe „Kriegsverbrechen" und „NS-Verbrechen" noch bis zur Mitte der sechziger Jahre, dem Beginn der öffentlich erregt geführten Diskussion um die Verjährung der NS-Mordtaten, völlig unterschiedslos. Siehe hierzu: Ungleiches Recht, in: Der Spiegel 18 (1964), H. 16, S. 29 f. sowie NS-Verbrechen. Verjährung, in: Der Spiegel 19 (1965), H. 11, S. 30-44.

29 Als Ritual der „Betroffenheit" oder nur als formelle Spitzfindigkeit erscheint die Ablehnung dieses Begriffes, weil er die NS-Verbrechen verharmlose. Siehe Alain Finkielkraut, Die vergebliche Erinnerung. Vom Verbrechen gegen die Menschheit, Berlin 1989.

30 U.a.: Bernd Naumann, Auschwitz. Berichte über die Strafsache Mulka vor dem Schwurgericht Frankfurt, Frankfurt a.M./Bonn 1965; Hermann Langbein, Der Auschwitz-Prozeß. Eine Dokumentation, Frankfurt a.M. 1965; Heiner Lichtenstein, Majdanek. Reportage eines Prozesses, Frankfurt a.M. 1979 sowie Ingrid Müller-Münch, Die Frauen von Majdanek. Vom zerstörten Leben der Opfer und der Mörderinnen, Reinbek bei Hamburg 1982.

mer 1965 galt gemeinhin als Großverfahren wegen des Umfangs der eingeleiteten Ermittlungen, der Zahl der Angeklagten sowie der in- und ausländischen Zeugen. Die Prozeßführung und das Urteil von Frankfurt fanden allgemeinen Beifall; Kritik entzündete sich allenfalls an den drei Freisprüchen.[31] Der Frankfurter Gerichtssaal war durchgängig gut gefüllt; selbst Schulklassen verfolgten die Verhandlung.[32] Demgegenüber schien der Majdanek-Prozeß wegen der langwierigen Beweisaufnahme im Vor- bzw. Hauptverfahren (15 bzw. sechs Jahre) und fehlender Sensationen an öffentlicher Aufmerksamkeit einzubüßen. Erst die heftige Kritik an den 1979 bzw. 1981 ergangenen Urteilen brachte den Majdanek-Prozeß schließlich in – negative – Schlagzeilen.

Gerechtigkeit für wen?

In der Kritik an den Majdanek-Urteilen manifestierte sich das seit Anfang der siebziger Jahre gestiegene Interesse an den NS-Prozessen. Ihren Publizitätszuwachs verdankten sie vornehmlich den zunehmenden Beweisschwierigkeiten, mit denen sich die Staatsanwaltschaften und Gerichte konfrontiert sahen. Die Folge waren geringe Freiheitsstrafen und Freisprüche. Letzte nicht nur aufgrund mangelnder Beweislast, sondern auch wegen der Novellierung des Ordnungswidrigkeitengesetzes im Jahre 1968: Nach dem § 50 Abs. 2 und Abs. 3 mußte nunmehr „das Strafmaß für Angeklagte, die wegen Beihilfe zum Mord verurteilt wurden, zwingend gemildert werden“[33]. Nach der Verjährung für solche Strafen seit dem Jahre 1960 konnten insbesondere die Funktionäre unter den NS-Verbrechern strafrechtlich nicht mehr belangt werden, denn als „Schreibtischtäter“ war ihnen nach geltender Rechtsprechung „niedrige Gesinnung“ nicht nachzuweisen. Blieb das

[31] Vgl. Kröger (Anm. 17), S. 164 f., S. 181, S. 209 f. – Kritik kam von Langbein (Anm. 30), Bd. 2, S. 888 f., S. 894 u. S. 898.

[32] Vgl. ebda., Bd. 1, S. 49.

[33] Steinbach (Anm. 27), S. 61; ausführlicher Rückerl (Anm. 4), S. 190 f.

Verstreichen der Verjährungsfrist für Totschlagsverbrechen[34] im Jahre 1960 unbemerkt, so entzündete sich heftige Kritik an der 1968er Neuregelung, die durch ein Grundsatzurteil des Bundesgerichtshofes einen aufsehenerregenden Freispruch (Heinrich-Prozeß) erzwang. Im Zusammenhang mit der im Bundestag erneut anstehenden Verjährungsfrage argwöhnte die Presse eine bewußt herbeigeführte „kalte Amnestie".[35]

Die zunehmende Sensibilisierung der Öffentlichkeit im Laufe der siebziger Jahre war nicht zuletzt das Ergebnis eines Generationswechsels. Eine im Dritten Reich aufgewachsene Generation tat sich verständlicherweise oftmals schwer mit der strafrechtlichen Ahndung von Verbrechen, deren Billigung ihr angelastet wurde, obwohl sie kaum Kenntnisse besaß. Die Umfrageergebnisse der sechziger Jahre spiegeln dieses Bewußtsein anschaulich wider.[36] Hingegen konnte sich eine jüngere Generation unbelastet mit den NS-Verbrechen auseinandersetzen – allerdings auch leichtfertiger ihren Eltern zum Vorwurf machen. Nun aber lagen andere Steine im Weg: Infolge des Zeitablaufs seit Begehen der Verbrechen sanken die Chancen, die Täter „vor Gericht zu bringen und einer Bestrafung zuzuführen"[37]. In einem Klima wachsender Emotionalisierung der jüngsten Vergangenheit und insbesondere ihrer verbrecherischen Seite – der Holocaust-Spielfilm tat ein übriges[38] – mußte dieser Umstand unvermeidlich Mißmut

[34] In der einschlägigen Literatur werden verschiedene Bezeichnungen gleichzeitig benutzt; u.a. „Totschlagsverbrechen", Totschlags-Delikte", „Tötungsverbrechen" sowie „Verbrechen des Totschlags".

[35] Vgl. Kröger (Anm. 17), S. 73-76.

[36] Bis in die siebziger Jahre hinein sprach sich eine Mehrheit der befragten Erwachsenen gegen eine weitere Strafverfolgung aus. „Erst 1979, also unter dem Eindruck zumindest zeitweiliger Betroffenheit durch den ‚Holocaust-Film', stimmte erstmals die Hälfte der Befragten für eine Weiterverfolgung der NS-Verbrechen." So Peter Reichel, Vergangenheitsbewältigung als Problem unserer politischen Kultur. Einstellungen zum Dritten Reich und seine Folgen, in: Jürgen Weber/Peter Steinbach (Hrsg.), Vergangenheitsbewältigung durch Strafverfahren? NS-Prozesse in der Bundesrepublik Deutschland, München 1984, S. 158. – Ähnliche Beobachtungen von Lichtenstein (Anm. 18), S. 205 u. insbes. S. 212 f.

[37] Rückerl (Anm. 4), S. 206.

[38] Vgl. Märthesheimer/Frenzel (Anm. 27).

und ein eher negatives Echo provoziert haben. Die strafrechtliche Aufarbeitung der NS-Verbrechen wurde mit steigendem Mißtrauen verfolgt. Besonders fatal erscheint dieser Wandel, betrachtet man das Zustandekommen so mancher Justizkritik in den Gerichtssälen und in der reißerischen Presseberichterstattung: Einzelne Journalisten „hatten infolge ihrer Abwesenheit bei der Beweisaufnahme selbst gar keine Möglichkeit, sich ein eigenes Bild von dem Beweiswert einzelner Zeugenaussagen zu machen, scheuten sich aber nicht, das Gericht zu verteufeln, ohne sich wenigstens zunächst die Urteilsbegründung bis zum Ende anzuhören. Wenig später konnte man dann auch noch lesen, daß man von dem Gericht mehr an inneren Emotionen und weniger von einem Festklammern an starre Paragraphen hätte erwarten dürfen. Offenbar hatte man dabei schon vergessen, daß mancher vom Volksgerichtshof oder den Sondergerichten zum Tode verurteilten Widerstandskämpfer heute noch leben könnte, hätte seinerzeit das Gericht weniger Emotionen gezeigt und sich mehr an die Paragraphen [. . .] gehalten“[39]. Diese Beobachtung widerlegt gleichzeitig die Behauptung, daß die Strafprozesse der sechziger Jahre einen Bedarf an Sachkenntnis geweckt, „der Frage nach den alltäglichen Voraussetzungen und der Realität insbesondere der nationalsozialistischen Rassenpolitik Platz“[40] gemacht hätten.

[39] Dies die sicher gerechtfertigte Medienschelte des Leiters der Zentralen Stelle Rückerl (Anm. 4), S. 316. Bezeichnend ist auch die wachsende Zahl justizkritischer Publikationen: Jörg Friedrich, Die kalte Amnestie. NS-Täter in der Bundesrepublik, Frankfurt a.M. 1984, Ralph Giordano, Die zweite Schuld oder Von der Last Deutscher zu sein, Hamburg/Zürich 1987; Barbara Just-Dahlmann/Helmut Just, Die Gehilfen. NS-Verbrechen und die Justiz nach 1945, Frankfurt a.M. 1988; Gabriele von Arnim, Das große Schweigen. Von der Schwierigkeit, mit den Schatten der Vergangenheit zu leben, München 1989.

[40] So die Meinung von Steinbach (Anm. 27), S. 83. – Im Widerspruch zur Steinbachschen These stehen auch die Beobachtungen im Lyoner Verfahren gegen Klaus Barbie: „Statt der archaisierenden Schwarzweißmalerei der Medien entgegenzuwirken, ließ sich das Gericht, das sich nicht mit Zeitmangel entschuldigen kann, selbst von der Archaik der unvermittelten Kontraste überwältigen. Hier die lichte Welt des Humanismus, dort der schauerliche Abgrund des Massakers.“ So Lothar Baier, Das Vergehen der Vergangenheit

Das mag für für die NS-Forschung zutreffen, in der jüngeren Bevölkerung läßt sich anderes beobachten: „Die sich steigernde Kritik an der Justiz ist [. . .] auf eine junge, sehr sensible Generation zurückzuführen, die oft nicht in die Materie eingestiegen ist und die Probleme nicht kennt oder verkennt. Unterstrichen wird das zum Beispiel durch die Anfragen von ‚jungen' Leuten, nach der ‚Belastung' ihres Vaters oder Großvaters. Sie ziehen eine mögliche Belastung beispielsweise schon in Betracht, wenn der Familienangehörige im Osten eingesetzt war. Hierbei genügt ihnen eine Zugehörigkeit zur ‚Organisation Todt' oder zur Luftwaffe."[41]

Debatten im Bundestag

Der Begriff des „Wirtschaftswunders" für den ökonomischen Aufschwung in den Westzonen Deutschlands nach dem Zweiten Weltkrieg trifft die tatsächlichen Faktoren dieses Konsolidierungsprozesses nur sehr ungenau. Ähnliches läßt sich für die Behauptung sagen, die seit mehr als vier Jahrzehnte andauernde Auseinandersetzung mit den NS-Verbrechen erweise sich angesichts der zahlreichen politischen, gesellschaftlichen und rechtlichen Hemmnisse als „politisches Wunder"[42] – wäre die Strafverfolgung „reibungslos" verlaufen, wie stände es wohl um die Beschäftigung mit dem Nationalsozialismus? Manche Versäumnisse und Verzögerungen bei der strafrechtlichen Aufarbeitung der NS-Verbrechen müssen in erster Linie den politisch Verantwortlichen angelastet werden.

Man bemühte sich Anfang der fünfziger Jahre allzu rasch um die Begnadigung von vor alliierten Gerichten abgeurteilten NS-Verbrechern. In den Genuß der alliierten Gnadenerweise ka-

im Fernsehen. Der Barbie-Prozeß als Geschichtsstunde, in: Merkur 41 (1987), S. 808.

41 So die Mitteilung des Leitenden Oberstaatsanwalts der Zentralen Stelle, Dr. Alfred Streim, in einem Brief an die Verfasserin v. 25. Januar 1990, S. 7 f.

42 Steinbach, in: Weber/Ders. (Anm. 36), S. 20.

men allerdings auch Schwerstverbrecher, wie etwa Führer der Einsatzgruppen und Einsatzkommandos der Sicherheitspolizei und des Sicherheitsdienstes (SD).[43] Die Folgen für die späteren NS-Prozesse sind bekannt. Prominente NS-Täter konnten unbehelligt als Zeugen für Gerichtsverfahren gegen ihre früheren Untergebenen bestellt werden. Die psychologische Situation der Richter war verheerend. Die Strafjustiz hatte man über lange Zeit hinweg ohne entsprechende Handreichungen gelassen, wie denn die Strafverfolgung der NS-Verbrechen anzugehen sei.

Es bedurfte einer Zeit der Besinnung, bis die zuständigen Politiker angemessen reagierten: Die Gründung der Zentralen Stelle in Ludwigsburg bedeutete das entscheidendste und das nachhaltigste Bekenntnis zur strafrechtlichen Aufarbeitung der nationalsozialistischen Verbrechen; ihre Ermittlungsergebnisse bildeten das Fundament für die NS-Prozesse der vergangenen drei Jahrzehnte. Damit verbunden war aber auch die Verpflichtung, der 1958 getroffenen Entscheidung durch rechtlich gebotene Verjährungsbestimmungen nicht den Boden zu entziehen. Die von Kritikern behauptete „Feigenblatt-Funktion“[44] – gemeint war das „hilflose“ Kaschieren von Verfolgungsdefiziten – der Ludwigsburger Dienststelle hätte sich nachträglich bewahrheitet.

Von „Wundern“ zu sprechen hieße solche Entscheidungen und Fakten zu bagatellisieren. Sicherlich war die Ludwigsburger Gründung „ein gewisser Primat. Sie mußte in einem Rechtsstaat ganz unabhängig von allem politischen Wandel Folgen haben“[45]. Die Verjährungsdebatten im Deutschen Bundestag – in erster Linie die aus den Jahren 1965, 1969 und 1979 – haben diese Einschätzung eindrucksvoll bestätigt. Spätestens Anfang der sechziger Jahre – nach dem Eichmann-Prozeß in Israel und seit Beginn

[43] Die Petitionen um Begnadigung der vom IMT und den übrigen alliierten Gerichten verurteilten Verbrecher gingen zunächst von deren Verwandten aus, aber auch hohe kirchliche Würdenträger übten Druck auf die Parlamentarier im Bundestag aus. Siehe hierzu Robert M.W. Kempner, Ankläger einer Epoche. Lebenserinnerungen, Frankfurt a.M./Berlin 1983, S. 386-399.

[44] Rückerl (Anm. 4), S. 147.

[45] Peter Graf Kielmansegg, Lange Schatten. Vom Umgang der Deutschen mit der nationalsozialistischen Vergangenheit, Berlin 1989, S. 49.

des großen Frankfurter Auschwitz-Verfahrens – waren die Ergebnisse der Strafverfolgung von NS-Verbrechen nicht mehr zu leugnen, ebensowenig die damit verbundenen Probleme im Hinblick auf eine rechtlich befristete Weiterverfolgung.

Die erste Bundestagsdebatte zur Frage der Verjährung nationalsozialistischer Verbrechen Anfang 1960 stand freilich noch ganz im Zeichen des „Abwartens", das für die Stimmung in den fünfziger Jahren kennzeichnend gewesen war: Die Justiz besaß keine Klarheit darüber, wie die Strafverfolgung der NS-Verbrechen zu koordinieren sei. So mochte sich nun eine Mehrheit der Parlamentarier trotz – oder wegen – der Errichtung der Zentralen Stelle noch dem früheren Glauben hingeben, „die Dinge seien nun entschärft und reiften einer wohltätigen Verjährung entgegen"[46]. Der Antrag der SPD-Fraktion zielte darauf, den bisher angenommenen Stillstand der Rechtspflege in der Zeit zwischen dem 30. Januar 1933 und dem 8. Mai 1945 bis zum 15. September 1949 auszuweiten; die 15jährige Verjährungsfrist für Totschlags-Delikte wäre somit um vier Jahre verlängert worden. Der Gesetzentwurf stieß allerdings auf die einhellige Ablehnung der CDU- und der FDP-Fraktion, nicht zuletzt mit dem Hinweis auf das in Art. 103 Abs. 2 GG statuierte Rückwirkungsverbot von Gesetzen.

Der Bundesjustizminister Fritz Schäffer stützte sich auf einen Bericht des damaligen Leiters der Zentralen Stelle, Erwin Schüle, nach dem „alle bedeutsamen Massenvernichtungsaktionen der Kriegszeit systematisch erfaßt und weitgehend erforscht"[47] seien. Von der Verjährung bedrohte Verbrechenskomplexe – „Fälle, in denen es sich um Mord und Beihilfe zum Mord handelt"[48] – könnten nach wie vor unbehelligt zu Ende geführt werden. Das Vertrauen, das insbesondere CDU/CSU- und FDP-Politiker in

[46] Karl S. Bader, Politische und historische Schuld und die staatliche Rechtsprechung, in: Vierteljahrshefte für Zeitgeschichte 10 (1962), S. 114.

[47] Presse- und Informationszentrum des Deutschen Bundestages (Hrsg.), Zur Verjährung nationalsozialistischer Verbrechen. Dokumentation der parlamentarischen Bewältigung des Problems 1960-1979, Bonn 1980, S. 27.

[48] Ebda., S. 25.

die Fahndungskompetenz der Ludwigsburger Ermittler setzten, war freilich wenig überzeugend. So verwies der SPD-Abgeordnete Metzger zu Recht darauf, daß die Zentrale Stelle erst „jetzt angefangen hat, zunächst einmal festzustellen, was los ist"[49]; die in den USA liegenden Aktenpakete seien darüber hinaus noch nicht ausgewertet worden. Der allerdings auch nicht mit besonderem Nachdruck verfolgte SPD-Antrag hatte keine Aussicht auf Erfolg. Bereits der Zeitpunkt der SPD-Initiative (Ende März) wäre für eine intensive Debatte zu kurz gewesen; schließlich mangelte es den Argumenten Metzgers (SPD) an handfesten Hinweisen auf noch unerforschte Tatkomplexe, die sehr wohl von der Verjährung betroffen würden.[50]

Die Diskussion über die ablaufende Verjährungsfrist für Mord-Verbrechen im Jahre 1965 blieb – anders als 1960 – nicht allein dem Bundestag vorbehalten. Unter dem Eindruck der mittlerweile zahlreichen NS-Prozesse hatten sich bereits im Vorfeld einer parlamentarischen Entscheidungsbildung prominente Persönlichkeiten, Verbände und Gruppen des In- und Auslandes dazu geäußert. Karl Jaspers etwa suchte den Parlamentariern mit höchst politischen Argumenten beizukommen und argwöhnte, „daß hinter dem Willen, durch Verjährung wenigstens einen Teil der Verbrechen vor Verfolgung zu bewahren, das Motiv steht, [...] die Amnestie für NS-Verbrechen zu fordern"[51]. Die Bonner Politiker sollten in ihrer Haltung für oder gegen eine Verlängerung der Verjährungsfrist der mit lebenslanger Zuchthausstrafe bedrohten Verbrechen unter den Druck der Öffentlichkeit gera-

49 Ebda., S. 39.

50 Hierzu Rückerl (Anm. 4), S. 155, wonach der von Schäffer erwähnte Bericht der Zentralen Stelle tatsächlich „falsch interpretiert [!]" worden sei.

51 Karl Jaspers, Wohin treibt die Bundesrepublik? Tatsachen – Gefahren – Chancen, München 1966, S. 17-123, hier S. 78. . – Die von Arndt (SPD), Güde (CDU) u.a. vorgebrachten Vorschläge einer Teilamnestie war selbst von berufenen Strafrechtlern als Möglichkeit zur Straffung der Strafverfolgung für erwägenswert befunden worden. Siehe hierzu besonders Herbert Jäger, Strafrecht und nationalsozialistische Gewaltverbrechen, in: Redaktion Kritische Justiz (Hrsg.), Der Unrechts-Staat I. Recht und Justiz im Nationalsozialismus, Baden-Baden 1983^2, S. 155 f.

ten. Die Bundesregierung ihrerseits hegte kein Interesse, einen Gesetzentwurf zur Fristverlängerung über den 8. Mai 1965 hinaus einzubringen. Bundesjustizminister Bucher (FDP) stützte sich dabei auf das Argument, die Verlängerung der Verjährungsfrist verstoße gegen das Rückwirkungsverbot in Art. 103 GG. Daneben konnte sie sich auf mehrmalige Versicherungen des Leiters der Zentralen Stelle, Erwin Schüle, berufen, der für eine Ausdehnung der Verjährungsfrist von Mordverbrechen kein Erfordernis sah. Mit unentdeckten Verbrechenskomplexen sei nicht zu rechnen, und bei bekannten Straftaten könne die Verjährung noch vor dem 8. Mai 1965 unterbrochen werden. Damit widersprach er aber der Einschätzung seiner Referenten (insgesamt neun), „die das Gegenteil behaupteten und versuchten, ihren Chef von seiner Meinung abzubringen“[52]. Zu diesem Zweck hatten die Landesjustizminister den Personalbestand der Ludwigsburger Dienststelle aufgestockt; die Bundesregierung entschloß sich gleichzeitig zu einem Rechtshilfeersuchen an das Ausland.[53]

Der von Ernst Benda und weiteren CDU-Abgeordneten eingebrachte Gesetzentwurf zur Verlängerung der Verjährungsfrist von 20 auf 30 Jahre wurde nach dem von Bundesjustizminister Bucher im Februar 1965 vorgelegten Bericht „der Bundesregierung über die Verfolgung nationalsozialistischer Straftaten“[54] neu gefaßt; die Verjährung von Mordverbrechen sollte nunmehr gänzlich entfallen. Die SPD-Fraktion brachte zwei Gesetzentwürfe ein: Sie zielten einerseits darauf, die Verjährung für Mord und Völkermord aufzuheben, andererseits dies im Grundgesetz festzuschreiben. Insofern waren die SPD-Anträge von vornherein zum Scheitern verurteilt, denn die notwendige verfassungsän-

[52] So der jetzige Leitende Oberstaatsanwalt der Zentralen Stelle, Dr. Alfred Streim, in einem Brief an die Verfasserin v. 25. Januar 1990, S. 5. – Siehe ebenso die verdeckte Kritik von Rückerl (Anm. 4), S. 168 und den Hinweis (ebda., FN 126) auf Entscheidungen des Bundesgerichtshofes und des Bundesverfassungsgerichts, die eine Verletzung des Rückwirkungsverbotes verneinen.

[53] Presse- und Informationszentrum des Deutschen Bundestages (Anm. 47), S. 141 f.

[54] Ebda., S. 88-143.

dernde Mehrheit war „auf keinen Fall angesichts des Widerstandes praktisch der gesamten FDP-Fraktion und von Teilen der CSU zu erreichen“[55]. Der Bundesjustizminister hatte schon vor der ersten Lesung der Entwürfe den Standpunkt der Bundesregierung öffentlich festgelegt. Eine Verlängerung der Verjährung widerspräche dem Rückwirkungsverbot. Für den Fall eines Einlenkens kündigte er seinen Rücktritt an.[56] Seine persönliche Haltung – wie auch die seiner Fraktion – richtete sich grundsätzlich gegen „jedes rückwirkende Gesetz auf dem Gebiete des Strafrechts“. Dieser Grundsatz sei ein Gebot der Rechtssicherheit und habe ebenso Verfassungsrang wie die materielle Gerechtigkeit. Es könne aber keine Rede davon sein, daß man letzter durch „die Verlängerung der Verjährungsfrist [...] zu einem überzeugenden Sieg verhelfen würde“[57]. Buchers Hinweise – etwa auf prominente NS-Täter, die aufgrund des Überleitungsvertrages aus dem Jahre 1956 strafrechtlich nicht mehr zur Verantwortung gezogen werden könnten, aber als Zeugen in anderen NS-Prozessen aufträten – waren rechtspolitisch nicht zu entkräften. Mit Argumenten wie den zunehmenden Beweisschwierigkeiten der Gerichte und der niemals lückenlosen Sühne von Verbrechen suchte er freilich einen trügerischen Rechtsfrieden herbeizureden. Seine Sorge schien, daß angesichts der seit Mitte der sechziger Jahre (insbesondere im „Spiegel“ seit Anfang 1965) anhaltenden Diskussionen um belastete Persönlichkeiten ein die Verjährung verlängerndes Gesetz den Eindruck einer erneuten Entnazifizierung wecke.

Der CDU-Abgeordnete Ernst Benda stützte den Antrag seiner Fraktion auf die gegenteiligen Argumente. „Für die Antragsteller steht über allen Erwägungen juristischer Art ganz einfach die Er-

[55] So rückblickend Martin Hirsch, Anlaß, Verlauf und Ergebnis der Verjährungsdebatten im Deutschen Bundestag, in: Weber/Steinbach (Anm. 36), S. 46.

[56] Bundeskanzler Erhard hatte sich mit der Kabinettsminderheit für eine Verlängerung ausgesprochen. Siehe hierzu: NS-Verbrechen. Verjährung, in: Der Spiegel 19 (1965), H. 11, S. 33 f.

[57] Presse- und Informationszentrum des Deutschen Bundestages (Anm. 47), S. 178.

wägung, daß das Rechtsgefühl eines Volkes in unerträglicher Weise korrumpiert werden würde, wenn Morde ungesühnt bleiben müßten, obwohl sie gesühnt werden könnten."[58] Seine Argumentation war freilich problematisch, denn das Rechtsgefühl würde nur dann verletzt, wenn es sich bei den von Benda erwähnten Straftaten um ungeahndete sichtbare Normverletzungen handelte. Daß dies bei den NS-Mordverbrechen keineswegs die Regel war und ist, ergibt sich nicht zuletzt auch aus der Schwierigkeit ihrer Aufklärung, die ja seit 1958 der Zentralen Stelle oblag. Die Wirkung der Strafrechtspflege, nämlich die Ahndung sichtbarer Normverletzungen zur Bestätigung ihres Ausnahmecharakters in der Gesellschaft, mußte im Fall der NS-Verbrechen erst recht angesichts der Vielzahl der zu verfolgenden Täter und Tatkomplexe „verpuffen". Schließlich dürfte das Rechtsgefühl der Bevölkerung unter Umständen sehr viel mehr verletzt sein, wenn in solchen Prozessen Zeugen auftreten, die zwar schwer belastet, aber strafrechtlich nicht mehr zur Verantwortung zu ziehen sind. Das gilt auch für die besonders während der sechziger Jahre anhaltenden Diskussionen um die Belastung von hohen Amtsträgern (u.a. Hans Globke, Theodor Oberländer, Friedrich Karl Vialon) sowie Richtern, deren Stellung im Dritten Reich von der östlichen Propaganda gezielt ausgeschlachtet wurde. Benda meinte freilich, das deutsche Volk habe den Nationalsozialismus überwunden, und man dürfe gerade nicht „um der Ehre der Nation willen mit diesen Prozessen Schluß machen", sondern die Verjährungsfrist verlängern.[59] Ver-

[58] Ebda., S. 160.

[59] Ebda., S. 165. – Alfred Grosser (Geschichte Deutschlands seit 1945. Eine Bilanz, München 1987[13], S. 314) hat diesbezüglich auf die Haltung der Franzosen hingewiesen: In Frankreich hätte man eine Verjährung der NS-Verbrechen als unerträglich empfunden. In Frankreich sei es üblich, eine Amnestie zu praktizieren, aber verboten, hiernach auch nur an die Verbrechen zu erinnern, die irgend jemand in Frankreichs Namen begangen haben mag. Die unterschiedliche Bewertung des Problems beruhe nicht auf der „Größenordnung der Verbrechen, als vielmehr auf dem grundlegenden Gegensatz zwischen der Moralforderung, die im Hinblick auf Deutschland erhoben wurde, und dem Vergessen, das zur Beschwichtigung der Konflikte zwischen Franzosen anzuwenden man für nötig hielt".

fassungsrechtliche Bedenken stünden diesem Gebot keineswegs entgegen, weshalb auch der Antrag der SPD-Fraktion hinfällig würde. Benda konnte sich in seinen Ausführungen auf einen Großteil namhafter Straf- und Staatsrechtler stützen. Der SPD-Parlamentarier Martin Hirsch stimmte mit den Argumenten Bendas überein und suchte – wenn auch vordergründig – die geäußerten Vermutungen zu zerstreuen, die SPD fordere ein Sonderstrafrecht: „Wenn man schon die Verlängerung der Verjährungsfrist oder deren Aufhebung bei Mord überhaupt bejahen muß, [...] dann muß man das erst recht für diesen besonderen Täterkomplex [!] der Nazimörder tun.“[60]

Er erntete den Widerspruch der CDU-Fraktion (u.a. Rainer Barzel) ebenso wie den der FDP, namentlich von Thomas Dehler. Dieser erinnerte die SPD an ihre ureigenen Forderungen im Bereich des modernen Strafrechts. Wenn sie schon davon ausgehe, daß ein Täter nicht bestraft werden könne, sondern das Ziel des Strafvollzugs die Resozialisierung sein müsse, dann seien die beantragten Maßnahmen überhaupt nicht möglich. „Ich bin anderer Meinung. Ich bejahe die Schuld nach unserem Sittengesetz [...]. Aber ich plädiere doch wahrlich nicht für Naziuntäter, wenn ich das sage, sondern für das Recht und dafür, daß jeder Täter, daß die Schuld des einzelnen gewertet werden muß auf dem Hintergrund jener Zeit.“[61] Mit seinem Plädoyer hatte Dehler zu Recht den Standpunkt der Gerichte hervorgehoben. So waren in NS-Verfahren vorsitzende Richter bereits mehrfach dafür eingetreten, diese Prozesse nicht mit politisch-historischen Maßstäben zu befrachten, wie z.B. der Frankfurter Generalstaatsanwalt und Ankläger im Remer-Prozeß, Fritz Bauer: Alle in der „Mordmaschinerie“ verstrickten Täter seien wegen Mordes zu verurteilen. Das Bemühen der Gerichte, einen individuellen Schuldnachweis [!] zu führen, vergewaltige das tatsächliche Geschehen. Dagegen wurde eingewandt: „Um der Geschichte willen werden von der

[60] Presse- und Informationszentrum des Deutschen Bundestages (Anm. 47), S. 171.
[61] Ebda., S. 197.

Rechtsordnung keine Strafprozesse geführt, sondern um der Ahndung des Unrechts willen. [. . .] Sie dürfen auch nicht geführt werden, um der nachträglichen Entlastung der Politik oder der Wiederherstellung des guten Rufes der Justiz zu dienen."[62]

Die unterschiedlichen Stellungnahmen waren insgesamt jeweils wohl begründet, aber die von Benda bei Eröffnung der Aussprache angemahnte breite Zustimmung zur Verlängerung der Verjährungsfrist kam nicht zustande. Die Zahl der Ermittlungsverfahren in NS-Strafsachen stieg Mitte der sechziger Jahre auf ihren höchsten Stand. Eine Entscheidung der verantwortlichen Politiker für die 30jährige Verjährungsfrist hätte daher frühzeitig die Erfordernis einer weiteren strafrechtlichen Ahndung von NS-Verbrechen verdeutlicht. Der vereinbarte Kompromiß galt freilich einem Berechnungsgesetz, das die Jahre zwischen 1945 und 1949 als für die Verjährung ruhenden Zeitraum veranschlagte und die Strafverfolgung von Mordverbrechen lediglich bis zum Jahre 1969 sicherstellte. Bundesjustizminister Bucher trat – konsequenterweise – von seinem Amt zurück.

Die vierjährige Pause bis zur erneuten Debatte im Jahre 1969 hatte keinen Meinungswandel zur Verjährungsfrage bewirkt. Die politischen Rahmenbedingungen waren jedoch verändert. Die Gesetzesinitiative ergriff nunmehr die Regierung der Großen Koalition. Bundesjustizminister Ehmke (SPD) war – im Gegensatz zum damaligen FDP-Ressortchef Bucher – ein vehementer Befürworter einer Verlängerung der Verjährungsfrist für Mord, die er nicht auf die NS-Verbrechen beschränkt wissen wollte.[63] Da im Zuge der Großen Strafrechtsreform eine Verlängerung der Verjährungsfrist für Mord von 20 auf 30 Jahre und eine generelle Aufhebung der Verjährung für Völkermord (seit 1954 geltender

[62] Dazu die (volks)pädagogische Intention von Bauer, Im Namen des Volkes, in: Helmut Hammerschmidt (Hrsg.), Zwanzig Jahre danach. Eine deutsche Bilanz. Achtunddreißig Beiträge deutscher Wissenschaftler, Schriftsteller und Publizisten, München u.a. 1965, S. 301-314. Siehe den Widerspruch von Karl S. Bader (Anm. 5), S. 124.

[63] Vgl. Presse- und Informationszentrum des Deutschen Bundestages (Anm. 47), S. 381-390.

Straftatbestand) ab 1973 in Kraft treten würde, stritt man über die vermeintliche Begünstigung von NS-Tätern, sofern die Verjährung nach 20 Jahren einträte. Geklärt war die 1965 umstrittene Frage des Rückwirkungsverbotes bei einer Ausweitung der Verjährungsfrist. Das Bundesverfassungsgericht hatte dies verneint. Gleichwohl blieben die FDP (z.B. Ewald Bucher und Thomas Dehler), aber auch Teile der CSU (u.a. Friedrich Zimmermann) bei ihrem prinzipiellen Eintreten für eine Verjährung.

Eine Entscheidung des Parlaments wurde zusätzlich erschwert durch die Folgen des neuen Ordnungswidrigkeitengesetzes. Es schrieb für den Gehilfen eine zwingende Strafmilderung im Vergleich zum Haupttäter vor. Durch ein Grundsatzurteil des Fünften Strafsenates des Bundesgerichtshofes vom 20. Mai 1969 wirkte sich die Gesetzesnovelle in fataler Weise zugunsten eines nachweislich schwer belasteten NS-Täters aus (Heinrich-Urteil).[64] Den Folgen dieser Rechtsprechung suchten Vertreter der CDU/CSU mit einer differenzierenden Verjährungslösung entgegenzukommen, „um die Justiz, die mit mit dem Gesamtproblem kaum fertig wird, auf die schwersten der schweren Fälle zu beschränken“[65]. Bundesjustizminister Ehmke hingegen lehnte eine „zusätzliche gesetzliche Differenzierung“[66] ab.

Man einigte sich auf den Kompromiß einer 30jährigen Verjährungsfrist auch für NS-Verbrechen, dem eine Mehrheit der CDU/CSU-Fraktion zustimmte. Der CDU-Politiker Süsterhenn begründete dieses Votum mit dem Hinweis auf die 30jährige Verjährungsfrist „schon für den ‚normalen‘ [!] Mord durch unser soeben beschlossenes Strafrechtsreformgesetz“[67]. Es sei unerträglich, wenn der NS-Massenmörder in den Genuß einer kürzeren Verjährungsfrist gelange und günstiger gestellt würde. Der

[64] Vgl. Rolf Vogel (Hrsg.), Ein Weg aus der Vergangenheit. Eine Dokumentation zur Verjährungsfrage und zu den NS-Prozessen, Frankfurt a.M./Berlin 1969, S. 120 f.; zu den Hintergründen der Neufassung von § 50 Abs. 2 StGB siehe Kröger (Anm. 17), S. 73-78.

[65] Presse- und Informationszentrum des Deutschen Bundestages (Anm. 47), S. 397 (Jaeger, CSU).

[66] Ebda., S. 384.

[67] Ebda., S. 422.

politische Kompromiß bedeutete zunächst eine klare und prinzipiell anerkennenswerte Entscheidung gegen eine Mehrheit in der Bevölkerung, die sich in verschiedenen Befragungen[68] gegen eine weitere Strafverfolgung von NS-Tätern ausgesprochen hatte. Die Verlängerung der Verjährung wies aber auch eine pragmatische Alternative zu weniger befriedigenden Lösungen auf, welche der Leiter der Zentralen Stelle, Oberstaatsanwalt Adalbert Rückerl, im Rechtsausschuß des Bundestages aufgezeigt hatte: Ohnehin begünstigt seien jene, die in den Genuß alliierter Amnestien gelangt waren und aus der Strafverfolgung herausfielen. Vollkommen unbehelligt blieben NS-Täter, die nach Eintritt der Verjährung entdeckt würden. „Leidtragende allein wären die Angehörigen der zweiten Gruppe, die zwar erst spät, aber noch vor dem 31. Dezember 1969 bekannt wurden und deshalb noch auf Jahre hinaus zu verfolgen sind."[69]

Unverjährbarkeit von Mord

Die Verjährungsproblematik hätte mit dieser Lösung zweifellos einen befriedigenden Abschluß gefunden. Aus rechtspolitischen Gründen war eine Neuauflage der parlamentarischen Diskussion im März 1979 jedenfalls nicht zwingend, wenngleich sich gegen Ende der siebziger Jahre ein deutlicher Wandel im öffentlichen Meinungsklima abzuzeichnen begann. Den heftigsten Ausschlag ergaben die Zuschauerreaktionen und öffentlichen Diskussionen nach der Ausstrahlung der „Holocaust"-Fernsehserie im Jahre 1979: Umfragen belegten zum erstenmal eine Mehrheit, insbesondere der jüngeren Bevölkerung, die sich für eine Weiterverfolgung der NS-Verbrechen aussprach (von 25 Prozent im Jahre 1974 stieg die Zahl der Befürworter auf 50 Prozent im Jahre

[68] Vgl. Klaus Harpprecht, Das allzu offene Geheimnis, in: Der Monat 21 (1969), H. 248, S. 7-9. Daß die Voten tatsächlich ein mangelndes Sühnebedürfnis in der Bevölkerung nahelegen, wie Harpprecht meint, verneint Arno Plack, Wie oft wird Hitler noch besiegt?, Heidelberg 1982, S. 110-114.

[69] Zit. in: Vogel (Anm. 64), S. 102.

1979). Darin äußerte sich eine veränderte Haltung zur jüngsten Vergangenheit, beeinflußt durch die ab Ende der sechziger Jahre forciert einsetzenden pädagogischen Bemühungen einer negativen Sanktionierung des Nationalsozialismus.[70] Im In- und Ausland hatte „erwartungsgemäß schon 1978" eine öffentliche Diskussion über die ablaufende Verjährungsfrist für NS-Mordverbrechen begonnen. In den Ostblockstaaten, aber auch in westlichen Demokratien kam es zu Appellen für die Unverjährbarkeit von Verbrechen gegen die Menschlichkeit.[71] Im Bundestag reagierten Vertreter der CDU-Fraktion, schließlich SPD- und FDP-Parlamentarier mit Anträgen gegen die Verjährung von Mord- und von NS-Mordverbrechen; die Bundesregierung verzichtete auf einen eigenen Gesetzentwurf. Der FDP-Abgeordnete Maihofer votierte für die ausschließliche Unverjährbarkeit von NS- bzw. Völkermord-Verbrechen; in der SPD bestand Einigkeit über eine Aufhebung der Verjährung für Mordverbrechen im allgemeinen. Hingegen war man in der CDU/CSU-Fraktion darüber uneins, wiewohl auch einige Politiker der FDP (z.B. Kleinert) die bestehende 30jährige Frist aus Gründen der Rechtssicherheit einklagten.

Die äußerst kontroverse Debatte spiegelte – im Gegensatz zu 1965 – den enormen Druck von seiten der „Öffentlichkeit" wider. Obwohl es – vielfach betont – um die Mord-Verjährung im allgemeinen ging, kreisten doch die Argumente um das Problem der NS-Verbrechen, die es „aufzuarbeiten" gelte. Die meisten Redner fühlten sich offenkundig „in großer Verlegenheit"[72]. Der „Holocaust"-Film hatte erkennbar einen nachhaltigen Eindruck hinterlassen: So beklagte der CDU-Politiker Mertes die mangeln-

[70] Siehe u.a.: Emnid-Informationen 26 (1974), Nr. 8/9; 30 (1978), Nr. 11/12; 31 (1979), Nr. 2. – Vgl. u.a. auch Reichel, in: Weber/Steinbach (Anm. 36), S. 158; Hans-Ulrich Thamer, Monumentalität oder Banalität des Bösen? Von der Notwendigkeit einer Historisierung des „Dritten Reiches", in: Landeszentrale für politische Bildung Nordrhein-Westfalen (Hrsg.), Streitfall Deutsche Geschichte. Geschichts- und Gegenwartsbewußtsein in den 80er Jahren, Essen 1988, S. 185-195.

[71] Rückerl (Anm. 4), S. 204-206, hier S. 205.

[72] So der Eindruck von Hirsch, in: Weber/Steinbach (Anm. 36), S. 49.

de Prinzipientreue mancher Parlamentarier, die sich dem „schnell schwankenden Zeitgeist“[73], aber auch dem Druck von außen beugten. Graf Stauffenberg (CDU) nannte die „Befangenheit der freien Deutschen gegenüber ihrer Vergangenheit“ ehrenwert. Die Aufhebung der Verjährungsfrist als „öffentlich sichtbare Feststellung des geschehenen Unrechts“[74] könne jedoch nicht die Lösung sein. Zu einer solchen Demonstration eigne sich das Strafverfahren gerade nicht. Aber anders als im Jahre 1969 fanden sich 1979 nur noch wenige Redner bereit, die ständig zunehmenden Beweisschwierigkeiten in NS-Verfahren als Argument gegen die Aufhebung der Verjährung gelten zu lassen. Die Beweissituation sei „kein durchschlagendes Argument gegen die Aufhebung der Verjährung“[75]. Derartige Probleme in dem zur gleichen Zeit abgeschlossenen Majdanek-Verfahren wollten manche Debattenredner nicht zur Kenntnis nehmen.[76] Der schließlich mit einer knappen Mehrheit (255 gegen 222 Stimmen) im Juli 1979 beschlossene Gesetzentwurf für die Unverjährbarkeit von Mord und Völkermord berücksichtigte ebensowenig die Meinung des Leiters der Zentralen Stelle: Die quantitative wie qualitative Ergiebigkeit einer weiteren – unter Berücksichtigung der nach wie vor in Gang befindlichen – Strafverfolgung von NS-Verbrechen sei gering.[77]

[73] Presse- und Informationszentrum des Deutschen Bundestages (Anm. 47), S. 689.
[74] Ebda., S. 489 u. S. 487.
[75] Ebda., S. 453 (Gradl, CDU).
[76] Vgl. ebda., S. 621-653.
[77] Siehe Rückerl (Anm. 4), S. 206-208.

VII. Bilanz – Kein Ende der Vergangenheitsbewältigung

Stand der Strafverfolgung

Der Unverjährbarkeits-Beschluß des Bundestages aus dem Jahre 1979 erlaubt den Strafverfolgungsbehörden faktisch die Einleitung von Ermittlungsverfahren noch über das Jahr 2000 hinaus. Geht man davon aus, daß ein NS-Täter zur Tatzeit – spätestens also 1945 – mindestens 20 Jahre alt war, dann müßte er noch mit 80 Jahren und älter strafrechtlich verfolgt werden. Die Anklageerhebung gegen den mutmaßlichen Täter, sofern ausreichende Beweise vorliegen bzw. aussagefähige Zeugen ermittelt werden können, ist letztlich abhängig von seinem Gesundheitszustand. War mithin die Aufhebung der Verjährungsfrist auch für die NS-Verbrechen aus strafrechtlichen und strafprozessualen Gründen notwendig? Der Stand der Strafverfolgung von NS-Verbrechen, der auch dem Bundestag seinerzeit vorlag, dürfte diese Frage annähernd beantworten.

Die Staatsanwaltschaften in der Bundesrepublik haben in der Zeit vom 8. Mai 1945 bis zum 1. Januar 1991 gegen insgesamt 102.134 namentlich bekannte Personen Ermittlungsverfahren wegen NS- oder Kriegs-Verbrechen eingeleitet. 6.487 Angeklagte sind rechtskräftig verurteilt worden, davon 14 zum Tode (bis zur Abschaffung der Todesstrafe). Lebenslängliche Freiheitsstrafen erhielten 170, zeitige Freiheitsstrafen rund 6.200 Verurteilte. Bei 83.567 mutmaßlichen NS-Verbrechern wurden die Ermittlungs- und Hauptverfahren eingestellt.[1] Von den 6.487 rechts-

[1] Vgl. die Statistik des Bundesjustizministeriums, in: Albrecht Götz, Bilanz der Verfolgung von NS-Straftaten, Köln 1986, S. 149 sowie die Angaben von Adalbert Rückerl, NS-Verbrechen vor Gericht. Versuch einer Vergangenheitsbewältigung, Heidelberg 1984², S. 307 f. Diese Daten wurden mit den jüngsten Zahlen abgeglichen, hierzu: Noch 81 Vorermittlungsverfahren wegen NS-Verbrechen, in: Frankfurter Allgemeine Zeitung v. 1. Juni 1987 und

kräftig verurteilten Personen ergingen im Fall von mindestens 610 die Strafurteile nach 1956, d.h. wegen Totschlags- und Morddelikten. Davon wurden zwischen 1960 und 1969 – nach dem Eintritt der Verjährungsfrist für Totschlagsverbrechen im Jahre 1960 – rund 310 Personen wegen Mordverbrechen verurteilt. In der Zeit zwischen 1970 und 1979 waren es 189 Strafurteile und bis zum Ende des Jahres 1990 noch 41. Daraus ergibt sich eine Verurteilungsquote von 1,4 Prozent. Bis zur Anklageerhebung und zu einer Hauptverhandlung kam es in fünf Prozent der Ermittlungsverfahren. Die „Erfolgsquote" der Aufklärung heutiger Alltagskriminalität dürfte erheblich höher sein; allerdings ermitteln die Strafverfolgungsbehörden in diesen Fällen nicht – wie die Zentrale Stelle zur Aufklärung von NS-Verbrechen – systematisch, sondern reagieren auf Strafanzeigen bzw. die Sichtbarkeit dieser Verbrechen. Die geringere Erfolgsquote der Strafverfolgung von NS-Verbrechen erklärt sich auch aus den erheblichen Problemen infolge des immensen Zeitabstandes zum Tatgeschehen.

Wie verhält es sich nun mit den Vieltausenden von Ermittlungsverfahren? Sie haben „nicht nur in den Medien keinen Niederschlag gefunden. Auch die zeitgeschichtliche Forschung hat [. . .] davon bisher kaum Notiz genommen. Dabei sind es häufig gerade solche Verfahren, die nach oft jahrelangen Ermittlungen schließlich eingestellt werden mußten, deren Ergebnisse besonders deutlich das Auseinanderklaffen von Theorie und Praxis im Dienstbetrieb der damaligen staatlichen Einrichtungen erkennen lassen"[2]. Die Behauptung, die Einstellungsbeschlüsse erfolgten „ohne jede Kontrolle der Öffentlichkeit"[3], ist unwahr. Es sei

die letzten Angaben des Leitenden Oberstaatsanwalts der Zentralen Stelle, Dr. Alfred Streim, im Vorwort dieses Buches.

[2] Adalbert Rückerl, Staatsanwaltliche Ermittlungen der NS-Verbrechen – Schwierigkeiten und Ergebnisse, in: Jürgen Weber/Peter Steinbach (Hrsg.), Vergangenheitsbewältigung durch Strafverfahren? NS-Prozesse in der Bundesrepublik Deutschland, München 1984, S. 71-83, hier S. 71.

[3] So Günther Schwarberg, Die Mörderwaschmaschine, in: Rainer Eisfeld/Ingo Müller (Hrsg.), Gegen Barbarei. Robert M.W. Kempner zu Ehren, Frankfurt a.M. 1989, S. 324.

denn, man erwartete eine Veröffentlichung der Ermittlungsakten. Das liefe dem heutzutage besonders geachteten Schutz der Persönlichkeitsrechte zuwider, auf den alle in diesen Akten Genannten Anspruch haben. Um den Ermittlungszweck nicht zu gefährden, werden über Inhalt und Stand laufender Ermittlungsverfahren generell keine Informationen verbreitet.

Die Medien erhalten auf Anfrage Auskünfte über eingestellte Verfahren; ihr Interesse ist freilich minimal, denn das Hauptaugenmerk ihrer Berichterstatter liegt in der Regel auf dem Ergebnis der Hauptverhandlung. Mit dem NS-Verfahren langjährig beschäftigte Journalisten bestätigen diese Praxis: „Ich habe in der Regel nur dann geschrieben, wenn ich aufgrund von Vorabinformationen wußte, daß es bei den Prozessen einen ‚interessanten Tag‘ gibt. [. . .] Das ist, wenn Sie so wollen, ein Journalismus, der nicht gerade von der besten Art ist. [. . .] Aber ich mußte ja auch so schreiben, denn ich hatte zu bedenken, daß der Leser natürlich auch sein ‚besonderes Futter‘ haben will. So ist das leider.“[4] Nichtsdestoweniger sind die Presseleute durchaus in der Lage, Kontrolle über laufende und eingestellte Ermittlungsverfahren auszuüben: Die Ermittlungen über das Häftlingslager Groß-Rosen oder das Konzentrationslager Stutthof dürften exemplarisch für solche Verfahren sein, in denen es aufgrund langwieriger Untersuchungen, fehlenden Beweismaterials und verschiedener Wechsel der zuständigen Sachbearbeiter zu Einstellungen kam. Allerdings griffen schließlich die Zeitungen das Thema auf, so daß es zu einer Kleinen Anfrage im Landtag kam. Auch der „Nazi-Jäger“ Simon Wiesenthal berichtete über die schleppenden Ermittlungen im Fall der Massenmorde im Ghetto Warschau Anfang der siebziger Jahre: „Als Willy Brandt auch nach 14 Tagen noch nicht reagierte, habe ich die Angelegenheit

[4] Dietrich Strothmann u.a., Presseberichterstattung und Bewußtseinsbildung – der Beitrag der Medien, in: Weber/Steinbach (Anm. 2), S. 197; im Tenor ähnlich Götz Aly, Lothar Bewerunge und Heiner Lichtenstein (ebda., S. 192-207).

der Presse übergeben, und das hat eingeschlagen wie eine Bombe. [...] Hahn hat dann tatsächlich ,Lebenslänglich' bekommen."[5]

Der Stand der Ermittlungen über die NS-Verbrechen aus der Zeit zwischen 1933 und 1945 erlaubt auch mehr als 45 Jahre nach dem Ende des Dritten Reiches noch keine Abschlußbilanz. Ebensowenig läßt sich die Anzahl der Fälle vorhersagen, in denen es noch zu rechtskräftigen Verurteilungen kommt. Das hat seine Ursache vor allem im zeitlich weit zurückliegenden Tatgeschehen. Daraus ergibt sich ein enger Zusammenhang zwischen der Dauer der Verfahren (Vorermittlungsverfahren, gerichtliche Voruntersuchung sowie Vorbereitung und Durchführung der Hauptverhandlung) und dem Alter der Angeklagten wie auch der Zeugen: Die durchschnittliche Dauer der Verfahren betrug Anfang der sechziger Jahre noch etwa vier Jahre, Anfang der siebziger Jahre acht, und Anfang der achtziger Jahre sind es bereits dreizehn Jahre, bis der Prozeß mit einem Urteil in erster Instanz zum Abschluß kommt. (Das Majdanek-Verfahren – angefangen bei den staatsanwaltlichen Vorermittlungen 1962 bis zu den ersten Urteilssprüchen 1979 – zog sich insgesamt 17 Jahre hin.)[6]

Das Alter der Angeklagten zum Zeitpunkt der Hauptverhandlung betrug Anfang der sechziger Jahre durchschnittlich 55 Jahre. Anfang der siebziger Jahre zählten die Angeklagten bereits etwa 62 und Anfang der achtiger Jahre 68 Jahre. Das seit Mitte der sechziger Jahre bis Anfang der achtziger Jahre relativ geringfügig angestiegene Lebensalter (1966 lag das Durchschnittsalter bei 59 Jahren, 1981 bei 68 Jahren) im Vergleich mit dem wachsenden zeitlichen Abstand zur Tat erklärt sich aus der Tatsache, „daß die zur Tatzeit Älteren [...] in immer stärkerem Maße für die Strafverfolgung ausfallen. Es liegt auf der Hand, daß gerade bei dieser

[5] Simon Wiesenthal, Der Umgang mit NS-Prozessen in der Bundesrepublik Deutschland, in: Andreas Wojak (Hrsg.), Schatten der Vergangenheit. Deutsche und Juden heute, Gütersloh 1985, S. 43-53, hier S. 51; vgl. ferner Heiner Lichtenstein, Im Namen des Volkes? Eine persönliche Bilanz der NS-Prozesse, Köln 1984, S. 178.

[6] Die statistischen Angaben bei Rückerl (Anm. 1), S. 273; zum Majdanek-Verfahren ebda., S. 264.

Personengruppe ein größerer Prozentsatz von seinerzeit vergleichsweise Ranghöheren zu finden ist"[7]. Diese Daten setzen der weiteren strafrechtlichen Bewältigung von NS-Verbrechen letztlich ein biologisches Ende.

Die strafrechtlichen Ermittlungen der NS-Verbrechen sind unterschiedlich weit gediehen. Die Zuständigkeit der deutschen Gerichte für Straftaten, die von Deutschen an deutschen Staatsbürgern und Staatenlosen begangen wurden, war bereits kurz nach Kriegsende gegeben. Es handelte sich bei den überwiegend durch Strafanzeigen eingeleiteten Verfahren um die Aufklärung von Gewaltmaßnahmen gegen politische Gegner in den ersten Jahren des Dritten Reiches, Straftaten im Zusammenhang mit dem „Röhm-Putsch" und der „Reichskristallnacht", Verbrechen in den ersten sogenannten wilden Konzentrationslagern, Denunziationen und nicht zuletzt um die berüchtigten „Euthanasie"-Verbrechen sowie um Endphasendelikte.[8] Die relativ hohe Aufklärungs- und Verurteilungsquote dieser NS-Verbrechen steht im Widerspruch zur Ahndungsbilanz der in den deutschen Konzentrationslagern begangenen Verbrechen: Maßgeblich für Verzögerungen und Einstellungen in diesem Bereich waren der Umstand, daß die Zuständigkeit der Zentralen Stelle in Ludwigsburg erst im Jahre 1965 auf die innerhalb Deutschlands verübten Delikte erweitert wurde, ferner die Verjährung von Totschlagsverbrechen im Jahre 1960.[9]

Die Zahl der Strafverfahren wegen Denunziationen beläuft sich auf über 600; die letzte Verurteilung erging im Jahre 1957. Knapp

[7] Ebda., S. 233. Die Altersangaben berücksichtigen freilich nicht diejenigen Angeklagten, bei denen es wegen gesundheitlicher Verhandlungsunfähigkeit nicht zu einer Hauptverhandlung kam.

[8] Vgl. etwa die Zusammenfassung dieser ersten Strafverfahren sowie die Rechtsprechung auf der Grundlage des KRG Nr. 10 in den sogenannten Denunziationsfällen vom Zentral-Justizamt für die Britische Zone (Hrsg.), Rechtsprechung deutscher Gerichte. Aus den Jahren 1945-1948, Hamburg 1948, S. 86-121.

[9] Eine Übersicht bedeutsamer Urteile (250) in der Zeit zwischen 1945 und 1963 in: Bundesministerium der Justiz (Hrsg.), Die Verfolgung nationalsozialistischer Straftaten im Gebiet der Bundesrepublik Deutschland seit 1945, Bonn 1964, S. 78-103.

200 Personen wurden wegen NS-Verbrechen in der sogenannten Endphase verurteilt. 1.400 Urteile betrafen Verbrechen gegen politische Gegner. Schwieriger gestaltete sich die Strafverfolgung der Straftaten während des „Röhm-Putsches": Abgesehen von den im Nürnberger Prozeß verurteilten hauptverantwortlichen NS-Funktionären ermittelte man gegen insgesamt 41 Personen, aber nur 13 Angeklagte wurden verurteilt. Wegen der während der „Reichskristallnacht" verübten Verbrechen kam es zu 2.703 Verurteilungen, davon in 2.693 Fällen zu zeitigen Freiheitsstrafen. Die Verfahren gegen die „Euthanasie"-Verbrechen sind Ende der sechziger Jahre im wesentlichen abgeschlossen worden. Im letzten, wegen der zeitweiligen Verhandlungsunfähigkeit der drei angeklagten Ärzte noch anhängigen Verfahren wurden im Jahre 1987 zwei verurteilt; die Verhandlung gegen den dritten Arzt ist im Jahre 1989 wieder aufgenommen worden.[10] Eine genaue Angabe der ersten Urteile vor deutschen Gerichten ist allerdings nicht möglich, da „eine nicht mehr festzustellende Zahl von Akten [...] bereits nach Ablauf der vorgesehenen Aufbewahrungsfristen vernichtet worden war"[11].

„Verdrängte Vergangenheit?"

Der Frankfurter Auschwitz-Prozeß hat sich in das Bewußtsein der Öffentlichkeit eingegraben. Auschwitz wurde zum Synonym für den Massenmord an den Juden – als das „größte nationalsozialistische Mordzentrum"[12]. Das Strafverfahren gegen Angehörige der Lagermannschaft von Auschwitz II (Birkenau) dokumentier-

[10] Vgl. u.a.: Vier Jahre Haft für Bunke und Ullrich. Urteil im „Euthanasie-Prozeß", in: Frankfurter Allgemeine Zeitung v. 19. Mai 1987; Angeklagter Arzt verhandlungsfähig. Prozeß um Nazi-Verbrechen, in: Frankfurter Allgemeine Zeitung v. 4 November 1989.

[11] Götz (Anm. 1), S. 33; vgl. die übrigen Angaben ebda., S. 37, S. 40, S. 65 u. S. 74.

[12] So Reinhard Henkys, Nationalsozialistische Gewaltverbrechen. Geschichte und Gericht, Stuttgart/Berlin 1965², S. 125.

te die Bereitschaft und die Kompetenz der Justiz zur Ahndung von NS-Verbrechen. Seine Durchführung war nur möglich gewesen, weil „alle Prozeßbeteiligten sich bis über das Maß des Zumutbaren hinaus eingesetzt hatten"[13]. Die Bedeutung des Auschwitz-Prozesses als anerkennenswerte Leistung des Gerichts blieb freilich nicht von langer Dauer. Das seinerzeit positive Bild der Strafjustiz konnte sich nicht behaupten gegenüber der wachsenden Kritik an den Verfahren der Folgezeit.

Öffentlichen Unmut erzeugten stets solche Prozesse, die unter den zunehmend schwierigeren Bedingungen für die Strafverfolgung zu leiden hatten. Die Beweissituation verschlechterte sich mit größerem zeitlichen Abstand zur Tat. Es häuften sich in den letzten Jahren die Fälle, in denen wegen der körperlichen oder geistigen Gebrechlichkeit der Angeklagten eine Hauptverhandlung ohne Unterbrechungen nicht mehr gewährleistet war oder die permanente krankheitsbedingte Verhandlungsunfähigkeit eine Verfahrenseinstellung erzwang. Für solche Probleme fanden Gerichte und Ermittlungsbehörden in der Öffentlichkeit – an vorderster Stelle bei den Medien – allerdings wenig Verständnis. Aufgrund von Einzelfällen wurde und wird schließlich gemutmaßt, man gewähre selbst den prominentesten Beschuldigten die „‚biologische Amnestie' [. . .]. Zahlreichen Einstellungsbeschlüssen gegen ‚Verhandlungsunfähige' ist die Erleichterung der Gerichte anzumerken. Bereitwillig nahm die Justiz Atteste entgegen und stellte die Verfahren ein"[14]. Solche Behauptungen sind insofern typisch, als spektakuläre Einstellungs- und Entlassungspraktiken als pars pro toto dargestellt werden und eine bedauerliche Legendenbildung fördern. Tatsächlich ergeben repräsentative Untersuchungen, daß von einer – seitens der Justizbehörden hin-

[13] Ernst Friesenhahn, Probleme der Verfolgung und Ahndung von nationalsozialistischen Gewaltverbrechen, in: Ständige Deputation des Deutschen Juristentages (Hrsg.), Probleme der Verfolgung und Ahndung von nationalsozialistischen Gewaltverbrechen. Sonderveranstaltung des 46. Deutschen Juristentages in Essen 1966. Entschließung der Königsteiner Klausurtagung, Bericht, Referate und Schlußwort, München/Berlin 1967, Bd. II, S. C 30.

[14] Ingo Müller, Furchtbare Juristen. Die unbewältigte Vergangenheit unserer Justiz, München 1987, S. 260.

genommenen – „Ärzteamnestie“ nicht die Rede sein kann. Und selbst „(d)ie Bejahung einer Vollzugsuntauglichkeit bedeutet noch nicht den Verzicht auf Strafvollstreckung“[15]. Auch die „prominenten“ Fälle haben oft einen sehr komplizierten Hintergrund, wie etwa der Prozeß gegen den ehemaligen SS-Obersturmbannführer Kurt Christmann: Das Verfahren war wegen Verhandlungsunfähigkeit eingestellt worden. Es gelang der Staatsanwaltschaft, dem Beschuldigten – einem mittlerweile schwerreichen Immobilienmakler – mit einiger List die Verhandlungsfähigkeit nachzuweisen. Im Jahre 1980 stellte sich vor Gericht heraus, daß er – offenkundig nicht zum erstenmal – einen ärztlichen Gutachter mit immerhin 20.000 DM bestechen wollte. Diese Beispiele lassen sich mehren, sie scheinen aber jene Justiz-Kritiker nicht umzustimmen, die deren Hintergründe kennen, etwa Hermann Langbein: Er sprach sich noch Mitte der sechziger Jahre – unter dem Eindruck des Auschwitz-Prozesses – für Großverfahren aus, welche die Überführung von Einzeltätern aufgrund der großen Zahl an Zeugen erleichterten. In den siebziger Jahren kritisierte er die sich hinauszögernden Hauptverhandlungen und forderte, „die wichtigsten Verfahren sollten beschleunigt durchgeführt werden, auch wenn dabei in Kauf genommen werden müßte, daß Prozesse wegen geringeren Umfangs zurückgestellt werden müßten“. Für Langbein zählen die Verhandlungen gegen die „Einzeltäter“ – insbesondere die Exzeßtäter – offenkundig nicht zu den wichtigen bzw. umfangreichen Verfahren. Schließlich räumt er aber ein, daß ein Prozeß gegen diejenigen, denen „einzelne handfeste Morde nachzuweisen sind, einfacher zu führen“ ist als ein Verfahren gegen die maßgeblich verantwortlichen NS-Verbrecher.[16]

[15] So Ulrich-Dieter Oppitz, Strafverfahren und Strafvollstreckung bei NS-Gewaltverbrechen. Dargestellt an Hand von 542 rechtskräftigen Urteilen deutscher Gerichte aus der Zeit von 1946-1975, Ulm 1979², S. 209.

[16] Hermann Langbein, NS-Prozesse in den siebziger Jahren, in: Redaktion Kritische Justiz (Hrsg.), Der Unrechts-Staat I. Recht und Justiz im Nationalsozialismus, Baden-Baden 1983², alle Zitate S. 159. – Zum Problem der Strafverfolgung der höher gestellten NS-Funktionäre: Ernst-Walter Hanack, Zur Problematik der gerechten Bestrafung nationalsozialistischer Gewaltver-

Als krasses Gegenbeispiel zum Auschwitz-Prozeß dürfte das Majdanek-Verfahren gelten: In beiden Fällen handelte es sich um Verfahren gegen das Personal der Vernichtungslager, d.h. es standen jeweils mehrere Angeklagte vor Gericht. Solche Großverfahren bedeuten einerseits eine zusätzliche Erschwernis für die Verhandlungsführung, andererseits ist es „für Richter und Geschworene unmöglich, sich ein Bild über die Zustände und die Atmosphäre in einem Lager, die Verbrechen und deren Auswirkungen zu machen, wenn sie sich nur mit einzelnen Episoden isoliert zu befassen haben. Soll ein Gericht ein gerechtes Urteil fällen, dann muß es die Zusammenhänge und Abhängigkeiten genau kennen [. . .].“[17] Im Fall von Auschwitz begannen die ersten Ermittlungen der Zentralen Stelle 1959, die Hauptverhandlung wurde im Herbst 1963 eröffnet, und bereits zwei Jahre später fand die Urteilsverkündung statt. Im Gegensatz dazu kam es nach der Einleitung des staatsanwaltlichen Ermittlungsverfahrens im Lagerkomplex Majdanek im Februar 1962 erst 13 Jahre später zur Hauptverhandlung. Die Urteile wurden im April 1979 und im Juni 1981 verkündet – wiederum vier bzw. sechs Jahre danach.[18] Die öffentliche, aber auch interne Kritik an diesen Verfahren – u.a. wegen der Verhandlungsdauer und der Urteilspraxis – war und ist Legion. Sie erfolgt(e) zumeist leichtfertig, ohne Kenntnis der prozessualen und strafrechtlichen Probleme, die gerade diese zeitlich weit zurückliegenden komplexen Verbrechen den Gerichten bereiteten. Insbesondere die Majdanek-Urteile wurden aufgrund mehrfacher Freisprüche heftig attackiert. Sie sind jedoch vor dem Hintergrund der mangelnden Beweislast – mehr als 35 Jahre nach Kriegsende – schwerlich angreifbar.[19] Daß in

brecher, Tübingen 1967, S. 23. – Zum Christmann-Fall: Lichtenstein (Anm. 5), S. 19-36.

[17] Hermann Langbein, Im Namen des deutschen Volkes. Zwischenbilanz der Prozesse wegen nationalsozialistischer Verbrechen, Wien 1963, S. 100.

[18] Vgl. Rückerl (Anm. 1), S. 264.

[19] Vgl. dagegen: Falko Kruse, Das Majdanek-Urteil. Von den Grenzen deutscher Rechtsprechung, in: Kritische Justiz 18 (1985), S. 140-158. – Siehe zu den prozeßrechtlichen Schwierigkeiten ausführlicher Jürgen Baumann, Die strafrechtliche Problematik, in: Henkys (Anm. 12), S. 267-321, und Peter

den NS-Prozessen vielfältige Aspekte miteinander konkurrieren, wird auf den ersten Blick – und auch in der Darstellung mancher Kritiker – nicht erkennbar. Es handelt sich keineswegs um eine vermeintlich zweidimensionale Perspektive – hier der beschuldigte Verbrecher gegen die Menschlichkeit, dort die Gemeinschaft, in deren Namen es das verletzte Recht, den Angriff gegen Moral und Menschlichkeit, zu ahnden bzw. zu sühnen gilt.

Eine solche Sichtweise wird aber von vehementen Kritikern der NS-Prozesse verfochten. Sie fordern ein Sonderstrafrecht, da die heutigen Strafgesetze der moralischen Dimension der Verbrechen nicht entsprächen: Karl Jaspers argumentierte, daß es sich im Falle des NS-Verbrecherstaates um einen Ausnahmezustand gehandelt habe, der Ausnahmegesetze erfordere. Und da das traditionelle Strafverfahren den zur Verhandlung anstehenden NS-Verbrechen sowohl formal als auch inhaltlich nicht gerecht werden könne, kritisierte der Frankfurter Generalstaatsanwalt Fritz Bauer, daß die Gerichte den Versuch machten, „das totale Geschehen, z.B. den Massenmord an Millionen in den Vernichtungslagern, in Episoden aufzulösen [. . .]. Dem einzelnen Angeklagten wünschte man sein individuelles Tun im Detail nachzuweisen. Dergleichen vergewaltigt man das Geschehen, das nicht eine Summe von Einzelereignissen war.“[20] Andere Kritiker wiederum minimieren die Leistungen der Strafjustiz bei der Aufklärung der NS-Verbrechen und bemängeln die ausgebliebene Strafverfolgung selbst der kleinsten Rädchen im Vernichtungsgeschehen. „Mit der Abstraktion der Endlösung auf die Gas- und Feuerstätte hat das Tätergeschlecht der Nation einen deutungsfä-

Noll, Die NS-Verbrecherprozesse strafrechtsdogmatisch und gesetzgebungspolitisch betrachtet, in: Peter Schneider/Hermann J. Meyer (Hrsg.), Rechtliche und politische Aspekte der NS-Prozesse, Mainz 1968, S. 38-49.

[20] Fritz Bauer, Im Namen des Volkes, in: Helmut Hammerschmidt (Hrsg.), Zwanzig Jahre danach. Eine deutsche Bilanz 1945-65. Achtunddreißig Beiträge deutscher Wissenschaftler, Schriftsteller und Publizisten, München u.a. 1965, S. 307. – Zur Sondergesetzgebung: Karl Jaspers, Wohin treibt die Bundesrepublik? Tatsachen – Gefahren – Chancen, München 1966, S. 62.

higen Mythos hinterlassen. [. . .] Die Schlacht bei Auschwitz."[21] Diese Argumentationen basieren auf sich ähnelnden pessimistischen Sichtweisen, wonach die bundesdeutsche Justiz nicht in der Lage (gewesen) sei, die Verbrechen des nationalsozialistischen Unrechtsstaates zu ahnden. Sie unterliegen aber einem Trugschluß: Wer an der Bewertung festhält, bei den Verbrechen des Nationalsozialismus handele es sich um außer der Norm liegende Untaten, muß zugestehen, daß auch ein Sonderrecht oder eine Sonderregelung keine angemessene Sühne bewirkten. Die sich gegen Sondergesetze richtende Position warnt mit guten Gründen vor diesen „Denkschemata, die das Stigma des schwersten Unrechts und größter Verwerflichkeit nur dem Ausnahmeverhalten zuteil werden lassen"[22]. Daraus folgt zwingend die strafrechtliche Ahndung der NS-Verbrechen nach rechtsstaatlichen Prinzipien.

Die mitunter erhebliche Dauer der Hauptverhandlungen von NS-Verfahren rechtfertigt sich mit den zahlreichen praktischen, prozessualen Schwierigkeiten, die auch in anderen „normalen" Strafverfahren auftauchen.[23] An vorderster Stelle zu nennen ist die komplizierte Beweissituation bereits im Vorfeld der Hauptverhandlung: Etwa das Auffinden von Zeugen, die Beschaffung der in ausländischen Archiven lagernden Dokumente und damit zusammenhängend die Rechtshilfeersuchen an das Ausland, welche keineswegs immer umgehend und positiv beantwortet werden, so daß bereits das Ermittlungsverfahren eingestellt werden muß. Die steigende Zahl der Ermittlungsverfahren führte Mitte der sechziger Jahre zu dem grotesken Ergebnis, daß die Staatsanwaltschaften ihrerseits – aufgrund fehlender gesetzlicher Bestim-

[21] So Jörg Friedrich, Die Schlacht bei Auschwitz. Zur Entstehung der KZ-Prozesse, in: Hajo Funke (Hrsg.), Von der Gnade der geschenkten Nation. Zur politischen Moral der Bonner Republik, Berlin 1988, S. 172.

[22] Herbert Jäger, Über die Vergleichbarkeit staatlicher Großverbrechen. Der Historikerstreit aus kriminologischer Sicht, in: Merkur 43 (1989), S. 507.

[23] Hierzu Armin Draber, Nationalsozialistische Gewaltverbrechen vor Gericht – Problematik der NSG-Verfahren aus der Sicht des Richters, in: Weber/Steinbach (Anm. 2), S. 100-113.

mungen – dazu übergegangen waren, die besonders strafwürdigen Belasteten und die in der Regel den unteren Dienstgraden angehörenden Exzeßtäter zu ermitteln – also extreme Tätergruppen. Keineswegs alle Vorermittlungen gelangten zur Anklagereife. Oder aber das Ersuchen wurde erst spät beantwortet und eine „Wiederaufnahme kam nicht mehr in Frage, weil die Beschuldigten zwischenzeitlich verstorben waren“[24].

Die Rekonstruktion des Tatgeschehens im Gerichtssaal basiert auf den vom Staatsanwalt und den Verteidigern zusammengetragenen Beweismitteln. Die dadurch bedingte Stoffülle führt zwangsläufig zu einer mitunter monatelangen, in Einzelfällen jahrelangen Prozeßdauer. Die Hauptverhandlung im Sobibor-Prozeß gegen zehn Angeklagte dauerte fünfzehn Monate. An 137 Verhandlungstagen wurden insgesamt 127 Zeugen und mehrere Sachverständige verhört, im ersten Treblinka-Prozeß während der 103 Gerichtstage rund 100 Zeugen vernommen.[25] Die Belastungen für alle Prozeßbeteiligten sind offenkundig; sie erhöhen sich aber unter dem Druck prozessualer Vorschriften: Verfahrenshemmnisse, wie etwa eine Zeugenvernehmung im Ausland, die Krankheit des Angeklagten oder zeitaufwendige Beweisanträge der Verteidiger, durften auf keinen Fall zu einer mehr als zehntätigen Unterbrechung der Hauptverhandlung führen, andernfalls wäre ein Neubeginn des Prozesses unumgänglich. Um die Durchführung des Verfahrens nicht zu gefährden, ist es oftmals zu befremdlichen Szenen gekommen, so mußte in Einzelfällen die Verhandlung am Krankenbett des Angeklagten fortgesetzt werden. Die Vorschriften über die Unterbrechungsfristen und die Präsenzpflicht des Angeklagten sind bezeichnenderweise vor ei-

[24] So der Leitende Oberstaatsanwalt der Zentralen Stelle, Dr. Alfred Streim, in einem Brief an die Verfasserin v. 25. Januar 1990, S. 7. – Zur Praxis der Staatsanwaltschaften: Ernst Friesenhahn, Probleme der Verfolgung und Ahndung von nationalsozialistischen Gewaltverbrechen, in: Ständige Deputation des Deutschen Juristentages (Anm. 13), S. C 18.

[25] Siehe Adalbert Rückerl, NS-Vernichtungslager im Spiegel deutscher Strafprozesse. Belzec, Sobibor, Treblinka, Chelmno, München 1977, S. 81-87.

nigen Jahren gelockert worden, allerdings erst „unter dem Druck der Terroristenprozesse“[26].

Die Überlegungen mancher Kritiker[27], Großverfahren wie beispielsweise den Auschwitz-Prozeß durch eine Aufteilung in Einzelkomplexe zeitlich und materiell einzuschränken, ist jedoch in vielerlei Hinsicht problematisch: Beeinträchtigt würde u.a. das Prinzip der Rechtsstaatlichkeit, nach dem jeder Angeklagte Anspruch hat, vom Gericht gehört zu werden und die Umstände seines Tätigwerdens darzutun. In nicht wenigen Fällen muß sich das Gericht daher ein Bild vom Gesamtgeschehen verschaffen, will es nicht die Urteilssfindung beeinträchtigen, etwa die Klärung der Über- und Unterordnungsverhältnisse der einzelnen Tatbeteiligten, der Verteilung der Aufgaben innerhalb eines Kommandos und der Organisation einer Einheit oder eines Lagers. Eine Aufspaltung der Großverfahren wäre aber auch aus Gründen der Strafprozeßordnung nicht ratsam, denn diese Einzelverfahren müßten nicht nur auf verschiedene Gerichtsstandorte verteilt werden, sondern führten auch zu einem „Zeugentourismus“. Solche Belastungen sind gerade den sogenannten Opferzeugen nicht zuzumuten.[28]

Die verfahrensrechtlichen Probleme sind besonders in den NS-Verfahren nicht zu unterschätzen. Eine unzureichende Würdigung des Gesamtgeschehens beeinträchtigt nicht zuletzt die Wahrheitsfindung. Die Gerichte befinden sich dabei in einem doppelten Dilemma. Manche Kritiker und überlebende Opfer fordern eine zügige Aburteilung der mutmaßlichen NS-Täter, um der Gerechtigkeit zumindest ansatzweise Genüge zu tun. Reaktionen wie die des früheren Vorsitzenden im Auschwitz-Prozeß, Hans Hofmeyer, sind daher verständlich: Die Prozesse müß-

[26] Draber, in: Weber/Steinbach (Anm. 2), S. 102-104, hier S. 103.

[27] Vgl. z.B. den Vorsitzenden des Auschwitz-Prozesses, Hans Hofmeyer, Prozeßrechtliche Probleme und praktische Schwierigkeiten bei der Durchführung der Prozesse, in: Ständige Deputation des Deutschen Juristentages (Anm. 13), S. C 38-44.

[28] Siehe Rückerl (Anm. 1), S. 268.; vgl. auch die von Friesenhahn (in: Ständige Deputation des Deutschen Juristentages [Anm. 13], S. C 30 f.) resümierten Bedenken mehrerer Juristen.

ten von den historisch interessanten Dingen entkleidet werden, denn Gegenstand der Verfahren sei lediglich die persönliche individuelle Schuld des Angeklagten. Das Gericht könne nicht dazu berufen sein, „geschichtliche Dokumentationen zu liefern"[29].

Hofmeyers Plädoyer war seinerzeit auf rechtsstaatliche Bedenken gestoßen und hat sich bis in die heutige Zeit – angesichts der wachsenden Dauer nicht nur der NS-Großverfahren – als unrealistisch erwiesen. Sein unpraktikabler Appell wird allerdings von anderen gegen die Gerichte ins Feld geführt, als Beweis für deren Desinteresse an der Aufarbeitung des historischen Gesamtgeschehens und für die vermeintlich gnädige Behandlung der NS-Täter. So etwa der folgende ironische Kommentar eines notorischen Justizkritikers: „Kein historischer Schauprozeß mit pauschalem Verdammungsurteil der gesamten Korona. Der Angeklagte hat ein verbrieftes Recht [...]. Was ihm nicht hieb- und stichfest nachgewiesen wird, entzieht sich der Bewertung, auch wenn der Verdacht noch so massiv ist. Das ist Rechtsstaat."[30] Jeder Versuch der Gerichte, solchen Argumentationen den Boden zu entziehen, bleibt freilich eine Sisyphusarbeit, wenn derselbe Kritiker in andersgelagerten Fällen wie etwa dem Majdanek-Prozeß wiederum moniert, man habe die Tat im kleinsten rekonstruieren wollen. Hier entlarvt er sich allerdings, denn Anlaß zum Unmut dürfte weniger die langwierige Beweisaufnahme in der Hauptverhandlung als vielmehr die Zahl der Freisprüche gegeben haben. Er findet auch kein Wort der Anerkennung für die Richter und Staatsanwälte, die „alles daran gesetzt hatten, um – trotz der zahlreichen gezielten Versuche einiger Verteidiger, das Verfahren ‚platzen' zu lassen – den Prozeß zu einem Ende und zwar zu einem Ende mit Urteil zu bringen, und die auch zweifelhaften und den Prozeßablauf verzögernden Beweisanträgen stattgegeben hatten, um das Urteil nach Möglichkeit revisionssicher zu ma-

[29] Hofmeyer, ebda., S. C 42.

[30] Jörg Friedrich, Die kalte Amnestie. NS-Täter in der Bundesrepublik, Frankfurt a.M. 1984, S. 347.

chen"[31]. Andere Einwände scheinen das Gebot des rechtsstaatlich geordneten Strafverfahrens leichtfertig zu ignorieren und fordern, die Verschleppungsmanöver der Verteidiger müßten unterbunden werden. Daß die Richter diese ermöglichten, könne „nicht mehr allein mit der Scheu vor Revisionsgründen erklärt werden"[32].

Im Gegensatz zur prozeßrechtlichen Kritik hatte die Rechtsprechung der NS-Verfahren ernstzunehmende Bedenken hinnehmen müssen. Urteilsschelte gab es bereits Anfang der sechziger Jahre, zunächst jedoch aus justizinternen Kreisen.[33] Sie erlangte schließlich Schlagzeilen durch die veschiedenen Appelle der beiden großen Kirchen. Gerügt wurde vornehmlich das vermeintlich milde Strafmaß selbst für Schwerstbelastete: „Wir wollen nicht verschweigen, daß uns im Rückblick auf einige Urteile bereits zum Abschluß gekommener Verfahren der letzten Zeit [. . .] die Frage begegnet, ob nicht ein Mißverhältnis zwischen einigen Urteilen über Verbrechen der NS-Zeit und Urteilen über Verbrechen aus unseren Tagen besteht."[34] Keineswegs selbstverständlich – daher um so anerkennenswerter – war die Tatsache, daß die betroffenen Juristen sich dieser Kritik öffentlich stellten – trotz mancher internen Widerstände – und im Jahre 1966 eine Sonderveranstaltung des Deutschen Juristentages einberiefen.[35] Die Hoffnung der Juristen, durch die Veröffentlichung der erörterten Schwierigkeiten – etwa die Abgrenzung von Täterschaft und Beihilfe, Mord und Totschlag sowie die Bedeutung des vermeintlichen Befehlsnotstandes – Verständnis zu erlangen für die

[31] So treffend Rückerl (Anm. 1), S. 317, auf Vorwürfe etwa von Friedrich (Anm. 30), S. 377.

[32] Dies der böse Vorwurf von Langbein, in: Redaktion Kritische Justiz (Anm. 16), S. 159.

[33] Vgl. Barbara Just-Dahlmann/Helmut Just, Die Gehilfen. NS-Verbrechen und die Justiz nach 1945, Frankfurt a.M. 1988, S. 39-67.

[34] Wort der EKD zu den NS-Verbrecherprozessen vom 13. März 1963, in: Henkys (Anm. 12), S. 340; siehe ebda., S. 346: „Bußruf der deutschen Bischöfe" (Verlesen in den Katholischen Kirchen Deutschlands am 23. September 1962).

[35] Vgl. deren Entschließung, in: Ständige Deputation des Deutschen Juristentages (Anm. 13); siehe auch Just-Dahlmann/Just (Anm. 33), S. 215-245.

kaum lösbare Aufgabe einer gerechten Urteilspraxis, hat sich freilich nicht erfüllt.

Die häufige Klage wegen der „Milde" der Urteile mag in wenigen Einzelfällen aus moralischen Gründen gerechtfertigt sein, meistenteils stützt sie sich jedoch auf undifferenzierte suggestive Behauptungen wie die, es sei die „Scheu der Richter, überhaupt jemanden ‚Mörder' zu nennen", die sie zur „Konstruktion der Gehilfenschaft"[36] greifen ließ. Tatsächlich mißachten solche aus heutiger Sicht leichtfertigen Vorwürfe die Bemühungen nicht weniger Richter gerade in den NS-Verfahren, sich in die Person der Angeklagten hineinzuversetzen, d.h. den Umständen der Tat und der sozialpsychologischen Situation des Täters so weit wie möglich gerecht zu werden. Das Problem der gerechten Bestrafung war ein weitaus schwerwiegenderes, als es manche Beobachter glauben machen wollen. Etwa die verallgemeinernde Behauptung, die „Gerichte [konnten] zwar die Augen vor den ungeheuren Verbrechen, die vor ihnen ausgebreitet wurden, nicht verschließen, sie wollten aber niemanden dafür verantwortlich machen"[37]. Solcher Kritik läßt sich von berufener Seite entgegenhalten, sie entspringe dem „bei vielen Zeitgenossen anzutreffende[n] Mangel an Phantasie" bzw. der Unkenntnis des psychologischen Problems totalitärer Kriminalität: Sozialpsychologische Bedingungen sind zwar keine Entschuldigungsgründe für die Verbrechen des nicht-exzessiven Täters wie auch des Schreibtischtäters. „Aber man wird nicht umhin können einzuräumen, daß das Maß an krimineller Energie [. . .] geringer anzusetzen ist als das des ‚gewöhnlichen' Mörders, der ganz allein aus eigenem Antrieb handelte und der dem von ihm selbst ausgewählten Opfer Auge in Auge gegenübersteht."[38]

Ein wichtiges Argument wird ferner außer acht gelassen. Entspräche man nämlich den Forderungen vieler Kritiker und suchte

[36] Müller (Anm. 14), S. 250 u. S. 252.

[37] Ebda., S. 250.

[38] Rückerl (Anm. 1), S. 277 u. S. 281; siehe ebenso die Auswertungsergebnisse Herbert Jäger, Verbrechen unter totalitärer Herrschaft. Studien zur nationalsozialistischen Gewaltkriminalität, Frankfurt a.M. 1982.

man die mehr als 100.000 Täter und Gehilfen des nationalsozialistischen Massenmords zu bestrafen, so wäre dies „weder praktisch möglich noch kriminalpolitisch sinnvoll und wünschenswert. [. . .] Das Recht kommt hier einfach nicht darum herum, zusätzliche, restriktive Kriterien zu schaffen, durch die die Bestrafung in erträglichen Grenzen gehalten, außerdem aber auch für eine Gleichbehandlung gesorgt wird. Wenn der Gesetzgeber solche Kriterien nicht festlegt, [. . .] dann ist die Praxis ganz zwangsläufig auf Notlösungen angewiesen."[39] Die Strafverfolgungsbehörden, namentlich die Staatsanwälte haben das quantitative Problem der Ermittlungsverfahren – mangels gesetzlicher Handreichungen – dadurch zu lösen versucht, daß sie den „Randfiguren des verbrecherischen Geschehens, dort, wo diese entsprechende Gründe vortrugen, einen strafbefreienden Putativbefehlsnotstand zubilligten"[40]. Die Beihilferechtsprechung war ein ähnlicher „Ausweg" für die Schwurgerichte, um das bei einer Verurteilung wegen Mordes – nur dieser war nach der Verjährung von Totschlagsdelikten seit 1960 noch zu ahnden – zwingend vorgeschriebene Strafmaß der lebenslangen Freiheitsstrafe zu umgehen. Es dürften daher verständliche Skrupel sein, von denen die Schwurgerichte in der Beurteilung der einzelnen Straftaten – ausgenommen die Exzeßverbrecher – sich leiten ließen. So war die Vermutung sicher berechtigt, daß das seinerzeitige Übergewicht der Laienrichter im Schwurgericht „einem gewissen Widerstreben in einem Teil unseres Volkes entspricht, die Ahndung der NS-Gewaltverbrechen 20 Jahre nach Beendigung des Unrechtsregimes und nach Wiedereinordnung der Täter in die bürgerliche Gesellschaft als notwendig anzuerkennen, insbesondere als Mord mit lebenslangem Zuchthaus zu strafen"[41].

Das entscheidende Problem der Gerichte war letztlich nicht die Frage, ob der Täter als Mörder zu gelten habe oder nicht. Dar-

[39] Herbert Jäger, Strafrecht und nationalsozialistische Gewaltverbrechen, in: Redaktion Kritische Justiz (Anm. 16), S. 154 f.

[40] Rückerl, in: Weber/Steinbach (Anm. 2), S. 80 f.

[41] Friesenhahn, in: Ständige Deputation des Deutschen Juristentages (Anm. 13), S. C 29.

über waren sich die mit den NS-Verfahren befaßten Juristen einig. Die Schwierigkeit lag vielmehr darin, daß § 211 StGB für Morddelikte keine Strafmilderung ermöglichte. Die seit Anfang der sechziger Jahre entwickelte Täter-Gehilfen-Rechtsprechung bedeutete insofern eine wenn auch auf strafrechtliche Bedenken stoßende Lösung. Der Deutsche Juristentag kritisierte freilich weniger die Unterscheidung zwischen Täterschaft und Beihilfe, d.h. die Anwendung der subjektiven bzw. der materiell-objektiven Teilnahmelehre als vielmehr die daraus resultierenden „niedrigen Strafen".[42] Die Annahme eines etwaigen Befehlsnotstandes konnte aufgrund fehlender Hinweise in nahezu allen Ermittlungs- und Strafverfahren ausgeschlossen werden. Die Gerichte waren bereits frühzeitig – auch auf der Grundlage der Sachverständigengutachten[43] – davon ausgegangen, ein Befehlsnotstand sei in keinem Fall ein Entschuldigungsgrund.

Ein anderer Versuch, bedingt strafmildernd Recht zu sprechen, war der von einigen Strafrechtlern zur Diskussion gestellte „übergesetzliche Schuldminderungsgrund". Er „trage auch der Tatsache Rechnung, daß letzten Endes unendlich viele mehr oder weniger schuldig geworden seien"[44]. Gleichwohl wurde auch dieser Weg „verbaut": Ein unter dem Gesichtspunkt einer Schuldminderung unterhalb der gesetzlichen Höchststrafe angesetztes Strafurteil wegen Mordes – aus dem Jahr 1976 – wurde vom Bundesgerichtshof aufgehoben, mit der Begründung, die Gerichte seien nicht berechtigt, die Strafgesetze für Taten dieser Art in freier Rechtschöpfung umzugestalten. „Daß die Entscheidung nichts mit irgendeiner Tendenz zur Abmilderung nationalsozialistischen Unrechts zu tun hat, ist [. . .] so evident, daß man sich scheut [!],

[42] Ebda., S. C 22; vgl. dagegen die rein strafrechtsdogmatischen Bedenken von Noll, in: Schneider/Meyer (Anm. 19), S. 38-49 sowie Hanack (Anm. 16), S. 33-43; vgl. ferner Jürgen Baumann, Die strafrechtliche Problematik, in: Henkys (Anm. 12), S. 305-317.

[43] Vgl. statt vieler Hans Buchheim, Das Problem des sogenannten Befehlsnotstandes aus historischer Sicht, in: Schneider/Meyer (Anm. 19), S. 25-37.

[44] So Friesenhahn, in: Ständige Deputation des Deutschen Juristentages (Anm. 13), S. C 28.

es besonders auszusprechen"[45], lautete der Kommentar eines mit der Materie befaßten Juristen. Der Druck zur moralische Rechtfertigung gegenüber der Öffentlichkeit wird hier offenkundig.

Gerade die strafrechtliche Behandlung der NS-Verbrechen, insbesondere aber die schier ausweglosen Diskussionen der Juristen bei der Suche einer gerechten Bestrafung von NS-Tätern widerlegten den Eindruck, den manche Kritiker der Rechtsprechung nachträglich zu vermitteln suchen. „Phantasie" und Einfühlungsvermögen wurde den Richtern bei der strafrechtlichen Beurteilung der Angeklagten abverlangt, aber eben nicht „nach dem Grundsatz des Tout comprendre c'est tout pardonner – oftmals zugunsten des Angeklagten gerade bei NS-Prozessen"[46]. Vorzuwerfen ist den Gerichten nämlich „weniger eine zu milde Bestrafung der NS-Verbrecher [. . .], als vielmehr eine zu oberflächliche StrZ [=Strafzumessung] !"[47].

„Lange Schatten" des Dritten Reiches

Das Unterfangen einer Bilanz der strafrechtlichen Aufarbeitung der nationalsozialistischen Vergangenheit dürfte von jenen mit Argwohn betrachtet werden, die behaupten, es habe dieses Bemühen nie gegeben bzw. es sei – gewollt oder ungewollt – gescheitert. Sie sprechen von der „kalten Amnestie", vom „moralischen und rechtlichen Offenbarungseid" der Bundesrepublik, die

[45] Das Urteil von Richter Günter Bertram und der Kommentar von Ernst-Walter Hanack, in: Neue Juristische Wochenschrift 29 (1976), S. 1756-1759, hier S. 1758. – Hier wird offensichtlich, welchem moralischen Druck die Juristen von seiten der öffentlichen Kritik ausgesetzt waren und sind.

[46] Bernd Hey, Die NS-Prozesse – Probleme einer juristischen Vergangenheitsbewältigung, in: Weber/Steinbach (Anm. 2), S. 59.

[47] So das Fazit der Untersuchung von Günter E. Hirsch, Die Strafzumessung bei nationalsozialistischen Gewalt- und Kriegsverbrechen. Dargestellt und und überprüft an Hand von 430 erstinstanzlichen unveröffentlichten Urteilen deutscher Gerichte aus der Zeit von 1945-1969, Erlangen-Nürnberg 1973, S. 344

den „Fluch zur Wiedergeburt des Unheils“[48] in sich trage. Ist z.B. die bereits erwähnte These einer halbherzigen Verfolgung der NS-Verbrechen in den fünfziger Jahren zutreffend, die erhebliche moralische und politische Kosten im inneren Gefüge der Bundesrepublik verursacht habe? „Die Glaubwürdigkeitsfrage stellte und (stellt) sich im Innern [. . .] mir scheint vieles für die Vermutung zu sprechen, daß die Rigidität und Intoleranz der Studentenrevolte auch erklärt werden kann als Reaktion auf diese Stille und den Mangel an selbstkritischer Aufarbeitung der NS-Vergangenheit, der in ihr zum Ausdruck kam.“[49] Es spricht vielmehr dafür, daß die Stagnation der justitiellen Ahndung der NS-Verbrechen in der Mitte der fünfziger Jahre durch die forcierte Strafverfolgung in den sechziger Jahren geradezu überkompensiert wurde. Die einstige DDR – in steter Konkurrenz zur Bundesrepublik, was das Problem der erfolgreichen Bewältigung der Vergangenheit angeht – hatte bekanntlich die Zentrale Stelle in Ludwigsburg nie anerkannt. Rechtshilfersuchen wurden nicht beantwortet. Mitte der sechziger Jahre gelang es den Propagandisten des „Neuen Deutschland“, der Zentralen Stelle einen empfindlichen Rückschlag zu versetzen: Der Leiter der Dienststelle, Erwin Schüle, wurde mit der öffentlichen Bekanntgabe seiner früheren SA-Mitgliedschaft kompromittiert, und der von sowjetischer Seite stammenden – falschen – Behauptung, er habe an Massenexekutionen teilgenommen. Dies geschah zu einem Zeitpunkt, als die Zentrale Stelle erste Kontakte mit den Ostblockstaaten (hier: Polen) aufnahm. Schüle trat zurück, aber erst zwei Jahre später folgte das Dementi der Sowjetunion. „Der Angriff auf Schüle war letztlich auch nur der Versuch, die Arbeit der Zentralen Stelle zu boykottieren. [. . .] Außerdem dürfte die Arbeit der Dienststelle für die DDR auch deshalb unangenehm [gewesen] sein, weil sie selbst keine systematische Aufklärung der NS-Ver-

[48] Jörg Friedrich, Die Ahndung von NS-Verbrechen in der Bundesrepublik, in: Liberal 28 (1986), H. 11, alle S. 66.

[49] Gotthard Jasper, Wiedergutmachung und Westintegration, in: Ludolf Herbst (Hrsg.), Westdeutschland 1945-1955. Unterwerfung, Kontrolle, Integration, München 1986, S. 183-202, hier S. 202.

brechen betrieben hat und im übrigen auch offenbar wurde, daß auch sie in ihrem Staatsdienst viele ehemalige Nationalsozialisten verwendete."[50]

Ein Blick auf die rege Prozeßtätigkeit mag genügen, um die Vermutung zu äußern, daß das anfänglich noch lebhafte Interesse der deutschen Bevölkerung an der strafrechtlichen Bewältigung der Vergangenheit – insbesondere an dem großen Auschwitz-Prozeß – zu Beginn der siebziger Jahre wegen Überforderung erlahmen mußte. Die Studentenunruhen fielen in eine quantitative „Hoch-Zeit" der NS-Verfahren, die gerade nicht von Verdrängungsbereitschaft gegenüber dem Nationalsozialismus gekennzeichnet war. An den Universitäten wurde das Thema vielfältig erörtert.[51] Und dennoch finden sich Behauptungen, daß „bundesdeutsche Richter in zahlreichen Prozessen gegen NS-Verbrecher sich als professionelle Verharmloser des Faschismus hervorgetan [haben], indem nichts unversucht gelassen wurde, die systematische und zumeist rechtsförmig betriebenen Verbrechen der Nazis juristisch zu exkulpieren"[52]. Die Hypersensibilität der jüngeren Generation gegenüber den Verbrechen des Dritten Reiches widerlegt solche absurden Vorwürfe. Die Ergebnisse der NS-Prozesse haben – wenn auch mit einem gewissen *time lag* – Veränderungen bewirkt, und zwar unabhängig von den jeweiligen Strafmaßnahmen gegenüber den NS-Tätern. Es hat sich ein Wandel der politischen und (insbesondere) moralischen Bewertung der NS-Zeit vollzogen. Insofern versteht man in der Bundesrepublik, im Vergleich zu den beiden anderen „Nachfol-

[50] So der Leitende Oberstaatsanwalt der Zentralen Stelle, Dr. Alfred Streim, in einem Brief an die Verfasserin vom 25. Januar 1990, S. 3. Streims These fand jüngst ihre Bestätigung, vgl. etwa: „Der Freund des kleinen Nazis". Wie die DDR die NS-Vergangenheit bewältigte, in: Der Spiegel 46 (1992), H. 12, S. 101.

[51] Vgl. u.a. Schneider/Meyer (Anm. 19); ferner Andreas Flitner (Hrsg.), Deutsches Geistesleben und Nationalsozialismus. Eine Vortragsreihe der Universität Tübingen, Tübingen 1965.

[52] Sebastian Cobler, Das Gesetz gegen die Auschwitz-Lüge. Anmerkungen zu einem rechtspolitischen Ablaßhandel, in: Kritische Justiz 18 (1985), S. 167.

gestaaten" des Dritten Reiches – der einstigen DDR und der Republik Österreich –, die Aufarbeitung des Nationalsozialismus als das permanente Streben um die Wehrhaftigkeit der Demokratie gegenüber jedweden totalitären Kräften. Darin eingeschlossen ist die Anerkennung der Haftung für die Folgen des Dritten Reiches und die Akzeptanz einer auf den Nationalsozialismus und seine Verbrechen bezogenen normativen Instanz der politischen Kultur.[53] Nicht zuletzt dieser im Grundgesetz sich manifestierende antitotalitäre Konsens bedeutete die entschiedendste Abkehr vom nationalsozialistischen Unrechtsstaat.

„Fünf Jahre für einige hundert Tote stellen indessen keine Strafe, keine Sühne, keine Prävention, keine Vergeltung dar. Es stellt nur eines dar: die Geringfügigkeit der Tat [. . .]: die voll gelungene Verschleierung der geschichtlichen Wahrheit."[54] Diese Aufrechnung betreibt „Vergangenheitsbewältigung" im wortwörtlichen Sinn, wonach die NS-Prozesse Geschichtslektionen erteilen sollen. Die Richter haben anhand ihrer Urteile festzuschreiben, daß nicht nur die in Nürnberg abgeurteilten „Hauptkriegsverbrecher", sondern auch die vor ihnen stehenden Angeklagten voll verantwortlich waren für den nationalsozialistischen Massenmord. Ließe man sich auf die Argumentation ein und suchte man allen nicht minder verantwortlichen NS-Verbrechern vor Gericht eine „gerechte" Buße aufzuerlegen, worin könnte sie bestehen? Als Alternative böte sich ein Sonderstrafrecht an, denn mit rechtsstaatlichen Mitteln ist eine vermeintlich „gerechte" Sühne nicht erreichbar. Die frühere Funktion des Beschuldigten allein ergibt noch keine Verurteilung, „sondern nur der Nachweis des

[53] Hierzu M. Rainer Lepsius, Das Erbe des Nationalsozialismus und die politische Kultur der Nachfolgestaaten des „Großdeutschen Reiches", in: Max Haller (Hrsg.), Kultur und Gesellschaft. Verhandlungen des 24. Deutschen Soziologentages, des 11. Österreichischen Soziologentages und des 8. Kongresses der Schweizerischen Gesellschaft für Soziologie in Zürich 1988, Frankfurt a.M. 1989, S. 250 f.

[54] Friedrich (Anm. 48), S. 65. – Skeptisch dagegen Lothar Baier, Das Vergehen der Vergangenheit im Fernsehen. Der Barbie-Prozeß als Geschichtsstunde, in: Merkur 41 (1987), S. 803-819.

schuldhaften persönlichen Handelns"[55]. Besondere gesetzgeberische Maßnahmen hätten – nach 1945 angewendet – den demokratischen Aufbau der Bundesrepublik vermutlich mehr be-, wenn nicht verhindert. Ein solches Vorgehen käme der – ansonsten stets verpönten – „Schlußstrichmentalität" weitaus näher als die sachliche Auseinandersetzung mit dem Unrechtscharakter des nationalsozialistischen Systems.

Durch die Konfrontation mit der individuellen schuldhaften Verstrickung hat die Strafjustiz ihren besonderen Beitrag geleistet. Kein noch so hohes Strafmaß in einem NS-Verfahren hätte die Verbrechen an Millionen Menschen sühnen können, so daß es „also für die Frage nach dem Wert eines solchen Verfahrens doch nicht in erster Linie auf ein rasches Urteil an[kommt], sondern darauf, daß sich Polizeibeamte, Staatsanwälte und Untersuchungsrichter ausdauernd bemühen, die Verfolgung und das Sterben so vieler unglücklicher Menschen wenigstens ans Licht zu bringen"[56]. Das ist keineswegs ein hilfloses Eingeständnis des Versagens der Justiz bei der Aufarbeitung der NS-Verbrechen. Schließlich hat die Strafjustiz „Grundlagenforschung" betrieben, deren Ergebnisse, vermittelt durch die Wissenschaften, die Schulen sowie die Medien, besonders den jüngeren Generationen für die Bewertung von diktatorischen Systemen zugute kommen sollten. „Oft wegen ihrer vorsichtigen, im Zweifelsfall für den Angeklagten oder für Nichtbeweisbarkeit plädierende Urteile gescholten, hat die Justiz in der Bundesrepublik gerade im Bereich der Vernichtungslager mit ihrem umfangreichen, viele Jahre lang tätigen Ermittlungsapparat zur Aufklärung dieses nationalsozialistischen Verbrechenskomplexes vielfach mehr geleistet, als es den Historikern möglich gewesen wäre."[57]

[55] Adalbert Rückerl in einem „Zeit"-Interview, zitiert nach: Just-Dahlmann/Just (Anm. 33), S. 309.

[56] So ein Sachbearbeiter in der Zentralen Stelle: Manfred Blank, zitiert nach: Rückerl (Anm. 25), S. 20.

[57] Martin Broszat, Nach Hitler. Der schwierige Umgang mit unserer Geschichte, München 1988, S. 100.

Lehren aus der Vergangenheit?

Die Bewältigung der Verbrechen eines Unrechtsstaates mit den Mitteln des Rechtsstaates bleibt ein mühseliges, aber kein müßiges Unterfangen. Die Monstrosität der NS-Verbrechen hatte daher manchen zu der Überlegung verleitet, alle bzw. die meisten der für diese Verbrechen Verantwortlichen rigoros und pauschal abzuurteilen. Solche Vorstellungen fanden sich unter den alliierten Siegermächten, von denen die Sowjetunion und anfangs auch die Briten die Hinrichtung einer großen Zahl von „Hauptkriegsverbrechern" forderten. Es gab sie freilich auch unter den Deutschen, von denen einige für die Anwendung eines Sonderstrafrechts plädierten, um dem Leiden der Opfer und der Größenordnung der zu ahndenden Verbrechen wenigstens im Ansatz gerecht zu werden. Im Nürnberger Prozeß haben die Alliierten dieses Vorhaben schließlich nicht realisiert und insoweit gut daran getan, als so manche Legendenbildung von vornherein zum Scheitern verurteilt war. Das Verfahren blieb allerdings – wie gezeigt – nicht ohne Bedenken. Der von Adenauer kolportierte Satz, er sei erleichtert, daß die Alliierten ihm die Aburteilung der Hauptverbrecher erspart hätten[58], sollte sich im nachhinein als Bumerang erweisen: Nicht wenige der in Nürnberg verurteilten NS-Verbrecher erhielten früher als erwartet – mit Zutun deutscher Politiker – einen Gnadenerweis, kamen frei und konnten nicht weiter zur Rechenschaft gezogen werden.

Daß sich dennoch überzogene Vorstellungen über die Behandlung der als kollektiv schuldig erachteten deutschen Bevölkerung durchsetzten, erwies sich in den zunächst rigide und pauschal durchgeführten Entnazifizierungsverfahren der Besatzungsmächte – unter der Ägide der Amerikaner. Hier stellte sich relativ rasch heraus, wie wenig praktikabel, aber auch verfehlt im Hinblick auf die sozialen Verhältnisse der „Nachkriegs"-Deutschen diese großangelegte Säuberungspraxis vollzogen wurde. Der Gedanke

[58] Siehe Robert M.W. Kempner, Ankläger einer Epoche. Lebenserinnerungen, Frankfurt a.M. 1983, S. 411.

der politischen Säuberung war ja nicht notwendigerweise falsch; Größenordnung und Durchführung der amerikanischen Planungen führten freilich zu vielfältigen Ungerechtigkeiten und bedenklichen Einstellungen unter den Deutschen: „Statt Buße zu tun, übten sich die Davongekommenen darin, Entlastung zu suchen."[59] Darunter haben nicht zuletzt die unter deutscher Verantwortung zu Ende geführten Entnazifizierungsverfahren gelitten.

Das psychologische Klima der fünfziger Jahre schien wenig geeignet für weitere „Bußen", so daß selbst die ab 1951 von deutschen Staatsanwälten und Gerichten praktizierte Strafverfolgung von NS-Verbrechen unter dem Ruch der „Entnazifizierung" stand. Die Bevölkerung war desinteressiert, aber auch hinreichend mit den eigenen Sorgen und Nöten beschäftigt. Nicht die Vergangenheit, sondern die Zukunft stand auf der Tagesordnung. Und die politisch Verantwortlichen nahmen es schließlich bereitwillig hin, daß die Aufdeckung und Verfolgung von NS-Verbrechen für eine Mehrheit der Deutschen kein Thema mehr war. Deren Gedanken galten dem wirtschaftlichen Wiederaufbau – im kleinen wie im großen. Die Politiker haben diese Stimmung sehr wohl wahrgenommen und die Vergangenheit ruhen lassen. Nur so ließ sich auch die große Zahl der ehemaligen Parteimitglieder und Mitläufer integrieren.

Daß man aber keinerlei Initiativen zur systematischen Strafverfolgung von NS-Verbrechern ergriff, um eine klare Grenze zwischen politischer und krimineller Schuld zu ziehen, darin liegt ein schwerwiegendes Versagen der Politiker. Dadurch konnten selbst Schwerstverbrecher in der Gesellschaft untertauchen, deren Integration sich grundsätzlich verbot. Der Rückgang der Strafanzeigen und der Mangel an Belastungszeugen Anfang der fünfziger Jahre ließ offenbar den Schluß zu, dieses Kapitel sei im wesentlichen abgeschlossen. Wenn auch die Strafjustiz sich dieser Auffas-

[59] So Rudolf Wassermann, Justiz und politische Kultur. Verfolgung nationalsozialistischer Gewaltverbrecher als Herausforderung für Rechtsprechung und Bewußtsein der Öffentlichkeit, in: Ders., Recht, Gewalt, Widerstand. Vorträge und Aufsätze, Berlin 1985, S. 9-35, hier S. 12.

sung anpaßte, kann das nicht verwundern; schließlich verkörperte sie einen Teil dieser Gesellschaft. Jedenfalls empfanden nicht wenige der für die Strafverfolgung Zuständigen es als Erleichterung angesichts der alltäglichen Überlastung, daß sich – infolge der fehlenden Maßgaben der Politiker – das Problem der NS-Verbrechen „aufschieben" ließ.

„Aufschieben" bedeutete aber keineswegs „aufheben". Das erwies sich nicht zuletzt bei den Anstrengungen im Fall Fischer-Schweder, so daß schließlich durch das Zustandekommen des Ulmer Einsatzgruppen-Prozesses erneut und nachhaltig auf das ganze Ausmaß ungeahndeter NS-Verbrechenskomplexe aufmerksam gemacht wurde. Die folgende Kette von Ermittlungsverfahren und NS-Prozessen wäre ohne den Elan der Strafjustiz und ohne entsprechende institutionelle Voraussetzungen nicht vorstellbar gewesen. Insofern ist es keine Übertreibung, zu behaupten, erst die Gründung der Zentralen Stelle in Ludwigsburg habe eine effektive Aufarbeitung der NS-Verbrechen ermöglicht.

Die Strafverfolgung von NS-Verbrechern im Zusammenhang mit dem Ulmer Einsatzgruppen-Prozeß im Jahre 1958 und die Verurteilung zahlreicher Polizeibeamten, die jahrelang unerkannt führende Stellungen innehatten, war in erster Linie eine Leistung der Justiz, die sich auf das öffentliche Bewußtsein auswirkte. Zwar sprach sich auch in der Bevölkerung seinerzeit eine Mehrheit (54 Prozent) für die weitere Strafverfolgung der NS-Verbrechen aus – wohingegen ein Drittel der Befragten für einen „Schlußstrich" plädierte. Aber es dürfte sich nur um eine momentane Stimmung gehandelt haben; ein genau umgekehrtes Ergebnis wiesen nämlich die Befragungen der Jahre 1963 und 1965 aus.[60] Den politisch Verantwortlichen mangelte es an der notwendigen Einsicht, auf die von der Zentralen Stelle ermittelten Tatbestände angemessen zu reagieren: Ein Indiz hierfür war nicht

[60] Vgl. hierzu Institut für Demoskopie (Hrsg.), Jahrbuch der öffentlichen Meinung 1958-1964, Allensbach 1965, S. 221 sowie dass. (Hrsg.), Jahrbuch der öffentlichen Meinung 1965-1967, Allensbach 1968, S. 165.

nur der äußerst dürftige Personalbestand, den man der Ludwigsburger Behörde für eine intensive Aufklärungstätigkeit zugedachte, sondern auch die Tatsache, daß der Deutsche Bundestag im Jahre 1960 die Verjährungsfrist für Verbrechen des Totschlags – ungerührt – verstreichen ließ. Die Folgen dieses Versagens sollten sich ähnlich verheerend auswirken wie im Falle der Anfang bis Mitte der fünfziger Jahre amnestierten, indes hochrangigen NS-Verbrecher.

Beide Beschuldigten-Gruppen konnten in den zahlreichen NS-Prozessen seit Anfang der sechziger Jahre sorglos als Zeugen in den Gerichtsverfahren auftreten, wohingegen zahlreiche Angeklagte in ehedem niedrigeren Rängen ihren Urteilsspruch erwarteten. Wenn schließlich in der Öffentlichkeit – vornehmlich in der Presseberichterstattung, von seiten der großen Kirchen und einiger Juristen – Unmut wegen der „Milde" der Urteile aufkam, welche die Schwurgerichte fällten, so mag das in manchen Verfahren zutreffen. Zurückzuführen war die milde Urteilspraxis der Gerichte aber auch und gerade auf die fatale Situation der faktisch ungerecht behandelten Angeklagten, im Vergleich zu den ehemaligen Funktionären gehörten sie ja nur zu den niederen Chargen des NS-Apparates. Als Beispiel mag der Auftritt des ehemaligen Auschwitzer Lagerarztes, Dr. Kremer, im großen Auschwitz-Prozeß in Frankfurt genügen. Er mußte damals keine Verurteilung mehr befürchten, war er doch in Polen für die in Auschwitz begangenen medizinischen Verbrechen zum Tode verurteilt, schließlich begnadigt und in die Bundesrepublik abgeschoben worden. „Hier machte man ihm nochmals den Prozeß und verurteilte ihn wegen Beihilfe zum Mord zu zehn Jahren Zuchthaus – verbüßt durch die Haft in Polen."[61] Daneben sind die Ursachen für die – vermeintlich oder tatsächlich – zu geringe Strafhöhe mancher Urteile auch in der personellen Besetzung der Schwurgerichte mit damals drei Berufs- und sechs Laienrichtern zu suchen. Die Mitte der sechziger Jahre von sachverständigen Juristen

[61] Bernd Naumann, Auschwitz. Bericht über die Strafsache gegen Mulka u.a. vor dem Schwurgericht Frankfurt, Frankfurt a.M. 1965, S. 198.

geäußerte Vermutung, in diesen Urteilen spiegele sich eine „irrationale" Befangenheit gegenüber den Angeklagten wider – ein indirektes Eingeständnis der Mitschuld bzw. -haftung – ist schwerlich von der Hand zu weisen.

Die heutige Schlußfolgerung, es sei der Strafjustiz – trotz der umfangreichen NS-Prozeßtätigkeit seit Anfang der sechziger Jahre – nicht gelungen, „die NS-Verbrechen wirklich zu kriminalisieren"[62], mag zutreffen. Ein solcher Schluß legt aber auch nahe, daß das Sühnebedürfnis der Deutschen rund zwei Jahrzehnte nach dem Ende des Zweiten Weltkriegs nur noch gering war, zumal die meisten Deutschen das Massenmordgeschehen nicht miterlebt hatten – eine direkte Schuld vielleicht nicht empfanden. Inwieweit sie die Aufklärung dieser NS-Verbrechen durch die laufenden Strafverfahren tatsächlich wahrnahmen, ist kaum feststellbar – und bezeichnenderweise weder damals noch heute empirisch untersucht worden. Bereits in den fünfziger Jahren hatte nur eine Minderheit zu einer moralischen Umkehr aufgerufen und sehr viel weitergehende Schuldbekenntnisse gefordert. Die akademische und intellektuelle Elite betrieb eine intensive geistige Aufarbeitung der Vergangenheit – man denke nur an die zahlreichen neuen Zeitschriften – „Der Monat", „Der Ruf", die „Wandlung" [!] oder die „Frankfurter Hefte". Dahinter standen Intellektuelle wie Melvin Lasky, Alfred Andersch, Hans Werner Richter, Dolf Sternberger, Eugen Kogon und Walter Dirks.[63] Sie drangen mit moralischen Appellen aber kaum an das Ohr der übrigen Gesellschaft.

Der „Normalbürger" beschäftigte sich gerade nicht mit der Frage nach Schuld und Sühne, vielmehr zunächst mit der Überwindung der wirtschaftlichen und gesellschaftlichen Notstände. Das wirtschaftliche Wohlergehen in den nachfolgenden Jahrzehnten dürfte eine Rückbesinnung auf die „schlechten Jahre" ebensowenig befördert haben. Fand man Muße und Zeit für eine „Trau-

[62] Hey, in: Weber/Steinbach (Anm. 2), S. 57.

[63] Hierzu Christoph Kleßmann, Die doppelte Staatsgründung. Deutsche Geschichte 1945-1955, Bonn 1986[4] (1982), S. 161-176.

erarbeit"? Mitte der sechziger Jahre war der Wille zur Trauer noch weniger einzufordern, zumal diejenigen, die nun dazu aufriefen, diese Trauerarbeit zu einem früheren Zeitpunkt wegen mentaler Sperren für unmöglich hielten. Der von den Mitscherlichs geprägte Begriff bezeichnete einen geistigen Prozeß, den die deutsche Nachkriegsgesellschaft vollziehen müsse, um „in sozial fortschrittlicher Weise die Probleme unserer Gesellschaft in Angriff zu nehmen". Ohne diese schmerzliche Erinnerungsarbeit wirkten „unbewußt die alten Ideale weiter, die im Nationalsozialismus die fatale Wendung der deutschen Geschichte herbeigeführt haben"[64]. Der Appell an eine kollektive Trauer war und ist zu allen Zeiten ein höchst fragwürdiges Unterfangen und degenerierte infolge seiner heutzutage inflationären Inanspruchnahme zu einem inhaltsleeren Schlagwort. „Es ist unsere Hypothese, daß wir in Massen einer Melancholie verfallen wären, wenn wir die Realität, wie sie war, ‚zur Kenntnis genommen' hätten. Die moralische Aporie ist unverkennbar."[65] Wann wäre also der richtige Zeitpunkt für eine kollektive „Trauer" gewesen? Und wie müßte sie sich äußern, um nicht heuchlerisch zu erscheinen? Literarische Zeugnisse aus den fünfziger Jahren – Schriftsteller wie Borchert, Böll oder Grass, die zu der Generation der Miterlebenden gehörten – beschritten den Weg der individuellen Bewältigung der Vergangenheit und verwiesen damit manch anmaßende Forderung der „Nachgeborenen" in den Bereich des Irrealen.[66]

Die Verjährungsdebatte im Frühjahr 1965 deutete auf einen gewissen Konsolidierungsprozeß hin. Nicht wenige Politiker verwiesen auf das Prinzip der Rechtssicherheit, die einer Verlängerung der Verjährung entgegenstünde. Das halbherzige Signal des Bundestages, durch das er eine vierjährige Verlängerung ermöglichte, hat sicherlich viel zur Verunsicherung der Strafverfol-

[64] Alexander und Margarete Mitscherlich, Die Unfähigkeit zu trauern. Grundlagen kollektiven Verhaltens, München 1967, S. 79 u. S. 83.

[65] Ebda., S. 58.

[66] Hierzu Helmuth Kiesel, „So ist unser Gedächtnis jetzt angefüllt mit Furchtbarem", in: Klaus Oesterle/Siegfried Schiele (Hrsg.), Historikerstreit und politische Bildung, Stuttgart 1989, S. 42-94.

gungsorgane und der Gerichte beigetragen. Es konnte noch weniger ein Signal an die Bevölkerung sein, sich mit dem Problem der NS-Verbrechen auseinanderzusetzen. Die Untätigkeit des Gesetzgebers ist um so mehr zu bedauern, als es zur Erleichterung der Gerichte dringend einer Novellierung der Strafprozeßordnung bedurft hätte. Damals lenkte die unruhige Jugend die ganze Aufmerksamkeit auf sich. Wie nah freilich beide Probleme – der Protest der Studenten gegen „die" Väter und die NS-Prozesse – beieinander lagen, das erwies sich nicht zuletzt an den gesetzgeberischen Maßnahmen: Die Neufassung des Ordnungswidrigkeitengesetzes im Jahre 1968, die eine Außerverfolgungsstellung geringer Straftaten einiger jugendlicher „Randalierer" regelte, betraf zugleich auch jene hohen NS-Funktionäre – die „Schreibtischtäter", denen schwerste Straftaten vorgeworfen wurden. Das Dilemma ist offenkundig und beschreibt das geringe Maß an Einfühlungsvermögen bzw. den verständlichen Widerwillen, mit dem Politiker beiden Problemkomplexen gegenübertraten. Der von Teilen der aufmüpfigen Studentenschaft gegen sie vorgebrachte Faschismusverdacht hatte keine Berechtigung – auf die Delegitimierung des Staates mußte reagiert werden. Eine rechtzeitige Aufklärungsstrategie durch die NS-Strafprozesse hätte manchen Mutmaßungen – etwa die angeblich ausgebliebene strafrechtliche Auseinandersetzung mit dem Nationalsozialismus – vielleicht den Boden entzogen.

Eine Umfrage in der Bundesrepublik während des Eichmann-Prozesses im Jahre 1961 verweist auf ein allgemein großes Interesse an den Berichten über die Gerichtsverhandlung. Knapp ein Drittel der Befragten verfolge den Prozeß mit dem Gefühl, es seien Deutsche gewesen, die diese Grausamkeit begangen hätten. Aber 88 Prozent gaben an, sich als Deutsche an den Judenvernichtungen nicht mitschuldig zu fühlen. Elisabeth Noelle-Neumann wandte sich aufgrund der demoskopischen Ergebnisse bereits 1965 – also noch vor dem Erscheinen der erwähnten Mitscherlich-Studie – gegen eine psychoanalytische Interpretation der Vergangenheitsbewältigung. „Leser- und Hörerbefragungen oder Fernsehzuschauerbefragungen liefern jedenfalls keine Anhaltspunkte für Verdrängungstendenzen, eher umgekehrt."[67] Das Ergebnis zweier Umfragen im Mai 1961 – noch während des Verfahrens – und zu Beginn 1962 – kurz nach dessen Abschluß –, in denen sich über 90 Prozent der Befragten über den Eichmann-Prozeß informiert zeigten, entspricht einer solchen Interpretation. Die gegensätzliche Behauptung, der hohe Grad an Aufmerksamkeit weise in der Bevölkerung auf ein allgemein verbreitetes Bedürfnis hin, die eigenen verdrängten Schuldgefühle auf den Angeklagten zu projizieren und „emotionale Spannungen"[68] an seiner Verurteilung abzureagieren, ist mit diesem Zahlenmaterial kaum zu belegen. Wie ließe sich dann das vergleichsweise geringe Interesse am Auschwitz-Prozeß (40 Prozent) Mitte der sechziger Jahre erklären – zu einer Zeit, da allerorts NS-Verfahren anstanden, mithin die „emotionalen Spannungen" doch erheblich größer hätten sein müssen?

Die Schlußfolgerung liegt nahe, daß die Deutschen in den sechziger Jahren die nationalsozialistischen Verbrechen zu Recht als vergangenes Geschehen betrachteten. Es war ohne Bezug zur Gegenwart und zur freiheitlichen rechtsstaatlichen Ordnung der Bundesrepublik. Mehrheitlich bestand kein Bedürfnis nach einer sichtbaren Sanktion der NS-Verbrechen durch Strafverfahren. Die Erwachsenengeneration dieser Jahren maß den Verjährungsdebatten und der Entscheidung der politischen Parteien für eine Weiterverfolgung der NS-Täter kaum noch Bedeutung bei. Sie wußte aus eigenem Erleben zwischen der nationalsozialistischen Diktatur und dem demokratischen System der Bundesrepublik zu unterscheiden; laut einer Befragung Anfang der sechziger Jahre äußerten sich rund zwei Drittel der Deutschen, es gehe ihnen in der Gegenwart am besten. Zwei Jahre zuvor meinten dies nur 42 Prozent.[69]

[67] So Elisabeth Noelle-Neumann, Der Staatsbürger und sein Staat, in: Hammerschmidt (Anm. 20), S. 91.

[68] Regina Schmidt/Egon Becker, Reaktionen auf politische Vorgänge. Drei Meinungsstudien aus der Bundesrepublik, Frankfurt a.M. 1967, S. 109.

[69] Siehe Noelle-Neumann, in: Hammerschmidt (Anm. 20), S. 102.

Gleichwohl mußten die Entscheidungen von 1969 und 1979 für die weitere Strafverfolgung der NS-Verbrechen eine wesentliche Bedeutung für die heranwachsenden Generationen haben: Die Vergangenheit wurde ja keineswegs mit einem Mantel des Schweigens umhüllt, sondern durch die NS-Verfahren öffentlich sanktioniert. Dieser Prozeß der Anerkennung einer „dunklen" Vergangenheit – forciert durch die historische Forschung und die Berichterstattung der Medien – führte vornehmlich bei den jungen Deutschen zu intensiven Auseinandersetzungen mit dem Nationalsozialismus. Nicht zu unterschätzen war der Impuls, den die Ausstrahlung der „Holocaust"-Serie auslöste. Zahlreiche Institutionen der politischen Bildung sahen es als ihre Aufgabe an, auch im Bereich der Massenmedien verstärkt Aufklärung zu betreiben.[70] Man hätte insofern erwarten dürfen, der von den politischen Verantwortlichen bekräftigte Wille, die Verbrechen der Vergangenheit nicht nur strafrechtlich, sondern auch moralisch – durch die Aufhebung der Verjährung von NS-Mordverbrechen im Jahre 1979 – zu ahnden, werde von den Intellektuellen sowie der jüngeren Generation anerkannt und gewürdigt. Das scheint vorerst freilich nicht der Fall zu sein. Statt dessen versuchen manche Vertreter der geistigen Elite nach wie vor die Bundesrepublik in eine Kontinuität zum Nationalsozialismus zu rücken und ihre Legitimität in Frage zu stellen. „(E)in moralisch aufgeladener, idealistischer Demokratiebegriff wird der konkreten Ordnung entgegengestellt. Die Erwartungen an die Politik sind moralisch überfrachtet, das pragmatische politische Alltagshandeln verfällt aus der Position hehrer Gesinnungen der Mißachtung."[71] Die Debatten über den Nationalsozialismus gewinnen noch an Heftigkeit, die Vergangenheit ist lebendiger denn je. Wer von einer öffentlichen „Verdrängung" der Vergangenheit spricht, redet daher von einer Chimäre.

[70] Vgl. Tilman Ernst, „Holocaust" aus der Sicht der politischen Bildung, in: Peter Märthesheimer/Ivo Frenzel (Hrsg.), Im Kreuzfeuer: Der Fernsehfilm Holocaust. Eine Nation ist betroffen, Frankfurt a.M. 1979, S. 311-316.

[71] So treffend Bernhard Sutor, Der NS-Totalitarismus als Herausforderung für politische Bildung, in: Oesterle/Schiele (Anm. 66), S. 108.

Es erscheint paradox, daß mit der Intensivierung der Auseinandersetzung über die jüngste Vergangenheit, auch und gerade infolge der strafrechtlichen Aktivitäten, diese Verdrängungsthese um so nachhaltiger und ungeduldiger vorgetragen wird.[72] Die durch die Ermittlungsarbeit und in den Prozessen gewonnenen historischen Erkenntnisse werden vielfach kaum beachtet, gleichzeitig aber – tatsächliche oder vermeintliche – Unzulänglichkeiten bei der Aufarbeitung des Nationalsozialismus angeprangert. Darin äußert sich vielleicht ein Trugschluß, dem man seit Ende der siebziger Jahre erlegen ist: Die Auffassung, daß die Behandlung des Themas Nationalsozialismus „zur ‚Trivialisierung' [zwinge], wenn man breitenwirksam sein will"[73]. Die Trivialisierung und Sensibilisierung gegenüber den Verbrechen des Nationalsozialismus hat fatalerweise die öffentlichen Diskussionen über das Dritte Reich nicht vorangebracht, sondern eher verhärtet.[74] Dringend notwendig erscheint demgegenüber eine versachlichte, differenzierte Auseinandersetzung mit dem Geschehen im Dritten Reich, auch und gerade durch die in den NS-Prozessen gewonnenen Erkenntnisse, was die individuelle Zurechenbarkeit von Schuld angeht – „damit die einfachen Antworten von heute auf einen komplizierten Sachverhalt von gestern künftig ein bißchen weniger einfach ausfallen"[75].

[72] Vgl. u.a. Heinrich Senfft, Kein Abschied von Hitler. Ein Blick hinter die Fassaden des ‚Historikerstreits', Hamburg 1989.

[73] Ernst, in: Märthesheimer/Frenzel (Anm. 70), S. 314.

[74] Vgl. Hermann Lübbe, Politischer Moralismus. Der Triumph der Gesinnung über die Urteilskraft, Berlin 1987.

[75] So zu Recht Klaus-Dietmar Henke/Hans Woller (Hrsg.), Politische Säuberung in Europa. Die Abrechnung mit Faschismus und Kollaboration nach dem Zweiten Weltkrieg, München 1991, Einleitung, S. 20.

VIII. Eine zweite Vergangenheitsbewältigung in Deutschland

Auf die braune folgte die rote Diktatur

Die Kapitulation des Dritten Reiches am 8. Mai 1945 hatte ein vierjähriges Besatzungsregime der alliierten Siegermächte – die Vereinigten Staaten von Amerika, Großbritannien, Frankreich und die Sowjetunion – für Gesamtdeutschland zur Folge. Die vier Besatzungsmächte richteten sich jeweils in einer Zone des Landes ein, um die im Potsdamer Abkommen im Juli 1945 vereinbarten gemeinsamen Richtlinien ihrer Besatzungspolitik zu verwirklichen. Zu diesem Zeitpunkt gehörte das Gebiet östlich der Oder-Neiße-Linie schon nicht mehr zu Deutschland – es war überwiegend der Verwaltung Polens überlassen worden, das seinerseits im Osten Gebietsteile an die Sowjets abtreten mußte. Die Grenzverschiebungen und damit verbunden die Vertreibung von Millionen deutscher Staatsangehöriger stellten die erste Strafmaßnahme gegenüber „Hitler-Deutschland" dar. Der Protest der USA und Großbritanniens gegen die eigenmächtige Vorgehensweise Moskaus blieb verhalten, um die bisherige alliierte Zusammenarbeit insbesondere in der Deutschlandfrage nicht zu gefährden.

Die Politik Stalins, Polen und Südosteuropa seinem Einflußbereich einzuverleiben, hatte manche früheren Befürchtungen der Westalliierten bestätigt. Man einigte sich daher darauf, die endgültige Grenzregelung für das besiegte Deutschland einem späteren Friedensvertrag zu überlassen. Im Vordergrund stand zunächst die alliierte Übereinkunft bei der zukünftigen Behandlung Deutschlands, insbesondere die Regelung der Strafmaßnahmen: Zu den wichtigsten Potsdamer Beschlüssen zählten die völlige Entwaffnung und Entmilitarisierung Deutschlands, die Auflösung der NSDAP und aller von ihr beherrschten Einrichtungen. Die Führung des Dritten Reiches und die Kriegsverbrecher sollten vor einem internationalen Gerichtshof zur Verantwortung gezogen, die deutsche Gesellschaft auf demokratischem Wege umgestaltet werden. Konsens erzielte man über die dezentrale Gliederung von Verwaltung und Wirtschaft entsprechend der jeweiligen Besatzungszonen. Deutschland war jedoch weiterhin als wirtschaftliche Einheit zu betrachten. Zur Durchsetzung dieser Beschlüsse nahm der Alliierte Kontrollrat seinen Sitz in Berlin.

Angesichts der Differenzen zwischen den einzelnen Besatzungsmächten, zunächst die Veto-Politik der Franzosen wegen der Vereinheitlichung der deutschen Verwaltung, schließlich – und vor allem – die Sonderentwicklungen in der Sowjetischen Besatzungszone (SBZ), zeichnete sich die Spaltung Deutschlands bereits frühzeitig ab. Der ideologische und machtpolitische Interessengegensatz zwischen den westlichen Alliierten und der Sowjetunion mündete unabwendbar in eine offen politische Auseinandersetzung, in den Kalten Krieg. Die von den Westalliierten in ihren Zonen angestoßenen Entwicklungen sollten als Reaktion auf die Vorgehensweise Moskaus in der SBZ verstanden werden, provozierten ihrerseits jedoch eine Gegenreaktion der Sowjetunion. Der westliche und der östliche Teil Deutschlands drifteten mehr und mehr auseinander. Eine gesamtalliierte Übereinkunft über die zukünftige Behandlung Deutschlands rückte in weite Ferne. Welchen Schritt der Besatzungsmächte man als Markstein für die Teilung Deutschlands auch ansehen mag, ob nun die Währungsreform in den Westzonen im Juni 1948 oder das Ausscheiden des sowjetischen Oberbefehlshabers aus dem Alliierten Kontrollrat und damit die Aufkündigung der Vier-Mächte-Verwaltung für Deutschland im März desselben Jahres, die Gründung zweier getrennter deutscher Staaten im Jahre 1949 schuf zumindest innenpolitisch bzw. innerdeutsch vollendete Tatsachen. Bis spätestens Mitte der fünfziger Jahre war durch die Integration der Bundesrepublik in die NATO und der DDR in den Warschauer Pakt auch außenpolitisch die Teilung zementiert. Die DDR gehörte von da an zum Machtbereich Moskaus.

In der Forschung ging man bislang davon aus, die Politik Moskaus in „seiner“ Besatzungszone habe nicht von vornherein bzw.

nicht durchgängig auf eine Teilung Deutschlands oder auf die Einverleibung des östlichen Teils in seinen Einflußbereich gezielt. Vielmehr sei Stalins Interesse an einer wirtschaftlichen Ausbeutung Deutschlands durch umfangreiche Reparationsleistungen vorrangig gewesen. Eine Teilung Deutschlands hätte dieser Einschätzung entgegengestanden.[1] Gleichwohl ließ die sehr interpretationsfähige Potsdamer Formel der Demokratisierung bzw. Entnazifizierung Deutschlands den deutschlandpolitischen Vorstellungen Moskaus breiten Raum. Erstaunlich ist nicht zuletzt, daß sich die Westmächte auf eine derart vage Formulierung im Potsdamer Abkommen einließen, zumal die Sowjets in ihrer Zone schon vor dem Potsdamer Treffen im Juli 1945 Maßnahmen zu einer radikalen Umgestaltung der gesellschaftlichen Ordnung eingeleitet hatten. Sie konnten dabei auf zuverlässige, in Moskau geschulte Helfershelfer in Gestalt der deutschen Kommunisten zählen. Vorgeschichte und Beginn einer linken Diktatur in Deutschland waren mit dem Besatzungsregime der Sowjets bereits besiegelt. Die in Moskau vorbereitete kommunistische „Machtergreifung" konnte nunmehr stattfinden.

Die von der Sowjetunion in ihre Besatzungszone entsandten deutschen Kommunisten, in erster Linie die in Berlin aktive „Gruppe Ulbricht"[2], waren in den Schaltstellen der seit Juni/Juli 1945 neu aufzubauenden Gemeinde- und Kreisverwaltungen sowie der elf Zentralverwaltungen überrepräsentiert. Vor allem in die Schlüsselpositionen der Deutschen Verwaltung des Innern (DVdI) und der Deutschen Justizverwaltung eingeschleuste KPD-Funktionäre konnten dank der Sowjetischen Militäradministration (SMAD) beim Aufbau des Polizeiapparats und der Ju-

[1] Vgl. insbes. Hans-Peter Schwarz, Vom Reich zur Bundesrepublik. Deutschland im Widerstreit der außenpolitischen Konzeptionen in den Jahren der Besatzungsherrschaft 1945-1949, Stuttgart 1980[2]; ferner Alexander Fischer, Sowjetische Deutschlandpolitik im Zweiten Weltkrieg 1941-1945, Stuttgart 1975.

[2] Zu den Instruktionen insbesondere der „Gruppe Ulbricht" siehe Wolfgang Leonhard, Die Revolution entläßt ihre Kinder, Köln/Berlin 1955, S. 331-334 sowie jüngst ders., Spurensuche. Vierzig Jahre noch die Revolution entläßt ihre Kinder, Köln 1992.

stizorgane eigenständig vorgehen.[3] Die SMAD suchte die im Juni 1945 neuzugelassenen Parteien, die CDU und die LPD, gemeinsam mit der KPD und der SPD im Antifa-Block, ein formales Bündnis aller lizenzierten Parteien, zusammenzuschließen. Etwa im November 1945 begann die KPD eine Kampagne zur Vereinigung mit der SPD, nachdem sie zunächst heftig dagegen war. Der Einstellungswandel beruhte auf taktischen Erwägungen: In der Bevölkerung zu Recht als Günstling Moskaus angesehen, hatte sie im Vergleich zu den Sozialdemokraten nicht den erhofften Mitgliederzulauf und mußte bei den für Herbst 1946 angesetzten Wahlen eine Niederlage gegenüber der SPD befürchten.

Ihr Ziel erreichte die KPD erst durch die Einflußnahme der SMAD im April 1946: Zögerliche SPD-Genossen versuchte man mit politischen Zugeständnissen umzustimmen, oppositionelle Mitglieder mit Drohungen, Gewaltmaßnahmen – zuletzt sogar Inhaftierungen – durch die sowjetischen Politoffiziere mundtot zu machen.[4] Schätzungen zufolge sollen im Zeitraum dieser Einheitskampagne zwischen Herbst 1945 und Frühjahr 1946 rund 20.000 gegen die Zwangsvereinigung[5] protestierende Sozialdemokraten aufgrund von Denunziationen oder eigenmächtigen Eingriffen der SMAD genötigt, inhaftiert worden und auch zu Tode gekommen sein. Die nach der erzwungenen Parteifusion (20./21. April 1946) forcierte Umbildung der – nunmehr – Sozialistischen Einheitspartei Deutschlands (SED) zu einer stalinisti-

[3] Hierzu Dieter Marc Schneider, Innere Verwaltung/Deutsche Verwaltung des Innern (DVdI), in: Martin Broszat/Hermann Weber (Hrsg.), SBZ-Handbuch. Staatliche Verwaltungen, Parteien, gesellschaftliche Organisationen und ihre Führungskräfte in der Sowjetischen Besatzungszone Deutschlands 1945-1949, München 1990, S. 212-217.

[4] Hierzu Karl Wilhelm Fricke, Opposition und Widerstand in der DDR. Ein politischer Report, Köln 1984, S. 31-34; vgl. auch Uwe Backes, Opposition, Protest und „Widerstand" in den beiden deutschen Staaten, in: Politische Bildung 22 (1989), H. 3, S. 32-54, insbes. S. 34-36, 41-47.

[5] Zur Kontroverse um die Zwangsvereinigung siehe etwa: Friedrich-Ebert-Stiftung (Hrsg.), Einheit oder Freiheit? Zum 40. Jahrestag der Gründung der SED, Bonn 1986; Werner Müller, SED-Gründung unter Zwang – Ein Streit ohne Ende? Plädoyer für den Begriff „Zwangsvereinigung", in: Deutschland Archiv 24 (1991), S. 52-58.

schen Kaderpartei drängte die sozialdemokratischen Mitglieder in politische Resignation, aber nicht wenige widersetzten sich der Stalinisierung der Partei. Sie wurden Opfer der von der SED angezettelten politischen Diffamierungskampagnen oder der Strafverfolgung der SMAD. Verhaftungen von oppositionellen Sozialdemokraten erfolgten vorwiegend unter dem Vorwurf der „Spionage“, der „Zersetzung“ bzw. der „antisowjetischen Propaganda“. Bis Anfang der fünfziger Jahre wurden ca. 200.000 SPD-Anhänger politisch gemaßregelt, inhaftiert, in sowjetische „Zwangsarbeitslager“ verschleppt oder in ehemaligen nationalsozialistischen Konzentrationslagern drangsaliert. „Daß ehemalige Sozialdemokraten in ihrer Mehrheit von sowjetischen Militärtribunalen statt von deutschen Gerichten verurteilt wurden, war nicht ohne Überlegung geschehen. Die SED schien so frei von jeglicher Verantwortung dafür, obwohl ihr Zusammenspiel mit der ‚sozialistischen Besatzungsmacht‘ gerichtsnotorisch ist.“[6]

Die Ausschaltung jeglicher sozialdemokratischer Einflüsse inner- und außerhalb der SED zu deren Machtergreifung und Machtsicherung in der SBZ kam mit der Gründung der DDR im Oktober 1949 keineswegs zum Stillstand. Das „Trauma des Sozialdemokratismus“[7] verfolgte die SED im Gegenteil zeit ihres Bestehens. Die periodischen „Säuberungsaktionen“ insbesondere in den Jahren vor dem Mauerbau entsprangen der latent vorhandenen und nicht unberechtigten Furcht der SED-Führung vor destabilisierenden Einflüssen auf ihr Herrschaftsmonopol. Hierzu zählte u. a. die 1952/53 als Anti-Ulbricht-Opposition in der SED bekanntgewordene Zaisser/Herrnstadt-„Fraktion“[8]. Sie forderte die „Erneuerung der Partei“ als Partei des ganzen Volkes, mithin

[6] Karl Wilhelm Fricke, Politik und Justiz in der DDR. Zur Geschichte der politischen Verfolgung 1945-1968. Bericht und Dokumentation, Köln 1990², S. 120, siehe die zahlreichen Dokumenten-Belege ebda., S. 113-126; vgl. ders. (Anm. 4), S. 38 f.

[7] Vgl. hierzu Hans-Joachim Spranger, Die SED und der Sozialdemokratismus. Ideologische Abgrenzungen in der DDR, Köln 1981.

[8] Vgl. Nadja Stulz-Herrnstadt (Hrsg.), Rudolf Herrnstadt: Das Herrnstadt-Dokument. Das Politbüro der SED und die Geschichte des 17. Juni 1953, Reinbek bei Hamburg 1990.

auch die Neubesetzung der Führungsspitze. Eine wesentliche Unterstützung der oppositionellen innerparteilichen Gruppe aus Moskau rückte nach dem Tod Stalins im März 1953 in greifbare Nähe, der Juni-Aufstand in der DDR und ein politisches Revirement im Kreml machten den Führungswechsel in der SED jedoch zunichte. Zaisser, Chef des Ministeriums für Staatssicherheit (MfS), und Herrnstadt wurden aus der Partei ausgeschlossen.

Ähnlich verfuhr man mit der oppositionellen Schirdewan-Gruppe, die sich während der politischen „Tauwetter"-Periode zu Beginn der Amtzeit Chruschtschows gebildet hatte und gleichfalls auf innerparteiliche Reformen drängte. Schirdewan hatte mit der Unterstützung des Ministers für Staatssicherheit, Wollweber, rechnen können. Das ist insofern interessant, als am Sturz Erich Honeckers im Oktober 1989 „auch" ein MfS-Chef, nämlich Mielke, beteiligt war.[9] Die Harich/Janka-Gruppe formierte sich ebenfalls in der Entstalinisierungsperiode Mitte der fünfziger Jahre. Die beiden Literaten und ihre Anhänger zählten freilich nicht zum inneren Führungszirkel der SED, sondern zum Kreis der marxistisch-leninistischen Parteiintellektuellen. Ihr Ziel wie auch das vieler anderer Ulbricht-Oppositioneller galt der – in ihren Augen nicht grundlegend vollzogenen – Entstalinisierung der SED. Da diese Opposition nicht einfach parteiintern zum Schweigen gebracht werden konnte, bediente sich die SED des Instituts der „Schauprozesse". Harich und Janka sowie andere Sympathisanten wurden als Konterrevolutionäre angeklagt und zu unterschiedlich langer Haft verurteilt.[10]

[9] Siehe vor allem Karl Wilhelm Fricke, Honeckers Sturz mit Mielkes Hilfe, in: Deutschland Archiv 24 (1991), S. 5-7; zu den Hintergründen auch: Peter Przybylski, Tatort Politbüro. Die Akte Honecker, Berlin 1991, insbes. S. 201 f.

[10] Siehe Fricke (Anm. 4), S. 105-128; vgl. auch Hermann Weber, Geschichte der DDR, München 1985, S. 245-296; ferner Walter Janka, Schwierigkeiten mit der Wahrheit, Reinbek bei Hamburg 1990; ders., Spuren eines Lebens, Berlin 1991; Der Prozeß gegen Walter Janka und andere. Eine Dokumentation, Reinbek bei Hamburg 1990.

Kommunistische Entnazifizierungspraxis

Für die deutschen Kommunisten gestaltete sich die Ausschaltung der sogenannten bürgerlichen, teils nicht parteigebundenen Opposition in den ersten Nachkriegsjahren weniger „kompliziert". Die politische Umbruchphase nach der Kapitulation Deutschlands stand ohnehin unter der Kontrolle und den Direktiven der jeweiligen Besatzungsmacht. Die Entnazifizierungspraxis der sowjetischen Militärverwaltung bedeutete für die SBZ-Deutschen jedoch ein ungleich härteres Regime als in allen übrigen Zonen. Die Maßnahmen oblagen weitgehend den sowjetischen Sicherheitsorganen. Die deutsche Polizei und der Staatssicherheitsdienst in der SBZ waren allerdings nicht untätig; Festnahmen etwa sind alsbald „als Auftragsangelegenheiten der Besatzungsmacht eigenverantwortlich durchgeführt"[11] worden. Die Verhaftung und Internierung im Rahmen der Entnazifizierungspolitik betraf keineswegs nur nationalsozialistisch Belastete, „sondern auch Beamte aller Art, Juristen, Lehrer, ferner Gutsbesitzer, Bankiers, Industrielle und andere ‚Kapitalisten' – und zwar unabhängig von ihrer politischen Einstellung, einfach auf Grund ihrer Klassenzugehörigkeit."[12]

Die Inhaftierung Unschuldiger, die auch bei den Westalliierten vorkam – hier jedoch ausschließlich dem Mißtrauen gegenüber etwaigen Sabotageakten fanatischer Nationalsozialisten entsprang -, war bei der SMAD Methode. Schon frühzeitig wollte man jeglichen Widerstand gegen die geplanten Strukturreformen auch in der Landwirtschaft und der Industrie ausschalten[13]: Wer Großgrundbesitzer über 100 Hektar war, wurde entschädigungs-

[11] Fricke (Anm. 6), S. 57.

[12] Fricke (Anm. 4), S. 24.

[13] Vgl. dagegen die Auffassung von Hermann Weber, DDR: Grundriß der Geschichte 1945-1990, Hannover 1991², S. 34. – Tatsächlich muß die Bodenreform von 1945 angesichts der undemokratischen Vorgehensweise bei der „antifaschistisch-demokratischen Umwälzung" im Zusammenhang mit der 1952 einsetzenden Zwangskollektivierung und als deren Vorstufe betrachtet werden.

los enteignet, der Boden an landlose bzw. landarme Bauern verteilt, der Besitz von NS-Belasteten beschlagnahmt. Das galt ebenso für das Eigentum von Personen, die wichtige Funktionen im Staats-, Wirtschafts- und Verwaltungsapparat ausübten. Aber selbst „kleine Bauernwirtschaften von 15-100 ha wurden völlig enteignet, wenn der Eigentümer, vielfach als früherer Ortsbauernführer, durch die Maßnahmen, die er durchzuführen hatte, sich mißliebig gemacht hatte. Den einzelnen Besitzern wurden auch die vorgeschriebenen Mindestgüter von 100 ha nicht belassen, ja diese durften sich auch selbst fast in keinem Falle als Siedler für eine Neubauernstelle bewerben [. . .] wurden ohne Ausnahme auf behördliche Anordnung über Nacht aus ihren Heimen vertrieben“[14], weiß es eine Denkschrift über die Bodenreformen in Thüringen 1946 aus dem Jahre zu berichten. In der Zwangskollektivierungsaktion von 1952 drängte man die „Neubauern“ zum Zusammenschluß in den sogenannten Landwirtschaftlichen Produktionsgenossenschaften (LPG) – eine Parallele zu den sowjetischen Kollektivwirtschaften -, was einer erneuten Enteignung und politischen Unterdrückung gleichkam. „Mit der Bodenreform änderten sich nicht nur die Besitzverhältnisse auf dem Land, sondern auch die Arbeitsverhältnisse der Bauern.“[15]

Die zweite und totale Kollektivierung der Landwirtschaft folgte 1959/1960. „Der Widerstand der Bauern in der letzten Etappe der ‚Revolution im Dorf' wurde mit terroristischer Gewalt gebrochen. Wer selbständig zu bleiben versuchte, wurde massivster Agitation ausgesetzt, erpreßt oder festgenommen und unter fadenscheinigen Vorwänden verurteilt.“[16] Die Wirtschafts- und Industriereform führte zur Verstaatlichung aller Banken und Versicherungen sowie zur Beschlagnahme eines Großteils von Industrieunternehmen. 213 wurden als Reparationsleistungen an die Sowjetunion in „Sowjetische Aktiengesellschaften“ (SAG), 3.843

[14] Zitiert nach Hans-Georg Merz, Bodenreform in der SBZ. Ein Bericht aus dem Jahre 1946, in: Deutschland Archiv 24 (1991), S. 1168.

[15] Dieter Zimmer, Auferstanden aus Ruinen. Von der SBZ zur DDR, Stuttgart 1989, S. 57.

[16] Fricke (Anm. 4), S. 134 f.

(bis Mitte 1948) in Volkseigentum umgewandelt. 1.225 Betriebe demontierten die sowjetischen Militärs vollständig und verbrachten sie in die Sowjetunion. War die erste Bodenreform von allen neu zugelassenen Parteien in der SBZ akzeptiert worden, stießen die von der KPD bzw. SED – in Sachsen auf der Basis eines Volksentscheids, in den übrigen SBZ-Ländern ohne Abstimmung – beschlossenen Industrieenteignungen allerdings auf heftigen Widerstand der Betroffenen. Die Opposition von CDU und LDP gegen als ungerechtfertigt empfundene Enteignungen in Industrie und Landwirtschaft wurde durch die Sicherheitsorgane der SMAD unterdrückt. So ist etwa das Ausscheiden der CDU-Führung, namentlich von Andreas Hermes und Walther Schreiber, aus ihren Ämtern Ende 1945 auf das Eingreifen der Sowjets zurückzuführen.[17]

Versuche, sich den Maßnahmen zu widersetzen, wurden zunächst als „eine Durchkreuzung der wirtschaftlichen Maßnahmen der deutschen Selbstverwaltungsorgane und der deutschen Verwaltung"[18] oder gar als Sabotage kriminalisiert. Später interpretierte man solchen Widerstand als „Angriff des Klassengegners"; ein Tatbestand des Wirtschaftsstrafrechts wandelte sich zum „Staatsverbrechen", dem man mit Schauprozessen oder Schnellverfahren beizukommen suchte. Zahlreiche Betroffene flüchteten in die Westzonen, weil sie ihre rechtliche Situation als aussichtslos empfanden. Ein rechtsstaatlich einwandfreies Verfahren konnten sie angesichts der fast vollständigen Umgestaltung der Justiz kaum erwarten: Die nunmehr zum Einsatz gelangten Volksrichter und Volksstaatsanwälte waren ausschließlich Absolventen juristischer Schnellkurse; ihre politische Linientreue galt in den Augen der KPD- bzw. SED-Funktionäre als sicher. Die Justiz wurde zu einem unverzichtbaren Herrschaftsinstrument in der Hand der

[17] Vgl. ebda., S. 27-30; ebenso Wolfgang Zank, Wirtschaftliche Zentralverwaltungen und Deutsche Wirtschaftskommission (DWK), in: Broszat/Weber (Anm. 3), S. 254-261.

[18] So im Befehl Nr. 160 der SMAD vom 3. Dezember 1945, zitiert nach Fricke (Anm. 6), S. 33.

zukünftig führenden Partei. „Mit der Politisierung der Justiz vollzog sich die Kriminalisierung jeder Opposition."[19]

Das KRG Nr. 10 erlaubte den sowjetischen Militärtribunalen wie in allen übrigen Zonen die Strafverfolgung von NS- und Kriegsverbrechen. Durch Erlaß von Befehl Nr. 201 der SMAD vom 16. August 1947 waren jedoch auch deutsche Gerichte zur Ahndung solcher Verbrechen ermächtigt worden. In Verbindung mit der Kontrollratsdirektive Nr. 38, wonach als „Nazi-Aktivist" galt, wer „nach dem 8. Mai 1945 ‚durch Erfindung und Verbreitung tendenziöser Gerüchte den Frieden des deutschen Volkes oder den Frieden der Welt gefährdet' haben sollte ‚oder möglicherweise noch gefährdet'"[20], war hiermit das Fundament für die politische Gesinnungsjustiz auch in der späteren DDR gelegt. Denn zum „gefährlichen Deutschen" konnte man recht willkürlich jeden mißliebigen Andersdenkenden abstempeln. Die Direktive wurde erst im September 1955, nach Aufhebung aller besatzungsrechtlichen Bestimmungen in der DDR, außer Kraft gesetzt. Eigens geschaffene politische Sonderstrafkammern bei den Landes- und Oberlandesgerichten verurteilten aufgrund dieser Bestimmung zum Teil willkürlich, wie einzelne Urteile belegen. Allerdings war „die Hauptlast der inneren Sicherung der ‚antifaschistisch-demokratischen Umwälzung' in den Jahren bis zur Gründung der DDR den Sicherheits- und Justizorganen der sowjetischen Besatzungsmacht überantwortet"[21]. Wenn also die Internierung von Personen durchaus im Rahmen der alliierten Entnazifizierungspraxis lag, verfolgte die massenhafte, undifferenzierte Vorgehensweise und die rechtswidrige Inhaftierung Unschuldiger eindeutig andere Ziele. Sie diente der politischen Weichenstellung in Richtung kommunistische Alleinherrschaft. Schon aus präventiven Gründen mußte jede potentielle Opposition zum kommunistischen Regime frühzeitig ausgeschaltet werden.

[19] Ebda., S. 52.
[20] Ebda., S. 49.
[21] Ebda., S. 54, Urteilsauszüge: S. 50-53.

Das Zusammenwirken der sowjetischen Besatzungsmacht mit den auf deutscher Seite verantwortlichen Kommunisten bei den unrechtmäßigen Festnahmen und der menschenrechtswidrigen Behandlung der Insassen in den Internierungslagern bedarf noch eingehender Forschungen. Die Mitverantwortung der KPD/SED am SMAD-Terror kann aber nicht bezweifelt werden, waren diese Gewaltmaßnahmen und Willküraktionen doch Voraussetzung zur Machtergreifung bis hin zur Gründung der DDR. Die Tatsache, daß sich die SED bzw. ihre Nachfolgepartei, die PDS, bis heute nicht mit den willkürlichen Internierungen auseinandersetzt, dürfte als ein schweigendes Schuldeingeständnis zu werten sein.[22] Die Opfer dieser Masseninternierung und – in den Jahren 1947 bis 1949 – der sowjetischen Militärjustiz bzw. des sowjetischen Sicherheitsapparates (NKGB/MGB) in der Phase bis 1955 sind heute grob zu schätzen; viele wurden in die Sowjetunion verschleppt und kehrten nicht wieder. Die offiziell zur Entnazifizierung errichteten Internierungslager des NKWD/MWD und ehemaligen nationalsozialistischen KZ wurden auch keineswegs nach der 1948 von der SMAD für beendet erklärten Entnazifizierung aufgelöst. Bautzen, Buchenwald und Sachsenhausen etwa blieben bis zum Januar 1950 intakt. Schätzungen zufolge kamen in den Lagern der SMAD zwischen 65.000 und 80.000 Menschen um – nach Schilderungen von ehemaligen Internierten keineswegs nur infolge der unerträglichen Internierungsbedingungen! Die Zahl der Internierten betrug zwischen 160.000 bis 250.000; rund 25.000 Deutsche sollen in die UdSSR deportiert worden sein.[23]

[22] Siehe hierzu insbes.: Peter Erler/Wilfriede Otto/Lutz Prieß, Sowjetische Internierungslager in der SBZ/DDR 1945 bis 1950, in: Beiträge zur Geschichte der Arbeiterbewegung 32 (1990), S. 723-734; Claus-Einar Langen, Das dunkle Erbe der sowjetischen Militärtribunale. Die DDR und der Strafvollzug vor 1949, in: Frankfurter Allgemeine Zeitung v. 14. August 1990.

[23] Die Zahlen von Fricke (Anm. 6, S. 73-95) differieren nur geringfügig mit denen von Jan Foitzik, Sowjetische Militäradministration in Deutschland (SMAD), in: Broszat/Weber (Anm. 3), S. 29 f. – Jüngst veröffentlichte offizielle sowjetische Zahlen nennen rund 42.000 krankheitsbedingte Todesopfer, hierzu: Neues Deutschland v. 27. Juli 1990.

Bislang im Westen vorliegende Erkenntnisse hinsichtlich des willkürlichen Vorgehens der SMAD bei Internierungsmaßnahmen sowie der Zahl der jeweiligen „Speziallager" – so der sowjetische Jargon – sind in jüngster Zeit von Historikern des Instituts für die Geschichte der Arbeiterbewegung (IGFA) im wesentlichen bestätigt worden; sie verweisen allerdings auf die Zahlenangaben in einer vom Ministerium für Innere Angelegenheiten der UdSSR im Sommer 1990 veröffentlichten Denkschrift, die erheblich unter den westlichen Schätzungen liegen.[24] Die Existenz von insgesamt elf Internierungslagern in der SBZ ist belegt, nämlich Bautzen, Berlin-Hohenschönhausen, Buchenwald, Frankfurt (Oder), Fünfeichen, Jamlitz, Ketschendorf, Mühlberg, Sachsenhausen, Torgau, Weesow. Die UdSSR nennt dagegen nur zehn Lager. Auch die IGFA-Historiker zählen von der Internierung Betroffene auf, die tatsächlich keine NS-Verbrecher gewesen sein konnten: unter anderem handelte es sich um Jugendliche ab 14 Jahre und jünger, die als angebliche „Werwölfe" oder Funktionäre in der Hitlerjugend interniert wurden; ferner Personen, die wegen ihrer Volkssturm-Rekrutierung verdächtig waren; ehemalige Wehrmachtsangehörige, die bereits eine Haftstrafe in den Westzonen verbüßt hatten; nur nominelle NSDAP-Mitglieder; „besonders seit 1947 [waren] Menschen wegen sogenannter politischer Vergehen betroffen. Dazu rechneten tatsächliche Vorbereitung und Ausführung von terroristischen Aktionen und Sabotageakten wie auch vermeintliches Bandenunwesen. Aber auch der Verdacht auf Spionage- und Agententätigkeit durch Verbindungen mit dem Ostbüro der SPD [...] inbegriffen der Vorwurf des Trotzkismus, Titoismus und Sozialdemokratismus"[25]; Kriminelle und nicht zuletzt unschuldige, von der Straße weg internierte Bürger.

„Eine wesentliche Rolle für ungerechte Internierung spielten Denunziationen und die ungenügende Aufklärung der Sachver-

[24] Vgl. zum folgenden Erler/Otto/Prieß (Anm. 22); siehe auch Weber (Anm. 13), S. 32.
[25] Erler/Otto/Prieß (Anm. 22), S. 727.

halte durch die verantwortlichen sowjetischen Organe."[26] In den genannten Lagern seien insgesamt 122.671 Deutsche interniert gewesen, 45.262 davon wieder auf freien Fuß gesetzt, 42.889 infolge der unmenschlichen Internierungsbedingungen verstorben; 756 Deutsche sind zum Tod verurteilt worden. 12.770 Festgenommene habe man in die UdSSR deportiert, 6.680 in Kriegsgefangenenlager eingewiesen. Letztlich ist das Schicksal und die exakte Zahl dieser Menschen erst nach einer Öffnung der sowjetischen Archive zu rekonstruieren, denn die Organe des NKWD/MWD haben über jeden Gefangenen detaillierte Akten angelegt.[27]

Von den in sowjetischem Gewahrsam befindlichen sogenannten NS- und Kriegsverbrechern wurden im Jahre 1950 10.513 Personen dem Innenministerium der DDR bzw. der Volkspolizei zur Verbüßung ihrer Strafen übergeben. Sie unterstanden nach wie vor der sowjetischen Strafjustiz, sind jedoch in der ersten Hälfte der fünfziger Jahre zum größten Teil amnestiert worden. Anders verhielt es sich mit 3.442 sowjetischen Internierten, die die SMAD dem Innenministerium „zur Untersuchung ihrer verbrecherischen Tätigkeit und Aburteilung durch das Gericht der Deutschen Demokratischen Republik" überstellte. Sie wurden von einer Sonderstrafkammer des Landgerichts Chemnitz in Waldheim auf der Grundlage des KRG Nr. 10 und der Direktive Nr. 38 des Alliierten Kontrollrates sowie des berüchtigten SMAD-Befehls Nr. 201 verurteilt.[28] In 32 Fällen verhängten die

[26] Ebda. – Vgl. auch Jan von Flocken/Michael Klonovsky, Stalins Lager in Deutschland 1945-1950. Dokumentation – Zeugenberichte, Berlin/Frankfurt a. M. 1991, S. 11-51.

[27] Siehe Peter Jochen Winters, Die Sowjetunion müßte die Akten zur Verfügung stellen. In den Internierungslagern sollen 160.000 Deutsche eingesessen haben, in: Frankfurter Allgemeine Zeitung v. 27. Juli 1991; vgl. dazu auch Gerhard Finn, Die politischen Häftlinge in der Sowjetzone. 1945-1959, Pfaffenhofen 1960, insbes. S. 15-75.

[28] Bei der Verurteilung auf der Basis des Befehls Nr. 201 mußte keinesfalls eine Straftat zugrundeliegen. Es genügte die Einstufung „in führender Stellung betätigt". Dazu Wilfriede Otto, Die „Waldheimer Prozesse" – altes Erbe und neue Sichten, in: Neue Justiz 45 (1991), S. 355-358, insbes. S. 356. Otto

Richter das Todesurteil – sechs wurden per Gnadenerweis in eine Freiheitsstrafe umgewandelt, 24 vollstreckte man in der Nacht vom 3. zum 4. November 1950 -, die übrigen Urteile bedeuteten hohe Freiheitsstrafen. Die Durchführung der (Schnell-)Gerichtsverfahren, der (Kollektiv-)Schuldvorwurf sowie das Beweisverfahren sind sowohl von Prozeßbeobachtern seinerzeit als auch später beklagt und gerügt worden. Das Kammergericht in Berlin (West) erklärte die „Waldheimer Urteile" im Jahre 1954 in ihrer Gesamtheit für „absolut und unheilbar nichtig". Es handele sich um „Schauprozesse", deren Urteile „nicht rechtswirksam" seien. Erst vier Jahrzehnte später und infolge des politischen Umbruchs ist dieses Justizverbrechen auch von einem DDR-Historiker als solches öffentlich gemacht worden. Nach der Wiedervereinigung Deutschlands hat das Geschehen vor allem bei Juristen aus der ehemaligen DDR, aber auch aus der alten Bundesrepublik ein erhebliches Aufklärungsinteresse geweckt.[29]

„Schild und Schwert der Partei"

Die Waldheim-Urteile markierten den unrühmlichen Übergang zu einer neuen Entwicklungsstufe der SED, in der die Gefolgschaft einer parteilichen Justiz bereits gewährleistet schien: „Die Höhe der Strafanträge war vor der Verhandlung zwischen Paul Hentschel vom Parteivorstand, Frau Dr. Heinz vom Ministerium

korrigiert auch die Zahl von 3.432 Häftlingen, von der man bislang ausgegangen war.

[29] Abdruck der zitierten Dokumentenausschnitte in Fricke (Anm. 6), S. 98, S. 205-215. Zu den Urteilen von Waldheim siehe u. a.: Karl Wilhelm Fricke, DDR-Historiker räumt Unrecht der „Waldheimer Prozesse" ein, in: Deutschland Archiv 23 (1990), S. 1156-1158; ders., Das justitielle Unrecht der Waldheimer Prozesse, in: Neue Justiz 45 (1991), S. 209 f.; Rudi Beckert, Halbe Wahrheiten über Waldheimer Prozesse?, in: Neue Justiz 45 (1991), S. 301 f.; Wilfriede Otto, Archivmaterial zu den Waldheimer Prozessen, in: Neue Justiz 45 (1991), S. 392-394; Falco Werkentin, Scheinjustiz in der frühen DDR. Aus den Regieheften der „Waldheimer Prozesse" des Jahres 1950, in: Kritische Justiz 24 (1991), S. 333-350.

der Justiz und dem die Anklage vertretenden Staatsanwalt festgelegt worden, und die Richter wußten das“[30], so ein damals im Justizministerium beschäftigter Zeuge. Das Vorgehen blieb indes nicht einmalig, sondern prägte die weitere Entwicklung der DDR. Noch erhaltene und seit der politischen „Wende“ in der DDR an die Öffentlichkeit gelangte Dokumente bestätigen vielmehr die Praxis der SED, Justiz und Ministerium für Staatssicherheit (MfS) zur Sicherung ihrer Herrschaft zu instrumentalisieren. In dem einen Fall griff im Jahre 1955 Walter Ulbricht höchstpersönlich in zwei Strafverfahren ein und änderte die von einer Kommission noch vor der Verhandlung vorgeschlagenen Strafen um: „Der Parteichef ist nicht ganz einverstanden. Er macht neben einen Namen, und unter das Wort ‚Todesstrafe‘, Gänsefüßchen, [. . .], und bei einem dritten Namen streicht er ‚lebenslängliches Zuchthaus‘ durch und schreibt darüber: ‚Vorschlag Todesurteil‘.“ Ähnliches läßt sich für den von 1958 bis 1989 amtierenden MfS-Chef Erich Mielke belegen: Vor der Verhandlung gegen einen ehemaligen republikflüchtigen Grenzpolizei-Offizier der DDR im Jahre 1960 macht der ermittelnde MfS-Oberstleutnant Vorschläge hinsichtlich der Prozeßbeobachter und der politischen Zielsetzung: „Das Verfahren ist geeignet, aus erzieherischen Gründen gegen Smolka die Todesstrafe zu verhängen.“ Erich Mielke erklärte sich damit einverstanden. Auch in anderen Strafsachen, vor allem größere Verfahren, fällten nicht die Richter, sondern der Parteivorsitzende oder das Zentralkomitee der SED die Urteile. Diese Vorgehensweise hatte System und läßt sich für die Praxis der Strafjustiz zumindest bis in die sechziger Jahre hinein belegen.[31]

[30] Zitiert nach Fricke (Anm. 6), S. 212. – Die Richter und Staatsanwälte in den „Waldheimer Prozessen“ – ausnahmslos SED-Mitglieder – handelten nach Vorgaben der SED-Spitze. Es wurde nicht Recht gesprochen, sondern Partei-Politik ausgeführt. Das ZK-Sekretariat der SED bestimmte, „einen Vertreter der Abt. Staatliche Verwaltung [Paul Hentschel] ‚mit der Durchführung der politischen Beratung bei diesen Prozessen‘ zu beauftragen“, so Otto (Anm. 28), S. 356.

[31] Abdruck der Dokumente und Erläuterung in: Frankfurter Allgemeine Zeitung v. 6. April 1991 und Frankfurter Allgemeine Zeitung v. 21. Mai

Bei der Gründung der DDR im Oktober 1949 hatte sich die SED den Staat als Herrschaftsinstrument im wesentlichen untergeordnet. Die Sicherheits- und Justizorgane der sowjetischen Besatzungsmacht leisteten ihr bei dieser Strategie tätige Schützenhilfe, indem sie die Bevölkerung durch willkürliche Terrormaßnahmen einschüchterten. Selbst die ersten Wahlen zur Volkskammer, den sogenannten Übergang zur „Volksdemokratie" erreichte die SED nicht ohne Zwang, Manipulationen und Unregelmäßigkeiten bei den Wahlvorbereitungen, Verfälschungen des Wahlverfahrens[32] und Betrügereien bei der nachfolgenden Konstituierung des DDR-Parlaments. Weil sie in freien Wahlen keine Legitimation erhielt, mußte sie sich anderer Methoden versichern. Durch das für sie wenig schmeichelhafte Abschneiden bei den noch relativ freien Landtagswahlen 1946 war die SED bereits vorgewarnt: Die CDU und die LDP errangen seinerzeit zusammen mehr Wählerstimmen als die SED. Um den Einfluß von CDU und LDP zu schwächen, griff – wie üblich – die sowjetische Besatzungsmacht mit politisch-justiziellen Mitteln ein, verfolgte Mitglieder der Parteispitze sowie der Basis aufgrund fadenscheiniger Vorwürfe. Die von der SED neugegründeten Parteien, National-Demokratische Partei (NDPD) und Demokratische Bauernpartei (DBD), dienten letztlich dazu, Mitglieder von

1991. Zu beiden Fällen vgl. auch Karl Wilhelm Fricke, Ein Federzug von Ulbrichts Hand: Todesstrafe, in: Deutschland Archiv 24 (1991), S. 840-845. – Die infolge der staatlichen Wiedervereinigung Deutschlands offene, allerdings durch bundesdeutsche Archivgesetze eingeschränkte Quellenlage (eine dreißigjährige Sperrfrist der Dokumente im ZK-Archiv der SED) beweist die in der DDR praktizierte „Scheinjustiz" zumindest bis ins Jahr 1962. Dazu Falco Werkentin, Gelenkte Rechtsprechung – Zur Strafjustiz in den frühen Jahren der DDR, in: Neue Justiz 45 (1991), S. 479-483.

32 Manche Zeitgenossen versuchen solche Verbrechen heute noch als „Wahlmanipulationen" zu beschönigen und zu entschuldigen („Nötigungssituationen", „falsch verstandener Parteidisziplin"), statt korrekterweise von unfreien Wahlen zu sprechen. Etwa Lothar Reuter, Die Wahlfälschungen in der DDR, in: Neue Justiz 45 (1991), S. 198-200. – Anhand authentischer MfS-Materialien belegte Wahlfälschungen beleuchtet Jochen Laufer, Das Ministerium für Staatssicherheit und die Wahlfälschungen bei den ersten Wahlen in der DDR, in: Aus Politik und Zeitgeschichte. Beilage zur Wochenzeitung „Das Parlament", B 5/91, S. 17-30.

CDU und LDP abzuwerben. Auch die studentischen Jugendorganisationen der „Bürgerlichen" blieben von dem Justizterror der SMAD nicht ausgenommen. Das Vorgehen kennzeichnete die Gleichschaltung des Parteiensystems zugunsten der führenden Rolle der SED.

Die Bildung einer einheitlichen Kandidatenliste zum Dritten Deutschen Volkskongreß im Mai 1949 sollte alle künftigen Wahlverfahren bestimmen. Gleichwohl markierten diese „Test"-Wahlen eine traumatische Erfahrung für die SED, denn ein Drittel der Wähler votierte gegen die Einheitsliste. „Für das MfS bildete die Auswertung der Volkskongreßwahlen 1949 einen wichtigen Ausgangspunkt für die Vorbereitung von Repressionsmaßnahmen zur Wahl 1950."[33] Auch die ersten Volkskammerwahlen im Oktober 1950 sowie alle späteren Kommunal- und Parlamentswahlen erfolgten nach der Einheitsliste. Eine Möglichkeit der Ablehnung der gemeinsamen Kandidatenliste war im Wahlgesetz vom August 1950 nicht aufgeführt worden, und die Einheitsliste erhielt stets mehr als 99 Prozent der abgegebenen Stimmen. Die durch einen Verteilerschlüssel festgelegte Mandatsverteilung in der Volkskammer und in den Kommunalvertretungen blieb sich mit Ausnahme der ersten beiden Legislaturperioden gleich: Die SED besaß neben den gleichgeschalteten Parteien und Massenorganisationen, deren Mitglieder ihr größtenteils angehörten, faktisch das Machtmonopol.

Die Wahl erfolgte offen; wer eine Stimmkabine aufsuchte, galt als Gegner des Staates. Jüngste Dokumentenfunde in den Archiven des Ministeriums für Staatssicherheit in Berlin bestätigen – was bisher freilich nur von einigen wenigen westlichen Kennern des Systems gemutmaßt wurde -, daß das MfS an der Vorbereitung und Durchführung der Wahlen intensiv beteiligt war, nämlich durch Terrormaßnahmen gegenüber mutmaßlichen Regimegegnern, bei der Wahlbeeinflussung durch die Regierung und anderen staatlichen Stellen sowie bei den Eingriffen in die Stimmabgabe bzw. die Stimmauszählung. „Die Wahlfälschungen waren

[33] Ebda., S. 19.

ein Bestandteil der von der SED vorangetriebenen Revolution, die insofern auch mit dem Stimmzettel „gemacht" wurde. In diesem Prozeß der Errichtung der SED-Herrschaft – und darüber hinaus in der weiteren Entwicklung der DDR – nahm der von der SED kontrollierte [!] Staatssicherheitsdienst eine zentrale Rolle ein."[34]

Dabei ist nicht verwunderlich, daß der im Februar 1950 gebildete Staatssicherheitsdienst bereits im Herbst desselben Jahres derart aktiv werden konnte. Das von der SMAD schon kurz nach Kriegsende eingerichtete Sonderkommissariat „K 5" war mit politisch zuverlässigen KPD-Genossen besetzt und diente zunächst ausschließlich der Bekämpfung von „Gegnern des demokratischen Aufbaus". Insoweit dürfte die Schulung durch die entsprechenden sowjetischen Sicherheitsorgane während der Besatzungszeit wegweisend für die spätere Tätigkeit gewesen sein. Ganz nach sowjetkommunistischem Vorbild ist das Ministerium für Staatssicherheit das wichtigste Herrschaftsinstrument der SED. Vielfältig mit dieser verflochten – Angehörige des MfS sind SED-Mitglieder, und dem Aufbau der SED entsprach auch die Struktur des MfS – verstand sich die Staatssicherheit ihrerseits als „Schild und Schwert der Partei".

Das MfS hat in den 40 Jahren des Bestehens der DDR ein umfangreiches, engmaschiges Informations- und Spitzelsystem aufgebaut, das der möglichst totalen Überwachung der DDR-Bevölkerung diente. Sein Personalbestand läßt sich (noch) nicht mit verbindlichen Zahl beziffern, aber rund 103.000 hauptamtliche Mitarbeiter waren dem bundesdeutschen Verfassungsschutz bis zum Herbst 1989 namentlich bekannt. MfS-Kreise geben die Zahl von rund einer halben Million inoffizieller Mitarbeiter an. Ein personeller Ausbau der Staatssicherheit hat insbesondere in der zweiten Hälfte der achtziger Jahre stattgefunden, als das MfS die Öffnungspolitik der Sowjetunion unter Gorbatschow zu Recht als destabilisierend für die Herrschaft der SED empfinden mußte. Die DDR-interne Tätigkeit dieses „politischen Polizeiapparates"

[34] Ebda., S. 27.

(Fricke) rangierte an Bedeutung stets vor seiner Tätigkeit außerhalb der DDR. Erste beschränkte sich allerdings nicht auf die Bespitzelung, auf illegale Lauschangriffe, Post-, Telefonkontrollen und Hausdurchsuchungen im privaten Bereich, in Staat, Verwaltung, Justiz und Wirtschaft, im Künstlermilieu, in der wissenschaftlichen Forschung etc., was die fast 200 Kilometer messenden MfS-Akten dokumentieren. Weitere ungeahnte Maßnahmen des Staatssicherheitsdienstes dürften infolge der gesetzlich geregelten Einsichtnahme in die Archive ab Januar 1992 zutage kommen. Die Überwachungsmaßnahmen der MfS-Mitarbeiter erstreckten sich vielfach auch auf das Gebiet der Bundesrepublik.[35]

Insbesondere die Ereignisse um die Arbeiteraufstände im Juni 1953, während derer sich eine gewisse Hilflosigkeit der SED-Führung offenbarte, bewirkten eine personelle Vergrößerung des MfS und seine völlige Unterstellung unter den Parteiapparat. Ähnliche, wenngleich harmlosere Ereignisse im Herbst 1956 – zur Zeit des Ungarn-Aufstandes – haben zu entsprechend repressiven Maßnahmen des Staatssicherheitsdienstes Anlaß gegeben[36]: Das MfS war nicht nur federführend bei den berüchtig-

[35] Zahlreiche Beispiele für die DDR-internen Tätigkeitsfelder des Staatssicherheitsdienstes finden sich u. a. in: Lienhard Wawrzyn, Der Blaue. Das Spitzelsystem der DDR, Berlin 1990; Reiner Kunze, Deckname „Lyrik". Eine Dokumentation, Frankfurt a. M. 1990; Joachim Gauck, Die Stasi-Akten. Das unheimliche Erbe der DDR, Hamburg 1991; Bürgerkomitee Leipzig (Hrsg.), Stasi intern. Macht und Banalität, Leipzig 1991; David Gill/Ulrich Schröter, Das Ministerium für Staatssicherheit. Anatomie des Mielke-Imperiums, Berlin 1991; Manfred Schell/Werner Kalinka, Stasi und kein Ende. Die Personen und Fakten, Frankfurt a. M./Berlin 1991; Anne Worst, Das Ende eines Geheimdienstes. Oder: Wie lebendig ist die Stasi?, Berlin 1991 sowie insbes. Karl Wilhelm Fricke, MFS intern. Macht, Strukturen, Auflösung der DDR-Staatssicherheit, Köln 1991.

[36] Vgl. hierzu u. a. die Erkenntnisse von Armin Mitter, Die Ereignisse im Juni und Juli 1953 in der DDR. Aus den Akten des Ministeriums für Staatssicherheit, in: Aus Politik und Zeitgeschichte (Anm. 32), S. 31-41; Stefan Wolle, Das MfS und die Arbeiterproteste im Herbst 1956 in der DDR, in: Ebda., S. 42-51.

ten Menschenraub-Aktionen[37] und anderen geheimen Festnahmen in den fünfziger Jahren. Vielmehr besaß es bis zum Zusammenbruch des SED-Regimes die alleinige Zuständigkeit für Ermittlungen und Festnahmen in politischen Strafsachen, woraus sich auch eine enge Zusammenarbeit mit der DDR-Staatsanwaltschaft ergab. Die richterliche Bestätigung von Haftbeschlüssen wurde in den wenigsten Fällen eingeholt. „Eigene Untersuchungsgefängnisse erhielt das Ministerium für Staatssicherheit, indem es bald nach seiner Gründung [. . .] die bis dahin von den sowjetischen Sicherheitsorganen unterhaltenen Gefängnisse übernahm."[38]

Die Haftbedingungen für die Untersuchungsgefangenen in den MfS-Anstalten verstießen – nicht nur – in den ersten Jahren der DDR gegen die Bestimmungen der Strafprozeßordnung, Mißhandlungen bei Verhören politischer Häftlinge waren damals an der Tagesordnung. Die Methoden haben sich seit der zweiten Hälfte der fünfziger Jahre psychologisch verfeinert. „An die Stelle grober physischer Mißhandlungen trat psychischer Terror."[39] Angesichts dieser Ausgangslage für den Untersuchungshäftling braucht nicht eigens ausgeführt zu werden, wie sich das Untersuchungsverfahren – Dauer, Anwalts- und Angehörigenkontakte, Vernehmungsprotokolle, etc. – bis hin zur Hauptverhandlung entwickelte. Zahlreiche Schilderungen ehemaliger politischer Häftlinge belegen diese Vorgehensweise. „Grundsätzlich soll die Hauptverhandlung vor Gericht in der DDR öffentlich durchgeführt werden. Auszuschließen ist die Öffentlichkeit nur, wenn die öffentliche Verhandlung die Sicherheit des Staates gefährden würde [. . .]. Die Staatssicherheit zwingt die DDR-Gerichte jedoch dazu, von dieser Möglichkeit in politische Strafsachen ex-

37 Vgl. aus der Sicht eines Kenners und zugleich Opfers des Staatssicherheitsdienstes: Karl Wilhelm Fricke, Menschenraub in Berlin, Koblenz/Köln 1959; ders., Die DDR-Staatssicherheit. Entwicklung-Strukturen-Aktionsfelder, Köln 1989[3], S. 124-127; ders., Entmachtung und Erblast des MfS, in: Deutschland Archiv 23 (1990), S. 1881-1890 sowie ders., MfS intern (Anm. 35).

38 Fricke (Anm. 6), S. 216.

39 Ebda., S. 229.

zessiv Gebrauch zu machen. Man will die eigenen Praktiken jeder Kontrolle durch Öffentlichkeit entziehen."[40]

SED-Strafjustiz und Grenzregime

Neben dem Staatssicherheitsdienst konnte sich die SED speziell auf die Justiz, vor allem die politische Strafjustiz, zur Sicherung ihrer Herrschaft und Ausschaltung der Regimegegner bzw. der nichtkommunistischen Interessengruppen stützen. Anschauungen und Äußerungen, die dem homogenen Gesellschaftsideal des real-existierenden Sozialismus entgegenstanden und das Herrschaftsmonopol der SED in Frage stellten, mußten bekämpft werden. Für überzeugte Kommunisten war die Maxime „Wer [gegen] wen?" ein Gebot im alltäglichen Klassenkampf zum „Aufbau des Sozialismus". Danach wurden besonders im ersten Jahrzehnt nach Gründung der DDR nicht-systemkonforme Gesellschaftsgruppen durch das Ministerium für Staatssicherheit physisch und psychisch drangsaliert, etwa die der atheistischen Ideologie des Marxismus-Leninismus ablehnend gegenüber stehenden religiösen Vereinigungen und christlichen Kirchen. Die Justiz der DDR hat sich bei der Bekämpfung religiöser Bindungen in den fünfziger Jahren besonders rigoros verhalten. Gläubige und Pfarrer wurden mitunter als „Schläger und Ketzer unter religiöser Maske", als „Kriegshetzer", „Saboteure" oder „Spione" diffamiert und aufgrund der einschlägigen Strafparagraphen verurteilt.[41]

Neben der in der Besatzungszeit angewandten Kontrollratsdirektive Nr. 38 gegen Nationalsozialismus und Militarismus und

[40] Karl Wilhelm Fricke, Der Einfluß der Staatssicherheit auf die politische Strafjustiz der DDR als Beispiel totalitärer Herrschaftspraxis, in: Konrad Löw (Hrsg.), Totalitarismus contra Freiheit. Begriff und Realität, München 1988, S. 91-107, hier S. 102; vgl. ders., Zur Menschen- und Grundrechtssituation politischer Gefangener in der DDR. Analyse und Dokumentation, Köln 1987².

[41] Hierzu u. a.: Fricke (Anm. 4), S. 71-81; ders. (Anm. 6), S. 348-351.

den Richtlinien und Ausführungsbestimmungen dazu im SMAD-Befehl Nr. 201 (er trat erst am 19. September 1955 außer Kraft) war die in dem berüchtigten Art. 6 der DDR-Verfassung von 1949 genannte „Boykotthetze“ besonders „hilfreich“ zur vorbeugenden Abschreckung und Ausschaltung von oppositionellen Haltungen. Bis zum Inkrafttreten des Ersten Strafrechtsergänzungsgesetzes der DDR vom 1. Februar 1958 konnten mit der Generalklausel in Art. 6, Satz 2 höchste Freiheitsstrafen und Todesurteile verhängt werden. Zur Kriminalisierung Andersdenkender mußte ein Verfassungsartikel herhalten; weder war eine Definition der „Boykotthetze“-Tatbestände noch eine Strafandrohung gegeben. Als „Boykotthetze“ konnte praktisch alles geahndet werden, was die SED je nach herrschender Maxime als regimefeindlich ansah: „Eine Analyse verfügbarer Gerichtsurteile führt zu dem Ergebnis, daß nach Artikel 6 die Herstellung, Beschaffung oder Verbreitung oppositioneller Flugblätter, das Anbringen freiheitlicher Losungen oder die Aufforderung zum Streik ebenso bestraft wurde wie etwa die mündliche oder briefliche Äußerung kritischer oder oppositioneller Meinungen, das Eintreten für freie Wahlen oder der Zusammenschluß zu oppositionellen Gruppen. Allein eine öffentliche Äußerung über den Tod Stalins, verbunden mit der Hoffnung auf eine politische Wende, reichte für Zuchthausurteile [. . .] aus.“[42] Der zum Strafgesetz umfunktionierte Verfassungsartikel führte zu einer Radikalisierung der Strafjustiz, stets mit dem Hinweis auf den ständig sich „verschärfenden Klassenkampf“. Die Strafjustiz beugte sich umstandlos den Beschlüssen der 2. Parteikonferenz der SED im Juli 1952 über den „Aufbau des Sozialismus“, der eine Phase des „verschärften Klassenkampfes“ einleiten würde. Richter und Staatsanwälte machten sich zum Büttel der SED. „Die Justiz-

[42] Ebda., S. 240 f.; zum Art. 6 ebda., S. 168 f. vgl. u.a. auch: Untersuchungsausschuß Freiheitlicher Juristen (Hrsg.), Katalog des Unrechts, Berlin 1956; Wolfgang Schuller, Geschichte und Struktur des politischen Strafrechts der DDR bis 1968, Ebelsbach 1980, S. 35-66, S. 379-382.

funktionäre trieben die Justiz ständig an, im Sinne dieser Parteiforderungen tätig zu werden."[43]

Ereignisse wie die Juni-Aufstände 1953 oder die mit dem 20. Parteitag der KPdSU beginnende Tauwetter-Periode erschütterten die Partei hinsichtlich ihres weiteren ideologischen Kurses, und damit auch die Justiz. Es folgte die Selbstkritik; härteste Strafen und exzessive Anwendungen etwa des „Boykotthetze"-Artikels wurden bedauert. Man müsse, so hieß es 1953, zwischen dem „ehrlichen Arbeiter" und dem „Provokateur" unterscheiden. Nach Stalins Tod und noch vor der berühmten Geheimrede Chruschtschows, in der er die Verbrechen Stalin anklagte, waren Geheimprozesse auf Weisung des Politbüros der SED gang und gäbe. Sie betrafen im allgemeinen sogenannte Verstöße gegen Art. 6 und richteten sich zum einen gegen hohe Regierungsmitglieder (so 1953 der Außenminister Georg Dertinger, Mitglied der DDR-CDU, und der Justizminister Max Fechner, SED-Mitglied), zum anderen – als Mittel der innerparteilichen Säuberung – gegen Opposition in den eigenen Reihen (u.a. das SED-Mitglieder Paul Merker). Als dritte Gruppe waren von der Staatssicherheit aus dem Westen Verschleppte davon betroffen. 1956 verwarf SED-Generalsekretär Ulbricht schließlich die seinerzeit von Stalin übernommene These des sich „verschärfenden Klassenkampfes". Für die Justiz bedeutete das: strikte Einhaltung der „Gesetzlichkeit". Manche der ehedem verurteilten hohen Funktionäre entließ man vorzeitig aus ihrer Haft; wiederum nach Maßgabe der SED-Führung. Bereits ein Jahr später wurde diese Linie abermals widerrufen. „[. . .] ‚durch die Aufdeckung einer konterrevolutionären Gruppe in der Deutschen Demokratischen Republik (scil. Harich-Gruppe) und vor allem durch die Lehren der ungarischen Ereignisse hat jetzt überall eine reale Einschätzung der Lage Platz gegriffen.' [. . .] Auch die nunmehr aus-

[43] Ebda., S. 382. Jüngste Dokumentenfunde aus den Jahren 1950 bis 1962 bestätigen Schullers Darstellung. Falco Werkentin (vgl. ders. [Anm. 31]) kommt sogar zu der These, die doppelte Unterstellung der Justizfunktionäre unter die „sozialistische Gesetzlichkeit" und die Parteianleitungen habe eine ständige Orientierungslosigkeit bewirkt.

drückliche Strafbarkeit der Republikflucht war direkt von der Partei herbeigeführt."[44]

Dem trug das Ende 1957 von der DDR-Volkskammer beschlossene Strafrechtsergänzungsgesetz Rechnung: Insgesamt vierzehn neue Strafbestimmungen – ergänzende „Staatsverbrechen" – wurden bis zum Inkrafttreten des neuen Strafgesetzbuches von 1968 entscheidend für die Tätigkeit der Strafjustiz: Unter anderem § 13 Staatsverrat, § 14 Spionage, § 15 Sammlung von Nachrichten, § 21 Verleitung zum Verlassen der DDR, § 26 Nichtanzeige eines Staatsverbrechens etc. Hier wurde die längst praktizierte politische Strafverfolgung bloß in spezialisierte Normen „gegossen". Von DDR-Juristen ist denn auch zu Recht darauf hingewiesen worden, das Strafrechtsergänzungsgesetz habe seinerzeit bereits das sogenannte sozialistische Strafrecht vorweggenommen. Der berüchtigte „Boykotthetze"-Artikel blieb erhalten. Er diente fortan zur Kriminalisierung der nicht-systemkonformen Haltungen, die von der Partei als hinderlich beim „Aufbau des Sozialismus" gesehen und damit von der SED-Justiz abgeurteilt wurden.[45]

Die Tätigkeit der Strafjustiz hat sich, was die Straftatbestände angeht, durch den Bau der Mauer 1961 und die damit gewaltsam herbeigeführte Stabilisierung der inneren Verhältnisse der DDR deutlich verändert. Gleichwohl führten die Ereignisse um die Abriegelung der letzten Fluchtmöglichkeit nach Westen, in Berlin, zu einer kurzfristigen Verschärfung der politischen Strafverfolgung. „In den ersten Monaten nach dem Mauerbau wurden zudem Formen justiziellen Terrors gegenüber ‚Verrätern' und ‚Volksfeinden' praktiziert, die Züge offiziell geschürter Pogrome aufwiesen. Begünstigt wurde dieser Terror [. . .] durch die ‚Ar-

44 Zit. ebda., S. 395, zu den übrigen Angaben vgl. ebda., S. 383-400; vgl. ferner jüngste Quellenfunde, zusammengestellt in dem Manuskript zu einer dreiteiligen Funkdokumentation von Rudi Beckert/Karl Wilhelm Fricke, Auf Weisung des Politbüros. Aus den Geheimprozeßakten des obersten DDR-Gerichts, Deutschlandfunk v. 8., 9. und 10. Januar 1992.

45 Hierzu Fricke (Anm. 6), S. 371-416 (Urteilsbeispiele ebda.).

beitserziehung' und die ‚Aufenthaltsbeschränkung'"[46]. Gewaltmaßnahmen wie die „Aktion Kornblume", bei der in einer Nacht- und Nebel-Aktion Bewohner aus Grenzbereichen zwangsumgesiedelt wurden, waren Ausfluß dessen und erinnerten an ähnliche stalinistische Praktiken Anfang der fünfziger Jahre („Aktion Unkraut").

Sozialistische Wirtschaftsreformen im Innern, die aufgrund des erzwungenen Abwanderungsstopps eher Erfolg zu versprechen schienen, und die gleichzeitig verschärfte Disziplinierung der Bevölkerung (etwa durch die Einführung der Wehrpflicht) hatten eine gewisse Lockerung der Strafpolitik zur Folge. Allerdings galt dies nicht für die Strafandrohungen bei Taten, die unmittelbar mit dem Mauerbau und der innerdeutschen Grenze in Zusammenhang standen. „Die Tendenz zur Abschreckung bestimmte die Strafrechtssprechung der DDR-Gerichte in Fluchtsachen nach dem 13. August 1961 generell und prinzipiell. Gruppendelikte wurden dabei besonders unerbittlich bestraft."[47] Darin einzuschließen waren auch Strafurteile wegen regimekritischer und oppositioneller Äußerungen zur Grenzabriegelung. Es lag im Selbstverständnis des Ministeriums für Staatssicherheit, daß es in der neuen innenpolitischen Situation verstärkt in Aktion treten mußte, um fluchtwillige und politisch andersdenkende DDR-Bürger zu überwachen und zu inhaftieren.

Das Problem der Republikflucht war durch den Mauerbau keineswegs aus der Welt geschafft, sondern erforderte neue Maßnahmen zur Sicherung des Herrschaftsmonopols der Partei. Auf dem Gebiet des politischen Strafrechts in den sechziger Jahren bedeutete dies eine Zunahme der registrierten Verurteilungen um etwa 40 bis 50 Prozent. Die in solchen Strafverfahren entscheidenden Richter wurden zudem von der Partei bzw. den Staatsanwälten unter politisch-moralischen Druck gesetzt, etwa wenn diese den Angeklagten folgendes entgegenhielten: „Der Beschuldigte hat sich durch sein Verhalten ganz bewußt auf die Seite der

[46] Ebda., S. 429.
[47] Ebda., S. 449.

Gegner des Friedens gestellt. Als er unerlaubt unsere Republik verließ, verließ er den deutschen Staat, der täglich für die Entspannung und für die Annäherung der beiden deutschen Staaten eintritt und der eine konsequente Friedenspolitik betreibt."[48] Nur wenige der zum Teil mit härtesten Strafen belegten „Republikflüchtlinge" konnten vielleicht darauf hoffen, in den Kreis der von der Bundesrepublik „freigekauften" politischen Häftlinge zu gelangen. Der „Freikauf" war eine 1963 auf undiplomatischen Wegen in Gang gekommene Praxis, die zwar der „Annäherung der beiden deutschen Staaten" dienen mochte, mit „Friedenspolitik" aber wenig gemein hatte. „Häftlings-Freikäufe" dürften gerade einem DDR-Staatsanwalt nicht unbekannt gewesen sein.[49]

Die Freikaufsaktionen haben rund 33.000 politischen Häftlingen die bedrückende, inhumane Situation in den Zuchthäusern wenn nicht erspart, so doch verkürzt. Neben den materiellen Defiziten des DDR-Strafvollzugs (der schlechte bauliche Zustand der Anstalten, ernährungsbedingte Mangelerscheinungen und Krankheiten sowie unzureichende ärztliche Versorgung) war die ideologisch bedingte Situation der politischen Häftlinge im „sozialistischen Strafvollzug" durch Repression gekennzeichnet. Physische Folter, wie in den fünfziger Jahren praktiziert, wurde in den sechziger bis achtziger Jahren zunehmend durch psychische Drangsal abgelöst, unter anderem durch systematischen Schlafentzug, Einzel- und Isolationshaft, Lichtkontrollen in der Nacht. Kriminelle und politische Häftlinge waren nicht getrennt untergebracht – wobei das MfS in der Regel die kriminellen Gefangenen zu Spitzeltätigkeiten verpflichtete, indem es ihnen Hafterleichterung zugestand. Die Persönlichkeit des politischen Gefangenen sollte gebrochen werden. Schließlich führte man – im formal auf sozialer Gleichheit beharrenden SED-System – differenzierte Strafvollzugsbedingungen ein, die angeblich der „wirksamen Erziehung" dienten. Wenn auch die körperlichen Miß-

[48] Zit. ebda., S. 486 (Dok. 196).

[49] Vgl. Ludwig A. Rehlinger, Freikauf. Die Geschäfte der DDR mit politisch Verfolgten 1963-1989, Berlin 1990; ferner Ludwig Geißel, Unterhändler der Menschlichkeit. Erinnerungen, Stuttgart 1991.

handlungen im Strafvollzug insbesondere in den letzten zwei Jahrzehnten nicht die Regel waren – jedenfalls für die „normalen“, nicht vom MfS geführten Zuchthäusern wie etwa Bautzen I –, so doch der „Zustand der Recht- und Wehrlosigkeit gerade des im Polizei- und Vollzugsgewahrsam befindlichen politischen Gefangenen [...], er war die eigentliche – mit juristischen Mitteln nicht greifbare – seelische Mißhandlung.“[50]

Das politische Strafrecht wurde im neuen Strafgesetzbuch von 1968 noch ausgeweitet, die Zahl der bis dahin geltenden Strafnormen zum Teil angehoben. Die im engeren Sinn als Staatsverbrechen definierten Delikte erfuhren auch terminologisch eine Verschärfung: Hochverrat, Spionage, Sammlung von Nachrichten und landesverräterische Nachrichtenübermittlung, landesverräterische Agententätigkeit, staatsfeindliche Verbindungen, Terror, Diversion, Sabotage, staatsfeindlicher Menschenhandel, staatsfeindliche Hetze, staatsfeindliche Gruppenbildung, Staatsverbrechen, die sich gegen ein anderes sozialistisches Land richten sowie Gefährdung der internationalen Beziehungen (§§ 96-110). „Nicht zuletzt die Ersetzung der bis dahin üblichen Formulierung ‚staatsgefährdend‘ durch ‚staatsfeindlich‘ machte jene Ideologisierung und Politisierung deutlich, die den Strafzweck im DDR-Strafrecht repressiv ‚auf die Erziehung zum neuen sozialistischen Menschen und die Eliminierung des nicht erziehbaren Systemgegners‘ einengt.“[51] Insbesondere die §§ 99 und 100, ferner die Strafandrohung bei Widerstand gegen staatliche Maßnahmen, ungesetzlichem Grenzübertritt, Beeinträchtigung staatlicher oder gesellschaftlicher Tätigkeit, ungesetzlicher Verbindungsaufnahme, öffentlicher Herabwürdigung, Beeinträchti-

[50] Heiner Sauer/Hans-Otto Plumeyer, Der Salzgitterreport. Die Zentrale Erfassungsstelle berichtet über Verbrechen im SED-Staat, München 1991, S. 196, vgl. ebda., S. 195-204; hierzu auch Fricke (Anm. 6), S. 525-549 sowie ders., Menschen- und Grundrechtssituation politischer Gefangener (Anm. 40) sowie die Dokumentation der beiden Bürgerrechtler Rüdiger Knechtel/Jürgen Fiedler (Hrsg.), Stalins DDR. Berichte politisch Verfolgter, Leipzig 1991, insbes. S. 94-125.

[51] Fricke (Anm. 6), S. 555; aus den Akten der Zentralen Erfassungsstelle siehe Sauer/Plumeyer (Anm. 50), S. 109-195.

gung der öffentlichen Ordnung und Sicherheit durch asoziales Verhalten (§§ 212-214, 219, 220, 249) sind durch das 3. Strafrechtsänderungsgesetz von 1979 erheblich verschärft worden. Dabei stand etwa von Anfang bis Mitte der achtziger Jahre einer Abnahme der Republikflucht-Verurteilungen eine Zunahme der Strafen wegen Ausreisebemühungen gegenüber. Die Todesstrafe drohte bis zu ihrer Abschaffung im Juli 1987 nicht nur bei Mord und bestimmten Militärdelikten, sondern auch bei Staatsverbrechen wie Hochverrat, Spionage, Terror, Diversion und Sabotage.[52] Die Zentrale Erfassungsstelle registrierte seit ihrer Gründung im Herbst 1961 30.752 politische Verurteilungen bis zum 30. Juni 1990, nicht mitgerechnet die politischen Strafurteile der vorangegangenen Jahre. Schätzungen gehen davon aus, daß die Zahl um mehr als ein Drittel höher liegen dürfte, zumal sich die erfaßten Urteile nur auf die Angaben der von der Bundesrepublik freigekauften politischen Gefangenen beziehen.

Es offenbart freilich den menschenverachtenden Zynismus des SED-Regimes, daß es sich nicht damit begnügte, die DDR-Bürger mit dem Instrument des politischen Strafrechts am Verlassen des Staates zu hindern, sie mit Paragraphen, langen Haftstrafen und Schauprozessen vom „ungesetzlichen Grenzübertritt" (§ 213) bzw. der „Republikflucht" abzuschrecken. Der Schießbefehl wurde an der innerdeutschen Grenze und an der Mauer seit Bestehen der jeweiligen Abriegelungsmaßnahmen angewandt. Die Dienstvorschrift der 1946 auf Befehl der SMAD gebildeten Deutschen Grenzpolizei trat 1954 in Kraft und enthielt bereits den Gebrauch der Schußwaffe – ohne vorherigen Warnschuß. Das gilt auch für die 1958 von DDR-Innenminister Maron erlassene Vorschrift für den Dienst der Grenzposten. Die Deutsche Grenzpolizei wurde 1961 als „Nationale Volksarmee Kommando Grenze" dem Ministerium für Nationale Verteidigung unterstellt, damit dem Befehl des damaligen Verteidigungsministers Hoffmann. In einer geheimen Anordnung vom Oktober 1961 wird die Anwen-

[52] Vgl. insbes. Fricke, Menschen- und Grundrechtssituation politischer Gefangener (Anm. 40), S. 25-29.

dung der Schußwaffe zur Festnahme von Personen befohlen, die nach Abgabe des Warnschusses nicht stehenbleiben.

Aus späteren Jahren sind Dienstvorschriften bekannt, die zwar keine besonderen Bestimmungen über den Schußwaffengebrauch zur Verhinderung von Grenzübertritten enthalten, aber auf „Besonderheiten der Grenzsicherung“ verweisen. Sie unterlagen offenkundig einer hohen Geheimhaltung, sind jedoch anhand von Überläufer-Aussagen zweifelsfrei als „Schießbefehl“ entlarvt worden. „Über den Schießbefehl seien die Soldaten bei der Vergatterung an jedem Tag unterrichtet und belehrt worden. Es sei immer wieder darauf hingewiesen worden, daß auf jeden Flüchtenden und auch auf jeden Eindringling zu schießen sei, wenn er nicht anderweitig festgenommen werden könne.“[53] Schließlich tauchten Dokumente auf, die Honecker als Hauptverantwortlichen für über 200 Mord- und Todesfälle an Mauer und Stacheldraht ausweisen. Demnach erfolgte die erste Anordnung des Schußwaffeneinsatzes durch Honecker im September 1961. Er war damals Sekretär des Nationalen Verteidigungsrates. Als Vorsitzender des Nationalen Verteidigungsrates hat er 1974 ein entsprechendes Sitzungsprotokoll mit dem nachfolgenden Befehl versehen: „Nach wie vor muß bei Grenzdurchbruchsversuchen von der Schußwaffe rücksichtslos Gebrauch gemacht werden, und es sind die Genossen, die die Schußwaffe erfolgreich angewandt haben, zu belobigen.“[54] Soweit und auf der Grundlage anderweitiger von früheren DDR-Amtsträgern gemachter Aussagen kann über die Existenz eines Schießbefehls und seiner Ur-

[53] Sauer/Plumeyer (Anm. 50), S. 60. – Zu rechnen ist mit insgesamt rund 2.000 Fällen vollendeter und versuchter Tötung an Grenze und Mauer, nicht hinzugezählt die hohe Dunkelziffer der vereitelten Fluchtversuche weiter hinter den Sperranlagen, so Ws. (= Peter Jochen Winters), „Berlin allein schafft es nicht“, in: Frankfurter Allgemeine Zeitung v. 19. Oktober 1991; vgl. ferner Peter-Joachim Lapp, Frontdienst im Frieden – Die Grenztruppen der DDR. Entwicklung – Struktur – Aufgaben, Koblenz 1986, S. 145-155.

[54] Zitiert nach Werner Filmer/Heribert Schwan, Opfer der Mauer. Die geheimen Protokolle des Todes, München 1991, S. 393.; vgl. ebda., S. 14, S. 373-394. Vgl. auch Ws. (= Peter Jochen Winters), Bonn dringt auf Honeckers Überstellung, in: Frankfurter Allgemeine Zeitung v. 14. Dezember 1990.

heber kein Zweifel bestehen. Im Kontext der spezifischen Aufgaben der Grenztruppen ist auch die „Haß-Erziehung“ zu sehen: „Ihr schießt nicht auf Bruder und Schwester, wenn ihr mit der Waffe den Grenzverletzer zum Halten bringt. Wie kann der euer Bruder sein, der die Republik verrät [...]!“[55]

Die Darstellung der ausschließlich von der SED zu verantwortenden Verbechen kann nicht erschöpfend sein, zumal viele Opfer heute nicht mehr in der Lage sind, sich zu äußern. So etwa im Fall von Michael Gartenschläger und anderen. Gartenschläger, Jahrgang 44, war wegen Protesthandlungen gegen den Mauerbau 1961 vom Bezirksgericht Frankfurt/Oder als Mitglied einer „konterrevolutionären Gruppe“ zu lebenslänglichem Zuchthaus verurteilt worden. Er verbüßte fast zehn Jahre seiner Haft, bevor die Bundesregierung ihn 1971 „freikaufen“ konnte. Als ehemaliger politischer Gefangener begann er von der Bundesrepublik aus, das DDR-Grenzregime zu bekämpfen. Es ist ihm einige Male gelungen, sogenannte Selbstschußanlagen zu demontieren. Bei einem erneuten Versuch im Frühjahr 1976 lauerten ihm anscheinend Scharfschützen des Ministeriums für Staatssicherheit auf und töteten den 32jährigen. Den Befehl zu dieser Aktion erteilte der MfS-Chef Mielke. Es handelte sich hier um einen der berüchtigten „Auftragsmorde“ des MfS, die noch mancher Klärung bedürfen. Fragen ergeben sich auch bei den sogenannten Zwangsadoptionen: Auf Anordnung der DDR-Volksbildungsministerin Margot Honecker sollen seit Anfang der siebziger Jahre Kinder „republikflüchtiger“ Eltern von diesen getrennt, verschleppt und später – ohne die Einwilligung der leiblichen Eltern – zur Adoption freigegeben worden sein. Ein düsteres Kapitel der SED-Verbrechen dürften auch die Maßnahmen des MfS zur Unterstüt-

[55] Zitiert nach Sauer/Plumeyer (Anm. 50), S. 53; vgl. dazu: Matthias Bath, Zur Normgenese des „Schießbefehls“, in: Deutschland Archiv 17 (1985), S. 959-970. – Die in einigen Archiven der ehemaligen DDR-Bürokratie aufgefundenen Dokumenten-“Restbestände“ beweisen, daß Honecker das menschenverachtende Grenzregime zu verantworten hat. Der Haftbefehl der Berliner Justiz lautet auf „Anstiftung zum Totschlag“, so Filmer/Schwan (Anm. 54), S. 14.

zung von Terroristen der „Roten Armee Fraktion“ (RAF) gewesen sein, die in der Bundesrepublik blutige Attentate gegen Staat und Gesellschaft ausführten und sich dann – mit Hilfe des Staatssicherheitsdienstes – in die DDR absetzten und unerkannt blieben. Ob es sich bei ihnen tatsächlich nur um „Aussteiger“ handelte oder ob das MfS Anschläge auf NATO-Personal und -Einrichtungen gezielt unterstützte, wird noch zu klären sein. Es gibt jedoch bereits Indizien für die letzte Vermutung.[56]

Vergangenheitsbewältigung in der „Wende“ ...

Ansätze für eine Bewältigung der Vergangenheit waren hier und da zu erkennen – insbesondere die Bürgerbewegungen bemühten sich am „Runden Tisch“ redlich darum, den in der „Wende“-Zeit von Modrow eingeleiteten Aufbau eines „Amtes für Nationale Sicherheit“ (AfNS) in der Nachfolge des Ministeriums für Staatssicherheit (MfS) zu verhindern. Die erste und einzige Entladung des Volkszorns am 15. Januar 1990 erschien freilich als eine erneute Düpierung der einst Bespitzelten: Der Sturm auf das zentrale Gebäude des Staatssicherheitsdienstes in Ost-Berlin lief ins Leere, denn seinerzeit hatten MfS-Mitarbeiter die aufgebrachte Menschenmenge erst dorthin gelockt, nachdem das MfS das Gebäude von inkriminierenden Akten „gereinigt“ hatte. Der primäre Auftrag des Staatssicherheitsdienstes als „Schild und Schwert der Partei“ war faktisch bereits am 1. Dezember 1989 obsolet, als die SED unter dem Druck von außen den Führungsanspruch der Par-

[56] Vgl. u. a. ebda., S. 243-252; Sauer/Plumeyer (Anm. 50), S. 92-98; Rt. (= Ralf Georg Reuth), Fall Gartenschläger aufgeklärt, in: Frankfurter Allgemeine Zeitung v. 23. April 1991; ders., Strafanträge gegen Margot Honecker, in: Frankfurter Allgemeine Zeitung v. 27. Mai 1991; V. Z. (= Volker Zastrow), DDR-Hilfe bei Attentatsvorbereitungen, in: Frankfurter Allgemeine Zeitung v. 9. Januar 1992; zu den Beziehungen der „Rote-Armee-Fraktion“ zur DDR-Staatssicherheit siehe auch die Ausführungen von Fricke (Anm. 35), S. 57-61.

tei aus der Verfassung gestrichen hatte.[57] Das MfS war stillschweigend im Gange, sich selbst aufzulösen und dem Zugriff der DDR-Justiz zu entgehen – vorausgesetzt, diese wäre dazu bereit und in der Lage gewesen.

Im Hinblick auf eine strafrechtliche Verfolgung der Verantwortungsträger zu Zeiten der SED-Herrschaft reichte es allenfalls zur Verhaftung von Günter Mittag, dem einstigen ZK-Sekretär für Wirtschaft, und Harry Tisch, dem FDGB-Chef. Die Vorwürfe lauteten auf „persönliche Bereicherung und Vergeudung von Volksvermögen". Tisch habe aus der Kasse des FDGB rund 100 Millionen Mark an die FDJ-Organisation überwiesen, zur Finanzierung der alljährlichen Jugendfeste. Daneben leistete er sich kostenlose Urlaubsaufenthalte in den FDGB-Heimen. Der Chef des Ministeriums für Staatssicherheit, Erich Mielke, wurde ebenfalls der Vergeudung von Volksvermögen und Devisen angeklagt. Ermittlungsverfahren leitete man auch gegen den inzwischen verstorbenen Hermann Axen (ZK-Sekretär für internationale Verbindungen), gegen Werner Krolikowski (ZK-Sekretär für Landwirtschaft), Joachim Herrmann (ZK-Sekretär für Agitation und Propaganda), Erich Mückenberger (Vorsitzender der Zentralen Parteikontrollkommission), Kurt Hager (ZK-Sekretär für Kultur und Wissenschaft) sowie einige höhere Parteifunktionäre der SED-Bezirksleitungen ein.

Erich Honecker, Kopf des SED-Regimes und in der „Wende" gestürzter SED-Generalsekretär, wurde Ende Januar 1990 wegen „Hochverrats" in Untersuchungshaft genommen. Die einst willfährige Justiz der DDR suchte sich ihrer Herren und Meister zu entledigen! „Etwa zur selben Stunde, da der Generalstaatsanwalt die Volkskammer über den Haftbefehlsantrag gegen Honecker informierte, unterschrieb Richter Weitzberg bereits die Ablehnung des Haftbefehls."[58] Die ärztlichen Gutachter hatten die Haftfähigkeit Honeckers aus gesundheitlichen Gründen verneint.

[57] Hierzu vor allem Uwe Thaysen, Der Runde Tisch oder wo blieb das Volk?: Der Weg der DDR in die Demokratie, Opladen 1990, S. 56-76.

[58] Vgl. Przybylski (Anm. 9), S. 33.

Die juristisch nicht haltbaren Hochverrats-Beschuldigungen gegen ihn sowie gegen Mittag und Mielke wurden fallengelassen, wenn auch weitere Vorwürfe – Verdacht der Untreue und des Vertrauensmißbrauches – bestehen blieben. Strafrechtliche Ermittlungen gegen Honecker und andere Politbüromitglieder etwa wegen Mordes oder Totschlags im Hinblick auf den Schießbefehl und gewalttätige Übergriffe des Staatssicherheitsdienstes haben die DDR-Juristen nicht eingeleitet.

Darüber hinaus geschah außer den Ermittlungsverfahren und Verhaftungen einiger Partei-Oberen zumeist aufgrund von Vorwürfen wie Vertrauensmißbrauch[59], Untreue etc. wenig von seiten der Justiz. Die Gründe hierfür waren naheliegend: Hätte die DDR-Generalstaatsanwaltschaft etwa Mielke und Honecker wegen der Morde an Mauer und Stacheldraht zur Verantwortung ziehen wollen, wären nicht wenige Funktionäre aus Militär und Justiz ebenfalls betroffen gewesen. Ermittlungen in diese Richtung wurden erst nach den ersten demokratischen Wahlen in der DDR im März 1990 angestellt. Einen recht naiven Versuch der Vergangenheitsbewältigung unternahm der am 22. November 1989 von der damaligen Volkskammer konstituierte „Ausschuß zur Untersuchung von Fällen des Amtsmißbrauchs und der Korruption“: Seine Ermittlungen bewegten sich, was der Name schon aussagt, nur an der Oberfläche des SED-Unrechtsstaates. Systembedingte Menschenrechtsverletzungen kamen nicht zur Sprache. Die Befragung der letzten MfS- bzw. AfNS-Oberen, Rudolf Mittig und Wolfgang Schwanitz, oder der Funktionäre des Nationalen Verteidigungsrates der DDR, hier Fritz Streletz, durch einen schwer belasteten Juristen wie Heinrich Toeplitz (in den fünfziger Jahren unter der berüchtigten Hilde Benjamin im DDR-Justizministerium, von 1962 bis 1985 als Vorsitzender des Obersten Gerichtes der DDR tätig) stellte dem Ausschuß ein

[59] Infolge des am 1. Juli 1990 in Kraft getretenen 6. Strafrechtsänderungsgesetzes ist der § 165 StGB der DDR („Vertrauensmißbrauch“) weggefallen. Die Hauptverhandlungstermine der wegen des Tatbestandes in Haft genommenen SED-Funktionäre mußten aufgehoben werden. Vgl. Thomas Ammer, Umschau, in: Deutschland Archiv 23 (1990), S. 1168 f.

fragwürdiges Zeugnis aus. Er blieb – wie zu erwarten – bedeutungslos und beendete seine Arbeit am 7. März 1990.[60] Die Einleitung von Prozessen gegen führende SED-Funktionäre wegen der Fälschung der Kommunalwahlergebnisse vom 7. Mai 1989 (nur diese ließ sich zunächst beweiskräftig untermauern) erfolgte nur aufgrund von Anzeigen aus dem Kreis der Bürgerbewegungen. Die Volkskammer ihrerseits bemühte sich nach den März-Wahlen um die Verabschiedung eines Rehabilitierungsgesetzes, das aber im Zuge der Verhandlungen zum Einigungsvertrag zwischen der DDR und der Bundesrepublik wegen rechtsstaatlicher Bedenken in wesentlichen Bestandteilen nicht übernommen werden konnte. Eine Regelung über den Umgang mit den Unterlagen der Staatssicherheit sollte dem gesamtdeutschen Gesetzgeber überlassen bleiben.[61]

. . . und nach der deutschen Einheit

Auch nach der deutschen Vereinigung verläuft die Klärung der strafrechtlichen Verantwortung von Mitgliedern der ehemaligen Partei- und Staatsführung der DDR nur schleppend. Bis zum Sommer 1991 standen erst zwei führende Funktionäre aus der einstigen DDR-Führungsriege – der CDU-Vorsitzende Gerald Götting und der FDGB-Chef Harry Tisch – vor bundesdeutschen Gerichten. Die ihnen angelasteten wirtschaftlichen Vergehen und die niedrigen Strafen sind sicherlich unbefriedigend. Die Ermittlungen gegen weitere namhafte Funktionäre, etwa der für die Wirtschaft verantwortliche Sekretär des ZK, Günter Mittag,

[60] Über die Konstituierung und Arbeit des Gremiums: Volker Klemm, Korruption und Amtsmißbrauch in der DDR, Stuttgart 1991, insbes. S. 11-21, S. 98-244; zu den Strafverfolgungsmaßnahmen gegen SED-Funktionäre: Thomas Ammer, Umschau, in: Deutschland Archiv 23 (1990), S. 659 sowie ders., Umschau, in: Deutschland Archiv 23 (1990), S. 1331 f.

[61] Vgl. dazu die Stellungnahme von Ingrid Köppe/Günter Saathoff, Aufarbeitung der Stasi-Vergangenheit: Täter, Opfer, Unterlagen, in: Vorgänge 30 (1991), H. 2, S. 92-102.

oder der Minister für die Staatssicherheit, Erich Mielke, gerieten ins Stocken. Mittag wurde aufgrund eines ärztlichen Gutachtens für zunächst haft- und verhandlungsunfähig erklärt; im Fall von Mielke bestanden zunächst ärztliche Bedenken hinsichtlich seiner geistigen Befindlichkeit. Dennoch steht er seit Februar 1992 vor dem Berliner Landgericht, wo er sich wegen des nunmehr sechzig Jahre zurückliegenden Mordes an zwei Berliner Polizisten zu verantworten hat – und nicht wegen seiner Schuld am MfS-Unterdrückungssystem.[62] Ein weiterer Hauptverantwortlicher, Staats- und Parteichef Erich Honecker, hat sich Mitte März 1991 einer Bestrafung durch die Flucht nach Moskau entzogen. Angesichts des staatlichen Zerfalls der Sowjetunion im Dezember 1991 war er gezwungen, in der chilenischen Botschaft in Moskau unterzuschlüpfen. Er entzog sich dadurch einer Überstellung durch russische Justizorgane an die Bundesrepublik. Ob es zu einer Gerichtsverhandlung mit dem kränklichen Honecker kommt oder Honecker nach Chile ausreisen kann, bleibt dahingestellt und ist für die Strafverfolgungsbehörden nicht ausschlaggebend. Daß er für seinen Anteil am SED-Unrecht vielleicht nicht mehr haftbar gemacht werden kann, dürfte nicht nur die Opfer verbittern.[63]

Die Aufarbeitung der DDR-Vergangenheit kann dabei nicht stehenbleiben. Um das Unrecht zu sühnen und Recht und Gerechtigkeit wiederherzustellen und um den Deutschen im Osten und Westen der Bundesrepublik das Unrechtsregime vor Augen

[62] Mittags Anteil am Chaos der DDR-Wirtschaft beleuchtet Carl-Heinz Janson, Totengräber der DDR. Wie Günter Mittag den SED-Staat ruinierte, Düsseldorf/Wien/New York 1991; aus Mittags eigener Sicht hört sich das anders an, vgl. Günter Mittag, Um jeden Preis. Im Spannungsfeld zweier Systeme, Berlin 1991; Mielkes Lebenslauf beschreibt Jochen von Lang, Erich Mielke. Eine deutsche Karriere, Berlin 1991; dazu auch Otto Wenzel, Erich Mielke – eine Verkörperung der „roten Terrormaschine", in: Politische Studien 42 (1991), S. 602-608. – Zum Prozeßauftakt siehe insbesondere den Bericht von Gisela Friedrichsen, Fegefeuer der Vergangenheit, in: Der Spiegel 46 (1992), H. 8, S. 50-56.

[63] Siehe Ilse Spittmann, Honecker: Flucht aus der Verantwortung, in: Deutschland Archiv 24 (1991), S. 340-342; Das Schicksal Honeckers. Eine Chronologie der letzten Tage des Ex-SED-Chefs in Moskau, in: Der Tagesspiegel v. 20. Dezember 1991.

zu führen, wird die Auseinandersetzung mit der SED-Vergangenheit und ihrer Hinterlassenschaft vor allem in drei wesentlichen Bereichen stattfinden müssen: An erster Stelle steht die Strafverfolgung und „Wiedergutmachung" des DDR-Unrechts sowie die Rehabilitierung bzw. Entschädigung der Opfer. Zweitens muß eine personalpolitische Säuberung der für Politik, Gesellschaft und Wirtschaft relevanten Führungspositionen erfolgen. Als dritte gleichgewichtige Aufgabe folgt die historische Aufarbeitung der SED-Diktatur und der Ideologie des Marxismus-Leninismus, damit ein umfassender gesellschaftlicher Dialog über die totalitären Gefahren in Vergangenheit und Gegenwart stattfinden kann. Die politische Auseinandersetzung mit jeder Art von Extremismus, ob er sich nun an der Herrschaft befindet oder als Partei den demokratischen Verfassungsstaat gefährdet, ist nicht zuletzt ein Desiderat der politischen Kultur. Die Auseinandersetzung mit der DDR-Vergangenheit müßte diese Elemente berücksichtigen – auch, weil schon die „Legendenbildner" am Werk sind und das Bild der DDR nachträglich schönfärben.[64]

Strafrechtliche Aufarbeitung umfaßt zuvörderst die Verfolgung und Bestrafung der für die Verbrechen verantwortlichen SED-Funktionäre und ihrer Helfershelfer in den Blockparteien bzw. Massenorganisationen sowie gegen die Verantwortlichen und Befehlsgeber des unmenschlichen Grenzregimes bis hin zu den Todesschützen der Grenzpolizei; die strafrechtliche Ahndung der Verbrechen von Mitarbeitern im Ministerium für Staatssicherheit – angefangen beim Hauptverantwortlichen, dem MfS-Chef Erich Mielke, bis hin zu den niedrigen Chargen wie etwa den Inoffiziellen Mitarbeitern bei der Post- oder Telefonkontrolle -; zu prüfen sein wird auch, wer für die inhumane Behandlung

[64] Das jüngste Beispiel für Geschichtsklitterung bot Ludwig Elm, Nach Hitler. Nach Honecker – Zum Streit der Deutschen um die eigene Vergangenheit, Berlin 1991. – Für eine Diktatur-Forschung plädiert Karl Dietrich Bracher, Die totalitäre Erfahrung, München/Zürich 1987, insbesondere S. 250-258 sowie ders., „Die Unterdrücker zur Rechenschaft ziehen", in: Universitas 46 (1991), S. 1025-1028.

der politischen Gefangenen in den DDR-Zuchthäusern verantwortlich gewesen ist. Dabei haben die im Oktober 1990 von den Bundesländern gemeinsam eingerichteten Stäbe zur Aufklärung des von der Partei- und Staatsführung der DDR begangenen Unrechts mit mancherlei Problemen zu kämpfen. Es handelt sich um die „Zentrale Ermittlungsgruppe Regierungs- und Vereinigungskriminalität" (ZERV), die „Arbeitsgruppe Regierungskriminalität der Staatsanwaltschaft bei dem Kammergericht" in Berlin sowie um die für Wirtschaftsdelikte zuständige „Hauptabteilung C" der Staatsanwaltschaft beim Berliner Landgericht.[65]

Es wäre fatal, würde eine zügige Strafverfolgung der Hauptverantwortlichen im SED-Herrschaftssystem infolge mangelnder personeller und sachlicher Unterstützung seitens der Länder blockiert. Einigermaßen unverständlich erscheint es auch, daß die Arbeit der Berliner Justiz und ihrer polizeilichen Mitarbeiter wegen finanzieller Streitigkeiten behindert werden könnte. Der Hinweis auf die einsetzende Verjährung der zu verfolgenden Straftaten ist ebenso zu tadeln, denn eine rechtsstaatliche Justiz hat Mittel zur Hand (etwa die flächendeckende Einleitung von Ermittlungsverfahren ähnlich dem seinerzeitigen Vorgehen der Ludwigsburger Staatsanwälte in NS-Strafsachen), um eine solche zu stoppen. „Justizminister Kinkel setzt auf die obersten Gerichte, die sagen könnten – wie nach 1945 –, im Unrechtsstaat DDR habe es einen die Verjährung anhaltenden ‚Stillstand der Rechtspflege' gegeben. Aber werden die hohen Gerichte das tun? Und was werden die Instanzgerichte mit dem so gewonnenen Raum für Strafverfolgung von DDR-Unrecht anfangen?"[66]

[65] Über die Schwierigkeiten der Berliner Justiz berichten u. a.: Ralf Georg Reuth, Schwierige Aufklärungsarbeit ohne Westanschluß, in: Frankfurter Allgemeine Zeitung v. 18. November 1991; F. A. Z., Der Streit um die Finanzierung lähmt die Arbeit, in: Frankfurter Allgemeine Zeitung v. 19. November 1991 sowie fy.(= Karl Feldmeyer), Neben dem Personalmangel werden in Bonn auch Rivalitäten kritisiert, in: Frankfurter Allgemeine Zeitung v. 14. März 1992.

[66] Diese Zweifel äußert Friedrich Karl Fromme, Wenn nicht verjährt, was dann?, in: Frankfurter Allgemeine Zeitung v. 21. November 1991; vgl. auch die kritischen Hinweise von Peter Jochen Winters, Zur Verfolgung von

Dieses Dilemma sollte durch eine Delegierung der Ermittlungsverfahren an die seit 1961 in Salzgitter mit dem SED-Unrecht befaßten Juristen zu lösen sein. Ähnlich verfuhr man bereits Mitte der sechziger Jahre im Fall der Ludwigsburger Zentralen Stelle. Damals hatte man erkannt, daß die Aufarbeitung des NS-Unrechts um der Glaubwürdigkeit des Rechtsstaates willen ein größeres Engagement verlangte. Das bedeutete zum einen mehr Personal und Finanzmitteln, zum anderen eine Erweiterung der Zuständigkeiten. Heute dürfen die Nachforschungen im Fall der Morde an Mauer und Stacheldraht, der millionenfachen Freiheitsberaubung durch das Verbot der Ausreise aus der DDR, der politischen Unrechtsurteile, der Denunziationen, der psychischen und physischen Mißhandlungen in den Gefängnissen, aber auch der Zwangsenteignungen, -umsiedlungen, -adoptionen wegen des Mangels an fähigen Juristen und Ermittlungskräften nicht ins Stocken geraten.

Sicherlich ist das zu beobachtende „Auf-der-Stelle-treten" der bundesdeutschen Justiz nicht nur auf personelle wie materielle Nöte zurückzuführen. Hier kommt wohl in erster Linie ein Problem der Selbsteinschätzung westdeutscher Juristen zum Vorschein, daß man sich über den objektiven Unrechtsgehalt der SED-Verbrechen nicht zu einigen vermag. In dem sarkastischen Kommentar eines Journalisten wird festgestellt, es handelte sich um eine Augenerkrankung, die „blind [macht] für das kriminelle Unrecht, das in der DDR geschehen ist"[67]. Sind die vorgeblich rechtlichen Schwierigkeiten bei der Verfolgung der sogenannten Regierungskriminalität anders zu erklären? Kann es wirklich in Zweifel stehen, nach welchen strafrechtlichen Normen man der ehemaligen Partei- und Staatsführung den Prozeß machen soll? „Spielt hier die verbreitete Sympathie eine Rolle, die dem DDR-Regime trotz seiner Verbrechen bis in seine letzten Tage

SED-Unrecht. Plädoyer für eine zentrale Ermittlungsstelle, in: Deutschland Archiv 25 (1992), S. 337-339.

[67] So der sarkastische Kommentar im Hinblick auf Selbstbeschränkungen nicht nur „linker" Juristen in Westdeutschland von Heribert Prantl, Tribunal! Tribunal?, in: Süddeutsche Zeitung v. 6. Dezember 1991.

hinein entgegengebracht wurde?"[68] Ein Großteil der zu ahndenden Menschenrechtsverbrechen der Partei- und Staatsführung sind mit den Paragraphen des DDR-Rechts kaum zu fassen, zuvörderst der Schießbefehl an der innerdeutschen Grenze oder die Internierung von Millionen DDR-Deutschen durch das faktische Verbot der Ausreise. Wie verhält es sich jedoch mit den wenigen Freiheitsrechten, die auch in der DDR-Verfassung garantiert wurden, etwa dem Recht auf Unverletzlichkeit der Wohnung? Dazu müssen sich die Gerichte äußern, denn nach dem Einigungsvertrag hat das damals geltende DDR-Strafrecht Vorrang vor dem der Bundesrepublik, sofern keine anderweitigen Vereinbarungen getroffen wurden. Der Schriftsteller Peter Schneider empört sich zu Recht, „daß ein guter Teil der Öffentlichkeit das ganze Thema mit dem Hinweis, die Justiz sei überfordert, für erledigt hält. Schuld ist, was ein deutsches Gericht als Schuld feststellt."[69]

Der Rückgriff auf das DDR-Recht ist jedenfalls kein Muß. Darüberhinaus hatte die DDR die Straftatbestände der „Verbrechen gegen die Menschlichkeit" im alliierten Kontrollratsgesetz Nr. 10 von 1945 niemals außer Kraft gesetzt. Darauf ließe sich zurückgreifen, ohne rückwirkend Recht setzen zu müssen. Die SED-Funktionäre im Politbüro vergingen sich an Menschen- und Grundrechten, herrschten mit terroristischen Maßnahmen und ließen durch die Anweisungen an die staatlichen Organe, an ihre Helfershelfer im Ministerium für Staatssicherheit, in der Volks-

[68] Rudolf Wassermann, „Kein zweierlei Maß bei NS- und SED-Verbrechen", in: Universitas 46 (1991), S. 1031-1034, hier S. 1034.

[69] Peter Schneider, Weil er keinen Anwalt hatte, blendete sich Ödipus. Wie soll es mit den Stasi-Verdächtigungen weitergehen?, in: Frankfurter Allgemeine Zeitung v. 26. Oktober 1991. – Zu rechtlichen Hindernissen für die deutsche Justiz vgl. u. a. die Hinweise bei Peter Jochen Winters, Tisch als Angeklagter, Krenz als Zeuge, in: Frankfurter Allgemeine Zeitung v. 4. Mai 1991; Andreas Zielcke, Der Kälteschock des Rechtsstaats. Die Gegner des Unrechtssystems haben Gerechtigkeit erwartet – was haben sie bekommen?, in: Frankfurter Allgemeine Zeitung v. 9. November 1991 (Tiefdruckbeilage); Richard Schröder, Gesinnungsjustiz ist Unrecht. Statt eines Tribunals: Foren zur öffentlichen Diskussion über die DDR-Vergangenheit, in: Die Zeit v. 6. Dezember 1991.

polizei und in der Armee, Menschen bespitzeln, bedrohen, mißhandeln, inhaftieren und mit Gewalt zwangsumsiedeln. Per Verwaltungsakt enteignete man Grundbesitz, beschnitt die Ausbildungsmöglichkeiten und die Selbständigkeit von Handwerkern, Gewerbetreibenden und zwang Bauern in die Kollektivierung. Der Schießbefehl an der innerdeutschen Grenze wurde jahrzehntelang gutgeheißen und jeglicher Widerstand in der Bevölkerung mit Zwang und psychischen Maßnahmen unterdrückt, angefangen in den Schulen bis hin zur gleichgeschalteten Presse.[70] Hier müssen die Verantwortlichkeiten von der obersten Parteiführung bis hinunter zu den Bezirks- und Kreisfunktionären der SED festgestellt werden. Das gilt im gleichen Maße für Mittäter in den Blockparteien – in CDU, LDPD, NDPD und DBD – sowie in den Massenorganisationen. Die Herrschaftsstrukturen des Zwangs, der Gewalt und der Manipulation in allen Bereichen von Politik und Gesellschaft, in den Schulen, den Kultureinrichtungen, in der Kirche, im Gesundheitssystem, in Wirtschaftsbetrieben und nicht zuletzt im Sport müssen erforscht werden, bevor man strafrechtliche oder moralische Urteile fällt.

Nulla poena sine lege?

Wie läßt sich vom Standpunkt des Rechtsstaats aus begründen, daß der FDGB-Chef Harry Tisch wegen „Veruntreuung von Volksvermögen“ vor Gericht stand, nicht aber wegen seiner Mitgliedschaft im SED-Politbüro seit 1975? Für die dort verabschiedeten Beschlüsse trägt er eine wesentliche Mitverantwortung. Hinsichtlich der strafrechtlichen Aufarbeitung der SED-Vergangenheit scheinen hier die Rollen vertauscht zu sein. Egon Krenz,

[70] Die einstige Studentin am Leipziger Journalistik-Institut, Brigitte Klump, Das Rote Kloster. Als Zögling in der Kaderschmiede des Stasi, München 1991, beschreibt die Gründe für ihre Flucht nach West-Berlin folgendermaßen: „Wir mußten uns erst bewähren – vor dem Staatssicherheitsdienst – bevor wir an Informationen herankamen. [. . .] Ich wollte keine Karriere, aufgebaut auf Verrat“ (S. 252).

ein ranghöheres Mitglied des SED-Politbüros und späterer Nachfolger Honeckers im Amt des Staats- und Parteichefs, empört sich über die Festnahmen von Mitgliedern des Nationalen Verteidigungsrates (dessen letzter Vorsitzender Krenz war) und fordert die Justiz auf, man möge auch ihn verhaften. Krenz wähnt sich in der selbstsicheren Annahme, daß dies nicht geschieht, hält jedenfalls das Vorgehen der bundesdeutschen Justiz für einen „Versuch, die politische und staatliche Ordnung der DDR auf die Anklagebank zu bringen“[71]. Selbst wenn die bundesdeutschen Richter sich nicht zutrauen sollten, das Strafrecht der Bundesrepublik anzuwenden – obwohl es in Gestalt der Erfassungsstelle in Salzgitter wie ein Damoklesschwert über der DDR-Führung hing, wogegen sich diese mit recht rüden Worten, aber einem gerüttelt Maß Unsicherheit wehrte -, findet sich auch im DDR-Recht die Strafbarkeit der „Verbrechen gegen die Menschlichkeit“. „Die Gerichte könnten jedenfalls überlegen, ob manche Taten in der DDR auf diesen Tatbestand zu bringen seien.“[72] Darüber hinaus ist doch evident, daß als Verschlußsache deklarierte Anordnungen der SED, sei es der Schießbefehl oder seien es die Aufträge des MfS, auch nicht mit dem formalen Gesetzesrecht der DDR zu vereinbaren waren. Folglich dürften die Befehlsgeber und jene, die solche Befehle ausführten, über die Illegalität ihres Tuns sich im klaren gewesen sein.[73]

Dennoch stellt sich die Frage, ob die bundesdeutsche Justiz es bei dem Versuch belassen kann, die ehemaligen Verantwortlichen in Staat und Partei nach DDR-Recht anzuklagen – wie bei Harry Tisch und Gerald Götting geschehen – oder Strafprozesse auf Jahrzehnte zurückliegenden Delikten aufzubauen, so im Fall

[71] Peter Jochen Winters, Jetzt will auch Krenz verhaftet werden, in: Frankfurter Allgemeine Zeitung v. 23. Mai 1991.

[72] Fromme (Anm. 66). Er moniert zu Recht die rechtspositivistische Argumentation vieler Juristen noch im Vorfeld der anstehenden Prozesse. „Mutige“ rechtspolitische Entscheidungen deutscher Richter sind in diesem Meinungsklima kaum zu erwarten.

[73] Vgl. dazu das Interview von Fernando Wassner, Warum werden wieder einmal nur die Kleinen gehängt, Professor Quaritsch?, in: Frankfurter Allgemeine Zeitung-Magazin v. 18. Oktober 1991.

Mielke, und im übrigen darauf zu verweisen, das Unrecht sei viel zu groß und zu komplex, um vom bundesdeutschen Recht erfaßt werden zu können. Wohl kaum, denn der Vergleich mit der schwierigen Aufarbeitung der nationalsozialistischen Verbrechen zeigt, „was diesen Prozessen jedenfalls gelungen ist: Der Schleier über dem Staatsterror wurde gelüftet. Und es stellte sich dabei heraus, daß das Leben vieler Menschen vom ganz konkreten Verhalten einzelner Täter abhing – daß es nicht ein Apparat war, der sie ins KZ gebracht hatte."[74] In der Tat war es kein Apparat und auch keine „Organisation", die an der Grenze auf Flüchtende schoß. Die bislang in den ersten Mauerschützenprozessen verurteilten Grenzsoldaten hätten – ohne Gefahr für das eigene Leben – den Schußwaffengebrauch verweigern oder daneben zielen können. Sie waren nicht zum Gehorsam gegenüber dem menschenrechtswidrigen Schießbefehl gezwungen, denn bei gehöriger Gewissensüberprüfung müßten sie festgestellt haben, daß „nicht alles Recht ist, was Gesetz ist"[75], wie einer der Richter im Mauerschützenprozeß betonte. Es war auch kein Apparat, der die Menschen bespitzelte, drangsalierte und durch eine willfährige Parteijustiz zu Zuchthausstrafen verurteilen ließ oder Morde in Auftrag gab (wie im Fall von Michael Gartenschläger). Hier handelten Individuen und kein Kollektiv. Insofern bedarf es nicht des Rückgriffs auf den Straftatbestand der „Organisationsverbrechen", um Vorbereitung und Ausführung von Menschenrechtsverbrechen zu ahnden. Nicht nur die Opfer der politischen Strafjustiz der DDR werden erschrecken, wenn sie hören, mit welcher Selbstverständlichkeit man nun bereit ist, auf das Strafrecht des SED-Unrechtsstaats zurückzugreifen. Denn für die einstigen Machthaber war es gewiß nicht konstruiert worden.

Parallelen zu den Nürnberger Prozessen sind offensichtlich: Seinerzeit stand das NS-Regime wegen eines Angriffskrieges und

[74] Rudolf Wassermann, zitiert nach Heribert Prantl, Die Qualen der Schuld und die Nebel des Vergessens, in: Süddeutsche Zeitung v. 11. Juli 1991.

[75] Zitiert nach Thomas Ammer, Es ist nicht alles Recht, was Gesetz ist. Zur strafrechtlichen Auseinandersetzung mit SED-Unrecht, in: Deutschland Archiv 25 (1992), S. 116-120.

schwersten Menschenrechtsverletzungen (Völkermord) vor Gericht, mithin wegen des Verstoßes gegen fundamentale Grundsätze des zivilisierten Völkerrechts. Auch die DDR-Führung, namentlich das SED-Politbüro, muß sich vor Gericht für die Menschenrechtsverletzungen der vergangenen vier Jahrzehnte verantworten – für den vom Staat zugelassenen Terror und willkürliche Verhaftungen etc. Daher darf der Grundsatz „nulla poena sine lege" nicht für die Machthaber der ehemaligen DDR in Anspruch genommen werden. Zudem ist die Berufung auf dieses Prinzip auch nur im Rahmen eines funktionierenden Rechtsstaats gerechtfertigt. „Rechtsphilosophisch wie moralisch sind hier der Anerkennung der ‚Gesetzlichkeit' eines Unrechtsstaats Grenzen gesetzt."[76] Die politisch Handelnden ebenso wie die Befehlsempfänger in diesem Unrechtsstaat können individuell zur Verantwortung gezogen werden für ihre Mißbräuche der Menschen- und Grundrechte, angefangen bei Staats- und Parteichef Erich Honecker bis hin zu den Verantwortlichen im Ministerium für Staatssicherheit sowie den Funktionären in den SED-Parteidienststellen und im Staatsapparat. Sie alle trugen ihren Teil der Verantwortung für die SED-Herrschaft und das in vierzig Jahren verübte Unrecht. Die Justiz im Rechtsstaat sollte in der Lage sein, jedem einzelnen seine Mitverantwortung nachzuweisen, und nicht vor einem „Gebirge der Schuld"[77] kapitulieren. Die Charakterisierung der SED-Verbrechen als „Regierungskriminalität" führt in die Irre, beschreibt sie doch bloß einen anonymen Appa-

[76] So zu Recht Bracher, Die Unterdrücker (Anm. 64), S. 1027; vgl. ferner die Überlegungen von Wolfgang Ullmann u.a. zur Anwendung des vom DDR-Strafgesetzbuch übernommenen Kontrollratsgesetzes Nr. 10 aus dem Jahre 1945 in: Peter Jochen Winters, Ohnmächtig ist der Rechtsstaat nicht. Es fehlt eine Zentralstelle zur Verfolgung von SED-Unrecht, in: Frankfurter Allgemeine Zeitung v. 11. März 1992 sowie ders. (Anm. 66).

[77] Dies die griffige Formel eines Beitrags zur Vergangenheitsbewältigung von Klaus-Dietmar Henke/Hans Woller, Schaben an einem Gebirge der Schuld. Ein Dauerthema seit dem Zweiten Weltkrieg. Die Aufarbeitung der Vergangenheit, in: Süddeutsche Zeitung v. 7./8. Dezember 1991; vgl. auch Friedrich-Christian Schroeder, Schadenersatzpflicht der PDS. Verantwortung für Tötung, Freiheitsberaubung und Umweltverseuchung, in: Frankfurter Allgemeine Zeitung v. 21. Mai 1991.

rat, aber nicht die Verantwortlichen, die dahinter stehen. Die bundesdeutsche Justiz kann bei der Ahndung der DDR-Verbrechen nicht hinter dem zurückbleiben, was in den NS-Prozessen geleistet worden ist.

Nicht hinzunehmen wäre es, wenn ein früherer DDR-Staatsanwalt, der über 25 Jahre lang als Pressesprecher des Generalstaatsanwalts die SED-Justiz in der Öffentlichkeit rechtfertigte, mit der folgenden Vermutung recht behielte: „Aber ganz gleich, ob man Erich Honecker [wegen des Schießbefehls] nun Mord oder Totschlag vorwirft, keiner der Tatbestände wird am Ende greifen."[78] Er bezweifelt, daß die Richter, die gegen Honecker ermittelten, sich ihrer Sache sicher sind. Sie nähmen zwar Bezug auf die KSZE-Menschenrechtsakte von Helsinki. Die habe Honecker innerstaatlich aber nie anerkannt. Laut Einigungsvertrag sei das DDR-Strafgesetzbuch anzuwenden, das vorsätzliches Töten eines Menschen generell als Mord qualifiziert. Nun würde man Honecker anlasten, vorsätzlich Menschen getötet zu haben, ohne Mörder zu sein. Diese rechtspositivistische Argumentation kann nicht hingenommen werden. Gegenüber dem Schießbefehl an der Grenze etwa muß der Rechtsstaat Position beziehen und sich nicht auf rechtspositivistische Ausflüchte einlassen: „Einigkeit besteht bei den Strafverfolgungsbehörden darüber, daß als Beschuldigte nicht nur die Todesschützen selbst, sondern sowohl deren militärische Vorgesetzte als auch die für den Schießbefehl politisch Verantwortlichen aus der obersten Führungsebene der früheren DDR-Hierarchie in Frage kommen."[79] Einer Anwendung des bundesdeutschen Strafrechts steht das im Grundgesetz verankerte Rückwirkungsverbot[80] nicht entgegen, bezieht es sich doch auf Verbrechen im Rechtsstaat. Nicht zuletzt aber sind die zu ahndenden Straftatbestände mit den allgemeingültigen Men-

[78] Przybylski (Anm. 9), S. 189.

[79] So zutreffend Matthias Bath, Zur Strafbarkeit des Todesschützen an der innerdeutschen Grenze, in: Deutschland Archiv 22 (1990), S. 1733-1743, hier S. 1742.

[80] Vgl. Art. 103 Abs. 2 GG: „Eine Tat kann nur bestraft werden, wenn die Strafbarkeit gesetzlich bestimmt war, bevor die Tat begangen wurde."

schenrechten unvereinbar. Diese Feststellung hat auch ohne den Hinweis auf die UN- und die KSZE-Menschenrechtsakte Bestand. Denn „es gibt Rechtsnormen überpositiven Charakters, die im Bewußtsein aller Kulturvölker gleichermaßen verankert sind, sich aus den allgemeinen Rechtsgrundsätzen des Völkerrechts herleiten lassen und der innerstaatlichen Rechtssetzungsbefugnis vorangehen. Diese Aussage muß generell auch für die DDR Gültigkeit beanspruchen“[81]. Wer hier von „Siegerjustiz“ spricht, will vielmehr von dem Ausmaß des Unrechts ablenken.

Die Schüsse an der Grenze wie auch die Mißhandlungen durch die Sicherheits- und Justizorgane der SED – vor allem das MfS – waren Gewaltverbrechen; und Mord bleibt Mord. Für Entschuldigungsgründe, wie etwa der Befehlsnotstand oder der Hinweis auf das Rückwirkungsverbot gilt, was schon einmal in den NS-Prozessen festgestellt wurde: Dort „verteidigten sich die Angeklagten mit Rechtsblindheit, fehlendem Bewußtsein der Rechtswidrigkeit und Befehlsnotstand. Die bundesdeutsche Strafjustiz verwarf diese Einwände jedoch.“[82] Es gibt darüber hinaus genügend Zeugnisse einfacher Grenzsoldaten, denen die Unrechtmäßigkeit des Schießbefehls bewußt war. Um wieviel mehr kann man ein Unrechtsbewußtsein von Parteifunktionären und Juristen erwarten? „Die Existenz und die Tätigkeit einer zentralen Erfassungsstelle in der BRD war uns nicht bekannt. Es ist hierüber beim Unterricht und auch im Kameradenkreis nicht gesprochen worden. Ich habe mir allerdings hierüber meine Gedanken gemacht, und mir war klar, daß der Befehl rechtlich nicht zu vertreten war. [. . .] Ich sagte mir innerlich, daß ich es nicht mit meinem Gewissen vereinbaren kann, auf einen Menschen unter diesen Umständen zu schießen.“[83] Zur Aufklärung der Verbre-

[81] Bath (Anm. 79), S. 1741.

[82] Wassermann (Anm. 68), S. 1033.

[83] Aussage eines 1963 geflüchteten Grenzsoldaten, in: Sauer/Plumeyer (Anm. 50), S. 59 f. – Vgl. im Tenor ähnlich Lutz Rathenow, Wie töte ich für den Frieden?, in: Das Parlament v. 15./22. November 1991; Eugen Ruge, Im-

chen erscheint eine Auswertung der Akten in Salzgitter sowie der Unterlagen des Staatssicherheitsdienstes unverzichtbar. Freilich wäre es ein positives Signal für die Strafverfolgung des DDR-Unrechts, gäbe man ihr durch die Einrichtung einer Zentralen Stelle die Bedeutung, die sie nicht nur in den Augen der Opfer verdiente. Der Hinweis auf die Gründung der Zentralen Stelle in Ludwigsburg im Jahre 1958 sollte ein positives Echo finden. Statt Salzgitter in „Zentrale Beweismittel- und Dokumentationsstelle" umzubenennen – ein Bedeutungszuwachs ist das nicht -, sollte sie die Bezeichnung „Zentrale Ermittlungsstelle" und die notwendige materielle Unterstützung erhalten, um selbständig Ermittlungsverfahren einzuleiten und durchzuführen. Vorschläge in diese Richtung wurden bereits gemacht. Sie müssen aufgegriffen werden.[84]

Auch gegen Richter, die im Namen der Partei Terrorurteile aussprachen, muß strafrechtlich ermittelt werden. Die der sozialistischen Gesetzlichkeit" verpflichteten Juristen – das Recht war Mittel der Politik der SED – konnten schlechterdings keine Rechtssicherheit im rechtsstaatlichen Sinne gewährleisten. Der Beschuldigte war ihrer „Rechtsprechung" hilflos ausgeliefert. Die in der „Zentralen Beweismittel- und Dokumentationsstelle" in Salzgitter registrierten politischen Gerichtsurteile wie auch die in Berlin-Rummelsburg lagernden Akten der seit 1963 von der Bundesregierung „freigekauften" politischen Häftlinge demonstrieren anschaulich, daß die Justiz der DDR ein Instrument der SED zum Aufbau und zur Sicherung ihrer Herrschaft war.[85]

mer zu zweit, irgendwo in der Fremde. Ich war ein Grenzer. Ein Frontbericht aus alten Zeiten, in: Frankfurter Allgemeine Zeitung v. 29. August 1991.

[84] Vgl etwa den von Karl Feldmeyer (Anm. 65) wiedergegebenen Appell des CDU-Bundestagsabgeordneten Gerster. – Dagegen spielt der Richter und Bundesvorsitzende der „Humanistischen Union", Ulrich Vultejus, die Bedeutung der Erfassungsstelle in der Vergangenheit wie in der Zukunft zu Unrecht herunter. Er tut seinen Kollegen aus der ehemaligen DDR aber einen Bärendienst, wenn er meint, die in Salzgitter lagernden Unterlagen seien für eine Überprüfung der ostdeutschen Juristen wenig aussagekräftig. Vgl. ders., Die Erfassungsstelle in Salzgitter, in: Neue Justiz 45 (1991), S. 106 f.

[85] Vgl. zahlreiche Urteilsauszüge bei Fricke (Anm. 6); zu den „Freikauf"-Aktionen siehe Rehlinger (Anm. 49).

„Parteilichkeit" bei der Rechtsanwendung und Rechtsprechung galt als ein positives Prinzip![86] Das Ausmaß des an politisch Andersdenkenden und Systemgegnern verübten Justizunrechts mit Hilfe von Straftatbeständen wie „Sabotage", „Abwerbung", „Republikflucht", der Verurteilung von „Hetzern" und „Schädlingen" dokumentiert sich in den 70.000 bis zum Herbst 1991 vorliegenden Anträgen auf Rehabilitierung und Entschädigung. Die für die Bereinigung des DDR-Justizunrechts zuständige Berliner Justiz rechnet mit insgesamt rund 100.000 Eingaben. Viele Opfer werden vermutlich keinerlei rechtliche Rehabilitierung mehr erwarten können, da aus völkerrechtlichen Vorbehalten eine Überprüfung der Urteile und Verfolgungsmaßnahmen der Sowjetischen Militärverwaltung (SMAD) nicht möglich ist.

Allerdings darf die Strafverfolgung insbesondere der DDR-Strafjustiz nicht verzögert werden. Die Berliner Justizsenatorin Jutta Limbach beabsichtigt, ein „Pilotverfahren" einzuleiten, „in dem gerichtlich geklärt werden soll, ob sich Richter und Staatsanwälte, die bis 1989 nach den Bestimmungen des politischen Strafrechts der DDR Flüchtlinge und Andersdenkende angeklagt haben, strafbar gemacht haben".[87] In den Juristenkreisen wird das Problem der Strafverfolgung von DDR-Richtern und Staatsanwälten ansonsten nur selten oder widerwillig angesprochen. Die Gründe hierfür scheinen naheliegend, denn auch nach 1945 hat die bundesdeutsche Justiz nur in wenigen Fällen die „Blutrichter" des Dritten Reiches zur Rechenschaft ziehen können. Deren Argumente, daß sie an die Rechtmäßigkeit ihrer Rechtsprechung glaubten, ihnen eine vorsätzliche Rechtbeugung mithin nicht nachzuweisen war, könnten in der Tat auch von manchen SED-Strafrichtern ins Feld geführt werden, zumal die

[86] Vgl. die Ausführungen von Rudolf Wassermann, Die Vereinheitlichung des Rechtswesens: Von der sozialistischen Rechtspflege zur Justiz des freiheitlich-demokratischen Rechtsstaats, in: Eckhard Jesse/Armin Mitter (Hrsg.), Die Gestaltung der deutschen Einheit. Geschichte – Politik – Gesellschaft, Bonn 1992, S. 246-278.

[87] Ws. (= Peter Jochen Winters), Rehabilitierung von Opfern der SED-Justiz geht nur langsam voran, in: Frankfurter Allgemeine Zeitung v. 24. Juli 1991.

extremen Fälle der „Rechtsfindung auf Wunsch von SED-Funktionären" sich nur dann nachweisen lassen, wenn der Zugang zu diesen Quellen – etwa das zentrale Parteiarchiv der SED – gesichert ist.[88] Ein Urteil des Bundesgerichtshofes aus dem Jahre 1968 bewirkte, daß nurmehr die direkte Rechtsbeugung als Straftatbestand in Frage kam und die wenigsten NS-Richter wegen ihrer unbotmäßigen Strafurteile strafrechtlich zu verfolgen waren. Aber daß in der DDR Richter und Staatsanwälte Recht gebeugt haben, „ergibt sich schon aus den Feststellungen, die das Oberste DDR-Gericht getroffen hat, als es nach der sogenannten Wende politische Strafurteile kassierte"[89].

Die vom Justizunrecht betroffenen Deutschen identifizieren die politische Strafjustiz der DDR – und nicht nur diese – zu Recht als Terrorinstrument der SED. Das belegen auch die Äußerungen des Direktors an einem DDR-Kreisgericht, wonach die jährlichen Grußadressen an Erich Honecker ein sinnfälliger Ausdruck der Haltung leitender Richter und Staatsanwälte zur richterlichen Unabhängigkeit gewesen seien. Man habe „unverbrüchliche Treue zur Partei" geschworen und versichert, „klare Kampfpositionen" zur Erfüllung jeden Klassenauftrages zu beziehen.[90] „Es ist jedoch keineswegs sicher, daß die bundesdeutschen Gerichte zu eben dieser Bewertung kommen werden. Gesetzeswidrige Entscheidungen liegen vor, [. . .]. Aber ist das Recht von dem Richter auch vorsätzlich verletzt worden?"[91] Dabei steht außer Frage, daß sich die SED-Juristen über die Unrechtmäßigkeit ihrer politischen Rechtsprechung im Vergleich zu den rechtsstaatlichen Gerichtsverfahren in der Bundesrepublik im klaren waren – zumindest bis auf wenige Ausnahmen fanatischer Ideologen. Dies

[88] Vgl. etwa Ws. (=Peter Jochen Winters), Gysi für rasche Öffnung des SED-Archivs, in: Frankfurter Allgemeine Zeitung v. 25. Oktober 1991.

[89] Wassermann (Anm. 68), S. 1032. – Zum Urteil des Bundesgerichtshofes siehe BGHSt 10, 278; dazu auch die Dokumentation von Rudi Beckert/Karl Wilhelm Fricke (Anm. 44).

[90] Vgl. Jürgen Richter, Nach dem Umbruch in der DDR, in: Deutsche Richterzeitung 68 (1990), S. 111-113.

[91] Dies befürchtet Rudolf Wassermann, Wo Richter zu Tätern wurden, in: Rheinischer Merkur/Christ und Welt v. 12. Juli 1991.

legen nicht nur zeitgenössische Studien westdeutscher Experten[92] nahe; auch ehemalige DDR-Juristen bekennen sich zur Verstrickung in das SED-Herrschaftssystem: „Als erstes lehnen wir die alleinige Berufung der Richter auf geltende Gesetze, die wir nun eben anzuwenden hatten, ab, weil diese These einer Rechtfertigung uns in die unzutreffende Nähe von Nazijuristen [!] rücken würde, die sich mit Erfolg aus der persönlichen Verantwortung für begangenes Unrecht im Dritten Reich heraushalten konnten, da sie an das geltende Gesetz nun mal gebunden waren."[93] Dabei bleibt es freilich auch. Personelle Konsequenzen – z. B. Amtsenthebung – müßten gezogen werden, heißt es an gleicher Stelle. Aber von einer Bestrafung der Schuldigen, von einem Gerichtsverfahren gegen die „Partei-Juristen" ist nicht die Rede.

Sehr rasch sind manche dabei, die strafrechtliche Verantwortlichkeit von Richtern und Staatsanwälten als unerheblich zu bezeichnen, da der Vorsatz der Rechtsbeugung nicht nachweisbar sei. Eine bekanntlich fahrlässige wie irrige Vorstellung.[94] Erst Anfang 1992 erfolgten seitens der sächsischen Justiz die ersten Anklagen gegen die SED-Justizfunktionäre, die an der Waldheimer Terrorjustiz und anderen justitiellen Verbrechen beteiligt waren, obwohl deren Schuld schon seit langem anhand von Quellen belegt ist.[95] Insofern sollte auch die Berliner Justiz nicht bis zum Abschluß der Überprüfung von politischen Strafurteilen in der DDR warten – man rechnet mit einer Dauer von drei bis fünf Jahren -, sondern rasch mit der Einleitung solcher Verfahren beginnen. „Das erneute Unvermögen, Justizverbrechen zu ahn-

92 Die wichtigsten sind Fricke (Anm. 6) und Schuller (Anm. 42).

93 So der ehemalige Vorsitzende des DDR-Richterbundes, Weitzberg, in: Deutsche Richterzeitung 68 (1990), S. 273.

94 Vgl. Vultejus (Anm. 84), der dagegen die Weiterbeschäftigung der in Salzgitter registrierten Richter oder Staatswälte als „eine Frage der Menschlichkeit und Gerechtigkeit" (S. 107) ansieht.

95 Siehe Werkentin (Anm. 29) sowie ders. (Anm. 31). Über die Einleitung der ersten Verfahren berichtet Peter Jochen Winters, Terror im Gewand der Justiz, in: Frankfurter Allgemeine Zeitung v. 26. Februar 1992.

den, würde als kaum weniger skandalös empfunden werden als das alte."[96]

Die Strafverfolgung muß sich ferner auf die ehemaligen und zum Teil noch aktiven Mitarbeiter des DDR-Spionageapparates Hauptverwaltung Aufklärung (HVA) beim Ministerium für Staatssicherheit konzentrieren. Nach dem Absetzen des ehemaligen Chefs der Hauptverwaltung Aufklärung Markus Wolf in die Sowjetunion richtete sich der Strafantrag des Generalbundesanwalts Alexander von Stahl gegen den DDR-Geheimdienstchef Werner Großmann (1987 bis zum Herbst 1989) und vier weitere Mitarbeiter der HVA. Die Anklage lautete auf Landesverrat. Mit diesem „Pilotverfahren" – eine Art „Musterprozeß" – sollte die strafrechtliche Aufarbeitung der geheimdienstlichen DDR-Vergangenheit beginnen. Weitere fünftausend Prozesse gegen rund 2.600 HVA-Mitarbeiter würden folgen. Das Ziel des Pilotverfahrens war es, zu prüfen, ob die Bestimmungen des bis zur deutschen Einheit nur in der alten Bundesrepublik geltenden Strafgesetzbuches über Landesverrat und Gefährung der äußeren Sicherheit auch auf die Mitarbeiter des DDR-Spionageapparates zutreffen. Das zuständige Kammergericht in Berlin lehnte die Eröffnung des Hauptverfahrens ab, um vorab die Frage der Grundgesetzwidrigkeit des Anklagevorwurfes vom Bundesverfassungsgericht klären zu lassen. Inzwischen ist auch Markus Wolf zurück in Deutschland, allerdings unbehelligt von einer Anklage vor Gericht.[97]

Sollte sich das Bundesverfassungsgericht auf eine rein formale Prüfung des Schuldvorwurfs beschränken oder auf das Rückwirkungsverbot abheben, bliebe die geheimdienstliche Tätigkeit der HVA-Mitarbeiter straffrei. Das hieße aber nicht, daß auf Straf-

[96] Wassermann (Anm. 91).

[97] Vgl. u. a. Ws. (= Peter Jochen Winters), Prozeß gegen den ehemaligen DDR-Spionagechef ausgesetzt, in: Frankfurter Allgemeine Zeitung v. 30. Juli 1991; wwe. (= Wolfram Weimer), „Pilotverfahren" gegen DDR-Spione, in: Frankfurter Allgemeine Zeitung v. 20. Juli 1991; eine Berechtigung der bundesdeutschen Justiz zur Strafverfolgung von HVA-Spionen bestreitet Axel Azzola, Über die Strafbarkeit von DDR-Spionen, in: Neues Deutschland v. 9. September 1991.

verfahren und deren erhellende Funktion verzichtet werden muß. Denn es ist eine Tatsache, daß die Abteilung Aufklärung des MfS eine Stütze des SED-Unrechtsstaates war und als solche auch in öffentlichen Gerichtsverfahren bloßgestellt werden muß. Markus Wolf – noch auf freiem Fuß – und seine früheren „Mitarbeiter“ können sich nicht mit dem Argument freisprechen, bloße Spionagetätigkeit wie auch in freiheitlichen Systemen ausgeübt zu haben. Sie stützten – bewußt und gewollt – ein Unrechtsregime. Ihre Aktivitäten gefährdeten darüber hinaus nicht nur die äußere, sondern auch die innere Sicherheit vor allem der freiheitlichen Demokratie der Bundesrepublik erheblich. Die operative Tätigkeit der DDR-Spionage richtete sich im wesentlichen gegen den Westen, insbesondere die Bundesrepublik, und war ein „politisches Kampfinstrument [. . .], mit dem die Herrschenden Politik machen wollten“[98] – etwa im Fall des Kanzleramtsspions Günter Guillaume. Der DDR-Geheimdienst ist mit den Nachrichtendiensten eines Rechtsstaats – sie haben keine exekutiven Funktionen und unterliegen einer vielfältigen Kontrolle – schlechterdings nicht gleichzusetzen.

Personelle Konsequenzen – „Entstasifizierung“?

Auf eine schiefe Vergleichsebene begibt sich auch, wer die interne Überwachungstätigkeit des MfS mit der Institution des Verfassungsschutzes – und damit beider Praktiken – gleichsetzt.[99] Das

[98] Fricke, Die DDR-Staatssicherheit.(Anm. 37), S. 224. – Günter Guillaume hat kürzlich eine „bereinigte“ Neufassung seiner 1988 erschienenen Memoiren vorgelegt (vgl. ders., Die Aussage. Wie es wirklich war, München 1990), in denen er sich nach wie vor als gläubiger Sozialist und „Kundschafter des Friedens“ versteht. – Ähnlich scheint es auch Markus Wolf, dem ehemaligen Chef der HV-Aufklärung zu ergehen. Vgl. ders., Im eigenen Auftrag. Bekenntnisse und Einsichten, München 1991.

[99] Etwa Horst Meier, Verfassungsschutz für Antifaschisten?, in: die taz v. 10. März 1990; Claus Leggewie/Horst Meier, Am schnellsten ist man in Thüringen, in: Frankfurter Rundschau v. 11. September 1991 sowie K. D. Wolff,

Ministerium für Staatssicherheit war Instrument eines totalitären Überwachungsstaates, die Verfassungsschutzämter stehen dagegen im Dienst der streitbaren Demokratie zum Schutz gegenüber dem politischen Extremismus. Mit irrigen Argumenten, beispielsweise daß durch die Einsichtnahme des Verfassungsschutzes in die Aktenberge des DDR-Staatssicherheitsdienstes altes Herrschaftswissen in die falschen Hände gelange, wurde die Verabschiedung eines Gesetzes über den Umgang mit den Unterlagen des DDR-Staatssicherheitsdienstes erheblich verzögert. Trotz heftiger Querelen zwischen den Parteien im Bundestag – die Abgeordneten des Bündnis 90/Grüne weigerten sich, den Gesetzeskompromiß der christlich-liberalen Koalition und der SPD mitzutragen – erfolgte schließlich Mitte November 1991 die Verabschiedung eines „Gesetzes über die Unterlagen des Staatssicherheitsdienstes der ehemaligen Deutschen Demokratischen Republik" („Stasi-Unterlagen-Gesetz"). Der freie Zugang und das umfassende Recht der Opfer auf Einsichtnahme in die MfS-Akten ist Voraussetzung und zugleich Teil der Aufarbeitung der DDR-Vergangenheit. Bereits im Februar 1991 veröffentlichten Vertreter der Bürgerkomitees zur Auflösung des Ministeriums für Staatssicherheit/Amt für Nationale Sicherheit (MfS/AfNS) daher einen Gesetzentwurf, der für die Betroffenen ein umfassendes Zugangsrecht zu den personenbezogenen Daten und eventuell die Übergabe der Akten zugestehen sollte. Ferner wurde eine dezentrale Lagerung und Verwaltung der Akten erwogen. Demgegenüber blieb der seit Mai 1991 vorliegende und im November 1991 vom Deutschen Bundestag in veränderter Fassung verabschiedete Gesetzentwurf von CDU/CSU, FDP und SPD bei einer zentralen Aktenverwaltung, weil nur so die Tätigkeit der Staatssicherheit vollständig aufgeklärt werden könne. Ansonsten ist das Gesetz jedoch dem Prinzip „Öffentlichkeit" geschuldet.[100]

Freie Sicht für freie Bürger. Das Stasi-Unterlagen-Gesetz ist ein halbherziger Anfang – wir brauchen ein FOIA, in: die taz v. 16. November 1991.

[100] Vgl. Köppe/Saathoff (Anm. 61); siehe auch den Kommentar von Klaus-Martin Groth, Das Stasi-Unterlagen-Gesetz. Ein Beispiel für die

Ab Januar 1992 kann sich jeder Deutsche bei der Bundesbehörde („Gauck-Behörde"), Leiter ist der frühere Rostocker Pfarrer Joachim Gauck[101], für die Verwaltung der Akten der DDR-Staatssicherheit erkundigen, ob Dossiers über seine Person vorliegen. Opfer der DDR-Staatssicherheit – auch mögliche Täter – haben Einsichtsrecht. Erste können ihre Akte erhalten und auch die Namen der sie bespitzelnden MfS-Mitarbeiter und deren Führungsoffiziere erfahren. Das ist hinsichtlich der für eine Strafverfolgung notwendigen Anzeigenerhebung sinnvoll. Gleichwohl wäre eine andere Lösung vorzuziehen, um den Opfern die Notwendigkeit einer Anzeigenerhebung zu ersparen, aber auch um das Kenntnisnehmen über Dritte auszuschließen – schließlich ließe sich belastendes Material mißbrauchen, um Vorteile für die Zukunft zu erreichen: Ähnlich der Zentralen Stelle zur Aufklärung der NS-Verbrechen in Ludwigsburg sollte die Beweismittel- und Dokumentationsstelle in Salzgitter beauftragt werden, die von der SED zu verantwortenden Verbrechen aufzuklären und in den jeweiligen Fällen Ermittlungsverfahren einzuleiten. Salzgitter würde zum Sitz einer „Zentralen Stelle zur Aufklärung der SED-Verbrechen". Die seit dem 3. Oktober 1990 zuständige Gauck-Behörde müßte dieser Zentralbehörde das gesamte, rund 200 Kilometer umfassende Aktenmaterial überlassen.
Im Gesetzentwurf zunächst eingeschränkte Rechte der Medien zur Veröffentlichung von Täter-Akten wurden gelockert: In den Redaktionsstuben befindliches Material müssen sie zwar an die Gauck-Behörde abgeben, Fotokopien sind allerdings erlaubt.[102]

Schwierigkeiten der Gesetzgebung nach dem Einigungsvertrag, in: Kritische Justiz 24 (1991), S. 168-184; sowie: Millionen Stasi-Opfer können ihre Akten einsehen. Breite Mehrheit im Bundestag für Stasi-Unterlagengesetz, in: Bundestag Report v. 26. November 1991, S. 1-4; Der Gesetzestext ist abgedruckt in: Deutschland Archiv 25 (1992), S. 203-221.

[101] Siehe Gauck (Anm. 35); vgl. auch Lothar Heinke, Das heiße Erbe von Biedermann und seinen seelischen Brandstiftern, in: Der Tagesspiegel v. 17. Oktober 1991.

[102] Siehe ban. (= Günter Bannas), Der Bundestag billigt das Stasi-Unterlagengesetz, in: Frankfurter Allgemeine Zeitung v. 15. November 1991 sowie Ralf Georg Reuth, Die Suche nach den Stasi-Mitarbeitern beginnt in der Klar-

Die großzügige Regelung des „Stasi-Unterlagen-Gesetzes" schafft ebenso eine bessere Grundlage der Rehabilitierung und Entschädigung von Opfern des MfS bzw. der SED-Herrschaft. In vielen Fällen ist erlittenes Unrecht nur aufgrund dieser Unterlagen nachzuweisen: etwa die im Auftrag der Staatssicherheit verübten Repressionen der DDR-Verwaltungsbehörden, die durch MfS-Machenschaften provozierten Fälle von beruflicher Benachteiligung, von Verweigerung der Ausbildung, die Entlassung aus dem Beruf oder die Exmatrikulation von der Hochschule. Diese und andere Formen des Verwaltungsunrechts müssen in einer möglichst gerechten Form „wiedergutgemacht" werden. Zu denken ist etwa an den erleichterten Zugang bzw. die bevorzugte Einstellung in den öffentlichen Dienst, die Anrechnung von geleisteten Dienstjahren oder finanzielle Ausgleichsleistungen etc. Zu den Formen des Verwaltungsunrechts zählt ebenso die willkürliche Enteignung von Grundbesitz und Gebäude-Eigentum wie zum Beispiel bei den sogenannten Zwangsumsiedlungen von Bewohnern im Gebiet der ehemaligen innerdeutschen Grenze in den fünfziger und sechziger Jahren („Aktion Kornblume", „Aktion Unkraut" etc). Hier rechnet das Bundesjustizministerium mit rund 50.000 Wiedergutmachungsanträgen.[103] Die gesetzliche Regelung vom Frühjahr 1991 sieht unter anderem eine vereinfachte Rückgabe von Vermögenswerten in den fünf neuen Bundesländern vor; sie bleibt aber unbefriedigend.[104]

Für die Rehabilitierung der Opfer der SED-Justiz bedarf es einer differenzierten gesetzlichen Regelung: Zunächst muß das Problem der justizförmigen Überprüfung und Aufhebung von Strafentscheidungen der Gerichte der ehemaligen DDR geklärt werden. Welche Rechtsbehelfe können die Verurteilten oder de-

namen-Kartei „F-16", in: Ebda.; vgl auch den Kommentar von K. D. Wolff (Anm. 99).

[103] Siehe den Bericht: Der Bundestag will die Opfer des SED-Staates rasch entschädigen, in: Bundestag Report v. 29. Mai 1991, S. 15 f. – Über die Bemühungen des „Bundes der aus der DDR Zwangsausgesiedelten" berichtet Inge Thaetner, in: Das Parlament v. 28. Februar/6. März 1992.

[104] Vgl. den Abdruck des Gesetzentwurfes in: Frankfurter Allgemeine Zeitung v. 7. Februar 1991.

ren Hinterbliebene, aber auch die Staatsanwaltschaften beantragen? In Frage kommen die Wiederaufnahme des Strafverfahrens, die Kassation des Gerichtsurteils, die strafrechtliche Rehabilitierung von zu Unrecht Verurteilten sowie die Feststellung der Unzulässigkeit der Vollstreckung, was eine vollständige Akteneinsicht voraussetzt.[105] Schließlich bedarf es einer entsprechenden Entschädigung der Opfer der politischen Justiz. Auch hier tut sich der Gesetzgeber schwer: Der Entwurf des sogenannten „Unrechtsbereinigungsgesetzes" ist heftig umstritten, nicht nur wegen der Höhe der in Aussicht gestellten monatlichen Entschädigungssumme von 300 DM bis maximal 450 DM, die infolge der knappen Finanzen des Bundes weit hinter den 600 DM zurückbleibt, welche die Opfer bundesdeutscher Justizirrtümer erhalten.[106] Auch der Name des Gesetzes verspricht mehr, als es zu halten vermag, denn das erlittene Unrecht läßt sich schlechterdings nicht bereinigen. Sicherlich liegt wohl den meisten Opfern mehr an der Aufhebung der Urteile, also an der moralischen Rehabilitierung. Hier wie im Fall der Bestrafung der Schuldigen gilt die Behauptung: „Die Deutschen in den neuen Ländern sind noch geduldig. Aber daß es mit der Wiedergutmachung für die erlittenen Nachteile so gemütlich vorangeht wie mit der Bestrafung der Schuldigen, das trifft auf immer weniger Verständnis."[107]

Wo immer man die Prioritäten bei der Aufarbeitung der Vergangenheit setzen mag, ob nun mittels des Strafrechts oder der öffentlichen Debatte über personelle Belastungen, das werden die Betroffenen jeweils anders beurteilen als der Außenstehende. Die

[105] Vgl. dazu Kurt Kemper, Überprüfung rechtskräftiger Strafurteile der DDR, in: Neue Juristische Wochenschrift 44 (1991), S. 329-334.

[106] Die komplizierte Thematik beleuchten Thomas Ammer, Rehabilitierung der Justizopfer des SED-Regimes, in: Deutschland Archiv 24 (1991), S. 900-904 sowie Wolfgang Pfister, Rehabilitierung – Eine Zwischenbilanz, in: Deutsche Richterzeitung 69 (1991), S. 389-394.

[107] Friedrich Karl Fromme, Nach einer Revolution Gerechtigkeit, in: Frankfurter Allgemeine Zeitung v. 25. Juli 1991. – Kritisch äußern sich auch Hannes Kaschkat/Harry Schlip, Zur Entschädigung der Opfer des SED-Unrechtsregimes, in: Deutschland Archiv 24 (1991), S. 238-246 sowie dies., Zum Entwurf des 1. SED-Unrechtsbereinigungsgesetzes, in: Deutschland Archiv 25 (1992), S. 123-126.

personalpolitische Säuberung der für Politik, Justiz, Verwaltung und Erziehung relevanten Führungspositionen steht allerdings in engem Zusammenhang mit der strafrechtlichen Aufarbeitung der Vergangenheit. Beide Formen der Vergangenheitsbewältigung sind für die politische und moralische Erneuerung der Gesellschaft unverzichtbar. Insofern ist der Hinweis des Moralphilosophen Hermann Lübbe sicherlich wichtig, daß nach dem Zusammenbruch eines totalitären Systems gleich welcher Couleur das Strafrecht unter Umständen nur ein schwaches – allerdings notwendiges – Mittel zur Herstellung rechtsstaatlicher Normalität sei. Lübbe favorisiert demgegenüber eine Politik der öffentlichen Delegitimierung des ideologischen Wahnsystems, das in dem untergegangenen totalitären System die Legitimationsbasis für die politische Kriminalität lieferte. Außerdem müßten sich die verantwortlichen Politiker um eine maximale Integration der unter den Bedingungen des totalitären Systems lebenden Menschen in die wiederhergestellte Rechtsstaatlichkeit kümmern. Das gelte nicht nur für die Opfer, sondern auch für die Täter, Mitläufer und die Angehörigen der schweigenden Mehrheit. Es sei in diesem Fall eine zulässige Analogie, auf die Integrationspolitik nach dem Zusammenbruch des NS-Regimes zu verweisen, die eine Ausgrenzung der Schuldigen unterlassen habe.[108] Freilich stellt sich zu Recht die Frage, ob eine solche Delegitimierung ohne die strafrechtliche Aufarbeitung des DDR-Unrechts tatsächlich gelingen kann. Die Forderung von Erich Loest nach der Herstellung von Öffentlichkeit erscheint sinnvoller: „Ohne Bestrafung der Täter oder zumindest Aufzeigen von Schuld keine geistige Hygiene."[109]

Zu einer flächendeckenden Überprüfung analog der Entnazifizierung nach 1945 darf es nicht kommen. Denn welchen Personenkreis müßte sie betreffen? Die rund 2,3 Millionen Mitglieder,

[108] Vgl. die Meinung von Hermann Lübbe in der Forumsdiskussion des Bundesjustizministeriums Anfang Juli 1991 in Bonn: „Vierzig Jahre SED-Unrecht – eine Herausforderung für den Rechtsstaat", abgedruckt in: Universitas 46 (1991), S. 1029-1031.

[109] Zitiert nach Prantl (Anm 74).

die der SED vor der „Wende“ im Herbst 1989 angehörten, sind größtenteils aus der ehemaligen Staatspartei ausgetreten; die jetzige Nachfolgepartei PDS zählt allenfalls noch rund 180.000 Parteigenossen in Ostdeutschland (im Westen rund 600)[110]. Das Heer der Informanten des Ministeriums für Staatssicherheit der DDR kann durch die bürokratische Form einer „Entstasifizierung“ ebensowenig politisch „ausgesiebt“ werden. Will man sich auf die Aufdeckung politisch-moralischen Fehlverhaltens konzentrieren – ungeachtet der strafrechtlichen Verfolgung von Verbrechen -, empfiehlt sich im Gegenteil die Überprüfung der Personenkreise, die in wichtigen Bereichen der Gesellschaft Deutschlands Verantwortung tragen. Daher sind allgemeinverbindliche und für alle durchschaubare Kriterien zu erstellen und fortschreitend anzupassen, die eine Entfernung aus dem Amt bzw. aus dem bisherigen Wirkungskreis rechtfertigen.

Bei den wichtigen Führungseliten handelt es zunächst um die Politiker im Bundestag, in den neukonstituierten Länderparlamenten sowie die Abgeordneten auf kommunaler Ebene. Die politischen Parteien sind gehalten, belastete Verantwortungsträger auszuschließen. Angesprochen fühlen muß sich in erster Linie die SED bzw. PDS. Die früher allmächtige – immer recht habende – Staatspartei SED hat sich nicht aufgelöst, sondern bloß umbenannt. Die Gründung einer neuen Partei hätte den Verlust des SED-Parteivermögens – das ja bis zum Untergang der DDR Staats- bzw. Volksvermögen war – bedeutet. Ihre Finanzverhältnisse hat die jetzige „Partei des Demokratischen Sozialismus“ (PDS) nach wie vor nicht hinreichend aufgedeckt. Sie verweigert und behindert vielmehr die Einsicht in die zur Finanzüberprüfung notwendigen Akten durch die „Unabhängige Kommission zur Erfassung und treuhänderischen Verwaltung von Vermögen der Parteien und Massenorganisationen“, die seit der deutschen Vereinigung im Oktober 1990 unter der Verwaltung der Treuhand-

[110] Zitiert nach Sto. (= Wolfgang Stock) laut Angaben des Parteivorsitzenden, Gysi protestiert gegen „Enteignung“ der PDS, in: Frankfurter Allgemeine Zeitung v. 11. Dezember 1991.

anstalt steht.[111] Ehemalige Entscheidungsträger im SED-Regime sind aus der Partei ausgeschlossen worden: Man suchte die Schuld bloß bei der Honecker-Führung, sprach von „Machtmißbrauch" und „Korruption".

Was die früheren „Block"-Parteien angeht, läßt sich ein hinreichend überzeugender Prozeß der Aufarbeitung ihrer Vergangenheit noch nicht feststellen[112] – sieht man davon ab, daß belastete Funktionäre wie Götting die Partei verlassen mußten oder MfS-Zuträger zum Ausscheiden aus der Partei genötigt werden. Die DDR-CDU fusionierte am 1./2. Oktober 1990 mit der CDU der Bundesrepublik. Bereits vorher traten die Demokratische Bauernpartei (DBD) und der „Demokratische Aufbruch" der Ost-CDU bei; die letzte Gruppierung zählt zu den neuen demokratischen Bewegungen und Parteien in der Zeit des Umbruchs im Herbst 1989. Ähnlich wie die CDU verfuhr die bundesdeutsche FDP, als sie sich am 11./12. August 1990 mit den DDR-Liberalen vereinigte, darin eingeschlossen die LDP, NDPD, die DDR-FDP sowie die Deutsche Forum-Partei – die beiden letzten sind ebenfalls Neugründungen.[113] Daß sich in den Reihen der bundesdeutschen CDU und FDP, aber auch der SPD und der Grünen Alt-Funktionäre der SED und Mitarbeiter der DDR-Staatssicherheit tummeln, ist kein Geheimnis, wirft aber viele Fragen im Hinblick auf eine einheitliche Behandlung des Personenkreises auf. Wie setzen sich demokratische Parteien mit diesen Mitgliedern auseinander? Erwarten sie eine freiwillige Offenlegung von früheren MfS-Tätigkeiten oder schriftliche Erklärungen der Unbescholtenheit? Wie verfahren sie, sollte sich eine Mitarbeit bei der DDR-Staatssicherheit herausstellen? Wird der Betreffende zum Parteiaustritt aufgefordert, oder erfolgt der Ausschluß? Die Parteien haben angesichts dieser Fragen noch keine

[111] Vgl. Johannes L. Kuppe, Die PDS-Finanzen – eine Skandalgeschichte, in: Deutschland Archiv 23 (1990), S. 1821-1824.

[112] Zur Situation der Blockparteien in der „Wende"-Zeit siehe Peter Joachim Lapp, Ehemalige Blockparteien auf der Suche nach Glaubwürdigkeit, in: Deutschland Archiv 23 (1990), S. 62-68.

[113] Vgl. Ammer (Anm. 59), S. 1166 f.

verbindlichen Kriterien aufgestellt, sondern entscheiden offensichtlich nach internen Beratungen über den Ausschluß eines Parteimitglieds: etwa im Sommer 1991 im Fall des als MfS-Mitarbeiter enttarnten sächsischen FDP-Politikers Viehweger, der schon in der Regierung de Maizière DDR-Bauminister war. Die bislang an die Öffentlichkeit gelangten Verstrickungen von Politikern mit dem ehemaligen Staatssicherheitsdienst haben stets zu Grabenkämpfen geführt. Statt sich über Maßstäbe der Untersuchung von Belasteten zu einigen, stritt man sich, ob überhaupt eine Überprüfung stattfinden soll. „Das Mindeste, das zu verlangen ist, genauer: was wir uns beim Umgang mit Stasi-Vorwürfen abzuverlangen haben, ist also das genaue Bedenken der Frage, wo das Sich-Arrangieren mit den Verhältnissen aufhörte und die Schuld beginnt."[114]

Anders verhält es sich mit der Überprüfung der politisch-moralischen Integrität von Verantwortungsträgern in den Parlamenten, in den Bereichen der Justiz, der Polizei, in der Verwaltung, an Schulen und Universitäten, in den öffentlich-rechtlichen Medien, aber auch innerhalb der beiden großen Kirchen. Was die Politiker in den jeweiligen Volksvertretungen angeht, sind einheitliche Verfahrensweisen zu erstellen, die bei einer Überprüfung der Abgeordneten faßbare Ergebnisse hinsichtlich einer Mitarbeit beim ehemaligen Ministerium für Staatssicherheit zutage fördern. An erster Stelle steht ein Antrag bei der Behörde des Sonderbeauftragten der Bundesregierung für die personenbezogenen Unterlagen des MfS, die aus den Akten ersichtlichen Belastungen der einzelnen Abgeordneten an die einzelnen Parlamentspräsidenten bzw. die Vorsitzenden der zu bildenden parlamentarischen Untersuchungsausschüsse weiterzuleiten. Diese Vorgehensweise hat sich in den neuen Bundesländern als praktikabel erwiesen, auch wenn einige der „enttarnten" Volksvertreter nicht von ihren Mandaten zurücktreten wollen und auch von niemandem dazu gezwungen werden können. Die im Dezember 1991 vom Deut-

[114] So Hermann Rudolph, Ein später Sieg der Stasi?, in: Der Tagesspiegel v. 8. September 1991.

schen Bundestag beschlossene Ergänzung des Abgeordnetengesetzes ermöglicht ebenfalls die Überprüfung der Bundestagsabgeordneten auf eine Mitarbeit beim DDR-Staatssicherheitsdienst. Danach können sich die Delegierten freiwillig überprüfen lassen; bei einem konkreten Tatverdacht geschieht dies auch ohne deren Einwilligung mittels einer Zweidrittelmehrheit im Geschäftsordnungsausschuß.[115]

Da kein demokratisch gewählter Politiker zur Mandatsniederlegung gezwungen werden kann – sofern er sich nicht eines strafrechtlich relevanten Vergehens schuldig gemacht hat, erscheinen die Vorbehalte mancher Parlamentarier gegenüber der generellen Überprüfung eher gespielt. Denn Konsequenzen ergäben sich ohnehin nicht. Im Gegenteil: „Eine öffentliche Debatte über die Umstände, unter denen eine informelle [sic] Mitarbeit für die Stasi sich vollzog, und über die moralischen Konsequenzen, die sich daraus ergeben sollten, ist in den Parlamenten nicht geführt worden."[116] Gerade aber die Politiker stehen in einem besonderen Vertrauensverhältnis zu ihren Wählern. Es müßte zu einem schweren Vertrauensverlust in den demokratischen Rechtsstaat führen, wenn insbesondere die Bürger in den neuen Bundesländern mit politisch und moralisch belasteten Politikern konfrontiert würden, die trotz ihrer Belastung an ihrem politischen Mandat festhielten. Der Hinweis auf ihre Abwählbarkeit ist kaum befriedigend im Hinblick auf die Dauer einer Legislaturperiode. Es bleibt vielmehr zu erwarten, daß sich die politisch Belasteten aufgrund des moralischen Drucks, der auf ihnen lastet, aus ihrem Amt zurückziehen, wie im Fall des Potsdamer Bündnis 90-Abgeordneten Poller.[117]

[115] Vgl. dazu: Fraktionen einig über freiwillige Überprüfung für Abgeordnete, in: Bundestag Report v. 7. November 1991; ban. (= Günther Bannas), Stasi-Überprüfung der Abgeordneten, in: Frankfurter Allgemeine Zeitung v. 7. Dezember 1991.

[116] So Johannes Leithäuser, Schatten der Vergangenheit, in: Frankfurter Allgemeine Zeitung v. 3. Juni 1991.

[117] Vgl. zu dem Fall Michael Mara, „Ich bin kein Opfer, sondern Täter." Früherer Abgeordneter berichtet über Stasi-Mitarbeit, in: Der Tagesspiegel v. 3. Dezember 1991.

Eine der Hauptaufgaben für Politik und Justiz der Bundesrepublik ist der Wiederaufbau einer rechtsstaatlichen Justiz. Die Bürger in Ostdeutschland haben zu Recht kein Vertrauen in die im Amt verbliebenen Staatsanwälte und Richter, die nach SED-Recht anklagten und urteilten. Sie waren nicht nur willfährige Instrumente einer totalitären Partei, sondern haben auch im vorauseilenden Gehorsam gehandelt. Eine richterliche Unabhängigkeit, wie sie im demokratischen Rechtsstaat garantiert ist, widersprach dem Verständnis der DDR-Juristen. Für sie war Parteilichkeit das oberste Gebot. Gemäß dem Prinzip des demokratischen Zentralismus war „das jeweils übergeordnete Gericht dem jeweils untergeordneten Gericht gegenüber aufsichts- und weisungsbefugt. Das oberste Gericht leitete die Rechtsprechung aller Gerichte."[118] Ob daraus gleichwohl gefolgert werden kann, daß mit SED-Richtern kein Rechtsstaat zu machen sei? Laut Einigungsvertrag soll für diejenigen DDR-Juristen, die Richter bleiben wollen, ein Überprüfungsverfahren eingeleitet werden.[119] Damit wird ein Teil der DDR-Justiz in das bundesdeutsche Justizsystem integriert. Das ist insofern problematisch, als von der Justiz als Träger des Rechtsstaats besonders hohe Qualitätsanforderungen gestellt werden. „Die Richter sollen eine Elite an fachlicher Tüchtigkeit bilden, aber auch charaktervolle Persönlichkeiten sein: keine willfährigen Anpasser, sondern Menschen, die sich dessen bewußt sind, daß sie die letzte Zuflucht des Bürgers sind, wenn dieser um sein Recht kämpfen muß."[120]

Gerade aufgrund von diesen Prämissen und da die Bürger in den neuen Bundesländern aus verständlichen Gründen Hoffnungen auf die Herstellung von Recht und Gerechtigkeit in einer größer gewordenen Bundesrepublik hegen, erscheint die beab-

[118] Fricke (Anm. 6), S. 470.

[119] Vgl. dazu Horst Viehmann, Einigungsvertrag, Justiz und Rechtspflege, Heidelberg 1990, S. 24 f. – Den Einigungsvertrag dokumentiert und sorgfältig erläutert hat Ingo von Münch, Dokumente der Wiedervereinigung Deutschlands, Stuttgart 1991.

[120] Rudolf Wassermann, Kann man mit DDR-Richtern einen Rechtsstaat machen?, in: Aus Politik und Zeitgeschichte. Beilage zur Wochenzeitung „Das Parlament", B 29/91, S. 51-60, hier S. 51.

sichtigte Weiterbeschäftigung von Richtern der ehemaligen DDR als überaus unerfreuliches Ergebnis des Einigungsvertrages. Der Hinweis auf den Personalmangel im Justizbereich mag berechtigt sein, die Warnung vor einem „Stillstand der Rechtspflege" hingegen weniger. Denn das Problem ließe sich – anders als nach 1945 – durch einen stärkeren Rückgriff auf Richter aus der alten Bundesrepublik entschärfen. Das Argument kann aber auch die tatsächlichen Größenverhältnisse verzerren, da die in der DDR systembedingt gering gehaltene Zahl[121] von Richtern (rund 1.200) und Staatsanwälten (etwa 1.500) – von den Richtern waren 95 Prozent, von den Staatsanwälten fast alle Mitglieder der SED, so daß die Überprüfung danach sich erübrigen wird – infolge eines personellen Austauschs auszubalancieren wäre.

Angesichts solcher Bedenken sollten die länderbezogenen Überprüfungsverfahren mit besonderem Augenmerk verfolgt werden, zumal ein Erlaß der ehemaligen Modrow-Regierung es den Staatsbediensteten allgemein, insbesondere den Richtern, Staatsanwälten und den Hochschullehrern, erlaubt hatte, ihre Personalakten „zu säubern". Die dreijährige Probezeit für die in den Staatsdienst der Bundesrepublik übernommenen Richter und Staatsanwälte könnte noch so manche Überraschung bringen. „Ihre Bekehrbarkeit zu rechtsstaatlichem Denken muß als äußerst gering veranschlagt werden."[122] Ursprünglich sollten die Richterüberprüfungen bis zum April 1991 abgeschlossen werden. Tatsächlich ist das bisher nur in einigen neuen Bundesländern der Fall. In anderen ziehen sich die Überprüfungen hin: unter anderem wegen Unstimmigkeiten zwischen den Entscheidungen der Richterwahlausschüsse und den zukünftigen Dienstherren (etwa im Fall der Bundesländer Berlin und Mecklenburg-Vorpom-

[121] Vgl. dazu auch den Kommentar von Diethart Goos, Schwieriger Neubeginn, in: Deutsche Richterzeitung 68 (1990), S. 309.

[122] Hanno Kühnert, Von Handlangern zu Rechtswahrern? Nachdenken über die Richter in DDR-Deutschland, in: Merkur 44 (1990), S. 984-989, hier S. 988. – Zu den Richterwahlausschüssen siehe statt vieler den Bericht von Friedrich Karl Fromme, Ein geprüfter Richter, in: Frankfurter Allgemeine Zeitung v. 19. Juli 1991.

mern), wegen der problematischen Besetzung der Ausschüsse oder insgesamt unklarer Beurteilungskriterien sowie infolge nur begrenzt verfügbarer Akten über politische Strafprozesse. Damit die Überprüfung der Richter und Staatsanwälte gewissenhaft durchgeführt werden kann, erscheint es gerade nicht geboten, auf Eile zu drängen.[123]

Das gilt ebenso für die Prüfung der persönlichen Integrität wie der fachlichen Qualifikation von Lehrern und Hochschullehrern. Auch hier hatte die Regierung Modrow nichts unversucht gelassen, um einstige Wasserträger des Ministeriums für Staatssicherheit in der Zukunft beruflich abzusichern. Nicht wenige sind im Schuldienst, in den wissenschaftlichen Akademien und Hochschulen untergekommen und sollten alsbald wieder ausgesiebt werden. Das Vorgehen bei der Überprüfung der Juristen, daß „jedes Land eigene Prüfungskriterien mit der Folge aufstellt, daß die Ausschüsse für ihre Beurteilungen unterschiedliche Maßstäbe zugrunde legen"[124], ist im Hinblick auf die Schul- und Hochschulpolitik nicht zu empfehlen. Ein einheitlicher Kriterienkatalog könnte insbesondere die Erneuerung an den ostdeutschen Hochschulen zügiger und den Überprüfungsvorgang für den Beobachter wie für den Betroffenen transparent gestalten. Die Berufungskommissionen, zusammengesetzt aus Dozenten der neuen Bundesländer – keine ehemaligen SED- bzw. Blockpartei-Mitglieder – und der alten Bundesländer, werden sich um Einzelfallprüfungen der Neubewerber aus den „abgewickelten" Fachberei-

[123] Dazu u.a.: Rudolf Wassermann, Umkehr und Neuorientierung. Zur Lage der Juristen in den neuen Ländern, in: Recht und Politik 27 (1991), S. 145-148; Albert Schäffer, Ost- und Westrichter, in: Frankfurter Allgemeine Zeitung v. 26. September 1991; Peter Caesar, Der Aufbau der Justiz – dargestellt am Beispiel des Bundeslandes Thüringen, in: Neue Justiz 45 (1991), S. 475-478; Vera Gaserow, Doppeltes Nadelöhr? Darf der Senat eine PDS-Richterin aussperren?, in: Die Zeit v. 22. November 1991; Rt. (= Ralf Georg Reuth), PDS-Mitglied als Richterin abgelehnt, in: Frankfurter Allgemeine Zeitung v. 23. November 1991; Rolf Henrich, „Die Scharfmacher sind längst nicht mehr in der Justiz", in: Deutsche Richterzeitung 69 (1991), S. 299-304.

[124] So die berechtigte Warnung von Wassermann (Anm. 120), S. 57.

chen bemühen müssen. Nur so läßt sich die fachliche Qualifikation des Bewerbers angemessen beurteilen.

Die Hintergründe für diese Vorgehensweise erklären sich aus zwei wesentlichen Prüfkriterien: „Ob jemand zu seiner Hochschullehrerstelle gekommen ist nur und vor allem aufgrund seiner Parteiarbeit, bei mangelhafter fachlicher Qualifikation. Diese Amtsinhaber müssen entlassen oder in den Ruhestand versetzt werden. Zur zweiten Gruppe, deren Anwesenheit im Lehrkörper gleichfalls unerträglich erscheint, gehören die, die aus falsch verstandener Loyalität dem alten System gegenüber [. . .] durch Denunziationen andere Kollegen, die eine von der ihren unterschiedliche politische Meinung hatten, in ihrer Karriere gehindert hatten."[125] Eine solche Differenzierung muß schon aufgrund des in den neuen Bundesländern erforderlichen Stellenabbaus erfolgen. Aus politischen Gründen bisher nicht wahrnehmbare Karrierechancen könnten so auf unbürokratischem Wege verwirklicht werden. Allerdings sind die bisherigen Anstrengungen in diese Richtung wenig erfreulich: Zum Beispiel der leidige Fall des Rektors der Berliner Humboldt-Universität, Heinrich Fink, der wegen seiner Mitarbeit beim DDR-Staatssicherheitsdienst eine fristlose Kündigung erhielt und dagegen Klage beim Berliner Verwaltungsgericht eingereicht hat. Ausnahmen bestätigen wiederum die Regel eines überaus schwierigen Erneuerungsprozesses der Hochschullandschaft in den neuen Ländern. So „war man andernorts bestrebt, jene wieder aufzunehmen, die dort einst der Selbstgerechtigkeit marxistische Pharisäer zum Opfer fallen mußten"[126].

[125] Stefan Hüfner, Die Führungseliten sind mit der SED verstrickt, in: Frankfurter Allgemeine Zeitung v. 10. Juni 1991; vgl. auch Joachim Herr, Ehemaligen Partei-Mitläufern müssen wir eine Chance geben, in: Frankfurter Allgemeine Zeitung v. 11. Juli 1991.

[126] Thomas Rietzschel, Ihr Goethe-Bild trug nicht zum Aufbau des Sozialismus bei. Späte Rehabilitierung einer aus der Alma mater Gryphiswaldensis Vertriebenen, in: Frankfurter Allgemeine Zeitung v. 30. November 1991; vgl. zum Fall „Fink" u.a.: Joachim Nawrocki, Erneuern oder überleben? Die Reform der Berliner Humboldt-Universität kommt kaum voran, in: Die Zeit v. 22. November 1991; Heinrich August Winkler, Ein Rektor im Zwielicht.

Eine differenzierte Vorgehensweise bei der Aufarbeitung personeller Belastungen ist der „Rasenmäher-Methode" einer Entstasifizierung allemal vorzuziehen. Angesichts der Masse derer, die letztlich für den DDR-Staatssicherheitsdienst Zuträgerdienste leisteten, müßte eine flächendeckende Überprüfung etwaiger Stasi-Aktivitäten zu Ausgrenzungen von sicherlich einem Viertel der früheren DDR-Bewohner führen. Das kann und darf nicht das Ziel einer demokratischen Vergangenheitsbewältigung sein. Es sind jedoch Abgründe, die sich nach den ersten Einsichtnahmen in die vom Bundesbeauftragten verwalteten MfS-Unterlagen auftun: Der jetzige sächsische Innenminister und frühere Pfarrer, Heinz Eggert, wurde mit Psychopharmaka behandelt, um seinen Charakter zu brechen und ihn mundtot zu machen. Insgesamt waren mehr als 60 Mitarbeiter des Ministeriums für Staatssicherheit auf ihn angesetzt.[127]

In den westlichen Besatzungszonen gab es nach 1945 keine „Stunde Null". Es war nicht beabsichtigt, die sechs Millionen NSDAP-Mitglieder oder einen noch größeren Teil der Bevölkerung aus der Gesellschaft zu verbannen, vielmehr suchte man sie für die Demokratie zu gewinnen. Das wird auch nach 1989 der Maßstab der Betrachtung bleiben. Von einer Gleichsetzung des SED-Regimes mit dem NS-Regime kann – unabhängig von der Vergleichbarkeit ihrer totalitären Herrschaftsstrukturen – keine Rede sein, noch weniger davon, man fordere nun „eine rigorosere personelle Abrechnung und Säuberung"[128]. Deshalb ist davor zu warnen, die jetzt aufgedeckten Verbrechen der SED-Diktatur mit denen der Nationalsozialisten aufzurechnen. Gleichwohl ist

Der Fall Fink oder: Der schöne Schein der Erneuerung, in: Frankfurter Allgemeine Zeitung v. 5. Dezember 1991; Christoph Dieckmann/Norbert Kostede, Ein Leben halb und halb. Der Fall Fink, der Fall Gauck – Streit an der Humboldt-Universität: An ihren Akten sollt Ihr sie erkennen?, in: Die Zeit v. 6. Dezember 1991 sowie Christian Meier, Den Grabenkrieg überwinden, in: Ebda.

[127] Vgl.: Stasi-Arzt im Fall Eggert suspendiert, in: Frankfurter Allgemeine Zeitung v. 10. Januar 1992 sowie rüb. (= Matthias Rüb), Kein Spiel, in: Ebda.

[128] So aber Elm (Anm. 64), S. 39.

der Hinweis berechtigt, daß auf das Konto beider Regime schlimme Menschenrechtsverbrechen gehen. Die Befragung, Bestrafung und Entlassung von Repräsentanten des politischen Systems bleibt daher unabdingbar. Sie sind durch politisch und moralisch integre Persönlichkeiten zu ersetzen. Ein Volk läßt sich aber nicht einfach auswechseln. Der „Ausverkauf von Verhaltensmoral" (Joachim Burrmeister) im Überwachungs-System der DDR kann letztlich nur durch eine Wiederherstellung von allgemein anerkannten moralischen Maßstäben zu beheben sein. Unterhalb der Schicht von Führungseliten wird eine individuelle Vergangenheitsbewältigung stattfinden müssen. Das heißt, „[b]eim Übergang von einer Diktatur zu einer Demokratie muß man möglichst viele Personen zu integrieren suchen [...], damit sich nicht ein größeres Potential Unzufriedener zusammenfindet"[129].

Von der weitreichenden Regelung für den Umgang der personenbezogenen Akten des ehemaligen Ministeriums für Staatssicherheit profitiert die Form der individuellen Aufarbeitung der eigenen Vergangenheit ebenso wie die historisch-politische Erforschung der DDR-Geschichte. Gerade für die Aufklärung der Macht- und Entscheidungsstrukturen im MfS und in der SED – beide waren ja intensiv miteinander verflochten – ist der großzügige Zugang der Wissenschaftler[130] zu den MfS-Akten unerläßlich. Von diesem Zugang dürfen zumal die Strafverfolgungsbehörden, aber auch der Verfassungsschutz nicht ausgenommen bleiben, um jene untergetauchten und an Verbrechen beteiligten MfS-Mitarbeiter aufzuspüren.[131] Die Erfahrungen mit den NS-Prozessen haben bewiesen, welchen Beitrag die in den Straf-

[129] Eckhard Jesse, „Vergangenheitsbewältigung" und politische Kultur, in: Politische Bildung 23 (1990), H. 3, S. 60, vgl. auch ders., Art. Vergangenheitsbewältigung, in: Werner Weidenfeld/Karl-Rudolf Korte (Hrsg.), Handwörterbuch zur deutschen Einheit, Bonn 1991, S. 715-723.

[130] Siehe etwa: Bernd Faulenbach, Ein notwendiger Motor. Plädoyer für ein neues Institut für Zeitgeschichte in der bisherigen DDR, in: Süddeutsche Zeitung v. 22. September 1990; Ws. (= Peter Jochen Winters), „Institut für Zeitgeschichte" angeregt, in: Frankfurter Allgemeine Zeitung v. 17. Mai 1991.

[131] Vgl. z.B. die Argumente von Gauck (Anm. 35).

verfahren gesammelten Erkenntnisse hinsichtlich der totalitären Machtbefugnisse und der Befehlskette, nicht zuletzt der verübten Verbrechen zu leisten vermögen.

Nicht nur die in der „Wende"-Zeit in den Bürgerkomitees zur Auflösung des Ministeriums für Staatssicherheit Tätigen konnten ihrerseits aufgrund des Aktenmaterials wichtige Publikationen über die Arbeit des Spitzelsystems vorlegen.[132] Die in den Akten enthaltenen Informationen über die Strukturen und Formen staatlicher Überwachung und Verfolgung, über Verflechtungen mit Parteien, Staatsorganen, dem Wirtschaftsapparat und den kulturellen Einrichtungen könnten – bei einem freien Zugang vor allem für Wissenschaftler und einem weniger restriktiven Archivgesetz – die historische Aufarbeitung des real existierenden Sozialismus ganz erheblich vorantreiben. Denn es steht zu befürchten, daß manche Straftat ehemaliger Parteifunktionäre entgegen der Meinung juristischer Laien rechtsstaatlich nicht justiziabel erscheint. Das könnte die öffentliche Kriminalisierung – in den Worten von Hermann Lübbe die „öffentliche Delegitimierung" – des SED-Regimes erheblich erschweren und einer neuen Mythenbildung des in der DDR angeblich bloß bürokratisch deformierten Sozialismus Tür und Tor öffnen.

„Weil der Rechtsweg die DDR-Vergangenheit nicht zu bewältigen vermag, fordern nun manche eine besondere Veranstaltung zur Aufarbeitung der Vergangenheit, ein Tribunal. Das einfache Wort suggeriert eine einfache Lösung. In Wahrheit verbirgt es

[132] U.a.: Gill/Schröter (Anm. 35); Gerhard Besier/Stephan Wolf (Hrsg.), „Pfarrer, Christen und Katholiken" – Das Ministerium für Staatssicherheit der ehemaligen DDR und die Kirchen, Neunkirchen-Vluyn 1992^{2}; Thomas Ammer/Hans-Joachim Memmler (Hrsg.), Staatssicherheit in Rostock. Zielgruppen – Methoden – Auflösung, Köln 1991; Christina Wilkening, Staat im Staate. Auskünfte ehemaliger Stasi-Mitarbeiter, Berlin/Weimar 1990; Ariane Riecker u. a., Stasi intim. Gespräche mit ehemaligen MfS-Mitarbeitern, Leipzig 1990; Hannes Bahrmann/Peter Michael Fritsch, Sumpf. Privilegien, Amtsmißbrauch, Schiebergeschäfte, Berlin 1990; Reinhart Meinel/Thomas Wernicke (Hrsg.), „Mit tschekistischen Grüßen". Berichte der Bezirksverwaltung Potsdam, Potsdam 1989; Kunze (Anm. 35); Gauck (Anm 35); Bürgerkomitee Leipzig (Anm. 35).

schwerste Probleme"[133], so der Berliner Philosoph Richard Schröder, da damit ein Sondergericht gemeint sein könne. Das sei selbst in der DDR-Verfassung verboten gewesen. Er plädiert dagegen für eine öffentliche Diskussion über das Gewesene in der DDR. Andere argumentieren, die SED-Verbrechen ließen sich auf rechtsstaatlichem Weg nicht mehr sühnen. Es werde keine Verurteilungen geben, weil man rückwirkend kein Recht sprechen dürfe. Daher müsse ein öffentliches Tribunal eingerichtet werden oder eine „Untersuchungskommission", um voreilige Amnestiebegehren abzuwehren. Hier treffen bekannte irrige Auffassungen und hehre Wunschvorstellungen aufeinander. Gutmeinende werfen offenkundig allzu rasch die Flinte ins Korn, wenn es um die strafrechtliche Bewältigung der DDR-Vergangenheit geht. Andere sind nicht einmal bereit, das Unrechtssystem der DDR als solches zu benennen, weil hier eine „gute Idee" (Sozialismus) von einigen wenigen (Ulbricht, Honecker und dem Politbüro) schlecht ausgeführt worden sei. Unabhängig von der Intention, die hinter dem Wunsch nach einem öffentlichen „Tribunal" steckt, rennen die Befürworter offene Türen ein. Denn ist nicht die lautstarke öffentliche Auseinandersetzung über politische Verfehlungen und Verstrickungen einzelner mit dem SED-Machtapparat seit dem Tag der Vereinigung Deutschlands das Tribunal, das man fordert? Es folgt den Regeln der bundesdeutschen Mediengesellschaft und ist hinzunehmen – trotz gewisser häßlicher, aber unvermeidbarer Kontroversen. Was außerhalb der durch die Medien ausgelösten spontanen Debatten nicht diskutiert wird, ist auch durch ein Tribunal nicht zu erzwingen. „Wer mit der Idee eines Tribunals antritt, um damit Strafverfahren zu ersetzen, ist auf dem falschen Weg. Tribunal im wohlverstandenen Sinn ist die öffentliche Diskussion, die sich an diesen Strafprozessen entzünden wird, die dann auch hinausgeht über die persönlich anrechenbare Schuld."[134]

[133] Schröder (Anm. 69).

[134] Prantl (Anm. 67); vgl. zur Forderung des Tribunals zunächst den Bundesbeauftragten für die Stasi-Akten, Gauck: MV. (= Hugo Müller-Vogg), Ehemalige SED-Größen sollen vor ein Tribunal gestellt werden, in: Frankfur-

Schon regen sich die Stimmen der Ewiggestrigen und Legendenbildner, wie die Ausführungen eines „Konservatismusforschers" aus der ehemaligen DDR verdeutlichen. In der Bundesrepublik habe im Vergleich zur DDR keine ehrliche Aufarbeitung der NS-Vergangenheit stattgefunden. „Die Zäsur von 1945 hob in den Westzonen und der BRD die Kontinuität der grundlegenden sozial-ökonomischen Strukturen und der privilegierten gesellschaftlichen Position der besitzenden Oberschichten nicht auf."[135] Ungeachtet der Fragwürdigkeit, die hinter der Aussage steckt, hält der Autor die Verbrechen der Kommunisten bei der „antifaschistischen Umwälzungen" nach 1945 in der SBZ/DDR nicht für erwähnenswert. Das darauf aufbauende Unrecht erscheint als Marginalie: „Die DDR war kein verbrecherisches System, auch wenn bestimmte Handlungen ihrer Führung oder nachgeordneter Organe oder bestimmte Zustände und Unterlassungen am Maßstab rechtsstaatlicher und menschenrechtlicher Normen als „verbrecherisch" zu kennzeichnen sind. Selbst die Charakteristik als „Diktatur" sollte an historisch und international nachprüf- und vergleichbaren Merkmalen sachlich erörtert und abgewogen werden."[136] In der Tat wird die politikwissenschaftliche und die historische Forschung das Herrschaftssystem der SED einer kritischen Analyse unterziehen müssen. Aber auch die persönlichen Verhaltensweisen derer, die in dem System des Zwangs und der Demoralisierung lebten, bedürfen einer genauen

ter Allgemeine Zeitung v. 14. Oktober 1991; Schneider (Anm. 69); Friedrich Schorlemmer, Versöhnung kann es nur in Wahrheit geben. Über unseren Umgang mit den Hinterlassenschaften der Diktatur und die Idee eines Tribunals, in: Frankfurter Allgemeine Zeitung v. 2. Dezember 1991 sowie ders., Plädoyer für die Einrichtung eines Tribunals. Juristische Prozesse und das Dilemma des Rechtsstaats, in: Universitas 46 (1991), S. 1293-1298. – Die für ein Tribunal bzw. ein Forum plädierenden Persönlichkeiten, u. a. Friedrich Schorlemmer, Wolfgang Ullmann und Joachim Gauck, haben im Januar 1992 ihre Ideen konkretisiert, abgedruckt in: Deutschland Archiv 25 (1992), S. 222-224 und S. 446.

135 Elm (Anm 64), S. 38.

136 So ders., Zweierlei Vergangenheitsbewältigung – damals und heute, in: Deutschland Archiv 34 (1991), S. 737-743, hier S. 740; das Zitat ist auch nachzulesen, in: Ders. (Anm. 64), S. 37.

Beurteilung. Viele Bürger der bisherigen DDR schlossen – wollten sie nicht Oppositionelle oder Ausgestoßene werden – manche opportunistischen Zweckbündnisse mit dem Staatssicherheitsdienst und der Partei. „In der untergegangenen DDR sind zu viele Menschen zu viele ungeprüfte Kompromisse eingegangen."[137] Zur Förderung eines umfassenden gesamtdeutschen Dialogs über zwei totalitäre Vergangenheiten und zur Selbstvergewisserung der demokratischen Wertvorstellungen gegenüber diktatorischen Systemen – den Nationalsozialismus ebenso wie den real existierenden Sozialismus – bedarf es dringend einer historischen Aufarbeitung der Vergangenheit.

In diesem Zusammenhang erscheint die Forderung nach der Gründung eines „Instituts für Zeitgeschichte" analog zu dem für die historische Erforschung des Nationalsozialismus bedeutenden Münchner Instituts für Zeitgeschichte sinnvoll.[138] Solche Vorschläge dürfen aber nicht von dem berechtigten Vorwurf ablenken, daß die herrschende DDR-Forschung eine Aufarbeitung der eigenen Vergangenheit zu leisten hat. Sie sprach noch von der Stabilität des SED-Regimes, als dieses bereits in den letzten Zügen lag und hat die Illegitimität des politischen Systems unzureichend herausgearbeitet. Die Implosion der DDR haben tonangebende DDR-Forscher verschlafen. Auch hier gilt es, eine kritische Analyse dieses Versagens anzustellen und insbesondere die eigenen Wertmaßstäbe zu überprüfen. „Es war das große Versäumnis weiter Teile der DDR-Forschung, den totalitären Charakter der DDR nicht erkannt oder jedenfalls nicht zur Sprache gebracht zu haben."[139] Sie müssen sich inzwischen eines Besseren belehren lassen.

137 Gauck (Anm. 35), S. 49; vgl. ferner die Ausführungen von Richard Schröder, Soll die Zersetzungsarbeit endlos weitergehen?, in: Frankfurter Allgemeine Zeitung v. 2. Januar 1991.

138 Vgl. dazu Faulenbach (Anm. 130) und Winters, ebda. sowie Rt. (= Ralf Georg Reuth), Offenlegung und Analyse. Freie Universität will Zentrum der SED-Forschung werden, in: Frankfurter Allgemeine Zeitung v. 10. März 1992.

139 Eckhard Jesse, Wie man eine Chimäre zum Leben erweckt, in: Frankfurter Allgemeine Zeitung v. 24. August 1990.

Notwendige Einsichten

Die Situation Anfang der neunziger Jahre ist ähnlich der Zeit nach 1945 durch einen radikalen politischen Umbruch gekennzeichnet. Ein Teil der Deutschen ist mit dem schwierigen Übergang von einer totalitären Diktatur in eine freiheitliche Demokratie konfrontiert. Wiederum steht die Bewältigung von Verbrechen – diesmal des zusammengebrochenen SED-Regimes – auf der Tagesordnung. Die zweite Vergangenheitsbewältigung in Deutschland – der Übergang von einem Unrechtsstaat in einen Rechtsstaat – muß noch viele Hindernisse überwinden. Wo soll man angesichts der Überfülle von Problemen mit der Aufarbeitung der DDR-Vergangenheit beginnen? Welches Ausmaß darf sie annehmen ohne das Gelingen der inneren Einheit zu gefährden? Und nicht zuletzt: Welche Ziele sollte die Aufarbeitung der Vergangenheit verfolgen? Die erste Frage ist rhetorischer Natur. Auf die zweite kann man guten Gewissens noch keine Antwort geben. Die letzte erscheint am ehesten und zwar anhand der eingangs erörterten Dimensionen der Vergangenheitsbewältigung beantwortbar.[140]

Auf strafrechtlicher Ebene ist es zunächst dringlich, die Verantwortlichen in Partei und Staat zu benennen und vor Gericht zu stellen. Die Justiz wird es sicherlich schwer haben, die Befehlswege im einstigen SED-Staat aufzudecken, um den Auftraggebern und Handlangern ihren Teil der Schuld an Menschenrechtsverletzungen nachzuweisen. Die in der DDR verübten Verbrechen waren zum großen Teil systembedingt und gehen im wesentlichen auf das Konto der SED: Gemäß der marxistisch-leninistischen Weltanschauung hatte sie die „führende Rolle" im Staat inne. Strafrechtlich zu verfolgen ist in erster Linie die SED-Führung, das Politbüro. Dessen Mitglieder müssen sich für die systematische Entrechtung der Deutschen in der DDR, für das Verbot der freien Ausreise, für ein undemokratisches Wahlsystem, für willkürliche Justiz- und Verwaltungsakte, für die Übergriffe der

[140] Siehe die Ausführungen im ersten Kapitel.

Staatssicherheit und den Schießbefehl sowie für die Willkürmaßnahmen in Zuchthäusern, psychiatrischen Anstalten und Krankenhäusern sowie im Bildungssystem vor Gericht verantworten. Es mag sein, daß sich das der SED-Führungsebene anzulastende justiziable Unrecht auf „Schreibtisch-Täterschaft" reduziert, d.h. ihnen vielleicht nur eine mittelbare Tatherrschaft („Beihilfe") angelastet werden kann im Hinblick auf Anordnungen und Befehle an untergeordnete Instanzen etwa in der Justiz, in der Verwaltung und im Ministerium für Staatssicherheit. Hier bleibt es letztlich den Gerichten überlassen, das jeweils gerechte Urteil zu fällen.

Ein wichtiges Ziel im Rahmen der strafrechtlichen Aufarbeitung der Vergangenheit wäre jedoch insofern erreicht, als alle menschen- und grundrechtswidrigen Delikte und ihre Urheber beim Namen genannt und damit dokumentiert würden. Die bisherigen Strafverfahren gegen Funktionäre im SED-Staat betrafen fast ausschließlich wirtschaftliche Delikte. Sie sind das bedauerliche Ergebnis rechtspositivistischer Argumentationen. Bleibt die Justiz in Zukunft bei dieser Perspektive, verspielt sie das Vertrauen der neuen Bundesbürger in den Rechtsstaat. Der allgemeingültige Grundsatz „Keine Strafe ohne Gesetz" (Nulla poena sine lege) darf keine Gültigkeit beanspruchen für einen Staat, der auf Unrecht gebaut war. Auch hinsichtlich der Art und Höhe von „Wiedergutmachung" für Opfer des SED-Unrechts läuft der Rechtsstaat Gefahr, Vertrauen zu verspielen. Viele Verbrechen sind bereits bekannt, manche Untaten der SED und ihrer Helfershelfer werden noch an das Tageslicht kommen. Die „Unrechtsbereinigung", d.h. die materiellen und ideellen Entschädigungs- oder Rehabilitierungsleistungen dürfen angesichts der mehr als vierzigjährigen Leidenszeit vieler Opfer (etwa im Fall der Zwangsumsiedlungen) nicht zu lange auf sich warten lassen. Darüberhinaus sollten sie großzügig ausfallen im Hinblick darauf, daß Unrecht faktisch nicht „wiedergutzumachen" ist.

Die personalpolitische Dimension der Vergangenheitsbewältigung umfaßt unter anderem den personellen Austausch der ehedem verantwortlichen Funktionäre in allen Bereichen des Staates, der Gesellschaft und der Wirtschaft, durch nicht-belastete und moralisch integre Führungspersönlichkeiten. Damit erfüllte sich eine Voraussetzung für die Fortentwicklung des demokratischen Rechtsstaats und für den inneren Frieden. Wenn von Belastungen und Verstrickungen die Rede ist, betrifft das zunächst die Überprüfung auf eine Tätigkeit als hauptamtlicher oder inoffizieller Mitarbeiter im Ministerium für Staatssicherheit. Nachdem die Gauck-Behörde in Berlin und in den früheren Bezirksstädten ihre Tore zur Einsichtnahme in die MfS-Unterlagen geöffnet hat, dürften viele „schwarze Schafe“ noch vor einer eventuellen diesbezüglichen Nachfrage „enttarnt“ werden. Daneben sind in den staatlichen und auch in den gesellschaftlichen Bereichen Verantwortungsträger danach zu beurteilen, ob sie im ehemaligen SED-System eine herausgehobene Stellung bekleideten. Sie trugen damit ein gerüttelt Maß Verantwortung für das Bestehen des SED-Unrechtsstaates, haben vielfach politische und moralische Schuld auf sich geladen. Das gilt für Funktionäre in der SED, in den Blockparteien und Massenorganisationen, für leitende Positionen in der Justiz, der Polizei, in der Verwaltung und in den Bildungseinrichtungen.

Früher aktive Politiker sollten sich selbst befragen, ob sie heute wieder eine Aufgabe in den vordersten Reihen übernehmen können, ohne des Opportunismus geziehen zu werden. Richter und Staatsanwälte sind zu überprüfen, sofern sie ihre Ämter im vereinigten Deutschland fortführen wollen und sich keines strafrechtlichen Vergehens schuldig machten. Ebenso müssen Bedienstete in der Polizei und in der Verwaltung sowie in den Schulen auf Belastungen im Zusammenhang mit ihrer früheren Tätigkeit hin befragt werden. Leitende Polizeibeamte können schlechterdings nicht erneut eine herausgehobene Stellung einnehmen, Funktionäre aus dem Verwaltungs- und Bildungsbereich verdankten ihre Position der „führenden Partei“, die ausschließlich politisch zuverlässige Kader einsetzte. Ihre Qualifikation bedarf der Beurteilung im Hinblick auf eine Übernahme in das Angestellten- oder Beamtenverhältnis. Der personalpolitische Bereinigungsprozeß ist notwendig, darf aber nicht zu kollektiven Schuldzuschreibungen verleiten. Manches Verhalten war den gesellschaftlichen Bedingungen im SED-Staat geschuldet. Deshalb sollte man sich vor jeglicher moralischer Überheblichkeit hüten: Die Millionen der Mitläufer müssen für die Demokratie gewonnen und integriert werden.

Die dritte historische Dimension der Vergangenheitsbewältigung umfaßt die sachliche und ideologisch unverstellte Analyse des zusammengebrochenen SED-Staates. Die in diesem Zusammenhang von den Bundestagsfraktionen CDU/CSU, SPD und FDP sowie den Gruppen Bündnis 90/Grüne und PDS/Linke Liste im März 1992 eingesetzte „Enquete-Kommission zur Aufarbeitung der Geschichte und der Folgen der SED-Diktatur"[141] – ihr werden 16 Abgeordnete und neun Sachverständige angehören – erscheint insofern sinnvoll, als sie nicht als Ersatz für notwendige gesetzgeberische Maßnahmen zur strafrechtlichen Aufarbeitung mißverstanden wird. Vielmehr könnte sie folgende Aufgabenfelder beinhalten: Zum einen ein parlamentarischer Ausschuß, der den Prozeß der strafrechtlichen Aufarbeitung des SED-Unrechts begleitet und die Ergebnisse für die breite Öffentlichkeit in periodischen Abständen publiziert.[142] Zum anderen ein Gremium, das die bisherigen staatlichen Beziehungen der Bundesrepublik zum anderen deutschen Staaten einer kritischen Überprüfung unterzieht: Manche Kontakte zum SED-Staat mögen über das Ziel der Erleichterung des Kontaktes zwischen den Menschen in beiden deutschen Staaten hinausgeschossen sein. Beispiele aus jüngerer Zeit sind etwa die Milliardenkredite für die DDR Anfang und Mitte der achtziger Jahre oder die SPD-SED-Kontakte Ende der achtziger Jahre und das „Ideologie-Papier". Kritiklose Beziehungspflege auf Regierungs- und Parteiebene diente nicht zuletzt

[141] Dazu u.a. den Bericht im „Spiegel" 46 (1992), H. 2, S. 25 f.; ferner Dirk Klose, Deutsche Vergangenheit fair und offen aufarbeiten, in: Das Parlament v. 20. März 1992, S. 1, weitere Stellungnahmen in ebda., S. 2-10.

[142] Ein im weitesten Sinn vergleichbares Vorhaben bildete die dreibändige Publikation „Zur Verjährung nationalsozialistischer Verbrechen". Dokumentation der parlamentarischen Bewältigung des Problems 1960-1979, hrsg. vom Presse- und Informationszentrum des Deutschen Bundestages, Bonn 1980.

den Interessen der SED, das eigene System aufzuwerten und seinen totalitären Charakter zu verschleiern.

Einen bedeutenderen Stellenwert erhält der wissenschaftliche Beitrag zur Aufklärung der DDR-Vergangenheit. Die geschichts- und gesellschaftswissenschaftlichen Disziplinen – und nicht nur diese – befinden sich in der günstigen Situation, relativ ungehindert mit dem dokumentarischen Material des einstigen SED-Staates arbeiten zu können. Ein behinderndes Moment stellt sicherlich die 30-Jahresfrist des bundesdeutschen Archivgesetzes dar. Demgegenüber sind die Akten der Gauck-Behörde für die Forschung zugänglich. Manche Forderungen nach Errichtung eines zentralen Forschungsinstituts erscheinen naheliegend. Allerdings dürften solche Hoffnungen angesichts der sicherlich noch über einen längeren Zeitraum hinweg dezentral gelagerten Quellenmaterialien trügen. Ein Zentrum zur Erforschung der DDR-Geschichte muß auch nicht unbedingt von Vorteil sein, neigt es doch dazu, die Vielfalt der möglichen Forschungsansätze zu ersticken.

Es ist zu hoffen, daß die Auseinandersetzung mit der Vergangenheit des Dritten Reiches und der DDR eines Tages einen wesentlichen Bestandteil des politischen Bewußtseins aller Deutschen ausmacht. Das Wissen um den Charakter totalitärer Macht könnte sie dann sensibler werden lassen gegenüber jedweder extremistischer Verführung in der Gegenwart und der Zukunft. Diese Erkenntnis mag weit entfernt sein von so hehren Postulaten wie dem „Lernen aus der Vergangenheit". Sie verspricht aber mehr Erfolg, als mit stets wiederholten Mahnungen den Überdruß des Publikums hervorzurufen. Zumal noch niemand zufriedenstellend beantwortet hat, wie das ehedem in der Bundesrepublik und jetzt in Gesamtdeutschland erneut geforderte „Lernen aus der Geschichte" auszusehen habe.[143] Die wenn auch quälenden Kontroversen in der alten Bundesrepublik waren jedenfalls

[143] Vgl. dazu auch die berechtigte Kritik von Patrick Bahners, Vorbilder und Schreckbilder. Aus der Geschichte lernen? Zu einer Rede von Lea Rosh, in: Frankfurter Allgemeine Zeitung v. 3. Dezember 1991.

ein Indiz für die Offenheit der Debatten über den Nationalsozialismus und seine Verbrechen, und nicht umgekehrt.

IX. „Braune" und „rote" Vergangenheit im Vergleich

Totalitarismuskonzeptionen

Der gewaltsame Zusammenbruch des Nationalsozialismus im Jahre 1945 und der teils revolutionäre, teils schleichende Niedergang des Kommunismus in der ehemaligen DDR, den mittel- und südosteuropäischen Staaten sowie in der ehemaligen Sowjetunion hat die Erforschung dieser Systeme mit Hilfe eines gemeinsamen Analyseansatzes wieder in das Blickfeld gerückt. Es handelt sich um die Totalitarismuskonzeption, die vor allem in Deutschland lange Zeit ein Schattendasein fristete, galt sie doch für die einen als politischer Kampfbegriff und für die anderen als eine wissenschaftlich unzulässige Gleichsetzung des Nationalsozialismus mit dem Kommunismus. Weiterhin hieß es, die klassische Totalitarismustheorie sei ein Produkt des Kalten Krieges, so daß ihre Ursprünge völlig aus dem Blick geraten mußten.

Die Bezeichnung „totalitär" geht tatsächlich auf den italienischen Liberalen Giovanni Amendola zurück, der damit in den zwanziger Jahren vor der Politik der italienischen Faschisten unter Mussolini warnte.[1] Diese wiederum übernahmen die pejorative Vokabel zur positiven Deutung ihres Herrschaftsanspruches („stato totalitario"). Die Form der gewaltsamen Gleichschaltung des Staates und der terroristischen Machtausübung der Faschisten in Italien ähnelten den Praktiken der Kommunisten in der Sowjetunion derart, daß Beobachter schon in den zwanziger Jahren damit begannen, die beiden Regime miteinander zu vergleichen. Nach 1933 wurden schließlich die Nationalsozialisten in die vergleichende Analyse einbezogen; zum einen bekannten sie sich

[1] Vgl. Jens Petersen, Die Entstehung des Totalitarismusbegriffs in Italien, in: Manfred Funke (Hrsg.), Totalitarismus. Ein Studien-Reader zur Herrschaftsanalyse moderner Diktaturen, Düsseldorf 1978, S. 105-128.

selbst zum totalen Staat, zum anderen erschien die nationalsozialistische Machtergreifung und der Prozeß der Gleichschaltung des Dritten Reiches wie eine Kopie des Vorgehens der italienischen Faschisten. Ungeachtet der gegensätzlichen ideologischen Ziele der Diktaturen in Italien, Deutschland und in Rußland gingen Wissenschaftler in den dreißiger Jahren dazu über, diese Staaten als totalitäre Herrschaftssysteme zu charakterisieren.

Es handelt sich gewissermaßen um die Geburtsstunde der Totalitarismustheorie[2], die in dieser Form – wenn auch mit unterschiedlichen Schwerpunkten – bis zum Ende der Stalinschen Herrschaft im Jahre 1953 Gültigkeit besaß. Grundlage der frühen Totalitarismuskonzeption ist die Anders- bzw. Neuartigkeit der faschistischen, nationalsozialistischen und kommunistischen Gewaltherrschaft gegenüber den bisher bekannten Diktaturen. Danach unterscheiden sich die neuen, totalitären Systeme von den früheren Diktaturen dadurch, daß die allein regierende, hierarchisch organisierte Partei und ihr Führer durch die Gleichschaltung und totale Kontrolle aller Bereiche in Staat und Gesellschaft eine monopolistische Herrschaft ausüben. Auf ihr Konto gehen Verbrechen ungeahnten Ausmaßes, Gewalt erscheint als bloßer Selbstzweck. Als „Phänomen des zwanzigsten Jahrhunderts"[3] gelten sie ferner hinsichtlich der pseudodemokratischen Mobilisierung der Bevölkerung auf der Basis einer rechten bzw. linken Ideologie. Totalitäre Ideologien zielen auf eine Umwertung des traditionellen Werte- und Gesellschaftssystems: Bemaßen die Nationalsozialisten die „Volksgemeinschaft" des „Tausendjährigen Reiches" nach rassisch-elitären Kriterien, wobei jene ausgegrenzt und schließlich vernichtet wurden, die diesem Rassegedanken nicht entsprachen, gaben die Kommunisten vor, die klassenlose Gesellschaft zum Wohle aller Bürger errichten zu wollen – die Er-

[2] Zur Periodisierung siehe Siegfried Jenkner, Entwicklung und Stand der Totalitarismusforschung, in: Aus Politik und Zeitgeschichte. Beilage zur Wochenzeitung „Das Parlament", B 31/84, S. 16-26.

[3] So Gerhard Leibholz, Das Phänomen des totalen Staates, in: Bruno Seidel/Siegfried Jenkner (Hrsg.), Wege der Totalitarismusforschung, Darmstadt 1974[3], S. 123-132, hier S. 123.

reichung dieses „fortschrittlichen" Zieles postulierte man als wissenschaftliche Gesetzmäßigkeit, Widerstand dagegen fiel Gewalt und Vernichtung anheim.

Die als totalitär zu beurteilenden Regime verfolgten durchaus gegensätzliche ideologische Ziele. Auch die Totalitarismusforschung trug dem Rechnung. So betonte einer der führenden Totalitarismustheoretiker, Carl Joachim Friedrich, die totalitären Herrschaftssysteme seien „historisch einzigartig und *sui generis*", ferner glichen sich die rechte und linke Variante in den Grundzügen und hätten mehr Ähnlichkeit miteinander als mit anderen Herrschaftsformen. „Offenbar sind sie doch in ihrer Zielsetzung nicht gleich. Das wird durch den scharf divergierenden Gehalt ihrer Ideologien bewiesen."[4] Auf Friedrich geht auch das bis heute bekannteste Totalitarismuskonzept zurück. Auf der Grundlage seiner Studien aus den dreißiger und vierziger Jahren entwickelte er gemeinsam mit seinem amerikanischen Kollegen Zbigniew Brzezinski ein für die totalitäre Diktatur charakteristisches Sechs-Punkte-Syndrom[5]: Eine offizielle, alle gesellschaftlichen Bereiche umfassende Ideologie mit chiliastischem Anspruch; eine einzige, hierarchisch aufgebaute und idealiter von einem Diktator geführte Massenpartei; eine Geheimpolizei, die mittels physischem und psychischem Terror die Gesellschaft kontrolliert, die herrschende Partei verfügt über das Nachrichtenmonopol, das Waffenmonopol und hat die Wirtschaft ihrer zentralen Kontrolle unterworfen.

Hannah Arendt, wie Friedrich eine deutsche Emigrantin und neben ihm wohl die bekannteste Totalitarismus-Theoretikerin, legte den Schwerpunkt ihres Kriterienkatalogs auf die Aspekte Ideologie und Gewalt: „Die Originalität totalitärer Herrschaft, deren Taten in der uns bekannten Geschichte und deren Organisationsform unter den von der klassischen politischen Theorie de-

[4] Carl J. Friedrich, Der einzigartige Charakter der totalitären Gesellschaft, in: Ebda., S. 179-196, beide Zitate: S. 178 (Hervorhebung im Original) u. S. 182.

[5] Dazu ders./Zbigniew Brzezinski, Die allgemeinen Merkmale der totalitären Diktatur, in: Ebda., S. 600-617.

finierten Staatsform ohne Parallele dastehen, zeigt sich vorerst in dem, was man gemeinhin als die Verbrechen dieser Systeme bezeichnet."[6] Ihre Behauptung, wonach die „Herrschaft des Terrors" gar erst nach Zerschlagung der Opposition vollkommen realisiert würde, läßt sich hingegen kaum totalitarismustheoretisch einordnen. Es handelt sich vielmehr um eine bloße Beschreibung der nationalsozialistischen Vernichtungspolitik und des Archipel GULag der Kommunisten in bestimmten Hochstadien ihrer Entwicklung. Terror zum Selbstzweck hat sich jedoch nicht als idealtypisches Merkmal totalitärer Herrschaften bestätigt.[7] Problematisch im Hinblick auf die Etablierung einer Totalitarismuskonzeption erscheint auch der Anspruch Arendts, den Weg „totalitärer Bewegungen" an die Macht (ideologische Basis seien der Antisemitismus und der Imperialismus) erklären zu wollen. Das Attribut „totalitär" gehört in den Bereich der Herrschaftsformenlehre und sollte nicht auf die Bewegungsebene ausgedehnt werden.[8]

Der Zusammenbruch des Dritten Reiches und Stalins Tod ließen manche der bis dahin erörterten Totalitarismusansätze überholt erscheinen, etwa das Instrument des permanenten Terrors oder die von Friedrich und Brzezinski vorausgesetzte Einmann-Parteidiktatur. Gleichwohl erlebte die Debatte über den Totalitarismus eine Blüte, allerdings mehr in der Form einer politischen Frontstellung gegenüber dem sowjetkommunistischen System, weniger im Bemühen um die Herausstellung totalitärer

[6] Hannah Arendt, Elemente und Ursprünge totaler Herrschaft. I. Antisemitismus, II. Imperialismus, III. Totale Herrschaft, München/Zürich 1991².

[7] Vgl. ebda., S. 710 f.

[8] Zu Arendts Deutung der totalitären Bewegung ebda., S. 546-608. – Der Politikwissenschaftler Uwe Backes hat die Begriffsbildung im Hinblick auf „totalitäre Bewegung" in Zweifel gezogen. Er empfiehlt angesichts der Vielfalt der Varianten von Extremismen sorgfältiger zu differenzieren „zwischen Extremisten an und jenseits der Macht", da erste in demokratischen Verfassungsstaaten anderen Handlungsbedingungen unterlägen als die Führung in totalitären bzw. autoritären Staaten. Siehe ders., Politischer Extremismus in demokratischen Verfassungsstaaten. Elemente einer normativen Rahmentheorie, Opladen 1989, S. 40 f., ferner S. 17 f.

Herrschaftsstrukturen. Schienen gewisse Erklärungsmuster seinerzeit überzogen und überfrachteten sie das Totalitarismuskonzept im Hinblick auf Enstehung und Zukunft totalitärer Diktaturen, standen die sechziger und siebziger Jahre im Zeichen der Entspannungspolitik. Nur wenige Wissenschaftler setzten sich über den Zeitgeist hinweg: Es erschien nicht sonderlich opportun, die totalitären Herrschaftsstrukturen der Sowjetunion zu beleuchten.

Wohl der bedeutendste deutsche Totalitarismustheoretiker, Karl Dietrich Bracher, ließ sich von politischen Konjunkturen nicht beeinflussen und bemühte sich angesichts der neueren Erkenntnisse über das faschistische, das nationalsozialistische sowie des Wandels im sowjetkommunistischen System um einen stimmigeren Totalitarismusansatz.[9] Bracher sieht im Aufkommen der totalitären Herrschaftssysteme insbesondere auch deshalb eine Erscheinung der Moderne, weil sie zwar das pluralistische System der repräsentativen Demokratie ablehnen, aber dann wieder vom Begriff der Demokratie Gebrauch machen, insoweit sie sich als eine höhere Form der Volksherrschaft verstehen. „Ohne die demokratische Idee der Volksherrschaft und ihre konkrete Verwirklichung im modernen Staat ist der Totalitarismus mithin weder denkbar noch durchsetzbar."[10] Der pseudodemokratische Legitimationsanspruch totalitärer Systeme (etwa durch sogenannte Wahlen mit 99-Prozent-Ergebnissen oder Massenaufmärsche) ist für Bracher also ein wesentliches Kriterium. Seine Reduktion des Sechs-Punkte-Kataloges von Friedrich und Brzezinski auf vier Merkmale erscheint als tragfähige, den heutigen Stand der Erkenntnisse über Nationalsozialismus und Kommunismus reflektierende Totalitarismuskonzeption, was jedoch komplementäre Ansätze aus der Faschismus- und Kommunismusforschung keineswegs ausschließt.

[9] Siehe insbes. Karl Dietrich Bracher, Zeitgeschichtliche Kontroversen. Um Faschismus, Totalitarismus, Demokratie, München 1984[5], S. 34-62.
[10] Ebda., S. 38.

Demnach gilt ein System als totalitär, das sich auf eine offizielle, allumfassende und absolute Ideologie beruft, die vermeintlich positive Endzeiterwartungen verspricht; das sich ferner auf eine zentralisierte, hierarchisch organisierte Massenbewegung (eine Staatspartei) stützt; über das Nachrichtenmonopol zur ständigen Indoktrinierung der Bevölkerung verfügt und schließlich die wirtschaftlichen und sozialen Beziehungen unter eine bürokratische Kontrolle gestellt hat. Problematisch an Brachers Totalitarismusmodell und von manchen zu Recht als wenig weiterführend bezeichnet ist der Hinweis auf die „außergewöhnliche Stellung des Führers“[11] in der totalitären Herrschaft. Es ist in der Tat kaum einzusehen, weshalb die Monopolstellung eines Führers nicht auch durch die kollektive Führung etwa einer Parteiclique ersetzt werden kann, ohne daß sich etwas an der totalitären Herrschaftspraxis ändert. Bracher hat diese Prämisse in jüngeren Arbeiten allerdings relativiert, wenngleich er bedauerlicherweise keine Beispiele aus der Gegenwart anführt, etwa die Volksrepublik China Ende der achtziger Jahre oder Vietnam, ferner die fundamentalistischen Gottesstaaten wie z. B. den Iran.[12]

Die grundsätzliche Vergleichbarkeit totalitärer Systeme, die eine Kernforderung der Totalitarismustheorie(n) darstellt, bedeutet – wie gezeigt – nicht die Gleichsetzung dieser Phänomene (z. B. im Hinblick auf ideologische Zielsetzungen und die soziale Anhängerschaft). Vielmehr sollen mit Hilfe eines Kriterienkatalogs die Gemeinsamkeiten in den Herrschaftsstrukturen und -praktiken untersucht werden.[13] Es empfiehlt sich daher, den zugrunde-

[11] Ebda., S. 54 f.; vgl. dazu die Kritik von Uwe Backes/Eckhard Jesse, Totalitarismus-Extremismus-Terrorismus, Opladen 1985², S. 88 f.

[12] Siehe Karl Dietrich Bracher, Die Aktualität des Totalitarismusbegriffes, in: Konrad Löw (Hrsg.), Totalitarismus contra Freiheit. Begriff und Realität, München 1988, S. 19-27.

[13] Vgl. dazu ausführlicher Eckhard Jesse, Demokratie-Autoritarismus-Totalitarismus. Anmerkungen zur Klassifikation politischer Systeme, in: Politische Bildung 18 (1985), Heft 3, S. 3-26; ders., Typologien politischer Herrschaftsformen, in: Theo Stammen u. a., Grundwissen Politik, Frankfurt a. M. 1992, S. 162-219. – Einen interessanten Vergleich mit deutlichem Akzent auf der Ideologie des Nationalsozialismus und des Kommunismus in der DDR, als Abbild des Bolschewismus, unternimmt der Berliner Historiker

liegenden Kriterienkatalog nicht zu überfrachten. Der Totalitarismusansatz ist ein Instrument der Herrschaftsformenlehre und kann dazu weder die Entstehung noch den Zerfall totalitärer Staaten analysieren. Die folgenden Ausführungen richten sich im wesentlichen nach vier Totalitarismus-Kriterien: (1) Eine meistens gewalttätige, terroristische Gleichschaltungspolitik bzw. -taktik der politischen Extremisten unter Inkaufnahme politischer Verbrechen; (2) die Berufung auf einen politischen Auftrag, mit dessen Hilfe abweichende sowie gegnerische Auffassungen ausgeschaltet und unterdrückt werden; (3) die pseudo-demokratische Legitimierung der Herrschaft – durch Massenaufmärsche mit Beifallsbekundungen oder durch inszenierte Wahlen bzw. durch beides; (4) die totale Kontrolle des Staates, der Massenmedien und der Gesellschaft in Verbindung mit deren ständiger Politisierung.

Totalitäre Elemente im NS- und SED-Staat

Bejaht man die Auffassung der Verfasserin, daß die DDR ein totalitäres System war, so ergibt sich daraus auch die prinzipielle Vergleichbarkeit mit anderen totalitären Systemen, etwa dem ehemaligen sowjetkommunistischen – als dessen Ableger das SED-Regime angesehen werden muß – oder dem nationalsozialistischen. Als besonders evidentes Beispiel für die Anwendbarkeit des totalitarismustheoretischen Ansatzes erscheint der Gleichschaltungsprozeß der Nationalsozialisten in den Jahren 1933/34 und der sowjetischen sowie deutschen Kommunisten nach dem Zusammenbruch des Dritten Reiches in der Sowjetischen Besatzungszone. Die Machtergreifung der beiden totalitären Parteien/Gruppen weist bestimmte Züge auf, die den Vergleich geradezu aufdrängen. Wer hingegen die Haltung der Kommunisten

Ernst Nolte, Die fortwirkende Verblendung. Über Gleichsetzungen und Vergleiche von Drittem Reich, DDR und Bundesrepublik, in: Frankfurter Allgemeine Zeitung v. 22. Februar 1992 (Tiefdruckbeilage).

nach 1945 als Reaktion auf die Verbrechen der Nationalsozialisten deutet und das Diktum von der „antifaschistisch-demokratischen" Umgestaltung für bare Münze nimmt, interpretiert Maßnahmen, die damit im Zusammenhang standen, von dieser Motivation aus – sei es die Bodenreform, die Wirtschafts- bzw. Industriereform, nicht zuletzt die Entnazifizierung.

Tatsächlich lassen sich die zur Demokratisierung des deutschen Volkes unternommenen Schritte nicht in dem zeitlich begrenzten Rahmen zwischen 1945 und 1949 isolieren – also bis zur Gründung der DDR -, sondern müssen mit den späteren Entwicklungen in Verbindung gebracht werden. Dann ergibt sich ein völlig anderes Bild: Die angeblich breite Volksmassen begünstigende Bodenreform entwickelte sich zu dem mit Zwang und Terror aufgebauten System der Landwirtschaftlichen Produktionsgenossenschaften (LPG). Handwerk und Industrie wurden verstaatlicht, mit der Folge einer fast völligen Lähmung von eigenständigem unternehmerischem Handeln, frühere Eigentümer vertrieben und die Volkseigenen Betriebe (VEB) degenerierten zu bloßen „Beschäftigungsgesellschaften". Schließlich die Entnazifizierungspolitik: Sie hat wohl die meisten – auch blutigen – Opfer gefordert und legte das Fundament der „antifaschistischen" SED-Diktatur.

Es empfiehlt sich daher, die Vorgehensweisen der sowjetischen Besatzungsmacht und der von ihr installierten deutschen Kommunisten nach ihren Taten und nicht nach ihren Postulaten zu beurteilen. Zunächst ist dem Gleichschaltungsprozeß (1) eine eingehende Darstellung gewidmet. Die weiteren totalitären Strukturelemente der NS- und der SED-Herrschaft – die Herrschaftsideologie (2), ihre pseudo-demokratische Legitimation (3) sowie die totale Kontrolle und Indokrination der Gesellschaft (4) – werden dagegen knapper skizziert. Eine umfassende Analyse der totalitären Herrschaftsstrukturen beider, im Hinblick auf Ziele und soziale Basis völlig entgegengesetzten Systeme wird erst nach der Sichtung der historischen Dokumentenbestände der DDR möglich sein. Die Öffnung der Archive des ehemaligen Staatssicherheitsdienstes ist sicherlich eine wichtige Voraussetzung und ein erster Schritt in diese Richtung. Die folgenden Überlegungen sollen daher einen Anstoß zu einer unvoreingenommenen Diskussion über die Vergleichbarkeit totalitärer Phänomene geben, auch um den Blick für die gegenwärtigen Totalitarismen zu schärfen.

(1) Hitlers Aufstieg zur Macht und die Gleichschaltung der Gesellschaft läßt sich auf einen Zeitraum von rund anderthalb Jahren begrenzen. Zahlreiche Anläufe auf legalem Weg bis hin zu den Novemberwahlen im Jahre 1932 vermochten nicht, den Nationalsozialisten den erhofften Weg über eine Mehrheit an Wählerstimmen zur Regierungsmacht zu bescheren. Die Weimarer Republik war zu diesem Zeitpunkt enormen inneren und äußeren Spannungen ausgesetzt, insbesondere die Auswirkungen der Weltwirtschaftskrise von 1929 und eine steigende Arbeitslosenzahl verschärften die parteipolitischen Auseinandersetzungen, vor allem in den extremistischen Lagern der Kommunisten und der Nationalsozialisten. In dieser Situation – am 30. Januar 1933 – berief Reichspräsident von Hindenburg den „Führer“ der NSDAP zum Reichskanzler – in der Hoffnung, die radikale Bewegung der NSDAP durch die Regierungseinbindung Hitlers „zähmen“ zu können.

„Es war eine grandiose Fehlrechnung. Die Nationalsozialisten, einmal im Besitz weniger Schlüsselpositionen wie des Kanzleramtes, des Reichsinnenministeriums (unter Wilhelm Frick) sowie des preußischen Innenministeriums und damit der Polizei (unter Hermann Göring), verstanden es rasch, solche Pläne zu überspielen. Dies geschah mittels einer Reihe teils scheinlegaler, teils auch gewaltsamer Manipulationen, die durch das Schlagwort von der nationalen Erhebung und wohltönende christlich-nationale Parolen verbrämt wurden.“[14] Hierbei handelte es sich zunächst um die infolge des Reichstagsbrandes vom 27. Februar 1933 einen Tag später erlassene „Verordnung zum Schutz von Volk und Staat“.

[14] So Karl Dietrich Bracher, Demokratie und Machtergreifung: Der Weg zum 30. Januar 1933, in: Ders./Manfred Funke/Hans-Adolf Jacobsen (Hrsg.), Nationalsozialistische Diktatur 1933-1945. Eine Bilanz, Bonn 1986, S. 32.

Die Notverordnung berechtigte zur vorübergehenden Außerkraftsetzung wichtiger politischer Grundrechte. Der auf legalem Weg erreichte Ausnahmezustand ermöglichte es den Nationalsozialisten, politische Gegner unbefristet in „Schutzhaft“ zu nehmen, d. h. in die frühen oder „wilden“, lokal organisierten und größtenteils nur wenige Monate bestehenden Konzentrationslager einzuweisen.

Die damit ständig vorhandene Drohung gegenüber den politischen Gegnern der NSDAP, verbunden mit gewaltsamen terroristischen Akten, bedeutete nicht zuletzt auch eine erhebliche Beeinflussung der Reichstagswahlen vom 5. März 1933. Gleichwohl war das Wahlergebnis für die Nationalsozialisten mager im Vergleich zu den Novemberwahlen; nur zusammen mit den Koalitionsparteien konnte Hitler eine Regierungsmehrheit sichern. Den unbefriedigenden Zustand beseitigte er schließlich durch die „Selbstausschaltung“ (Bracher) des Parlaments mit Hilfe des Ermächtigungsgesetzes vom 23. März 1933. Damit hatten die Parteien – die Sozialdemokraten stimmten dagegen, die KPD war zwangsweise von der Teilnahme bei der Abstimmung ferngehalten worden – der Regierung für zunächst vier Jahre das Recht eingeräumt, ohne die Mitwirkung von Reichstag und Reichsrat Gesetze zu erlassen. Hitlers Willkürherrschaft war somit faktisch besiegelt. Im April 1933 erzwang die NSDAP die Einsetzung nationalsozialistischer Länderregierungen und ernannte anstelle der früheren Ministerpräsidenten sogenannte Reichsstatthalter.

Am 22. Juni folgte das Verbot der SPD, wenig später lösten sich die übrigen Parteien selbst auf und kamen damit dem „Gesetz gegen die Neubildung von Parteien“ vom 14. Juli zuvor. Im Sommer 1933 war das Dritte Reich auch de jure ein Einparteienstaat. Politischen Gegnern der NS-Diktatur stand nur noch der Weg in den Widerstand oder das Exil offen. Im Sommer und Herbst 1933 verfügte der Propagandaminister Goebbels die Gleichschaltung der Medien. Trotz des Reichskonkordats vom Juli 1933 gelang es den Nationalsozialisten, die Kirchen ganz erheblich in ihrem öffentlichen Wirken zu behindern und zurückzudrängen. Der im April 1934 als oberste Instanz für politische

Strafsachen eingerichtete Volksgerichtshof wurde zum Terrorinstrument Hitlers. Seine blutige Funktion entfaltete das Gericht allerdings erst zu Kriegszeiten. Um schließlich die von der SA und ihrem Stabschef Ernst Röhm geschürte revolutionäre Stimmung in der Partei – ihre Forderung nach einer „zweiten Revolution" – einzudämmen und zur Säuberung der Partei, griff Hitler wiederum zur Gewalt – diesmal gegen mißliebige Gruppen in den eigenen Reihen: Die Ausschaltung Röhms und seiner Anhänger am 30. Juni 1934 kostete auch viele Nicht-Nationalsozialisten das Leben. Schätzungen schwanken zwischen 80 und 200 Menschen.[15] Die Mordaktion diente Hitler letztlich auch dazu, die der SA ablehnend gegenüberstehende Reichswehr für sich zu gewinnen: Am 2. August – nach dem Tode des Reichspräsidenten Paul von Hindenburg – vereinte Hitler die Ämter von Reichskanzler und Reichspräsident auf sich und ließ ebenso die Wehrmacht ihren Eid auf seine Person schwören. Staat und Partei waren mittels Gleichschaltungsmaßnahmen, Propaganda und Terror unter die alleinige Macht Hitlers und seiner Satrapen gedungen worden.[16]

Im Fall der kommunistischen Machtergreifung in der SBZ waren nicht minder chaotische äußere Rahmenbedingungen gegeben. Der Zusammenbruch des Dritten Reiches hinterließ ein politisches Vakuum. Der sowjetisch besetzte Teil Deutschlands sollte im Sinne Moskaus von dafür eigens geschulten kommunistischen Funktionären – in der Mehrheit Emigranten des Dritten Reiches – wiederaufgebaut werden. Ihre Aufgabe bestand in der Reorganisation der kommunistischen Partei und der Schaffung neu-

[15] Dazu Adalbert Rückerl, NS-Verbrechen vor Gericht. Versuch einer Vergangenheitsbewältigung, Heidelberg 1984[2], S. 26 f.

[16] Vgl. dazu Karl Dietrich Bracher, Die deutsche Diktatur. Entstehung, Struktur, Folgen des Nationalsozialismus, Frankfurt a. M. u. a. 1979[6], insbes. S. 185-235; siehe zur Forschungskontroverse über die Polykratiethese Enrico Syring, Intentionalisten und Strukturalisten. Von einem noch immer ausstehenden Dialog, in: Uwe Backes/Eckhard Jesse/Rainer Zitelmann (Hrsg.), Die Schatten der Vergangenheit. Impulse zur Historisierung der Vergangenheit, Frankfurt a. M./Berlin 1992[2], S. 169-194; vgl. auch Klaus Hildebrand, Monokratie oder Polykratie? Hitlers Herrschaft und das Dritte Reich, in: Bracher/Funke/Jacobsen (Anm. 14), S. 73-96.

er Verwaltungsorgane, die alle Maßnahmen der sowjetischen Militäradministration (SMAD) insbesondere im Hinblick auf die Entnazifizierung zu unterstützen hätten.[17] Wichtige Funktionen – etwa der Aufbau der Polizei – wurden bereits im Frühsommer 1945 von „zuverlässigen" KPD-Genossen besetzt; analog ging die SMAD bei den Landesverwaltungen vor.[18] Die im Juli 1945 errichteten Zentralverwaltungen waren zwar pluralistisch zusammengesetzt, aber faktisch von den an verantwortlicher Position entscheidenden kommunistischen Kadern dominiert. Die KPD konnte so ihre Vor- zur Alleinherrschaft ausbauen.

Ein ähnliches Bild ergab sich auch für die personelle Besetzung der Deutschen Verwaltung des Innern (DVdI), zuständig für Aufbau und Leitung des gesamten Polizeiapparats, und der Deutschen Justizverwaltung, der laut SMAD-Befehl Nr. 17 die Leitung sämtlicher Staatsanwaltschaften, Gerichte und Justizorgane oblag. Die damit verbundene Zentralisierung der Justiz und der Polizei in der SBZ entsprach „dem Bedürfnis nach der inneren Sicherung einer Entwicklung, die sich im kommunistischen Selbstverständnis als ‚antifaschistisch-demokratische Umwälzung' darstellt"[19]. Mit deutschen Kommunisten an den Schalthebeln konnten die Landes- und Provinzialverwaltungen – zunächst im Einvernehmen mit der SMAD, ab Oktober 1945 offiziell sanktioniert – Gesetze und Verordnungen erlassen. Ihre Kompetenzen wurden nach und nach von der Deutschen Justizverwaltung übernommen. In deren Verantwortung erfolgte die vollständige politische Säuberung und Reorganisation des Gerichtssystems. Nicht nur nationalsozialistisch belastete, sondern auch die sogenannten bürgerlichen Juristen sollten aus ihren Ämtern entfernt werden. In Schnellkursen wurden innerhalb kürzester Zeit KPD/SED-Funktionäre zu Volksrichtern und Volksstaats-

[17] Vgl. Wolfgang Leonhard, Die Revolution entläßt ihre Kinder, Köln/Berlin 1955.

[18] Vgl. hierzu Karl Wilhelm Fricke, Politik und Justiz in der DDR. Zur Geschichte der politischen Verfolgung 1945-1968. Bericht und Dokumentation, Köln 1990².

[19] Ebda., S. 31.

anwälten ausgebildet. „Der Politisierung der Rechtsprechung war mit dieser Entwicklung Tür und Tor geöffnet – was vor allem eine Radikalisierung der politischen Strafjustiz zur Folge hatte.“[20]

Diese Entwicklung zeichnete sich auch bei der Verwaltung des Innern ab. An ihrer Spitze standen KPD/SED-Genossen. Auch die Leitung der Deutschen Volkspolizei befand sich bis zu ihrer Unterstellung unter die DVdI im Jahre 1948 in kommunistischen Händen. Bereits um die Jahreswende 1945/46 wurden bei den Landes- und Kreispolizeiverwaltungen die Kommissariate 5 (K 5) gebildet. Sie sollten die Tätigkeit von Hilfsorganen bei den Ermittlungen in politischen Strafsachen übernehmen, die bis dahin den sowjetischen Sicherheitsorganen oblagen. Hierbei handelte es sich um die Strafverfolgung der laut KRG Nr. 10 zu ahndenden NS- bzw. Kriegsverbrechen. Die Tätigkeit sowie die Personalpolitik in der Abteilung K 5 blieb aus verständlichen Gründen absolut geheim: K 5 entwickelte sich zum Vorläufer des 1950 gegründeten Staatssicherheitsdienstes. Bereits Mitte 1946 erhielt sie die Befugnis, politische Delikte in eigener Verantwortung zu ermitteln.[21] Somit hatte die sowjetische Besatzungsmacht bereits frühzeitig den Aufbau und die Leitung der deutschen Sicherheits- und Justizorgane der KPD/SED überantwortet. Wenn diese Organe in der SBZ auch nicht maßgeblich für den kollektiven Terror der ersten Nachkriegsjahre verantwortlich sind, so duldeten sie doch die rigorose Vorgehensweise der sowjetischen Besatzungsmacht bei der politischen, wirtschaftlichen und gesellschaftlichen Umgestaltung ihrer Zone, denn nicht zuletzt geschah dies zum Zweck der Machteroberung der KPD. Die Strategie der Machtergreifung der deutschen Kommunisten in der SBZ war in Mos-

[20] Ebda., S. 38.

[21] Hierzu u. a.: Ebda., S. 39 f.; Dieter Marc Schneider, Innere Verwaltung/Deutsche Verwaltung des Innern (DVdI), in: Martin Broszat/Hermann Weber (Hrsg.), SBZ-Handbuch. Staatliche Verwaltungen, Parteien, gesellschaftliche Organisationen und ihre Führungskräfte in der Sowjetischen Besatzungszone Deutschlands 1945-1949, München 1990, S. 212-217.

kau von langer Hand geplant und von der SMAD tatkräftig unterstützt worden.[22]

Obwohl die KPD alle wichtigen Positionen in der Verwaltung und der Justiz eingenommen hatte, schien sie in freien Wahlen gegenüber den übrigen lizenzierten Parteien den kürzeren zu ziehen. Sowohl in der Bevölkerung als auch bei den nicht-kommunistischen Parteien machte sich Unmut breit: Erste sah in der KPD den Helfershelfer der sowjetischen Besatzungsmacht bei den Entnazifizierungsmaßnahmen. Die Bevorzugung der KPD durch die SMAD bei der Vergabe von Verwaltungsstellen und die materielle Besserstellung der Kommunisten stieß bei den Sozialdemokraten auf Mißtrauen. Die zunehmenden Eingriffe der Sowjets in die inneren Angelegenheiten der SPD führten dazu, daß sich diese mehr und mehr gegen die im Spätherbst 1945 begonnene Einheitskampagne der KPD sperrte. Durch verschiedene Strategien des politischen Drucks sowohl von seiten der KPD als auch der SMAD sollten die Sozialdemokraten eingeschüchtert und irregeführt werden – u.a. trieb die KPD durch die Taktik der „Vereinigungen von unten" Keile zwischen die SPD-Führung und ihre Basis.[23] Im April 1946, faktisch aber bereits im Februar 1946, als die zweite Sechziger-Konferenz (je 30 KPD- und SPD-Vertreter) den Entwurf zu Programm und Statut der „Sozialistischen Einheitspartei Deutschlands" verabschiedet hatte, wurde die Vereinigung der KPD mit der SED vollzogen.

Die Gleichschaltung auch der „bürgerlichen" Parteien – der CDU und der LDP – Anfang der fünfziger Jahre erfolgte zunächst über die Nötigung zur Einheitslistenwahl und zum Zusammenschluß im „Antifa-Block", verbunden mit ständigen Terrordrohungen gegenüber den Repräsentanten der Parteien. „Gegen Ende des Jahres 1950 war die Opposition von CDU und LDP weithin gebrochen. [...] In den folgenden Jahren wurde die

[22] Fricke (Anm. 18).

[23] Vgl. dazu Wolfgang Leonhard, Die „Gruppe Ulbricht" – Strategie und Taktik der Machteroberung 1945/46, in: Friedrich-Ebert-Stiftung (Hrsg.), Einheit oder Freiheit? Zum 40. Jahrestag der Gründung der SED, Bonn 1986, S. 9-30.

Gleichschaltung der Blockparteien durch ideologische Entmündigung ergänzt."[24] Blutige Exzesse der ersten Jahre zur Abschreckung und Ausschaltung jedweder Opposition, wie die NSDAP sie praktizierte, hat die SED sich nicht zuschulden kommen lassen. Das überließ sie der sowjetischen Besatzungsmacht (und deren Internierungspraxis zum Zwecke der „Entnazifizierung") – übrigens auch anläßlich der Arbeiter-Aufstände im Juni 1953.

(2) Hitler beanspruchte den Aufbau des „Tausendjährigen Reiches". Darin lag das Versprechen, dem deutschen Volk Ansehen, Macht und neuen „Lebensraum im Osten" zu verschaffen. Als „nationale Erhebung" und Erneuerungsbewegung in einer von wirtschaftlichen Krisen geschüttelten Weimarer Republik konnten die Nationalsozialisten Ende der zwanziger Jahre durchaus mit einer breiten Zustimmung der Bevölkerung rechnen. Der weitere Aspekt der nationalsozialistischen Ideologie, der Rassegedanke bzw. der Antisemitismus, stand seinerzeit eher im Hintergrund, gewann jedoch nach der Etablierung der NS-Herrschaft die Oberhand und richtete sich sowohl gegen den äußeren als auch den inneren „Feind" (den sogenannten jüdischen Bolschewismus in Deutschland und Europa). Damit bildeten Antisemitismus und Antikommunismus zwei Seiten einer Medaille.[25]

Die nationalsozialistische Weltanschauung erzwang die vollkommene Unterstellung der deutschen Gesellschaft unter ihr Ideengebäude. Mit dem Hinweis darauf, alle der „Volksgemeinschaft" nicht zugehörigen, sogenannten minderwertigen „Elemente" schadeten der deutschen „Rasse", begannen die Nationalsozialisten willkürlich mit der „Aussonderung" und Vernichtung der Juden, der Zigeuner, der geistig Behinderten und anderen Minderheiten. Der Weg dorthin, ausgehend von der Boykottaktion jüdischer Geschäfte 1933 über die Nürnberger Gesetze 1935

[24] Karl Wilhelm Fricke, Opposition und Widerstand in der DDR. Ein politischer Report, Köln 1984, S. 69.

[25] Dazu Ernst Nolte, Der europäische Bürgerkrieg 1917-1945. Nationalsozialismus und Bolschewismus, Frankfurt a. M./Berlin 1987, insbes. S. 116-123.

bis zum faktischen Beginn der „Endlösung" war durch diesen ideologischen Anspruch sanktioniert. In Kriegszeiten wurden Oppositionelle und Widerständler bezeichnenderweise als „Volksschädlinge" gebrandmarkt. Totalitär war diese Rasseideologie insofern, als sie auf bestimmte äußerliche bzw. geistige Elitemerkmale abstellte, und – sie der nationalsozialistischen „Volksgemeinschaft" zugrundelegend – auch in die Wirklichkeit umsetzte. Der Völkermord an den europäischen Juden und die tausendfache Ermordung anderer sozialer Gruppen ist Folge dieses totalitären politischen Anspruches. Gleiches gilt für die Entfesselung des Zweiten Weltkrieges, eine logische Konsequenz des aggressiven nationalsozialistischen Anspruches auf den „Lebensraum im Osten" und die Weltherrschaft.

(3) Das Prinzip des Führerstaates ersetzte jegliche demokratische Legitimation. Hitler, ab dem Tode Hindenburgs Führer, Reichskanzler und Reichspräsident in einer Person, ließ die Wehrmacht zum unbedingten Gehorsam gegenüber seiner Person einschwören. Die Volksbefragungen in den Jahren 1934, 1936 und 1938 waren bloße Akklamationsveranstaltungen. Sie hatten auch keinerlei verfassungs- und machtpolitische Bedeutung. „Volksbefragungen [...] haben die Funktion der Bestätigung, des vertrauenden Sich-Bekennens zu den Entscheidungen des Führers."[26] Allerdings blieb diese pseudodemokratische Zustimmung zum NS-Regime trotz vehementer Propaganda, psychologischer und physischer Zwangsmittel und vermutlicher Wahlmanipulationen stets unter dem erhofften Stimmenanteil von 99 Prozent.

Gleichzeitig dienten diese Plebiszite zur Massenmobilisierung der Bevölkerung. Daneben nutzte die nationalsozialistische Propaganda die „regulären" Feiertage, unter anderem den „Tag der Machtergreifung" (30. Januar), Führers Geburtstag (20. April), den Nürnberger Reichsparteitag etc., um Massenaufmärsche und Kundgebungen der „Volksgemeinschaft" zu inszenieren. Der so behauptete Konsens zwischen Volk und Führer verlieh diesem ei-

[26] Ebda., S. 349, vgl. ferner S. 335-457.

ne pseudoplebiszitäre Legitimation. Der Aufmarsch der Arbeiter, etwa am „Tag der nationalen Arbeit", oder die Beifallsbekundungen der Bauern am „Ehrentag des deutschen Bauerntums" wurden stets durch die Propaganda groß herausgestellt und vermittelten der übrigen Bevölkerung wie auch dem Beobachter von außen die weitgehende Zustimmung zur Politik Hitlers und seiner Partei. Solchen Umzüge lenkten nicht zuletzt auch davon ab, daß während der NS-Herrschaft keine Wahlen stattfanden.

(4) Die Realisierung der nationalsozialistischen Weltanschauung erforderte die Erziehung des deutschen Volkes zu tugendhaftem, rassisch einwandfreiem und opferbereitem Verhalten. Diesen gesellschaftlichen Erziehungszielen dienten ein umfangreiches Organisations- und zugleich Überwachungssystem und die ständige Indoktrinierung auch der Privatsphäre der Deutschen. Das öffentliche Leben sollte durch ein Block- und Zellensystem auf Kreis- und Ortsgruppenebene militärisch-soldatisch umgestaltet werden: vom Blockleiter in den Privathaushalten, zu den Organisationen der Hitlerjugend (HJ) und dem „Bund deutscher Mädel" (BdM), dem NS-Dozenten-, Studenten-, Lehrer-, Juristen- und Ärztebund, der nationalsozialistischen Frauenschaft und ähnliche Organisationen wie der „Deutschen Arbeitsfront" (DAF) für die Arbeiterschichten oder der Reichskulturkammer für die bildenden Künstler, die Schriftsteller, Musiker u. a. sowie der NS-Gemeinschaft „Kraft durch Freude", die für Freizeitaktivitäten zuständig war.[27]

Insbesondere die totale Erfassung der Jugend war ein Ziel nationalsozialistischer Propaganda. Die Erziehung wurde in den Dienst der NS-Herrschaft gestellt, für die Rasse- und Weltherrschaftsideologie wichtige Fächer wie Biologie oder Geschichte in diesem Sinne umfunktioniert. Die Rekrutierung der künftigen NS-Elite erfolgte in speziellen Anstalten (Napola, Adolf-Hitler-Schulen u. ä.). Durch die ideologisch verbrämte Überstilisierung einzelner Bevölkerungsgruppen sollte der Mythos von

[27] Siehe Wolfgang Wippermann, Der konsequente Wahn. Ideologie und Politik Adolf Hitlers, München 1989, S. 133-145.

der „Volksgemeinschaft“ in das Bewußtsein der Menschen übergehen. So wurden beispielsweise die Bauern im „Reichsnährstand“ erfaßt, und Hitler widmete ihnen 1933 einen „Ehrentag des deutschen Bauerntums“. Der 1. Mai galt als „Tag der nationalen Arbeit“ und diente der Schaustellung des Führers und seiner Statthalter. Die auf diese Weise gleichgeschaltete wie überwachte Gesellschaft war überaus empfänglich für den von Goebbels‘ Propagandaministerium durch das neue Medium des Rundfunks und die gleichgeschaltete Presse noch intensivierten Führerkult. Die deutsche Bevölkerung verband mit Hitler quasi-religiöse Erwartungen und war bereit, ihm bedingungslos auch bis zur totalen Niederlage zu folgen.

(2) Die Kommunisten in der Sowjetischen Besatzungszone beriefen sich zunächst auf die Notwendigkeit einer „antifaschistischen“ Umgestaltung Deutschlands angesichts der Hypotheken der nationalsozialistischen Diktatur. Der antifaschistische Gründungsmythos wurde zu einer „Staatsreligion“[28]. Bei der Übernahme der „führenden Rolle“, faktisch des Herrschaftsmonopols, berief sich die SED auf die „wissenschaftliche Weltanschauung“ des Marxismus-Leninismus. Die ideologische Legitimation des Machtanspruchs besagte, daß allein die marxistisch-leninistische Partei die Entwicklungsgesetze in Gesellschaft und Natur kennt, interpretiert und beim „Aufbau des Sozialismus“ anwendet. Mit der Bezeichnung von der „Partei neuen Typus“ verstand sich die SED als kommunistische Partei nach dem Vorbild der KPdSU und damit als „die“ Organisation der deutschen Arbeiterklasse. Andere politische Kräfte waren demnach von der Interessenvertretung des Volkes ausgeschlossen, stellten aufgrund des SED-Alleinvertretungsanspruches eine illegitime Opposition dar.

Die vorgebliche Identität von Regierenden und Regierten äußerte sich in dem Anspruch, die DDR sei ein sozialistischer Staat der Arbeiter und Bauern, in dem alle Macht vom Volk ausgehe.

[28] Die propagandistische Ausbeutung des Antifaschismusbegriffs durch die SED beschreibt Peter Steinbach, Antifaschismus – Schlagwort und Ausdruck einer Staatsreligion, in: trend, Nr. 46 (1991), S. 22-29.

Damit war die politische Gleichschaltung und die ideologische Entmündigung der Gesellschaft sanktioniert. Der postulierte Auftrag der SED, „Aufbau des Sozialismus", richtete sich gegen alle angeblichen Relikte der „bürgerlichen Ideologie". Individualistische Bestrebungen konnten nicht geduldet werden, denn sie widersprachen dem Ziel der Gestaltung einer sozialistischen Gesellschaft. Opposition in der DDR richtete sich gegen den von der führenden Partei festgestellten Volkswillen. Widerstand war demzufolge systemwidrig und wurde als von außen kommend diffamiert und bekämpft – in den ersten Jahrzehnten bis hin zur physischen Vernichtung der Andersdenkenden, später und vermehrt durch psychischen Terror mittels Staatssicherheit und Justiz.[29]

(3) Die Legitimation der SED – ihre führende Rolle im sozialistischen Staat – basierte allerdings nicht bloß auf der Ideologie des Marxismus-Leninismus. Kennzeichen ihres totalitären Anspruches war darüber hinaus ihr Versuch, sich in Scheinwahlen eine demokratische Legitimation zu verleihen. Die SED präsentierte den Wählern eine Einheitsliste der „Nationalen Front", auf der alle Parteien und Massenorganisationen vertreten waren. Damit sollte die angeblich gleichgerichtete Interessenlage der Bevölkerung zum Ausdruck kommen. Die Blockparteien und Massenorganisationen ihrerseits hatten sich bereits vorab in ihren Programmen zur Führerschaft der SED bekannt, ein konkurrierendes Parteiensystem war nie vorhanden und hätte – wie gezeigt – der sozialistischen Ideologie widersprochen. Die prinzipiell offene Wahl galt als „Vertrauensbeweis" für die Politik der SED; das Benutzen von Wahlkabinen signalisierte Mißtrauen und Abweichlertum. Der in der Bevölkerung gängige Begriff des „Falten gehens" für den Gang zu den Wahlurnen kennzeichnet die Bedeutungslosigkeit dieser Scheinwahlen. Selbst die Entscheidung für eine der Blockparteien täuschte nur eine Alternative vor. Tatsächlich bildeten die Blockparteien, von der CDU bis hin zur Demokratischen Bauernpartei (DBD), sowie die Massenorganisationen

[29] Beispiele hierfür liefert Fricke (Anm. 24).

lediglich die Transmissionsriemen der Politik der SED. Ihr Stimmenanteil und ihre Sitzverteilung im Scheinparlament der DDR, in der Volkskammer, war bereits vorab durch einen fixen Verteilerschlüssel festgelegt.[30]

Irrational und totalitär zugleich erscheint demgegenüber das Bemühen der SED, selbst für Wahlen unter diesen Bedingungen (faktische Wahlpflicht) ein 99-Prozent-Ergebnis verkünden zu können. So war es selbst nach erheblichen propagandistischen und mitunter psychoterroristischen Mobilisierungsanstrengungen noch notwendig, das „Wahl"-Ergebnis zu manipulieren. Stimmenthaltungen oder Nichtwähler gefährdeten den absoluten Herrschaftsanspruch der Partei. Der Wahlakt selbst war letztlich unerheblich, konnte man die Stimmabgabe im nachhinein doch „korrigieren". Die größere Bedeutung erlangte die Mobilisierung der Bevölkerung vor den Wahlen. In dieser Wahlbewegung sollte das Bild einer einheitlich ausgerichteten harmonischen Gesellschaft zum Ausdruck kommen. Sie diente somit der Integration der Gesellschaft. Wahlveranstaltungen hatten eine Ventilfunktion: Hier konnten die Menschen ihren Ärger über Versorgungsmängel oder Wohnraumprobleme loswerden. Die Wahlen dienten der Partei – neben der objektiven ideologischen Legitimation als „führende Partei" im Sozialismus – lediglich zur Vortäuschung einer allgemeinen Zustimmung seitens der Bevölkerung. Die Funktion einer Massenmobilisierung besaßen daneben noch die alljährlichen Kundgebungen etwa zum Mai-Feiertag oder anläßlich des Jahrestags der Gründung der DDR.

(4) Die DDR konnte neben diesen Legitimationsvehikeln seit ihrer Gründung nie auf die Zustimmung der Bevölkerung setzen. Bis zum Mauerbau 1961 mußte sie darüber hinaus die millionenfache Flucht ihrer Bürger nach West-Berlin und in die Bundesrepublik ertragen. Fluchtversuche und Übersiedlungsbegehren

[30] Dazu ausführlich Eckhard Jesse, Art.: Die Volkskammer der DDR: Befugnisse und Verfahren nach Verfassung und politischer Praxis, in: Hans-Peter Schneider/Wolfgang Zeh (Hrsg.), Parlamentsrecht und Parlamentspraxis in der Bundesrepublik Deutschland. Ein Handbuch, Berlin/New York 1989, S. 1821-1844.

wurden mit harten Strafen, physischen wie psychischen Sanktionen (auch Tötung) sanktioniert. Daneben überzog die SED die Bevölkerung mit einem weitverzweigten Netz der Kontrolle: Wichtigstes Instrument der Überwachung und Kontrolle war das Ministerium für Staatssicherheit mit Ende der achtziger Jahre über hundertzehntausend hauptamtlichen und einigen Hunderttausend inoffiziellen Mitarbeitern. Das ganze Ausmaß der Bespitzelung und Indoktrination aller gesellschaftlichen Bereiche ist bis zum heutigen Zeitpunkt noch nicht völlig zu übersehen. Selbst die beiden großen kirchlichen Organisationen sind zum Teil vom Staatssicherheitsdienst durchsetzt gewesen.[31]

Die Mitgliedschaft in den Massenorganisationen der DDR galt als freiwillig, faktisch bedeutete das „Mitmachen" in der „Freien Deutschen Jugend" (FDJ) oder in der Einheitsgewerkschaft, dem FDGB, die Voraussetzung für soziale und berufliche Integration und war für einen beruflichen Aufstieg unumgänglich. Es herrschte mithin ein ständiger Zwang des Sich-Organisierens, eine Dauerpolitisierung, die umgekehrt auch die Kontrolle durch die SED bzw. das MfS erleichterte. Der Druck zur Teilnahme blieb bis zuletzt bestehen. Eine Möglichkeit, sich der ständigen Indoktrination der SED zu entziehen, gab es faktisch nicht, es sei denn, man schaffte es, durch die Flucht in den Westen sich zu entziehen. Anders verhielt es sich mit der ideologischen Beeinflussung durch die Massenmedien der DDR. Sie standen unter der ausschließlichen Leitung und Kontrolle der SED und sollten der „sozialistischen Bewußtseinslenkung" dienen. Es war durchaus möglich, ihrer Indoktrinierung auszuweichen, indem man beispielsweise das „Westfernsehen" und bestimmt westdeutsche Hörfunkprogramme konsumierte. Diese Auswahlmöglichkeit lag allerdings im Kalkül der herrschenden Partei: Glaubte sie doch, der dadurch inspirierte Vergleich des „brutalen" Nachrichtenalltags in den westlichen Medien mit dem vermeintlich friedli-

[31] Siehe Gerhard Besier/Stephan Wolf, „Pfarrer, Christen und Katholiken". Das Ministerium für Staatssicherheit der ehemaligen DDR und die Kirchen, Neunkirchen/Vluyn 1992².

chen Idyll in der DDR weise auf „Vorzüge" des sozialistischen Systems hin. Wo es vermeintliche Freiräume im SED-System gegeben haben soll, handelte es sich um von der Partei bzw. von der Staatssicherheit zugestandene, weil weitgehend überwachte Nischen. Ein „Rückzug ins Private" (Günter Gaus) war letztlich kaum möglich.[32]

Unterschiede und Parallelen

Die Zustimmung eines beträchtlichen Teils der Bevölkerung, derer sich das NS-Regime in der längsten Phase seines Bestehens bis hin zu den ersten Kriegsniederlagen gewiß sein durfte (der Umbruch dürfte etwa 1943 – nach Stalingrad – zu datieren sein), erforderte eine umfassende Überwachung nicht. Allerdings legte auch die NSDAP Wert auf eine pseudo-demokratische Legitimation, wie u. a. die Volksbefragungen verdeutlichen. Die SED hat nie auf ein Votum der Bevölkerung der SBZ bauen können. Die ersten Wahlfälschungen belegen die Furcht der Partei vor einer Ablehnung im Volk, weshalb sie die Abhaltung demokratischer Wahlen stets scheute. Die umfassende Überwachung und der dosierte physische und psychische Terror waren mithin zur Sicherung und Erhaltung der absoluten Macht unabdingbar. Der Mauerbau im Jahre 1961 offenbarte nicht nur die Hilflosigkeit des Regimes gegenüber der Ablehnung seiner Bevölkerung, er war auch im internationalen Kontext notwendig, wollte sich die SED-Führung durch Gewaltanwendung nicht noch stärker öffentlich diskreditieren. NSDAP wie SED haben sich den Staat untertan gemacht. Während aber die NSDAP schon sehr rasch nach ihrem Machtantritt die übrigen Parteien der Weimarer Republik ausgeschaltet und ein Einparteiensystem installiert hatte,

[32] Diese besonders bittere Erkenntnis gewann jüngst die Bürgerrechtlerin Vera Wollenberger, die jahrelang von ihrem Ehemann bespitzelt worden war. Siehe dies., Diese Entdeckung, in: die taz v. 19. Dezember 1991; vgl. dagegen Günter Gaus, Über Deutschland und die Deutschen, Neuauflage, Berlin 1990, S. 164-241.

blieb im SED-Staat formal ein Mehr-Parteien-System fortbestehen. Dem ständigen Vergleich mit der westlichen Demokratie ausgesetzt, duldete die Einheitspartei ein Block-Parteien-System, das jedoch nur schmückendes Beiwerk ihres absoluten Herrschaftsanspruchs sein konnte. Wirkung hatte diese Strategie allerdings nur nach außen, die ideologische Entmündigung dieser Blockparteien war allzu offensichtlich.[33]

Richtete sich das Unrecht im NS-System gegen Bürger anderer Staaten wie auch gegen (verfemte) Minderheiten im eigenen Staat, so traf es in der DDR fast ausschließlich die eigenen Staatsbürger. Der jüdische Genozid erscheint dabei als ein Verbrechen, das sich einer allseitig zustimmungsfähigen Interpretation entzieht. Schwierigkeiten ergeben sich schon bei der Erklärung, wie es zu der Entschlußbildung kommen konnte. Erschrecken muß ferner die Zahl der Opfer und die Art und Weise, auf die sie ermordet wurden. Der Einfluß des Krieges und die damit geschaffene Ausnahmesituation mag einen Erklärungsansatz für die Ermordung ganzer Menschengruppen bieten. In der DDR fanden dagegen keine Massenmorde statt. Die Zahl der tödlichen Opfer zu Lasten der SED ist berechenbar, nicht hingegen die der psychisch Drangsalierten. Die geistigen Leiden vieler ehemaliger DDR-Bürger, die ihnen zugemuteten Deformierungen sind eine Konsequenz des totalitären Systems. In der DDR ebenso wie im Dritten Reich wurden die Verbrechen vom Staat befohlen, oder aber billigend in Kauf genommen und nicht geahndet. Dies gilt für die Tätigkeit der nationalsozialistischen Geheimpolizei bzw. des Ministeriums für Staatssicherheit in der DDR[34] und in begrenztem Umfang für das Militär bzw. die Grenztruppen. „Ich

[33] Vgl. etwa am Beispiel der CDU: Michael Richter, Die Ost-CDU 1948-1952. Zwischen Widerstand und Gleichschaltung, Düsseldorf 1991; dazu auch Peter Joachim Lapp, Die befreundeten Parteien der SED. DDR-Blockparteien heute, Köln 1988.

[34] Ein ausgewiesener Kenner des Staatssicherheitsapparates ist Karl Wilhelm Fricke, Die DDR-Staatssicherheit. Entwicklung – Strukturen – Aktionsfelder, Köln 1989[3]. – Vgl. auch die jüngste Arbeit dess., MfS intern. Macht, Strukturen, Auflösung der DDR-Staatssicherheit, Köln 1991, mit neueren Angaben über die Mitarbeiterzahl beim MfS, S. 43 f.

sage, jeder Schuß aus der Maschinenpistole eines unserer Grenzsicherungsposten zur Abwehr solcher Verbrechen, rettet Tausenden Bürgern der DDR das Leben und sichert Millionenwerte an Volksvermögen." Die Äußerung eines ZK-Mitglieds des SED-Politbüros von 1963 läßt auch inhaltliche Parallelen zu einem Satz Hitlers aus dem Jahre 1933 erkennen: „Zwölftausend Schurken zur rechten Zeit beseitigt, hätte vielleicht einer Million ordentlicher, für die Zukunft wertvoller Deutschen das Leben gerettet."[35]

„Es gilt als unstatthaft, das SED-Regime mit dem Nazi-Regime zu vergleichen, das den Nadir, den tiefstmöglichen Punkt an Verworfenheit bezeichnet. Das Nazi-Regime ist in der Tat negativ vom SED-Staat abzuheben – wegen der Judenvernichtung, wegen der Verfolgung von Zigeunern, Polen, Russen, der Greueltaten des Krieges in Oradour und Lidice. Aber das Nazi-Regime war nicht in dem gleichen Sinne totalitär wie die Herrschaft der Kommunisten. Es hat zum Beispiel noch eine funktionierende unabhängige Ziviljustiz gegeben, in nicht-politischen Strafrecht hielt sich ein Rest von Rechtsstaatlichkeit. Von dergleichen konnte in der DDR nie ernsthaft die Rede sein, die Justiz war von Grund auf verfälscht und verkommen, und während man bei den Richtern der NS-Zeit die Kriminellen auszusondern hatte, wird man bei den SED-Richtern diejenigen erkennen müssen, deren Prinzip nicht Parteilichkeit, sondern Sachkunde und Liebe zur Gerechtigkeit gewesen ist. Es gehört zu den abscheulichsten Folgen der gewaltfreien Revolution, daß die Spreu nicht ausgelesen wird, sondern sich zum Weizen mausern darf."[36] Die Textpassage verdeutlicht, daß der Vergleich auch der Justiz als verbrecherisches Herrschaftsinstrument totalitärer Regime zwecks Ausübung von Zwang und Terror geboten erscheint. Freilich hat die SED vom Instrument der Justiz zur Disziplinierung der Bevölke-

[35] Beide zit. in: Heiner Sauer/Hans-Otto Plumeyer, Der Salzgitterreport. Die Zentrale Erfassungsstelle berichtet über Verbrechen im SED-Staat, München 1991, S. 53.

[36] Johannes Gross, Notizbuch, in: Frankfurter Allgemeine Zeitung-Magazin v. 7. Juni 1991.

rung relativ mehr Gebrauch gemacht als etwa das NS-Regime. Letztes konnte mindestens bis zu den ersten Kriegsniederlagen auf eine breite Akzeptanz in der Bevölkerung rechnen. Das SED-Regime mußte hingegen Mauern bauen, um die Menschen von einer Flucht aus seinem Machtbereich abzuhalten und Straftatbestände einführen, die die Gegner des Systems abschrecken und mundtot machen sollten. „Die Gesamtzahl der politisch Verfolgten wird auf eine Viertelmillion beziffert."[37]

Wer Überlegungen zu einer Ahndung der im Namen des Sozialismus begangenen Verbrechen schon aus moralischen Gründen nicht in einen Zusammenhang mit der strafrechtlichen Aufarbeitung von NS-Verbrechen stellen will, urteilt voreilig. Die Behauptung etwa, die „Aufrechnung" dieses Unrechts – hier das Justizunrecht der SED – mit jenem im Dritten Reich diene der „Verharmlosung" des letzten, ist volkspädagogischer Natur und wissenschaftlich unseriös. Es geht ja nicht um eine Quantifizierung der Verbrechen und auch nicht um ihre Bewertung – moralisch verderblich ist der Individualmord ebenso wie ein Massenmord –; allerdings leistet erster „dem Verstehen keinen solchen Widerstand"[38]. Auch ist eine Gleichsetzung der nationalsozialistischen mit der kommunistischen Ideologie nicht intendiert. Vielmehr stellt sich das grundsätzliche Problem der Ahndung von Verbrechen, verübt im Namen einer Ideologie und zu verantworten von Partei und Staat. Erst die Aufarbeitung des vergangenen

[37] So Rudolf Wassermann, Wo Richter zu Tätern wurden, in: Rheinischer Merkur/Christ und Welt v. 12. Juli 1991; vgl. auch ders., Die Vereinheitlichung des Rechtswesens. Von der sozialistischen Rechtspflege zur Justiz des freiheitlich-demokratischen Rechtsstaats, in: Eckhard Jesse/Armin Mitter (Hrsg.), Die Gestaltung der deutschen Einheit. Geschichte – Politik – Gesellschaft, Bonn 1992, S. 246-278.

[38] Christian Meier, Vergangenheit ohne Ende? Was die kommunistische von der nationalsozialistischen Geschichte unterscheidet, in: Frankfurter Allgemeine Zeitung v. 19. Februar 1992; siehe dazu auch Wolfgang Benz (Hrsg.), Dimension des Völkermords. Die Zahl der jüdischen Opfer des Nationalsozialismus, München 1991; ferner Alfred Grosser, Ermordung der Menschheit. Der Genozid im Gedächtnis der Völker, München 1990; Imanuel Geiss, Massaker in der Weltgeschichte. Ein Versuch über Grenzen der Menschlichkeit, in: Backes/Jesse/Zitelmann (Anm. 16), S. 110-135.

Unrechts macht den Neuaufbau des freiheitlichen rechtsstaatlichen Systems glaubwürdig. Schatten werden beide Vergangenheiten vermutlich noch lange werfen, eine Auseinandersetzung mit ihnen verhindert aber mögliche Legendenbildungen.

Das „Tausendjährige Reich" bestand „nur" zwölf Jahre, zur Umgestaltung des Rechtssystems waren die Nationalsozialisten nicht mehr in der Lage.[39] Das juristische Normensystem, die Auslegungsmethoden und Interpretationstheorien blieben gegenüber jenen der Weimarer Republik unverändert. Statt dessen begnügte man sich damit, Strafbestimmungen zur Verfolgung der Regimegegner hinzuzufügen. Dienstbeflissene Richter wandten sie nach Gutdünken und in vorauseilendem Gehorsam an. Der personalpolitische Einfluß der NSDAP auf den Justizapparat hielt sich in Grenzen, wiewohl (oder auch weil) sie genügend Opportunisten fand, die ihr zu dienen bereit waren: Bestehendes Recht legte man im nationalsozialistischen Sinne aus.[40] Dort, wo keine Regelung ergangen war, wurden „Äußerungen der Führergewalt [...] als selbständige, gleichberechtigte Rechtsquellen anerkannt"[41]. Obwohl sich die nationalsozialistischen Rechtsideen in den einzelnen Gerichtssparten unterschiedlich stark durchsetzten, verkörperte doch die Straf- und insbesondere die Militärgerichtsbarkeit des Dritten Reiches gerade zu Kriegszeiten noch am ehesten das Willkür- und Unrechtsdenken des Nationalsozialismus.[42]

[39] Vgl. eingehend Bernhard Diestelkamp, Kontinuität und Wandel in der Rechtsordnung, in: Ludolf Herbst (Hrsg.), Westdeutschland 1945-1955. Unterwerfung, Kontrolle, Integration, München 1986, S. 85-105; ferner Peter Diehl-Thiele, Partei und Staat im Dritten Reich. Untersuchungen zum Verhältnis von NSDAP und allgemeiner innerer Staatsverwaltung, München 1971[2].

[40] Hierzu Lothar Gruchmann, Justiz im Dritten Reich 1933-1940. Anpassung und Unterwerfung in der Ära Gürtner, München 1988.

[41] Diemut Majer, Die ideologischen Grundlagen des nationalsozialistischen Rechtsdenkens dargestellt am Beispiel der NSDAP (Justiz und NSDAP), in: Gotthard Jasper u. a. (Hrsg.), Justiz und Nationalsozialismus, Hannover 1985, S. 128.

[42] Siehe hierzu ausführlicher Bernhard Diestelkamp/Michael Stolleis (Hrsg.), Justizalltag im Dritten Reich, Frankfurt a. M. 1988.

Anders verhält es sich für die DDR, in deren Verfassung von 1949 ein parlamentarisch-demokratischer Rechtsstaat angelegt war; in der Praxis aber kam es nicht zuletzt durch die Blockparteien-Politik zur Alleinherrschaft der SED. Die Praxis dieses „demokratischen Zentralismus" ebenso wie die sozialistische Rechtsauffassung wurden in der Verfassung von 1968 festgeschrieben.[43] Besonders die Strafjuristen in der DDR konnten seither auf eine perfekt ausgestaltete politische Strafgesetzgebung zurückgreifen.[44] Aber auch ohne das neue Strafgesetzbuch von 1968 fanden sich Strafbestimmungen, die eine Rechtsprechung im Sinne der Partei gewährleisteten. Die von der Justiz der DDR geforderte unbedingte Parteilichkeit in der richterlichen Entscheidung und die Bindung der Rechtsprechung an die Beschlüsse der Partei ist wohl die deutlichste Parallele zur NS-Justiz.[45]

Das unterschiedlich lange Bestehen der beiden Diktaturen dürfte sich gerade im Bereich der politischen Strafjustiz am verhängnisvollsten ausgewirkt haben, daher ein „Rückbau" der nach sozialistischer Gesetzgebung urteilenden Richter und Staatsanwälte heute eine der schwierigsten Aufgaben sein. Die Beurteilung einer Justiz, die einer totalitären Partei zur Herrschaftssicherung diente, fällt besonders schwer bei der Frage, „welche Justiz blutbefleckter war, die des NS-Staates oder die der Sowjetzone und der frühen DDR"[46]. Hier muß abermals der Hinweis auf die Kriegssituation erfolgen, in der sich das Dritte Reich spätestens seit dem Einmarsch in Polen 1939 befand. Die Strafjustiz wäh-

[43] Vgl. zur Verfassungsgeschichte des Dritten Reiches und der DDR Hans Fenske, Deutsche Verfassungsgeschichte. Vom Norddeutschen Bund bis heute, Berlin 1991[3], S. 66-78, S. 99-102, S. 115-117.

[44] Vgl. Karl Wilhelm Fricke, Zur Menschen- und Grundrechtssituation politischer Gefangener in der DDR, Köln 1987[2].

[45] Siehe Rudolf Wassermann, Kann man mit DDR-Richtern einen Rechtsstaat machen?, in: Aus Politik und Zeitgeschichte. Beilage zur Wochenzeitung „Das Parlament", B 29/91, S. 52-60; ders., Auch die Justiz kann aus der Geschichte nicht aussteigen. Studien zur Justizgeschichte, Baden-Baden 1990.

[46] So zu Recht Friedrich Karl Fromme, Ein besonders schwieriger Rückbau, in: Frankfurter Allgemeine Zeitung v. 7. Juli 1990. – Zum Terminus „Rückbau" siehe K. A. (= Konrad Adam), Rückbau, in: Frankfurter Allgemeine Zeitung v. 10. Dezember 1991.

rend der letzten sechs Jahre des NS-Regimes kann kaum mit der vorangegangenen zu Friedenszeiten gleichgesetzt werden. Ebensowenig lassen sich die exzessiv harten Urteile der DDR-Strafjustiz während der fünfziger Jahre mit jenen Verurteilungen der siebziger und achtziger Jahre auf eine Stufe stellen. Die jeweilige Entwicklung hin zur Verschärfung oder Milderung der Urteilspraxis in dem einen wie dem anderen Regime ist unmittelbar abhängig gewesen von den äußeren Umständen und der jeweiligen Partei-Taktik.[47] „Anders jedoch als im nationalsozialistischen Staat, in dem der Anspruch des Führers, sich souverän über Recht, Gesetz und Verfassung zu stellen, offen bekundet wurde und Führerbefehle also auch öffentlich unmittelbar geltendes ‚Recht' waren, legte das SED-Regime größten Wert darauf, die ausnahmslose Geltung der Gesetzesbindung und justitieller Grundrechte vorzugaukeln. So wurden dann vom ZK resp. Ulbricht ausgesprochene Todesurteile und sonstige Strafentscheidungen nach außen als Ergebnis einer unabhängigen Gerichtsbarkeit präsentiert – Scheinjustiz."[48]

Angesichts der Parallelen in den Herrschaftsstrukturen beider totalitärer Regime muß es auch erlaubt sein, Analogien zwischen der Bewältigung der Vergangenheit nach 1945 und der nach 1989/1990 zu benennen.[49] Die NS-Verbrechen spielten sich in einem Zeitraum von zwölf Jahren ab. Die Bewältigung der „roten Vergangenheit" aber reicht bis in jene Zeit zurück, die mit der

[47] Ausführlich hierzu Fricke (Anm. 18); vgl. auch ders., Hingerichtet in Dresden – warum?, in: Deutschland Archiv 23 (1990), S. 820-824. – SED-Parteilinie und Periodisierung der DDR-Strafjustiz erläutert ebenso Wolfgang Schuller, Geschichte und Struktur des politischen Strafrechts der DDR bis 1968, Ebelsbach 1980.

[48] Falco Werkentin, Gelenkte Rechtsprechung – Zur Strafjustiz in den frühen Jahren der DDR, in: Neue Justiz 45 (1991), S. 479-483, hier S. 480. Der Autor bezweifelt, daß das System der richterlichen „Anleitung" sich mit Beginn der sechziger Jahre gewandelt habe, kann aber mangels Akteneinsicht noch keinen Gegenbeweis antreten (vgl. ebda.).

[49] Siehe dagegen die Meinung von Ludwig Elm, Zweierlei Vergangenheitsbewältigung – damals und heute, in: Deutschland Archiv 24 (1991), S. 737-743; vgl. ders., Nach Hitler. Nach Honecker: Zum Streit der Deutschen um die eigene Vergangenheit, Berlin 1991.

Aufdeckung von Massengräbern rund um die Internierungslager der sowjetischen Besatzungszone zu tun hat.[50] Das dort praktizierte Unrecht ist keinesfalls nur den Verantwortlichen der sowjetischen Militärregierung anzulasten. Die SED trägt ihren Anteil daran, denn es geschah zum einen im Interesse der Festigung ihrer Herrschaft, zum anderen setzte sie alles daran, diese Verbrechen zu leugnen und die Existenz dieser Lager zu rechtfertigen.

Im Hinblick auf die Hypotheken von den Anfängen der DDR bis heute darf kein Schlußstrich unter die Vergangenheit des SED-Regimes gezogen werden. Das gilt im gleichen Maße auch für die Erblasten des Dritten Reiches. „Die Geschichte der Bundesrepublik zeigt, was letztlich (trotz aller Mängel bei der Abrechnung mit dem Nationalsozialismus) erfahrungsgesättigtes politisches Lernen für die Stabilisierung der zweiten deutschen Demokratie nach dem Scheitern der ersten von Weimar vermochte. Für die Bürger der ehemaligen DDR hat diese zweite Demokratie gerade erst begonnen."[51] Manche Halbherzigkeiten und Defizite bei der Aufarbeitung der nationalsozialistischen Vergangenheit könnten sich wiederholen. Sie wären allerdings nicht der Beweis dafür, daß die Deutschen keine Lehren aus der Vergangenheit zu ziehen in der Lage sind. Vergangenheitsbewälti-

[50] Vgl. Wolfgang Schuller, Außer der verborgenen Wahrheit gab es auch eine verschwiegene. Das Lager Buchenwald in den Jahren von 1945 bis 1950, in: Frankfurter Allgemeine Zeitung v. 29. März 1990. In der Tat waren die Internierungslager der westlichen Besatzungsmächte „jahrzehntelang im allgemeinen Bewußtsein fast ebenso tabu gewesen" wie im Osten die der sowjetischen Besatzungsmächte, vgl. dazu Christa Schick, Die Internierungslager, in: Martin Broszat/Klaus-Dietmar Henke/Hans Woller (Hrsg.), Von Stalingrad zur Währungsreform. Zur Sozialgeschichte des Umbruchs in Deutschland, München 1989^2, S. 301-325 sowie die Leserbriefkontroverse zu den französischen Lagern, in: Frankfurter Allgemeine Zeitung v. 3. Juli 1987, Frankfurter Allgemeine Zeitung v. 3., 4. und 15. August 1987; ferner zu den amerikanischen Lagern, in: Frankfurter Allgemeine Zeitung v. 30. März 1990. – Die Aufarbeitung der Geschehnisse in den Internierungslagern ist ein Forschungsdesiderat der Nachkriegszeit. Vgl. jetzt dazu Heiner Wember, Umerziehung im Lager. Internierung und Bestrafung von Nationalsozialisten in der britischen Besatzungszone Deutschlands, Essen 1991.

[51] Karl Dietrich Bracher, „Die Unterdrücker zur Rechenschaft ziehen", in: Universitas 46 (1991), S. 1025-1028, hier S. 1028.

gung ist kein ausschließlich deutsches Phänomen – und darf es auch nicht sein.[52] Mängel bei der Aufarbeitung der Vergangenheit machen vielmehr verständlich, daß es eine „tabula rasa" oder die vielbeschworene „Stunde Null" nicht gibt. Wir können aus der gesamtdeutschen Geschichte nicht aussteigen.

[52] Vgl. dazu vor allem Michael Wolffsohn, Keine Angst vor Deutschland!, Erlangen/Bonn/Wien 1991³.

Kommentierte Literaturauswahl

Backes, Uwe/Eckhard Jesse/Rainer Zitelmann (Hrsg.), Die Schatten der Vergangenheit. Impulse zur Historisierung des Nationalsozialismus, Frankfurt a. M./Berlin 1992². – In dem Sammelband äußern sich 23 Autoren über das in den letzten Jahren heftig umstrittene Problem der geschichtlichen Einordnung des Nationalsozialismus. Die Mehrdimensionalität der Thematik wird durch die ganz unterschiedliche Herangehensweise der Beiträge nahegelegt.

Benz, Wolfgang (Hrsg.), Dimension des Völkermords. Die Zahl der jüdischen Opfer des Nationalsozialismus, München 1991. – Der Sammelband ist eine Untersuchung zur Zahl der jüdischen Opfer des Nationalsozialismus in der Form von Regionalstudien – vom Deutschen Reich über Dänemark bis hin zu Polen und der Sowjetunion. Die jeweiligen Autoren mußten dabei mit einer recht unterschiedlichen Quellensituation zurechtkommen. Es geht ihnen jedoch weniger um die Präsentation neuer Opferzahlen, vielmehr um die Offenlegung der methodischen Schwierigkeiten bei der Darstellung des Völkermord-Geschehens.

Broszat, Martin/Hermann Weber (Hrsg.), SBZ-Handbuch. Staatliche Verwaltungen, Parteien, gesellschaftliche Organisationen und ihre Führungskräfte in der Sowjetischen Besatzungszone Deutschlands 1945-1949, München 1990. – Ein informativer und ausgezeichneter Abriß des institutionellen Wieder- bzw. Neuaufbaus in der SBZ. Die einzelnen Beiträge verdeutlichen, daß die „antifaschistisch-demokratische Umwälzung" der SBZ eine von der UdSSR verordnete und mit Gewalt durchgesetzte Revolution von oben war. Im Anhang findet sich eine umfangreiche Liste von SBZ-Biographien.

Broszat, Martin/Klaus-Dietmar Henke/Hans Woller (Hrsg.), Von Stalingrad zur Währungsreform. Zur Sozialgeschichte des Umbruchs in Deutschland, München 1989². – Der Sammelband thematisiert die politische und gesellschaftliche Situation ganz unterschiedlicher Interessengruppen in der Bevölkerung in der Zeit zwischen 1941 und 1948 – einer Periode, in der die eigentliche Abkehr vom Dritten Reich und eine Neuorientierung der deutschen Gesellschaft stattgefunden habe.

Elm, Ludwig, Nach Hitler. Nach Honecker – Zum Streit der Deutschen um die eigene Vergangenheit, Berlin 1991. – Der Autor sieht allerorten „Relativierer" am Werk, die die DDR-Geschichte mit der des Dritten Reiches gleichsetzten. „Konservative" in Westdeutschland leugneten die positiven „antifaschistischen" Traditionen der DDR. In der Kontinuität früherer SED-Propaganda wird behauptet, die DDR habe die NS-Vergangenheit aufgearbeitet. Elm zufolge ist die DDR trotz mancher Verfehlungen und „Deformierungen" der SED-Führungsschicht kein Unrechtsstaat gewesen. Seine Schrift gibt sich „aufklärerisch", dient gleichwohl der Legendenbildung

Filmer, Werner/Heribert Schwan, Opfer der Mauer. Die geheimen Protokolle des Todes, Münschen 1991. – Die beiden Journalisten haben bereits im Sommer 1991 eine Fernsehdokumentation über die strafrechtliche und menschliche Problematik der „Mauerschützenprozesse" (so benannt, weil in diesem Strafprozeß ausschließlich Todesfälle an der Berliner Mauer zur Verhandlung kommen), über die Grenzsoldaten und deren Befehlsgeber veröffentlicht. Film und Buch dokumentieren die minutiöse Berichterstattung der DDR-Grenzorgane über Vorkommnisse an der innerdeutschen Grenze und belegen, daß mehr Menschen aus der DDR beim Fluchtversuch nach West-Berlin und in die Bundesrepublik zu Tode kamen, als etwa die Zentrale Erfassungsstelle in Salzgitter – jetzt Beweismittel- und Dokumentationsstelle – im Auftrag der bundesdeutschen Justiz seit 1961 registriert hat.

Flocken, Jan von/Michael Klonovsky, Stalins Lager in Deutschland 1945-1950. Dokumentation – Zeugenberichte, Berlin/Frankfurt a. M. 1991. – Die Bewertung sowjetischer Internierungspraxis in der SBZ drängt sich auf knapp 50 Seiten und erscheint mit heißer Nadel gestrickt. Wichtige Gedankengänge, etwa die Internierung als Instrument der Herrschaftssicherung der SED, wurden leider nicht vertieft. Lesenswert sind die Erlebnisberichte der Lagerinsassen und Thomas Manns Brief an Ulbricht anläßlich der „Waldheimer Kriegsverbrecherprozesse".

Fricke, Karl Wilhelm, Die DDR-Staatssicherheit. Entwicklung – Strukturen – Aktionsfelder, Köln 1989[3]. – Die vor der „Wende" einzige Publikation über das wichtigste Herrschaftsinstrument des SED-Regimes. Die Erkenntnisse des Buches sind für die Forschung gerade auch im Lichte neuer Aufdeckungen über die SED-MfS-Verflechtungen unverzichtbar.

Fricke, Karl Wilhelm, MfS intern. Macht, Strukturen, Auflösung der DDR-Staatssicherheit, Köln 1991. – Die nach der deutschen Einheit fundierteste Darstellung des DDR-Staatssicherheitsdienstes. Die jüngsten Erkenntnisse über den Aufbau und die Tätigkeit des MfS bestätigen im wesentlichen die Einschätzungen des Autors vor der „Wende". Manche Zahlenangaben mußte er (nach oben) korrigieren; und die abgefeimte Zusammenarbeit des MfS mit der „RAF" erschien auch ihm seinerzeit kaum vorstellbar.

Fricke, Karl Wilhelm, Opposition und Widerstand in der DDR. Ein politischer Report, Köln 1984. – Die Darstellung umfaßt die mannigfachen Formen politischer Gegnerschaft in der DDR: Die antikommunistischen Opposition der Sozialdemokraten, der CDU und der LDP, der Widerstand der Bauern gegen die Zwangskollektivierung und der christlichen Gläubigen gegen Verfolgung bis hin zur Opposition in der SED selbst.

Fricke, Karl Wilhelm, Politik und Justiz in der DDR. Zur Geschichte der politischen Verfolgung 1945-1968. Bericht und Dokumentation, Köln 1990[2]. – Der Band umreißt Aufbau und Entwicklung der Justiz in der SBZ/DDR sowie ihre für das realsozialistische System unabdingbare Unterordnung und Instrumentalisierung durch die Einheitspartei. Insbesondere die vielfältigen Einwirkungsmöglichkeiten auf die Strafjustiz – et-

wa durch das MfS – offenbaren die totalitäre Qualität der SED-Herrschaft.
Fricke, Karl Wilhelm, Zur Menschen- und Grundrechtssituation politischer Gefangener in der DDR. Analyse und Dokumentation, Köln 1987[2]. – Der Autor, selbst Opfer der politischen Strafjustiz der DDR in den fünfziger Jahren, zeichnet anhand eines 75 Punkte umfassenden Fragenkatalogs ein anschauliches Bild der menschenrechtswidrigen Verhältnisse im Gewahrsam der DDR-Staatssicherheit und in deren Strafvollzugsanstalten. Der Dokumentationsteil beinhaltet neben Berichten ehemaliger politischer Gefangener auch einschlägige Strafrechtsbestimmungen.
Friedrich, Jörg, Die kalte Amnestie. NS-Täter in der Bundesrepublik, Frankfurt a. M. 1984. – Der Autor klagt die Bundesrepublik und insbesondere die bundesdeutsche Justiz an, die verbrecherische Vergangenheit des Dritten Reiches zu verdrängen. Die Strafverfolgung der NS-Verbrecher sei letztlich auf die (biologische) Amnestie zugesteuert.
Fürstenau, Justus, Entnazifizierung. Ein Kapitel deutscher Nachkriegspolitik, Neuwied/Berlin 1969. – Die erste und bis heute in weiten Teilen immer noch maßgebliche Darstellung der Entnazifizierung wurde von der amerikanischen Militärregierung angeregt und finanziert. Die erste Fassung lag 1957 vor und beruht auf einem umfangreichen Aktenstudium in den Archiven der amerikanischen Besatzungsmacht, ist aber erst zwölf Jahre nach dem Abschluß des Manuskripts veröffentlicht worden.
Gauck, Joachim, Die Stasi-Akten. Das unheimliche Erbe der DDR, Reinbek bei Hamburg 1991. – Der Autor war bis zum politischen Umbruch evangelischer Pfarrer in Rostock. Seit dem Tag der deutschen Vereinigung ist er Sonder- bzw. Bundesbeauftragter für die Staatssicherheitsdienst-Akten und gibt nun Anregungen, wie mit dem düsteren Erbe des MfS zu verfahren sei.
Giordano, Ralph, Die zweite Schuld oder Von der Last Deutscher zu sein, Hamburg 1987. – Die Schrift ist ein bitterböser Vor-

wurf gegenüber den Deutschen, die sich mit der Verdrängung der Vergangenheit – nach den Verbrechen des Dritten Reiches – zum zweiten Mal schuldig gemacht hätten. Der Publikumserfolg des Buches dürfte freilich dieser Behauptung widersprechen.

Götz, Albrecht, Bilanz der Verfolgung von NS-Straftaten, Köln 1986. – Eine knappe Übersicht zur strafrechtlichen Bewältigung des Nationalsozialismus aus offiziöser Feder. Die Schrift bietet zwar keine neuen Erkenntnisse, aber einen guten exemplarischen Einblick in die Strafverfolgung der jeweiligen NS-Verbrechensformen.

Grabitz, Helge, NS-Prozesse. Psychogramme der Beteiligten, Heidelberg 1985². – Eine aus der Perspektive der Staatsanwältin in NS-Prozessen entstandene kleine Schrift, die allerdings weniger durch sachliche Erörterungen als durch ihr Pathos für die gewiß bedauerliche Situation vieler überlebender Opferzeugen besticht.

Henke, Klaus-Dietmar/Hans Woller (Hrsg.), Politische Säuberung in Europa. Die Abrechnung mit Faschismus und Kollaboration nach dem Zweiten Weltkrieg, München 1991. – Der Sammelband vereint Beiträge der mit der „Entnazifizierungs- bzw. Säuberungsproblematik" auf dem europäischen Kontinent vertrauten Wissenschaftler, unter anderem über Österreich (Dieter Stiefel), über Frankreich (Henry Rousso) oder über Norwegen (Stein U. Larsen). Die sowjetische Besatzungszone, die Westzonen Deutschlands sowie Italien werden von den einschlägig bekannten Mitarbeitern beim Institut für Zeitgeschichte in München abgehandelt: Helga A. Welsh, Klaus-Dietmar Henke und Hans Woller.

Henkys, Reinhard, Nationalsozialistische Gewaltverbrechen. Geschichte und Gericht, Stuttgart/Berlin 1965² (1964). – Faktenreicher Sammelband, der sich in den historisch orientierten Teilen darum bemüht, die Eskalation des Vernichtungsgeschehens verstehbar zu machen. Die Ausführungen des Mitautors Jürgen Baumann zur prozessualen Problematik der NS-Verfahren richten sich an ein juristisch kundiges Publikum. Die

Autoren stützen sich überwiegend auf Erkenntnisse der Zentralen Stelle in Ludwigsburg.

Herbst, Ludolf (Hrsg.), Westdeutschland 1945-1955. Unterwerfung, Kontrolle, Integration, München 1986. – Die wissenschaftlich fundierte Textsammlung problematisiert die Situation der Westdeutschen in den letzten Kriegstagen 1945 bis hin zur Integration in die NATO 1955 aus ganz unterschiedlichen Blickwinkeln. Entsprechend gegensätzlich fallen auch die Bewertungen etwa zur Frage der Kontinuität der Rechtsordnung nach 1945 oder zur justitiellen Vergangenheitsbewältigung in der ersten Nachkriegsperiode aus.

Hirsch, Günter E., Strafzumessung bei nationalsozialistischen Gewalt- und Kriegsverbrechen. Dargestellt und überprüft an Hand von 430 erstinstanzlichen unveröffentlichten Urteilen deutscher Gerichte aus der Zeit von 1945-1969, Erlangen-Nürnberg 1973. – Der Autor bemüht sich um einen Vergleich der in NS-Prozessen verhängten Strafmaße mit den von den Gerichten jeweils abgegebenen Begründungen. Sein Fazit: Nicht das (niedrige) Strafmaß verdient Kritik, sondern die offenkundige Schwierigkeit der Richter, es für die Öffentlichkeit nachvollziehbar zu begründen.

Internationaler Militärgerichtshof (IMT), Der Prozeß gegen die Hauptkriegsverbrecher vor dem Internationalen Militärgerichtshof (14. 11. 1945 bis 1. 10. 1946). Amtlicher Text, Nürnberg 1947-1949. – Die Strafprozeßakten des IMT-Verfahrens umfassen alleine 22, die vorgelegten und zugelassenen Dokumente weitere 17 Bände. Sie sind unverzichtbar für die Beschäftigung mit dem Nationalsozialismus und seiner Verbrechen.

Jäger, Herbert, Verbrechen unter totalitärer Herrschaft. Studien zur nationalsozialistischen Gewaltkriminalität, Frankfurt a. M. 1982 (1967). – Der Hamburger Strafrechtler hat auf dem Gebiet der NS-Verbrechensformen Pionierarbeit geleistet. Seine Untersuchungen, basierend auf der Auswertung von Schwurgerichtsurteilen in NS-Prozessen aus den Jahren 1958-1963 sowie von Material aus nationalen und internationalen Archiven

bieten einen repräsentativen Querschnitt der sogenannten NS-Verbrechen.
Kempner, Robert M. W., Ankläger einer Epoche. Lebenserinnerungen. In Zusammenarbeit mit Jörg Friedrich, Frankfurt a. M./Berlin 1983. – Die Aussagen des stellvertretenden amerikanischen Chefanklägers bei den Nürnberger Nachfolgeprozessen hinterlassen einen sehr zwiespältigen Eindruck von der Vorbereitung und Koordination des Internationalen Militärtribunals. Die Ungenauigkeiten und Wichtigtuereien erschweren dem Laien einen unvoreingenommenen Zugang zur Problematik.
Kielmansegg, Peter Graf, Lange Schatten. Der schwierige Umgang der Deutschen mit der nationalsozialistischen Vergangenheit, Berlin 1989. – Der Mannheimer Politikwissenschaftler beleuchtet in der gut lesbaren Schrift knapp, aber anschaulich die divergierenden Thesen zur Bewältigung der NS-Vergangenheit in der Bundesrepublik und – in einem knappen Exkurs – in der DDR. Er wendet sich dagegen, die Vergangenheitsbewältigung pauschal als verfehlt anzusehen.
Knechtel, Rüdiger/Jürgen Fiedler (Hrsg.), Stalins DDR. Berichte politisch Verfolgter, Leipzig 1991. – Es handelt sich um eine mit Einführungen der Herausgeber versehene Dokumentation des „Bundes der stalinistisch Verfolgten e. V.“, ein im Verlauf der politischen „Wende“ in der DDR gegründeter Zusammenschluß von Organisationen politisch Verfolgter in der DDR. Der Bund hat sich die Dokumentation des SED-Unrechts zur Aufgabe gemacht. Ziel ist die Beschleunigung der ideellen und materiellen Rehabilitierung der SED-Opfer.
Kröger, Ullrich, Die Ahndung von NS-Verbrechen vor westdeutschen Gerichten und ihre Rezeption in der deutschen Öffentlichkeit 1958-1965, unter besonderer Berücksichtigung von „Spiegel“, „Stern“, „Zeit“, „SZ“, „FAZ“, „Welt“, „Bild“, „Hamburger Abendblatt“, „NZ“, „Neuem Deutschland“, Hamburg 1973. – Kröger kommentiert die NS-Prozesse der sechziger Jahre. Er stützt sich dabei auf eine beachtliche Fülle an publizistischem Material und kommt zu dem Schluß, daß die

Westdeutschen bei der strafrechtlichen Vergangenheitsbewältigung den richtigen Weg eingeschlagen haben.

Langbein, Hermann, Im Namen des deutschen Volkes. Zwischenbilanz der Prozesse wegen nationalsozialistischer Verbrechen, Wien 1963. – Das prominente KZ-Opfer hat in seine Darstellung insgesamt 110 NS-Prozesse aufgenommen, sie im Anhang tabellarisch geordnet und in drei Verfahrensgruppen gegliedert: Massenvernichtungsaktionen, Konzentrationslager, Einzelverbrechen. Seine Beispiele zur Erläuterung der Vorgehensweise der Gerichte und der Schwierigkeiten bei der Berechnung der Opferzahlen, der Auswahl der Täter- und der Opferzeugen sowie der Bewertung des individuellen Tatanteils entstammen überwiegend dem Auschwitz-Komplex.

Lichtenstein, Heiner, Im Namen des Volkes? Eine persönliche Bilanz der NS-Prozesse, Köln 1984. – Aus der Perspektive eines Prozeßbeobachters entstandene nüchterne NS-Prozeßchronik, die das Zustandekommen einiger umstrittener NS-Prozesse der siebziger Jahre problematisiert.

Maurach, Reinhart, Die Kriegsverbrecherprozesse gegen deutsche Gefangene in der Sowjetunion, Hamburg 1950. Der Münchner Strafrechtslehrer erläutert die völkerrechtlichen Grundlagen der NS-Prozesse aus sowjetischer Perspektive, das sowjetische Kriegsverbrecherstrafrecht sowie – gestützt auf Heimkehrerberichte – die Verfahren und deren Vollstreckung. Die Analyse wirft ein bezeichnendes Schlaglicht auf die Behandlung deutscher Kriegsgefangener durch die sowjetische Strafjustiz und -vollzugsbehörden.

Mohler, Armin, Der Nasenring. Die Vergangenheitsbewältigung vor und nach dem Fall der Mauer, Neuauflage, München 1991. – Mohler, Exponent der neuen Rechten und umstrittener Autor, hat sich schon seit Ende der sechziger Jahre über die Schwierigkeiten der Deutschen im Umgang mit dem Nationalsozialismus geäußert. Das vorliegende Buch geht auch auf die Vergangenheitsbewältigung nach dem Sturz der kommunistischen Diktatur ein.

Moritz, Klaus/Ernst Noam, NS-Verbrechen vor Gericht 1945-1955. Dokumente aus hessischen Justizakten, Wiesbaden 1978. – Die beiden Autoren bemühen sich, den politischen Hintergrund der NS-Strafverfahren in den frühen Jahren der Bundesrepublik auszuleuchten.

Müller, Ingo, Furchtbare Juristen. Die unbewältigte Vergangenheit unserer Justiz, München 1987. – Nach Meinung des Verwaltungsjuristen Müller steht die Justiz der Bundesrepublik immer noch in einer fatalen personellen und insbesondere ideellen Kontinuität des Dritten Reiches. Erst die jetzt ins Amt gelangten jüngeren Juristen seien in der Lage, mit der unseligen Vergangenheit des Nationalsozialismus abzurechnen.

Niethammer, Lutz, Die Mitläuferfabrik. Die Entnazifizierung am Beispiel Bayerns, Berlin/Bonn 1982. Der Autor widmet sich in seiner umfangreichen Forschungsbilanz, die unter einem anderen Titel bereits 1972 erschienen war, ausführlich der von den Amerikanern erhofften Funktion der Entnazifizierung und ihrer Folgen. Anhand einer repräsentativen Stichprobe von 300 Spruchkammerfällen im Münchner Berufungskammerbezirk wird weithin der Eindruck einer pauschalen Rehabilitierung selbst schwer Belasteter zu sogenannten Mitläufern vermittelt („Mitläuferfabriken“).

Oppitz, Ulrich-Dietrich, Strafverfahren und Strafvollstreckung bei NS-Gewaltverbrechen. Dargestellt an Hand von 542 rechtskräftigen Urteilen deutscher Gerichte aus der Zeit von 1946-19752, Ulm 1979[2]. – Eine empirische Untersuchung, die über die Ergebnisse einer repräsentativen Auswahl von NS-Prozessen informiert und den weiteren Gang der Strafvollstreckung dokumentiert.

Presse- und Informationszentrum des Deutschen Bundestages (Hrsg.), Zur Verjährung nationalsozialistischer Verbrechen. Dokumentation der parlamentarischen Bewältigung des Problems 1960-1979, 3 Bde., Bonn 1980. – Die lückenlose Aufzeichnung der zum Teil sehr kontroversen Debatten über die Verjährungsfrage der NS-Verbrechen im bundesdeutschen

Parlament überläßt es dem Leser, das Für und Wider der Problematik selbst zu beurteilen.

Przybylski, Peter, Tatort Politbüro. Die Akte Honecker, Berlin 1991. – Der ehemalige Staatsanwalt in DDR-Justizdiensten – 25 Jahre lang Pressesprecher des Generalstaatsanwalts – erweist sich als cleverer Wendehals: Er ist nun Ankläger seines früheren Herrn, Erich Honecker, dessen Schuld er anhand von Ermittlungsunterlagen in Sachen Honecker Punkt für Punkt nachweist. Sich selbst will er von jeglicher Mitwisserschaft am SED-Unrecht freigesprochen sehen.

Rehlinger, Ludwig A., Freikauf. Die Geschäfte der DDR mit politisch Verfolgten 1963-1989, Berlin 1990. – Der Autor konnte auf bundesdeutscher Seite die Freikauf-Praxis der Bundesregierung unmittelbar begleiten – als Mitarbeiter von Rainer Barzel, dem damaligen Minister für gesamtdeutsche Fragen. Zu Recht verteidigt Rehlinger die gewiß heikle Vorgehensweise, durch die immerhin mehr als 30.000 politische Gefangene ihre Freiheit wiedererlangten.

Rückerl, Adalbert (Hrsg.), NS-Vernichtungslager im Spiegel deutscher Strafprozesse. Belzec, Sobibor, Treblinka, Chelmno, München 1977. – Bislang die einzige Dokumentation dieser Prozesse, die manch ungerechtes Urteil über die Leistungen der bundesdeutschen Gerichte und Ermittlungsbehörden bei der Strafverfolgung der NS-Verbrechen Lügen straft.

Rückerl, Adalbert, Die Strafverfolgung von NS-Verbrechen 1945-1978. Eine Dokumentation, Heidelberg/Karlsruhe 1979. – Eine vom Bundesministerium der Justiz angeregte Bilanz der Strafverfolgung, erstellt von dem damaligen Leitenden Staatsanwalt der Zentralen Stelle zur Aufklärung der nationalsozialistischen Verbrechen in Ludwigsburg.

Rückerl, Adalbert, NS-Verbrechen vor Gericht. Versuch einer Vergangenheitsbewältigung, Heidelberg 1984[2] (1982). – In dieser zweiten Bilanz ist Rückerl diskussionsfreudiger und übt am Gesetzgeber wie auch am zuständigen Bundesjustizministerium Kritik. Beibehalten hat er die periodische Aufgliederung der strafrechtlichen Aufarbeitung der NS-Verbrechen; faktengesättigt ist die Darstellung der Ermittlungstätigkeit der Zentralen Stelle, ihrer Probleme bei der Feststellung noch verfolgbarer Straftäter und der Sicherstellung und Auswertung beweiskräftiger Dokumente.

Rüter, Christiaan F./A. L. Rüter-Ehlermann u. a., Justiz und NS-Verbrechen. Sammlung deutscher Strafurteile wegen nationalsozialistischer Tötungsverbrechen 1945-1966, Band I-XXII, Amsterdam 1968-1981. – Die bezeichnenderweise nicht von deutschen, sondern von niederländischen Juristen erstellte Sammlung der vor deutschen Gerichten verhandelten NS-Prozesse seit 1945 bemüht sich um einen nüchternen Zugang zu der heiklen Materie der NS-Verbrechen. Die ersten 16 Bände geben die Urteile aus über 500 Strafverfahren wieder.

Sauer, Heiner/Hans-Otto Plumeyer, Der Salzgitterreport. Die zentrale Erfassungsstelle berichtet über Verbrechen im SED-Staat, München 1991. – Die beiden Autoren sind an leitender Stelle in der Erfassungsstelle in Salzgitter tätig und seit Jahren mit den SED-Verbrechen an der innerdeutschen Grenze, den politischen Unrechtsurteilen der DDR-Strafjustiz sowie ähnlichen Verbrechen des SED-Regimes konfrontiert. Die Dokumentation der jeweiligen Verbrechen offenbart den Charakter des Staates, der sich „Deutsche Demokratische Republik" nannte.

Smith, Bradley, Der Jahrhundertprozeß. Die Motive der Richter von Nürnberg. Anatomie einer Urteilsfindung, Frankfurt a. M. 1977. – Der amerikanische Historiker kritisiert die politische Zielsetzung der alliierten Siegermächte im Nürnberger Prozeß – insbesondere die Kollektivschuldzuweisung an das deutsche Volk. Durch die sachliche Verhandlungsführung der vorsitzenden und stellvertretenden Richter sei ein derart pauschaler Schuldvorwurf vermieden worden.

Steinbach, Peter, Nationalsozialistische Gewaltverbrechen. Die Diskussion in der deutschen Öffentlichkeit, Berlin 1981. – Der Autor zeichnet in behutsamer Argumentation den Prozeß der strafrechtlichen Vergangenheitsbewältigung der NS-Verbrechen nach. Die lobenswert differenzierende Darstellung greift auf eine Fülle von einschlägiger Literatur zurück und verdiente eine Aktualisierung.

Taylor, Telford, Die Nürnberger Prozesse. Kriegsverbrechen und Völkerrecht, Zürich 1951. – Der in den Nürnberger Nachfolgeprozessen tätige amerikanische Hauptankläger gibt einen Überblick zum Zustandekommen des Alliierten Militärgerichtshofes im Jahre 1945, beschreibt die Diskussion über die in Frage kommenden Straftatbestände und dokumentiert in Auszügen die Ausführungen der Richter.

Vollnhals, Clemens (Hrsg.), Entnazifizierung. Politische Säuberung und Rehabilitierung in den vier Besatzungszonen 1945-1949, München 1991. – Die deutsche Vereinigung hat es dem Herausgeber ermöglicht, aus allen vier Besatzungszonen Dokumente zur Entnazifizierung zusammenzustellen. Wenn damit auch längst noch nicht alle Unterlagen zu diesem Nachkriegskapitel zur Verfügung stehen, so erlaubt die Textsammlung doch einen guten Vergleich der Entnazifizierungspolitik der alliierten Siegermächte.

Wassermann, Rudolf, Recht, Gewalt, Widerstand. Vorträge und Aufsätze, Berlin 1985. – Der bekannte Jurist hat zu heiklen rechtspolitischen Fragen Stellung genommen. Sein besonderes Augenmerk gilt dabei der strafrechtlichen Aufarbeitung des Nationalsozialismus und ihrer Bedeutung für die Bildung und Festigung einer rechtsstaatlich-demokratischen politischen Kultur. Hier habe die Justiz durch einen wesentlichen Beitrag geleistet, indem sie den verbrecherischen Charakter des NS-Systems transparenter machte.

Wawrzyn, Lienhard, Der Blaue. Das Spitzelsystem der DDR, Berlin 1990. – Der Autor führte mit den unterschiedlichsten MfS-Spitzeln Gespräche und schildert recht anschaulich ihre frühere „Tätigkeit“ als Post- und Telefonkontrolleure, bei der Überwachung von regimekritischen Gruppen und Personen etc. Seine Kernthese lautet: Die Mehrheit von ihnen will das Unrechtmäßige ihres Tuns heute nicht mehr wahrhaben oder versucht sich zu exkulpieren.

Weber, Jürgen/Peter Steinbach (Hrsg.), Vergangenheitsbewältigung durch Strafverfahren? NS-Prozesse in der Bundesrepublik Deutschland, München 1984. – Die Frage im Titel läßt sich aufgrund der fundierten Einzelbeiträge des Sammelbandes mit einem dicken Ja beantworten. Zu Wort kommen sowohl Richter, Staatsanwälte und Ermittler in Sachen NS-Verbrechen als auch Journalisten und Wissenschaftler.

Wember, Heiner, Umerziehung im Lager. Internierung und Bestrafung von Nationalsozialisten in der britischen Besatzungszone Deutschlands, Essen 1991. – Der Autor beleuchtet die entnazifizierungspolitischen Ziele der britischen Besatzungsmacht, geht dem Schicksal der internierten NS-Funktionäre und Kriegsgefangenen nach und kommt zu dem eher positiven Urteil, durch die Internierung der NS-Eliten sei ein „Unsicherheitsfaktor in der chaotischen unmittelbaren Nachkriegszeit ausgeschaltet" worden.

Wolffsohn, Michael, Keine Angst vor Deutschland!, Erlangen/Bonn/Wien 1991[3]. – Die 1990 erschienene und nach der deutschen Vereinigung vom Autor aktualisierte Auseinandersetzung mit den Innen- und Außenansichten von Deutschland ist ein Plädoyer, die Deutschen als eine Gesellschaft und Nation wie andere in Europa auch zu akzeptieren. Seine Überzeugung: Die Nachkommen jener Deutschen, die einst den Massenmord an Juden, Polen, Russen und anderen Menschen verübten, haben die schlimme Lektion der Vergangenheit gelernt.

Woller, Hans, Gesellschaft und Politik in der amerikanischen Besatzungszone. Die Region Ansbach und Fürth, München 1986. – Wie die Regionalstudie zur Entnazifizierung verdeutlicht, waren der „Gleichmacherei" von kleinen Pgs und höheren NS-Funktionären als „Mitläufer" mitunter schon härteste Strafmaßnahmen wie die Internierung der höheren NS-Chargen und das soziale Aus für deren Familien vorausgegangen.

Namenverzeichnis